날마다 새로운 밥상
맛있는 한접시

레시피대로 하면 김하진 만큼 할 수 있어요

입맛이 달라졌어요.

눈맛에 딱 들어맞는 요리책을 만들게 되어
얼마나 기쁜지 모르겠어요.
그동안 문화센터나 방송을 통해 많은 주부님들을
만나면서 늘 느낀 것이지만 이분들을 위해 정말 쉽고
맛난 요리책을 만들어 봉사하고 싶은 생각이 간절했습니다.
그러던 중 주부생활사로부터 제안을 받고
선뜻 승낙을 했습니다.

제 인생에서 요리는 저의 전부입니다.

요리를 배우며 일하는 게 너무 재미있어요. 다른 일에는 어눌해도 요리만큼은 최고의 자리를 지키고 싶습니다. 그래서 저는 늘 주부님들과 대화를 많이 나누죠. 그분들을 통해 요리를 만들면서 무엇이 힘들고 어떤 것을 알고 싶은지 알아 냅니다. 때로는 제가 미처 생각하지 못했던 사소한 조리 과정에서 쩔쩔 매는 주부님들을 보면서 더욱 다짐을 하게 되죠.

"그래, 이분들을 위해 꼼꼼하게 하나하나 짚어주는 레서피를 만들자. 막힘없이 요리를 만들 수 있도록 도와주자."

이런 마음의 자세로 이 책을 만들었습니다. 기왕이면 주부님들이 요리 만들기를 재미있어 하도록 연구하고 또 연구했습니다. 그래서인지 저의 요리가 매우 쉽고, 맛깔스럽다고 하더군요. 그리고 같은 한국요리라 해도 제가 만든 것이 현대적이라나요. 제 칭찬같아 좀 쑥스럽기는 해도 기분이 좋더군요.

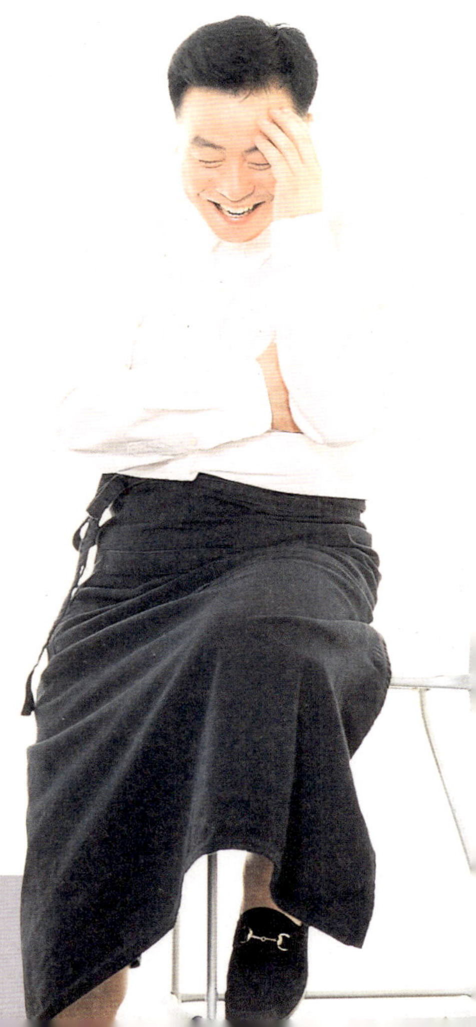

이 책을 만들기 위해...

제가 최선을 다했다는 점 알아주세요. 요리마다 그동안 궁금해 하시던 요리 과정 중의 문제점들을 정리해서 실었습니다. 그것만 터득하셔도 김하진의 손맛, 눈맛, 입맛을 따라잡을 수 있어요. 사실 요리는 어려운 것이 아닙니다. 자꾸 만들어 보면 요령을 터득하게 돼요. 제 레시피대로 따라 해 보세요. 김하진만큼 할 수 있을테니까요.

끝으로 이 책을 만들기 위해 장보기도 해주고, 메뉴 체크도 하면서 조언을 해준 저의 아내와 맛에 대한 평가를 냉정하게 해준 두 딸에게 고마움을 전하고 싶습니다.

김하진

contents

1 맛난 일상반찬

특·별·보·너·스

1 김하진의 요리비법 Q&A

2 김하진의 양념장 노트

2 어머니 손맛 밑반찬

이론과 정보

3 속풀이 국·찌개·전골

4 맛깔진 손님초대 일품요리

5 조촐한 가족모임요리

6 별미국수·만두

7 영양밥·영양죽

8 별미김치·김치요리

알고 싶어요 Q&A

100의 눈대중 · 손대중

음식을 만들 때 100g 단위가 어느 정도인지 알고 있으면 재료 가늠하기가 쉽다. 요리 레서피를 보면 대개 분량 단위가 g으로 나와 있다. 일일이 저울로 달아서 음식을 만든다는 것은 불가능하다. 이럴 때 우리가 많이 쓰는 재료의 100g 분량을 평소에 익혀 두자. 음식 만들기가 훨씬 쉬워질 것이다.

야채

양파

한 손 안에 꽉 찰 정도의 크기로 1/2개

고추

큰 것으로 6~7개 정도

감자

달걀보다 조금 큰 것으로 1개

호박

큰 것으로 준비했을 때 8~10cm 자른 정도

상추

보통크기의 상추 잎으로 8~10장 정도

미나리

뿌리를 떼어내 다듬은 것으로 손으로 가볍게 쥐어 한줌 정도

파

다듬은 굵은 파 1뿌리 정도

콩나물

한 손에 가득 찰 정도

단호박

작은 것으로 준비했을 때 1/6정도 자른 크기

무

직경 8cm 정도 되는 것으로 두께 3cm 정도

고사리

한 손바닥 안에 놓을 수 있을 정도의 양

토마토

손 안에 들어갈 수 있을 정도의 크기로 1개

양송이버섯

중간 크기의 것으로 8~9개 정도

마늘

깐 마늘로 한 손에 가득

느타리버섯

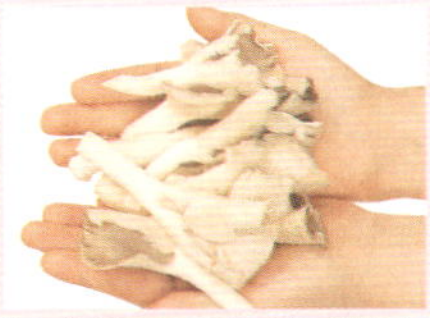

두 손에 가득찰 정도의 양

해물

불린 미역

한 손 안에 꽉 찰 정도의 분량

모시조개

중간 크기로 4개 정도

굴

석화의 경우 굴만 발라내서 7~8개 정도

고등어

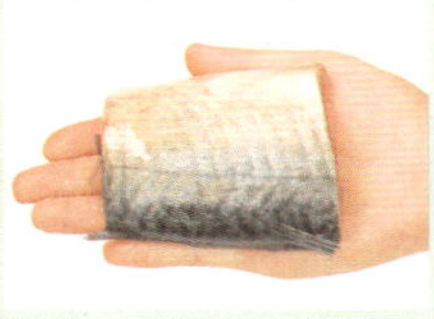

8×9cm 정도의 크기로 1토막 반

오징어

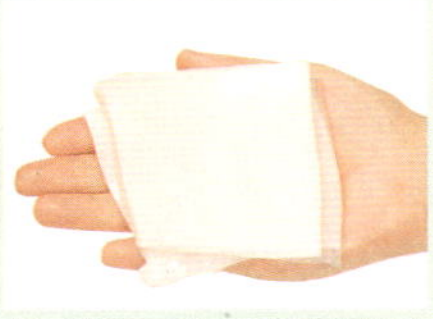

10×10cm의 크기로 두 장

육류

다진고기

한손에 가득찰 정도의 분량

닭고기

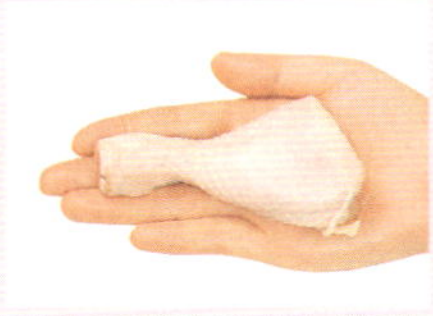

중간 크기의 닭다리 1조각

갈비

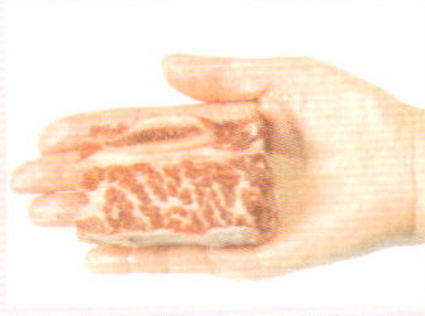

4×6cm 정도 크기의 고기 1조각.

삼겹살

두껍게 썬 것으로 5~6cm 너비에 15cm 정도의 길이 3~4쪽

덩어리고기

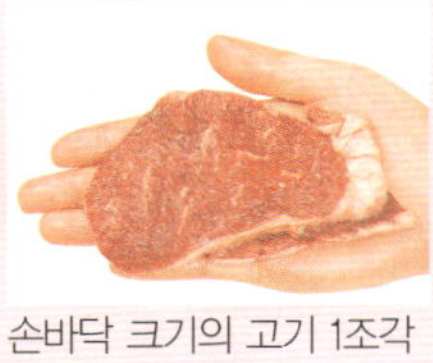

손바닥 크기의 고기 1조각

계량방법 익히기

손끝 맛으로 음식 맛을 내는 우리네 어머니들이야 척 하면
간을 맞추고 맛을 낼 수 있지만 초보 주부들은 아무래도 어려운 게 간 맞추기다.
이럴 때 필요한 것이 계량 저울, 계량 컵, 계량 스푼이다.
요리책에 나와 있는 분량을 맞추기 위한 쉬운 방법을 익혀 보자.

계량 도구 사용법

요리 책에 보면 1컵, 1큰술 등 재료의 양을 정확하게 계량해 표기해 놓고 있다. 정해진 대로 재료를 정확하게 계량해 넣기만 해도 요리에 실패하지 않는다. 요리할 때 쓰는 계량도구 사용법에 대해 알아보자.

앉은저울 | 고기나 야채, 두부 등 컵으로 잴 수 없는 재료들, 그리고 1컵 분량 이상 되는 가루제품 등은 저울로 재는 것이 정확하고 편리하다. 조리용으로는 1~2㎏까지 잴 수 있는 앉은저울이 비교적 정확하고 눈금을 읽기도 쉽다. 편평한 장소에 저울을 놓고 눈금이 0에 가 있는지 확인한 다음 재료를 올려놓고 잰다.

계량컵 | 계량컵의 기본 분량은 1컵이 200cc. 종류에 따라 1컵짜리, 2컵짜리 등이 있다. 액체를 잴 때는 속이 비치는 투명한 것으로 된 것이 좋다.
계량컵으로 국물이나 간장 같은 액체를 잴 때는 액체가 흔들리지 않게 반드시 편평한 장소에서 재야 한다.

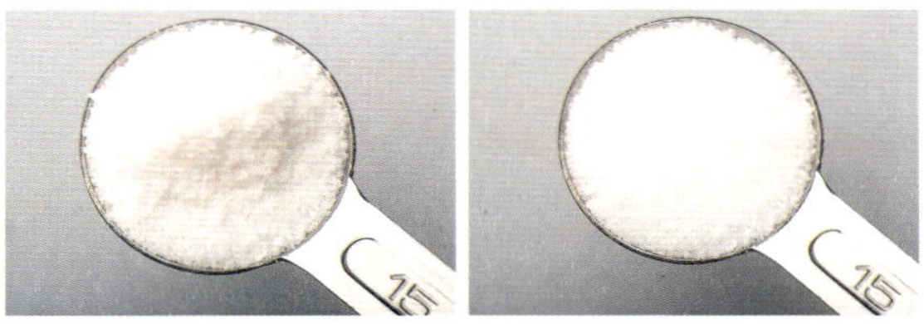

계량스푼 | 보통 1큰술(15cc), 1작은술(5cc), 1/2작은술(2.5cc)짜리 3개와 계량한 다음 윗면을 편평하게 깎아줄 때 사용하는 납작한 주걱이 한 세트로 되어 있다.
간장이나 기름, 술 같은 액체 종류와 소금, 설탕 같은 가루 종류를 잴 때의 방법이 조금씩 다르므로 재료에 따라 정확하게 계량하는 방법을 알아두도록 한다.

액체를 잴 때

많은 양의 액체를 잴 때는 컵을 이용하지만 적은 양을 가늠할 때는 1큰술, 1작은술로 표시되어 있다. 보통 한 컵은 200cc이며 국이나 찌개 등 국물 음식의 국물 양을 잴때는 500cc짜리 큰 컵을 사용한다. 200cc분량은 작은 우유 1팩 정도를 말한다.

1큰술 · 1작은술 | 스푼 가장자리에 찰랑찰랑 넘치지 않을 정도까지 담는다. 즉, 표면에 찰랑찰랑할 정도가 정확한 양이다. 1작은술도 같은 요령으로 재면 된다.

1/2큰술 | 스푼 바닥이 오목하게 곡선을 이루고 있으므로 스푼 높이의 절반보다 약간 올라올 정도로 액체를 담았을 때의 양이다.

1/3큰술 | 1/3큰술은 1작은술과 같은 양이므로 되도록 1작은술짜리 계량스푼을 사용하는 게 정확하다. 부득이 1큰술짜리를 사용할 경우에는 1/2큰술을 잴 때와 마찬가지로 스푼의 1/3 높이보다 약간 높을 정도로 액체를 담는다.

가루를 잴 때

조미료로 사용하는 설탕, 소금, 밀가루, 녹말가루 등 가루로 된 재료를 잴 때 가장 많이 쓰이는 조리기구가 계량 스푼이다. 계량 스푼은 1큰술, 1작은술, 1/2작은술로 표시되어 있으므로 실수가 없도록 하자. 보통 1큰술이 15cc, 1작은술이 5cc이므로 1작은술은 1큰술의 1/3분량이다. 커피를 탈 때 사용하는 1티스푼은 1작은술에 해당하는 분량이라고 생각하면 가늠하기가 쉽다. '약간' 이나 '조금' 이라는 분량은 소량을 말하는 것이므로 1/8작은술 정도를 말한다.

후춧가루 조금이라고 표시되어 있다면 2~3번 뿌리는 정도를 기준으로 하면 된다.

1큰술 · 1작은술 | 설탕, 소금, 녹말가루 같은 가루 종류는 먼저 스푼 가득 담은 후에 스푼용 주걱으로 표면을 편평하게 깎아냈을 때의 양이 정확하다. 1작은술을 잴 때도 마찬가지다.

1/2큰술 | 표면을 편평하게 깎아서 잰 후에 중심에서부터 절반을 덜어냈을 때의 양이다.

도구 없이 계량하기

가급적이면 계량도구를 이용해 정확하게 계량하는 것이 가장 좋지만 사정이 여의치 못할 때도 있고 번거롭게 여겨질 때도 있다. 계량도구 없이 재료의 양을 정확하게 잴 수 있는 방법을 알아두면 편리하다. 아울러 눈대중, 손대중으로 양을 가늠하는 훈련도 계속해 나간다.

포장지에 표시된 중량을 기준으로 한다

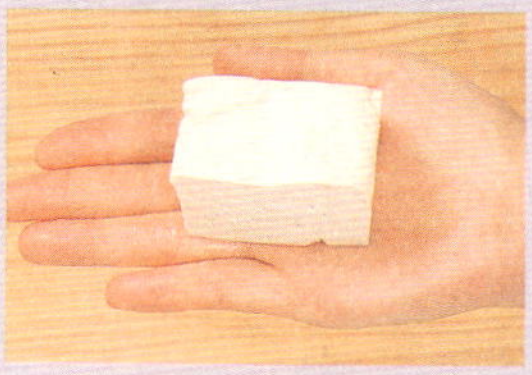

대부분의 제품들에는 중량표시가 되어 있으므로 이것을 기억해 두었다가 양을 가늠하면 편하다. 예를 들어 요리 재료가 두부 100g이라고 하면 자신이 사온 두부가 몇 g짜리인지 확인해서 1/3~1/2모를 잘라 쓰면 되고, 팽이버섯 1봉지가 몇 g인지를 알아두면 요리책에 표시된 중량을 보고 매번 저울에 달지 않아도 쉽게 양을 가늠할 수 있다.

손이나 손가락도 계량기가 될 수 있다

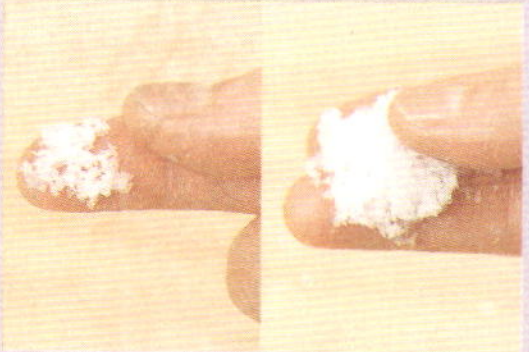

"소금 약간" "한줌" 등으로 표시되어 있는 양은 자기의 손가락 감각으로 익히는 것이 최고다.

소금 '약간' 또는 '조금' 은 엄지손가락과 둘째손가락 사이에 쥐어지는 양으로, 약 1/8작은술쯤이 된다. 이에 반해 후춧가루 조금이라고 되어 있는 것은 2~3회 뿌리는 것을 기준으로 삼으면 되고, 소금 한줌은 엄지손가락, 둘째 · 셋째손가락 끝으로 쥔 양이다. 이것은 약 1/3작은술이 된다.

손바닥, 손가락 길이를 알아둔다

요리책에 '5cm 길이로 썰어라' 라고 되어 있다고 해서 매번 자를 들이댈 수는 없는 노릇이다. 이럴 때 자 대신 사용할 수 있는 게 자신의 손이다. 평소 자기의 손가락 길이를 재둔다. 새끼손가락 한마디는 1cm, 둘째손가락 길이는 7cm쯤, 그리고 손바닥 전체 길이는 15~16cm쯤으로 기억해 두면 자르고 싶은 길이에 맞는 손의 부분을 재료에 대고 자르면 편하다.

눈대중으로도 무게를 잰다

계량하는 데 익숙해진 다음에는 자주 사용하는 재료의 양을 기억해 두도록 한다. 그러면 눈대중으로도 무게를 알 수 있다. 예를 들어 버섯 6~7개쯤이 100g, 달걀은 중간크기 1개가 60g, 콩나물은 한 움큼 잡은 양이 100g이라든가, 혹은 감자 중간크기 1개는 150g 정도이고 호박 100g은 6~7cm 길이 1토막의 양, 다진 마늘 1큰술은 마늘 3쪽을 다진 양 하는 식으로 기억해 두면 편리하다. 아니면 100g의 양이 어느 정도인지 알아 놓으면 짐작해서 가늠할 수 있다.

조리용어를 시각적으로 익힌다

자작하게, 듬뿍, 찰랑찰랑 등 재료의 양을 일컫는 말들이 많다. 하지만 이런 표현들이 얼만큼의 정도를 말하는 건지 애매할 때가 많다. 똑같이 '자작하게' 라고 표현했어도 재료의 많고 적음에 따라 국물의 양이 달라질 수 있기 때문이다. 이런 경우는 직접 요리를 하며 익혀두는 게 가장 바람직하다.

1

맛난 일상반찬

"반찬 좀 맛나게 만들 수 있는 방법이 없을까요?"
많은 주부들의 질문입니다. 이런 질문을 받을 때마다 나는 같은 대답을 합니다. "자꾸 만들어 보세요. 레서피대로 하면 저절로 맛이 납니다." 틀에 박힌 말이지만 그 대답이 정답입니다. 저의 레서피는 쉽고 정확하여 그대로 따라하기만 하면 부엌에 처음 들어가는 초보 주부도 그럴듯한 반찬을 만들 수 있답니다.

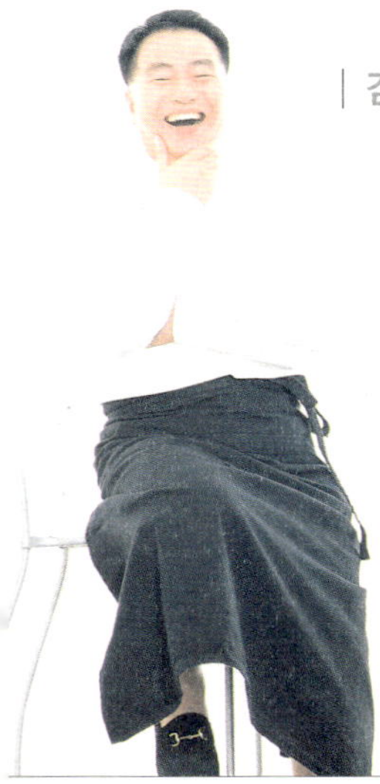

같은 재료로 남다른 음식을 만들 수 있다는 건 즐거움입니다.

저희 세대가 어릴 때만 해도 고기 반찬은 그리 흔한 게 아니었습니다. 어쩌다 먹는 고기 반찬이라도 실컷 먹는다는 것은 생각할 수도 없었지요. 집에서 키우는 닭으로 닭백숙이나 닭양념찜 정도 만들어 먹으면 아주 잘 먹는 것이었지요. 게다가 쇠고기는 얼마나 귀한지 정말 명절 때나 되어야 한 번 구경 할 수 있었고요.

그런 시절을 생각하면 요즘은 참 잘 먹는 거지요. 어느 때나 먹고 싶을 때면 쇠고기며, 돼지고기며 먹고 싶은대로 사다가 먹을 수 있으니까요. 게다가 요즘은 고기의 품질도 좋아져서, 인삼을 먹인 쇠고기니, 녹차를 먹인 돼지고기니 하는 것들까지 나오고 있는 실정입니다.

그만큼 우리들의 입맛이 까다롭고 고급스러워지고 있다는 뜻이겠지요. 그런데 문화센터에서 만나는 어머님들의 이야기를 들어보면, 고기 요리 자체는 별로 다양하지 못하다는 느낌을 많이 받습니다. 맛있는 고기 요리 좀 알려 달라는 말씀들이 많으시거든요. 집에서 무엇을 해드시는가 여쭤보면, 이 집이나 저 집이나 대답은 거의 비슷합니다. 불고기, 제육볶음, 삼겹살구이, 갈비 등에서 벗어나지를 못합니다.

하지만 우리가 평소 흔하게 먹던 메뉴뿐만 아니라 조금 색다르게 먹을 수 있는 메뉴들도 있습니다. 물론 맛도 좋지요. 같은 재료를 가지고 있어도 뭔가 남다르게 요리할 수 있다는 것은 큰 즐거움이고 또 자랑이기도 합니다. 꼭 한 번씩 시도해 보시고 여러분들의 요리로 만드세요. 그래서 식탁이 좀더 풍성해지기를 바랍니다. 언제나 즐거운 마음으로, 맛있게 만든 요리를 식탁에 내놓는다면, 우리 가족의 건강도 문제없이 지킬 수 있습니다.

chapter 1

고기류 반찬

Q
통마늘을 왜 한 번 익혀내야 하나요?

쇠고기마늘조림

통마늘은 끓는 물에 반쯤 익혀 사용하는 것이 좋다. 생마늘을 그대로 쓰면 향이 너무 강하고 매운 맛이 있어 고기맛을 떨어뜨린다.

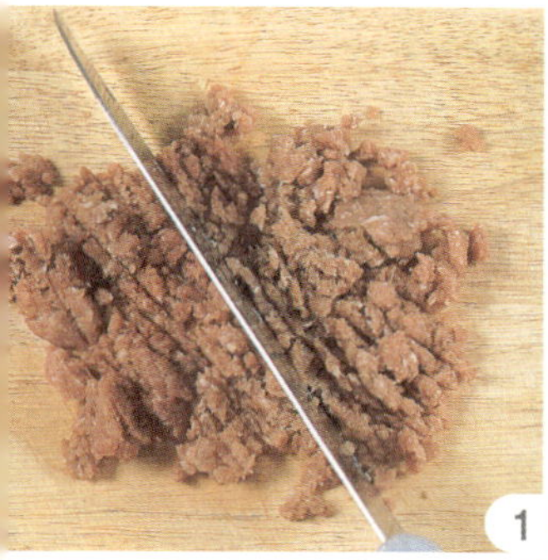

251 Kcal

1 쇠고기를 곱게 다진다.
2 껍질벗긴 통마늘을 끓는 물에 익혀 찬물에 헹군다.
3 다진 쇠고기에 마늘을 넣는다.
4 조림장은 분량의 양념을 함께 끓여 체에 걸른다.
5 쇠고기 마늘을 올려 윤기나게 조린다.
6 접시에 가지런히 담아 낸다.

재료

다진 쇠고기	200g
통마늘	70g
조림장	1/2컵
참기름	1/2큰술
식용유	적당량

조림장 1과 1/4컵

진간장	1/2컵
설탕	1/4컵
저민 생강	10g
물엿	1/2컵
대파	10g
건고추	15g
통마늘	80g
맛술	3/4컵
통후추	1/2큰술
물	1컵

만들기

1 쇠고기는 깨끗한 보에 싸서 핏물을 뺀 후 곱게 다진다.

2 통마늘은 껍질을 벗겨 끓는 물에 반쯤 익게 삶아 찬물에 헹구어 건져 놓는다.

3 다진 쇠고기에 데친 마늘을 하나씩 박아 넣으면서 새알 크기만하게 빚는다.

4 분량의 조림장 양념을 모두 함께 냄비에 넣고 은근한 불에 조려 1과 $\frac{1}{4}$컵 분량이 되면 체에 걸러 조림장을 만든다.

5 넓적한 프라이팬에 조림장을 넣고 바글바글 끓이다가 빚어 놓은 쇠고기 마늘을 윤기나게 조린다.

6 고기에 마늘 향이 밸 정도로 익었으면 접시에 보기좋게 담아 낸다. 밥반찬으로도 좋지만 도시락 반찬으로도 좋다.

A

향과 맛이 너무 강하기 때문이에요.

마늘을 이용한 요리를 할 때에는 양념이 아닌 이상 한 번 익혀내는 것이 좋습니다. 마늘을 생으로 사용할 경우 마늘의 향이 너무 독해 요리의 전체적인 맛의 균형을 해칠 뿐만 아니라 먹고 난 후에 속이 아플 염려도 있으니까요. 그러므로 통마늘을 이용한 요리를 할 때에는 처음부터 반쯤 익혀 조리하는 것이 마늘이 설익을 염려도 줄어들어 좋습니다. 좀더 맛있게 요리를 하고 싶다면 마늘을 삶지 말고 오븐 등에 살짝 구워내도 좋겠지요.

Q

닭고기가 속까지 잘 익으려면 어떤
요령이 필요한가요?

》닭봉조림

어른, 아이 모두 좋아하는 반찬이다. 토마토 케첩 소스에 버무렸기 때문에 새콤달콤하며 고추기름을 사용하여 매콤한 맛도 있다. 술안주나 간식용으로도 괜찮다.

261 Kcal

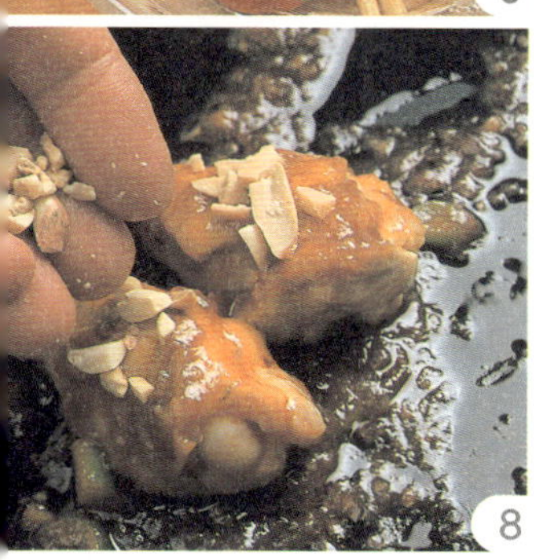

2 물녹말과 달걀 흰자를 섞어 튀김옷을 만든다.
3 닭봉에 튀김옷을 입힌다.
4 기름솥에 넣고 약 10분간 튀겨낸다.
5 케첩 소스를 만든다.
6 향이 밴 기름에 케첩소스를 넣고 끓인다.
7 튀긴 닭봉을 케첩소스에 버무린다.
8 땅콩을 다져 닭봉에 뿌린다.

재료

- 닭봉 ············· 300g
- 계란 ············ 1/2개
- 물녹말 ·········· 2큰술
- 다진 마늘 ········· 2큰술
- 다진 대파 ········· 2큰술

케첩 소스

- 토마토케첩 ····· 4큰술
- 설탕 ·········· 3큰술
- 식초 ·········· 2큰술
- 고추기름 ······· 1큰술
- 땅콩 ·········· 1큰술
- 두반장 ······· 1/2큰술
- 물 ············ 1큰술

만들기

1 닭봉은 잘 씻어 물기를 빼놓는다.

2 물녹말 2큰술에 달걀 ½개를 풀어 넣고 튀김옷을 만든다.

3 튀김옷에 닭봉을 넣어 고루 주물러 튀김옷을 입힌다.

4 기름 솥을 올려 160℃ 정도가 되면 닭봉을 넣어 10분간 튀겨낸 다음 건져 여분의 기름기를 뺀다.

5 케첩소스 재료를 섞어 케첩소스를 만드는데 땅콩만 빼 놓는다.

6 밑이 두껍고 넓적한 팬에 기름을 두르고 다진 마늘과 다진 대파를 넣고 볶아 향이 나기 시작하면 불을 약하게 줄인 다음 미리 준비한 케첩소스를 넣어 함께 어우러지도록 볶는다.

7 미리 튀겨둔 닭봉을 케첩소스에 넣고 소스가 고루 입혀지도록 잘 버무려 완성한다.

8 땅콩을 적당하게 다져 소스에 버무린 닭봉에 고루 뿌린 뒤 상에 낸다.

A

닭고기에 칼집을 넣고 기름 온도가 너무 높으면 속까지 익지 않습니다.

닭봉조림은 케첩소스를 넣어 버무린 것으로 새콤달콤하면서도 약간 매콤해 어른이나 아이 모두 좋아할 만한 요리이지요. 이처럼 조림 요리를 할 때에는 닭봉이나 닭날개처럼 부피가 부담스럽지 않으면서 살이 쫄깃한 부위를 사용하는 것이 적당합니다. 미리 찬물에 잘 씻어 닭고기 특유의 잡냄새가 나지 않도록 밑손질을 하고 충분히 튀겨 속까지 완전히 익도록 해야지요. 그러기 위해서는 튀김을 하는 기름의 온도가 너무 높아서는 곤란합니다. 적당한 온도에서 표면이 타지 않고 속까지 완전히 익도록 튀겨내세요.

Q

수삼의 향이 강하지 않을까요?
다른 음식은 만들 수 없는지요?

수삼닭고기산적

닭고기와 수삼은 맛과 향이 잘 어울리는 재료다. 다만 수삼의 머리 부분은 열이 많으므로 잘라내고 사용한다.

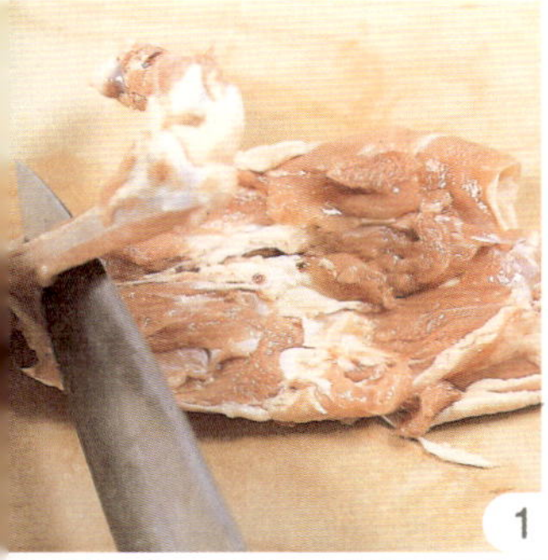
1

2

208 Kcal

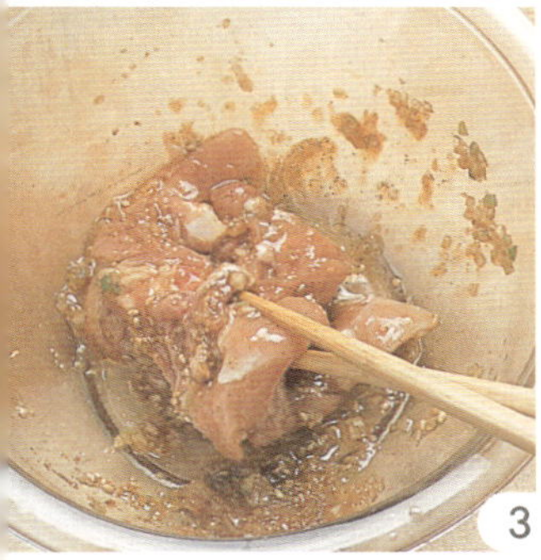
3

4

5

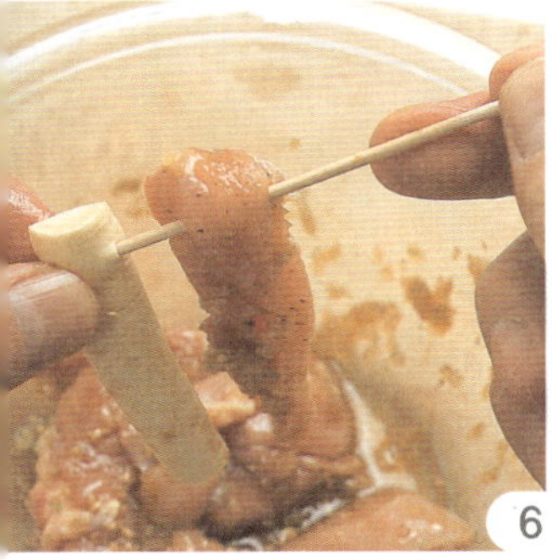
6

1 닭다리살의 뼈는 들어내어 버린다.
2 닭껍질도 벗겨낸 후 수삼 굵기로 자른다.
3 자른 닭다리살을 분량의 양념에 무친다.
4 수삼의 뇌 부분을 잘라 낸다.
5 수삼 몸통의 굵은 것은 반으로 가르고 가는 것은 그대로 사용한다.
6 산적 꼬치에 수삼, 닭고기, 수삼순으로 꿰어 노릇노릇하게 지진다.

재료

일년생 수삼 ········ 100g
닭다리살 ········· 200g
식용유, 산적꼬지 ··· 적당량

양념

간장 ·········· 2큰술
깨소금 ······· 2작은술
설탕 ·········· 1큰술
다진 마늘 ····· 1/2큰술
참기름 ········· 1큰술
다진 파 ········ 1큰술
생강즙 ······ 1/2작은술
후춧가루 ······· 조금

만들기

1 닭다리살을 갈라 뼈를 들어낸다.
2 뼈를 들어낸 닭다리 살을 넓게 펼쳐 칼등으로 자근자근 두들겨 연하게 한다.
3 연하게 펼친 닭다리 살을 수삼 굵기로 잘라 분량의 양념에 무쳐둔다.
4 수삼은 깨끗하게 손질하여 뇌 부분을 잘라낸다.
5 몸통 부분의 굵은 것은 반으로 가르고 가는 것은 그대로 사용한다.
6 산적꼬지에 수삼, 닭고기, 수삼의 순서로 보기좋게 꿰어 준비한다.
7 잘 달구어진 프라이팬에 식용유를 조금 두르고 달궈지면 산적 꼬치를 놓아 노릇노릇하게 지져내어 완성한다.

한마디 더 산적이란 날고기나 채소를 꼬챙이에 꿰어 굽는 음식으로 수삼 대신 도라지나 파, 당근 같은 채소류를 쇠고기와 번갈아 꿰어 석쇠에 굽거나 프라이팬에 지지면 된다.

A

수삼은 익으면 맛이 더욱 부드러워집니다.

수삼은 닭고기와 아주 잘 어울리는 재료입니다. 닭고기 특유의 담백함이 수삼의 향과 어울려 좋은 맛을 내지요. 또 수삼이 익으면 그 맛과 향이 더욱 부드러워지므로 입맛을 돋워주는 역할을 해줍니다. 닭고기는 미리 양념에 재워 속까지 맛이 들도록 해야 하고 수삼은 열이 많은 뇌 부분은 잘라내고 준비합니다. 수삼을 그냥 튀겨 먹기도 하는데, 이 수삼튀김 역시 향이 좋아 고급 음식으로 쳐주지요.

Q

닭모래집을 왜 된장물에 삶아야 하나요?

닭모래집초

닭모래집으로 만든 음식은 술안주로도 환영받지만 씹히는 맛 때문인지 아이들도 좋아한다. 특유의 냄새는 된장 푼 물에 삶아내면 없앨 수 있다.

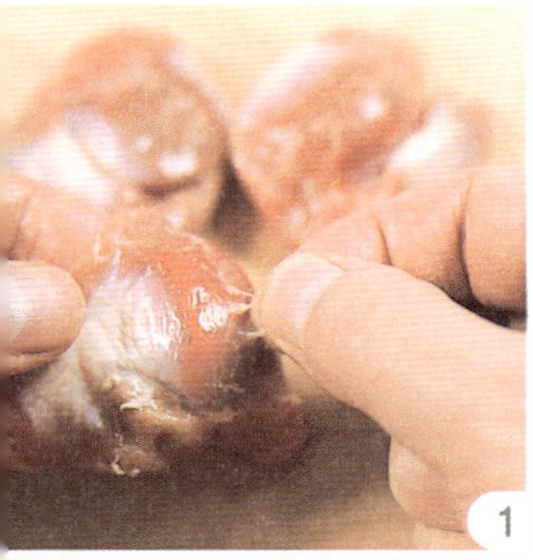

115 Kcal

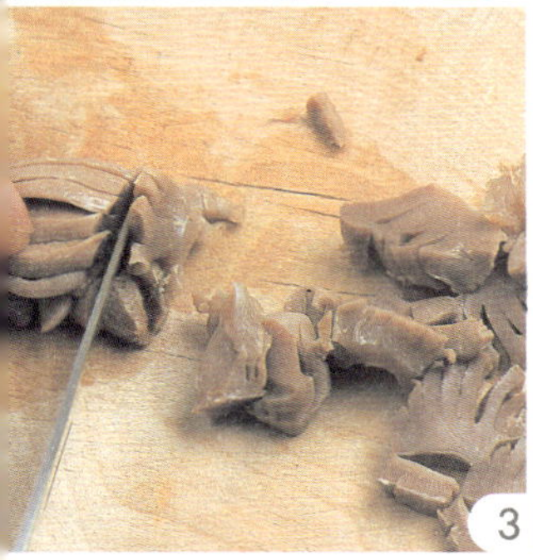

1 닭모래집 손질을 한다.
2 끓는 물에 된장을 풀어 닭 모래집을 삶아낸다.
3 삶은 닭 모래집을 씻어 얄팍하게 썬다.
4 피망과 양파는 채 썰어 준비한다.
5 마늘소스를 만든다.
6 닭모래집과 채소를 마늘 소스로 버무린다.

재료

재료	분량
닭모래집	200g
된장	1큰술
홍피망	50g
청피망	50g
양파	50g
마늘소스	
레몬즙	1/2개
식초	1큰술
설탕	2큰술
다진 마늘	1큰술
소금	1작은술

만들기

1 닭 모래집에 붙어 있는 이물질을 제거한 후 소금을 넣어 바락바락 주물러 씻는다.

2 냄비에 물을 끓이다가 된장을 1큰술 풀어 넣고 닭 모래집을 넣어 삶아낸다.

3 삶아낸 닭 모래집을 찬물에 씻어 얄팍하게 썬다.

4 홍피망, 청피망, 양파는 각각 곱게 채썰어 찬물에 헹궈 건진다.

5 분량의 소스 재료를 합하여 마늘소스를 만든다.

6 준비한 닭 모래집과 채썰어 찬물에 헹궈 물기를 빼놓은 홍피망, 청피망, 양파를 함께 잘 섞은 후 그릇에 담아 마늘 소스를 끼얹어 낸다. 또는 마늘소스에 버무린 다음 그릇에 담아낸다.

한마디 더 닭모래집은 손질을 잘 해야 부담없이 먹을 수 있다. 된장 푼 물에 삶아내면 냄새를 없앨 수 있지만 소금과 밀가루를 조금 넣고 주물러 씻으면 어느정도 누린내가 가신다. 또 가운데 볼록한 부분 안쪽에 칼집을 넣어 힘줄을 끊어주는 것도 잊지 말자.

A

된장은 잡내를 없애는 특별한 성분이 있어요.

닭모래집을 된장물에 삶아내면 닭고기 특유의 냄새와 내장 냄새가 가셔 먹기에 좋습니다. 이처럼 된장물에 삶아 좋은 것으로는 돼지고기도 마찬가지인데요. 보쌈을 위한 돼지고기를 준비할 때 돼지고기 삶는 물에 된장을 풀어 넣고 삶으면 돼지고기 냄새도 없어지고 맛도 한결 구수해집니다. 된장물은 너무 진하게 만들지 마시고요, 흘훌한 정도면 적당합니다. 마늘 소스로 버무리는 것도 냄새를 없애는데 한 몫을 합니다.

Q

중국 부추란 어떤 것을 말하나요?
당면은 왜 미리 불리죠?

》돼지고기부추잡채

중국 부추가 볼품도 있고 맛내기도 편하다. 당면은 미리 불려서 사용해야 수분이 생기지 않고 오돌오돌한 맛을 즐길 수 있다.

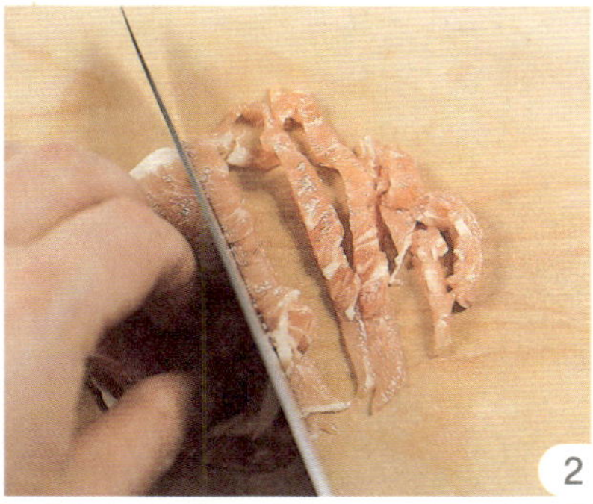

182 Kcal

1 당면은 미리 물에 충분히 불려둔다.
2 돼지고기는 채 썰어 양념한다.
3 중국 부추는 5~6cm로 자른다.
4 당근·양파·부추를 같은 길이로 채 썬다.
5 채썬 돼지고기부터 볶는다.
6 돼지고기가 어느정도 익었을 때 채썬 채소들을 차례로 넣어 함께 볶으면서 볶음양념을 넣어 맛을 낸다.

재료

불린 당면	100g
돼지고기	100g
중국부추	200g
당근	20g
양파	40g
식용유	적당량

고기 양념

청주	1큰술
생강즙	1/2작은술

볶음 양념

다진 마늘	1큰술
설탕	1/2큰술
참기름	1큰술
후춧가루	조금
굴소스	조금

만들기

1 당면은 미리 짤막하게 잘라 물에 불린다.

2 돼지고기는 기름기가 적은 부위로 준비하여 채썰어 고기 양념에 조물조물 무쳐둔다.

3 중국 부추는 깨끗이 다듬어 씻어 5~6cm 길이로 잘라 준비한다.

4 당근은 부추와 같은 길이로 채 썰고 양파도 반으로 갈라 채 썬다.

5 프라이팬에 식용유를 조금 두르고 달궈지면 돼지고기를 볶는다.

6 돼지고기 색깔이 변하면서 어느정도 볶아졌을 때 채썬 당근, 양파, 부추, 당면의 순서로 넣어가며 어우러지게 볶으면서 분량의 볶음 양념을 넣어 맛을 낸다. 이 때 굴소스는 식성에 따라 맞춰 넣으면 된다.

한마디 더 굴소스는 발효시킨 굴에 갖은 양념과 향신 재료를 섞어서 만든 소스로 간장 맛을 내는 요리에 사용한다. 중국 요리 재료상에 가면 맛있는 굴소스를 살 수 있다. 요즘은 가까운 수퍼에서도 구할 수 있는 소스다.

A

한국 부추보다 대가 굵고 잎이 넓어요. 당면은 미리 불려야 수분을 막아 주죠.

중국 부추란 중국 요리에 주로 쓰이는 것으로 우리나라의 부추보다 대가 굵은 것을 말합니다. 볶음 요리를 할 때에는 중국 부추를 사용하는 것이 모양도 좋고 맛내기도 편리합니다. 우리 나라 부추는 익으면 금방 늘어지는 데 비해 중국 부추는 제 모양을 유지하기 때문이지요. 잡채를 볶을 때 사용하는 당면은 미리 불려서 사용하면 볶고 나서 수분이 생기는 것을 막을 수 있다는 것도 알아두세요.

Q

차돌박이를 사용할 때 주의할 점이
무엇인가요?

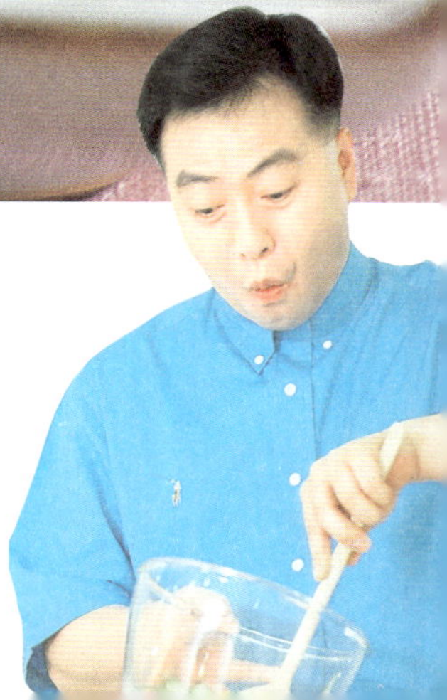

더덕무침을 곁들인
차돌박이구이

고기재울 양념재료인 양파와 마늘은 강판에 갈아 사용하는 것이 깔끔하다. 구울 때는 앞뒤로만 살짝 익히도록 한다.

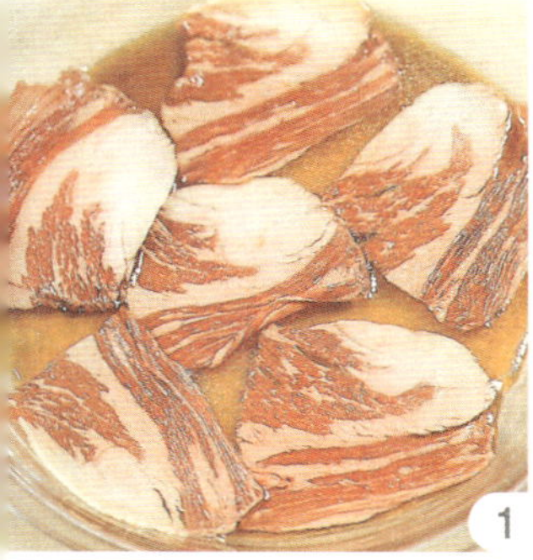
1

2

297 Kcal

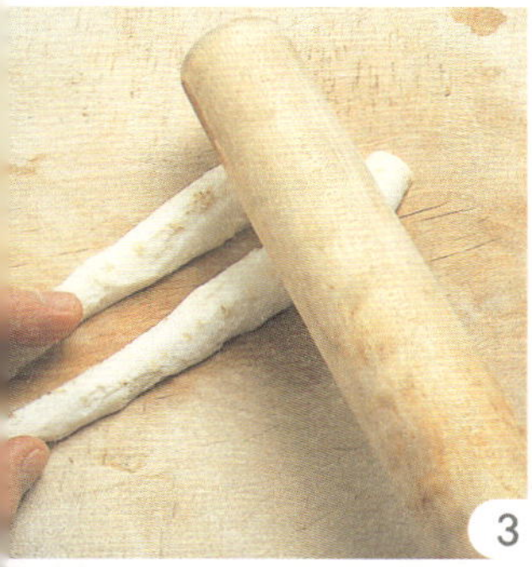
3

4

5

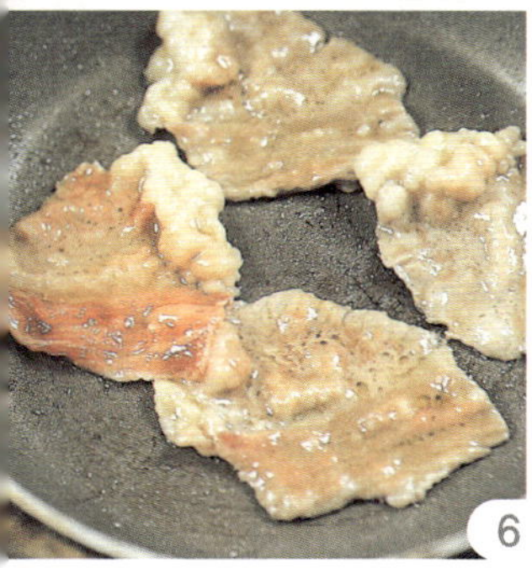
6

1 차돌박이는 분량의 양념에 차곡차곡 재워둔다.
2 더덕은 살살 돌려가며 껍질을 벗긴다.
3 더덕을 방망이로 자근자근 두들겨 넓적하게 펼친다.
4 펼친 더덕을 손으로 가늘게 찢는다.
5 찢은 더덕을 양념한다.
6 잘 달군 프라이팬에 기름을 살짝 두른 후 양념에 잰 차돌박이를 앞뒤로 노릇하게 굽는다.

재료

차돌박이 ··········300g
더덕 ··············150g
잣가루 ············1큰술
식용유 ············조금

고기 양념

간장 ··········2큰술
설탕 ··········1큰술
배즙 ··········1큰술
양파즙 ··········1큰술
마늘즙 ·······1/2큰술
참기름 ··········1큰술
흰 후춧가루 ······조금

더덕 양념

고운 고춧가루 ··2작은술
······2배식초 2작은술
설탕 ··········1큰술
마늘즙 ·······1작은술
소금 ············조금

만들기

1 차돌박이는 얄팍하게 저며 썬 것으로 준비해 분량의 고기 양념에 재워둔다.
2 더덕은 살살 돌려가며 껍질을 벗긴다.
3 껍질벗긴 더덕을 방망이로 자근자근 두들긴다.
4 더덕이 고르게 펴졌으면 가늘게 찢는다.
5 가늘게 찢은 더덕을 먼저 고춧가루를 넣고 바락바락 주물러 무쳐 빨갛게 물을 들인 후 나머지 양념을 넣어 새콤달콤한 맛이 나게 더덕생채를 무친다.
6 잘 달군 프라이팬에 기름을 조금만 두른 후 양념한 차돌박이를 겹치지 않게 한 장씩 펴서 앞 뒤로 구워 익힌다. 너무 바삭하게 익히지 않도록 조심한다.
7 접시에 차돌박이를 담고 고기 위에 잣가루를 뿌린 다음 더덕 생채를 곁들인다. 구운 고기에 더덕생채를 싸서 먹으면 맛이 좋다.

한마디 더 잣가루는 잣을 키친타월 위에 놓고 곱게 다져서 만든다.

A

기름기가 많은 고기이므로 손질할 때 좀 걷어 내세요.

제가 좋아하는 재료 중의 하나가 바로 차돌박이입니다. 차돌박이는 아주 얇고 기름기가 많은 쇠고기인데, 재료의 맛을 잘 살릴 수 있기 때문이지요. 부드러우면서도 고급스러운 맛이 있어서 여러 가지 요리에 응용할 수 있습니다. 이번 요리처럼 더덕생채 등의 곁들이와 함께 먹을 때에는 고기의 간은 약간 슴슴하게 해야 먹을 때 짜지 않겠지요. 그리고 고기를 재우는 양념의 양파와 마늘은 강판에 갈아 즙을 내어 사용해야 음식이 깔끔합니다. 차돌박이를 익힐 때에는 앞뒤로 살짝만 익히면 된다는 사실을 꼭 기억하세요. 바싹 익히면 질겨져 맛이 덜합니다.

Q

너비아니를 왜 고급음식이라고 하죠?
간은 어떻게 맞춰야 하나요?

너비아니

프라이팬에 구울 때는 간을 약하게 한다. 프라이팬에 양념이 그대로 남아 있어 짜질 염려가 있기 때문이다. 고기는 1~2일 전에 양념에 재워 놓는 것이 더 맛있다.

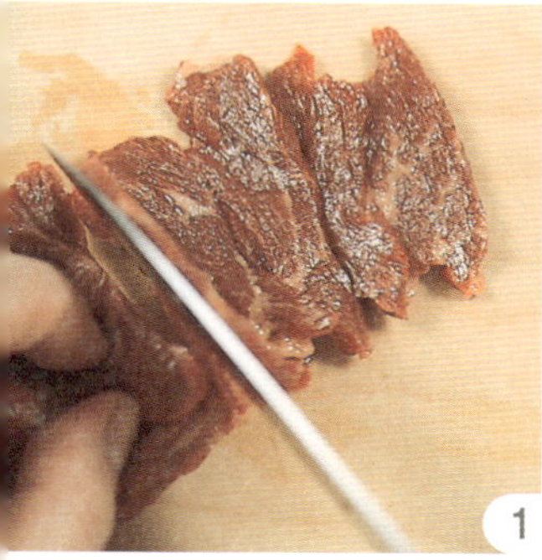
1

2

364 Kcal

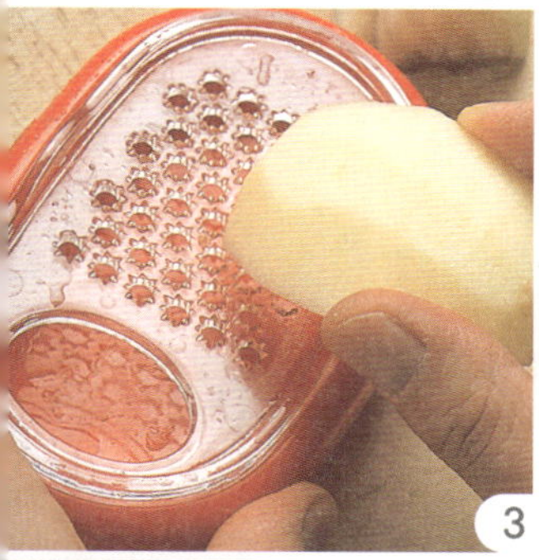
3

4

5

6

1 꽃등심을 한입 크기로 썬다.
2 도톰하게 썬 고기는 자근자근 두들겨 수축을 방지한다.
3 양념장에 넣을 배, 사과, 양파를 강판에 간다.
4 양념장을 만든다.
5 양념에 무친 고기를 재운다.
6 직화에 구운 다음 잣가루를 뿌린다.

재료

꽃등심	300g
잣가루	적당량

고기장

배	50g
사과	50g
양파	50g
물엿	1큰술
참기름	2큰술
후춧가루	1/3작은술
진간장	4큰술
설탕	2큰술
깨소금	1과 1/2큰술
다진 마늘	2큰술

만들기

1 쇠고기는 기름기가 고르게 퍼져 있는 꽃등심으로 준비하여 도톰하게 한입 크기로 저며 썬다.

2 한입크기로 썬 고기를 고기망치나 칼등으로 자근자근 두들겨 준다. 세게 두들기면 고기의 살이 해지므로 조심한다.

3 양념에 넣을 배, 사과, 양파는 강판에 각각 곱게 간다.

4 곱게 간 배, 사과, 양파를 분량의 다른 양념과 함께 잘 섞는다.

5 밀폐된 용기에 고기를 한 장 깔고 양념을 올리는 방식으로 켜켜이 재워 5시간 정도 그대로 둔다.

6 직화에 타지 않게 구운 다음 잣가루를 적당히 뿌려 상에 낸다.

한마디 더 너비아니와 불고기의 다른 점은 고기 써는 방법이 다르다. 너비아니는 고기를 도톰하게 잔칼집을 내어서 갖은 양념에 재워 구운 음식이라면 불고기는 얇게 썰어 질척하게 갖은 양념하여 구운 음식이다. 불고기는 부드럽게 씹히는 맛이 있지만 너비아니는 좀 딱딱한 느낌이 있긴 해도 고기맛은 더 좋다.

A

1~2일 후에 먹을 것은 간을 약하게 하세요.

우선 재료 자체가 고급이지요. 꽃등심은 쇠고기 부위 중에서도 아주 좋은 최상품으로 기름기가 살 속에 적당히 퍼져 있는 모양을 빗대어 꽃등심이라 합니다. 씹는 질감이 부드러우면서도 쫄깃하답니다. 불고기나 너비아니를 재울 때 빨리 먹을 것은 간이 꼭 맞게 재우고, 1~2일 정도 지나 먹을 것이라면 간을 조금 싱겁게 맞춰야 먹을 때 간이 적당해집니다. 또 직화로 구울 때 고기 간이 맞으면 프라이팬에서 구울 때는 약간 짜진다는 것을 알아두세요. 프라이팬에서 구울 때는 양념이 프라이팬에 그대로 남아 있기 때문이지요.

떡갈비

석쇠에 굽는 것이 더 맛있다.
석쇠를 미리 달구어 고기를 얹어 구우면 달라붙지 않고 맛나게 구울 수 있다.

1

2

560 Kcal

3

4

5

만들기

1 갈비는 5~6cm 길이로 잘라 갈비살을 뼈에서 떼어내 분리한다.

2 뼈와 살에 붙어 있는 기름기와 힘줄을 제거한다.

3 살코기 부분은 곱게 다진다. 갈비뼈는 따로 불에 구워 준비한다.

4 분량의 양념을 합하여 다진 갈비살에 넣고 끈기가 생길 때까지 계속 치댄다.

5 갈비뼈에 양념한 갈비살을 덧붙여 다시 갈비 모양으로 만든 다음 칼날로 자근자근 두드린다.

6 불에 석쇠를 올려 떡갈비를 노릇노릇하게 직화로 구워낸 다음 잣으로 장식하여 낸다.

한마디 더 갈비살을 갈비에 붙일 때 잘 붙지 않으면 갈비에 밀가루를 조금 바르고 다진 고기를 붙이면 훨씬 잘 붙는다.

재료

갈비 …… 1kg(살로만 600g)
잣 …… 적당량

갈비 양념장

- 다진 마늘 …… 4큰술
- 다진 양파 …… 5큰술
- 참기름 …… 3큰술
- 깨소금 …… 2큰술
- 꿀 …… 4큰술
- 사과즙 …… 3큰술
- 간장 …… 3큰술
- 소금 …… 조금씩
- 후춧가루 …… 조금씩
- 생강가루 …… 조금씩

6

1 갈비살을 뼈에서 떼어내 분리한다.
2 뼈와 살에 붙어 있는 기름기와 힘줄을 제거한다.
3 뼈에서 분리해낸 갈비살을 칼로 잘게 다진다.
4 갈비살에 양념을 넣어 여러 번 치댄다.
5 갈비뼈에 갈비살을 붙여 모양을 만든다.
6 불에 석쇠를 올려 구워 낸다.

Q 직화로 굽는다는 것은 어떻게 굽는 건가요?

A

고기를 석쇠에 올려 직접 굽는 것을 말합니다.

직화로 굽는다는 것은 프라이팬이나 오븐 등을 사용하지 않고 고기를 불에서 직접 익힌다는 것이지요. 고기는 직화로 구워 먹는 것이 가장 맛이 좋습니다. 석쇠 위에서 익는 동안 고기의 기름기는 빠져나오고 고기 특유의 육즙이 생겨나 고기 맛을 유연하게 해주기 때문이지요. 석쇠를 이용한 직화구이를 할 때에는 반드시 석쇠를 불에 미리 올려 석쇠를 달군 다음 기름칠을 살짝 해서 고기를 올려 구우면 고기가 달라붙지 않습니다.

LA돼지갈비

수입고기를 사용할 경우, 핏물을 충분히 빼야 누린내가 안 난다. 찬물에 담가 빼는 것보다 흐르는 물에 씻은 뒤 체에 밭쳐 두면 잘 빠진다.

재료

LA 돼지갈비 ········ 1kg

갈비 양념

- 양파 · 배 · 사과 ··· 100g
- 물엿 ·········· 2큰술
- 설탕 ·········· 3큰술
- 진간장 ········ 6큰술
- 참기름 ········ 3큰술
- 다진 마늘 ······ 4큰술
- 생강즙 ······· 2작은술
- 후춧가루 ···· 1/2작은술
- 맛술 ·········· 3큰술

만들기

1 LA 돼지갈비는 연한 것으로 구입하여 흐르는 물에 2~3번 씻은 뒤, 체에 건져 핏물을 제거한다.

2 갈비 양념 중 양파, 배, 사과는 각각 강판에 간다.

3 강판에 간 양파, 배, 사과즙과 다른 양념을 분량대로 합하여 갈비 양념을 만든다.

4 미리 손질한 돼지갈비를 양념장에 재워 하루 정도 냉장고에 넣어 숙성시킨다.

5 양념장에 재워 숙성시킨 돼지갈비를 프라이팬에 구워 상에 낸다.

859 Kcal

1 돼지갈비는 물에 씻어 건져 핏물을 뺀다.
4 갈비를 양념장에 재워 하루 정도 숙성시킨다.
5 양념에 잰 갈비를 표면이 살짝 탄 듯하게 구워 상에 낸다.

Q LA 갈비의 손질법을 알려주세요. 핏물 빼는 방법도 알고 싶어요.

A 흐르는 물에 2~3번 씻어 체에 밭쳐 두세요.

찬물에 담가두는 대신 흐르는 물에 갈비를 2~3번 씻은 뒤 체에 밭쳐 두면 갈비 속의 핏물이 자연스레 빠져 나오게 되지요. 찬물에 담가두면 고기의 맛있는 성분까지 빠져 나가게 되니 조심하세요.

돼지고기고추말이

돼지고기에 채썬 풋고추를 말아 조렸기 때문에 향도 좋고 모양도 예쁘다.

재료

돼지고기(얇게 썬 것) · · 200g
풋고추 · · · · · · · · · · · 10개
식용유 · · · · · · · · · · 적당량
후춧가루 · · · · · · · · · · 조금

조림장

진간장 · · · · · 1과1/2큰술
청주 · · · · · · · · · · 1큰술
생강가루 · · · · · · · · 조금
맛술 · · · · · · · · · · 3/4컵
물엿 · · · · · · · · 3작은술

만들기

1 돼기고기는 기름기가 없는 부위로 손바닥 크기로 얄팍하게 썰어 종이 타월 위에 올려 핏물을 뺀다.

2 풋고추는 반으로 갈라 씨를 제거한 후 곱게 채 썬다.

3 돼지고기 한쪽 면에 후춧가루를 솔솔 뿌린 후 채 썬 풋고추를 넣고 돌돌 말아 풀어지지 않도록 이쑤시개나 꼬지 등으로 고정시킨다.

4 잘 달구어진 팬에 식용유를 조금 두른 후 꼬치에 꿴 고기말이를 앞뒤로 노릇하게 지져 낸다.

5 분량의 조림장을 프라이팬에 넣어 끓어오르면 지진 고기말이를 넣고 윤기나게 조려 완성한다.

6 상에 내기 전에 꽂아둔 꼬지를 뺀다.

222 Kcal

point

1

3

4

1 돼지고기는 얇게 썰어 종이타월 위에 올려 핏물을 뺀다.
3 돼지고기 한쪽 면에 후춧가루를 뿌리고 채썬 풋고추를 안에 넣어 돌돌 말아 고정시킨다.
4 프라이팬에 고기말이를 놓아 노릇하게 익힌다.

Q 무척 바쁘신 걸로 알고 있는데, 평소 건강관리는 어떻게 하세요?

A 요리를 위해 술, 담배를 전혀 안합니다.

사실대로 말씀드리면 건강 관리를 위해 따로 시간을 내지 못하고 있는 형편입니다. 대신 저는 사우나를 즐기는 편입니다. 다행히 저는 요리를 위해 술과 담배를 전혀 하지 않기 때문에 기본적인 건강 관리는 자연스럽게 되는 셈이지요.

» 돼지불고기

불고기감으로는 목살이나 등심이 맛있다. 돼지고기 요리를 먹을 때는 깻잎이나 대파채를 함께 먹는 것이 영양의 밸런스를 맞출 수 있다.

272 Kcal

1 종이 타월 위에 돼지고기를 올려 핏물을 뺀다.
2 분량의 양념을 합하여 양념장을 만든다.
3 대파는 속대는 꺼내고 겉대만 사용한다.
4 양념장에 고기를 조물조물 무친다.
5 달구어진 팬에 구워 야채를 곁들인다.

재료

- 제육 불고기감 ······ 200g
- 깻잎 ············ 20장
- 대파 ············· 1대

불고기 양념

- 고추장 ········· 1큰술
- 고운 고춧가루 ···· 1큰술
- 양파즙 ········ 2큰술
- 사과즙 ········ 3큰술
- 설탕 ·········· 2큰술
- 진간장 ········ 2큰술
- 참기름 ········ 2큰술
- 생강가루 ···· 1/3작은술
- 다진 마늘 ······· 2큰술
- 깨소금 ········ 1큰술

만들기

1 돼지고기는 목살 부위로 골라 흐르는 물에 살짝 씻은 뒤 종이타월 위에 올려 핏물을 뺀다.

2 분량의 양념을 합하여 불고기 양념을 만든다.

3 깻잎은 흐르는 물에 깨끗이 씻어 돌돌 말아 채썰고 대파는 한쪽 면만 갈라 속대는 꺼내고 겉대만 돌돌 말아 채썬 다음 섞어서 냉수에 담가 싱싱하게 한다.

4 양념장에 핏물 뺀 고기를 넣고 조물조물 양념하여 재워둔다.

5 잘 달구어진 팬에 기름을 조금 두르고 양념에 잰 돼지고기를 올려 먹음직스럽게 구운 다음 채소를 곁들여 낸다.

한마디 더 삼겹살이나 목등심은 소금과 후춧가루만 뿌려서 구워 상추나 깻잎에 싸서 먹는데, 양념장에 재지 않고 그대로 구워 먹을 때는 참기름을 따로 내어 찍어 먹어야 더 맛있다.

Q 돼지고기의 부위별 활용법을 알려주세요.

A

목살은 불고기감으로 좋고, 등심은 튀김, 안심은 조림, 볶음에 좋아요.

돼지고기는 저렴하면서도 맛이 좋아 식탁에 자주 오르는 식품이지요. 우리 나라 사람들은 흔히 삼겹살만을 많이 드시는데, 다른 부위도 고루 활용하면 더욱 풍성한 식탁을 꾸밀 수 있습니다. 우선 목살을 이용한 제육 불고기가 있고요, 목살과 야채를 적당히 혼합하여 볶음을 해도 맛있지요. 이때 굴소스 등을 이용하면 좋습니다. 또 돼지고기 등심을 고기망치로 자근자근 두들겨 튀김옷을 입혀 튀기면 아이들이 좋아하는 돈까스가 되지요. 돼지고기 안심은 볶음이나 조림 등에 두루 사용할 수 있습니다.

Q

닭다리에 칼집을 넣는 이유는 뭔가요?

닭찜구이

닭을 한 번 쪄낸 후 석쇠에 구운 음식이라 속은 말랑하고 겉은 바삭하여 더욱 맛이 있다. 어른들을 위한 상차림이나 젊은이들의 모임상에 어울린다.

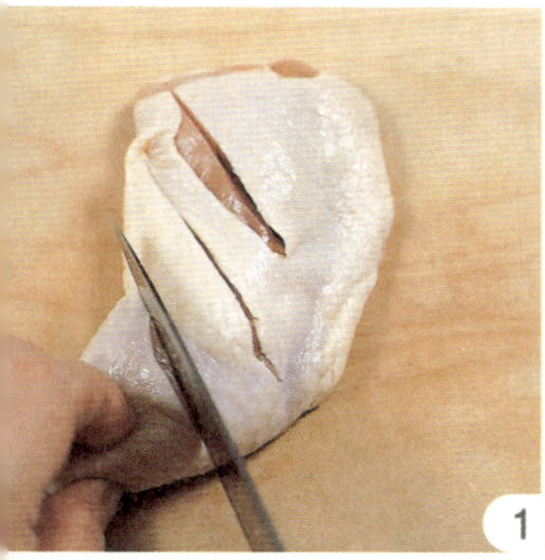

538 Kcal

1 닭다리에 칼집을 여러 번 길게 내어 양념장에 재운다
2 분량의 양념장을 섞어 양념장을 만든다.
3 칼집 넣은 닭다리에 양념장을 바른다.
4 찜통에 찐다.
5 석쇠에 올려 표면이 바삭하게 굽는다.
6 닭다리 끝을 은박지로 감아 먹기좋게 마무리한다.

재료

닭다리 ········· 4개(1kg)

닭다리 양념

- 다진 파 ········ 2큰술
- 다진 마늘 ······· 2큰술
- 진간장 ········ 4큰술
- 맛술 ·········· 3큰술
- 생강즙 ······· 2작은술
- 참기름 ········· 1큰술
- 깨소금 ········· 1큰술
- 설탕 ·········· 1큰술
- 후춧가루 ········ 조금

만들기

1 닭다리는 잔털을 없애고 찬물에 한 번 헹구어 물기를 뺀 다음 칼집을 여러 번 길게 내어 준비한다.

2 분량의 양념을 합하여 양념장을 만든다.

3 닭다리에 맛이 배게끔 양념장에 재워둔다.

4 닭다리에 충분히 맛이 들었으면 그릇에 양념과 닭을 함께 담아 김이 오른 찜통에 쪄서 닭이 2/3 정도 익으면 꺼내어 한 김 식힌다.

5 다시 석쇠를 불에 달군 다음 찜통에 찐 닭다리를 올려 노릇노릇하게 잘 굽는다. 표면의 닭 껍질이 바삭한 정도로 구워야 맛있다.

6 상에 낼 때는 데친 양배추 잎으로 닭다리 끝을 말아 먹기 좋고 보기 좋게 한다.

A

양념이 속까지 잘 배어들고 속살까지 잘 익게 하기 위해서예요.

닭다리에 칼집을 넣는 이유는 양념이 닭고기의 속까지 잘 배어들어 맛이 들도록 하기 위한 것입니다. 또 익힐 때도 칼집을 내어 두면 빠른 시간에 속까지 고루 잘 익게 되지요. 한 번 찐 다음 석쇠에 구워내면 표면은 바삭하면서도 속은 촉촉한 닭찜이 완성되어 맛이 좋습니다. 어른들을 위해 마련하는 상차림이나 혹은 젊은 사람들끼리 어울리는 캐주얼한 모임에도 고루 잘 어울리는 메뉴이니 한번 시도해 보세요.

떡찜

흰떡에 칼집을 넣어 양념한 쇠고기를 채워 넣고 사태살과 함께 쪄낸 깊은 맛의 떡찜이다. 흰떡은 말랑한 것이 잘 익고 마른 떡을 사용할 때는 물에 담갔다가 사용한다.

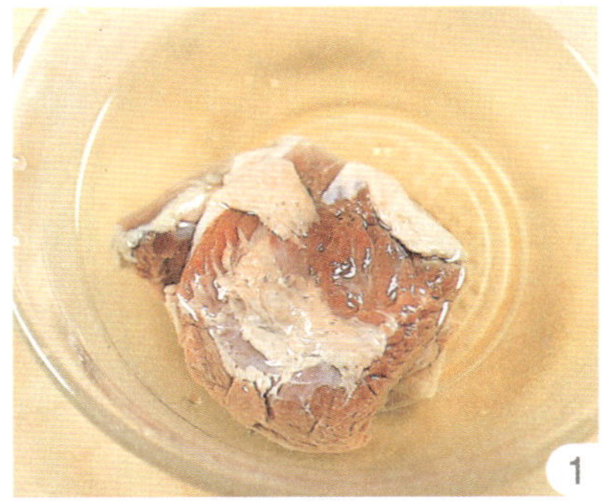
1

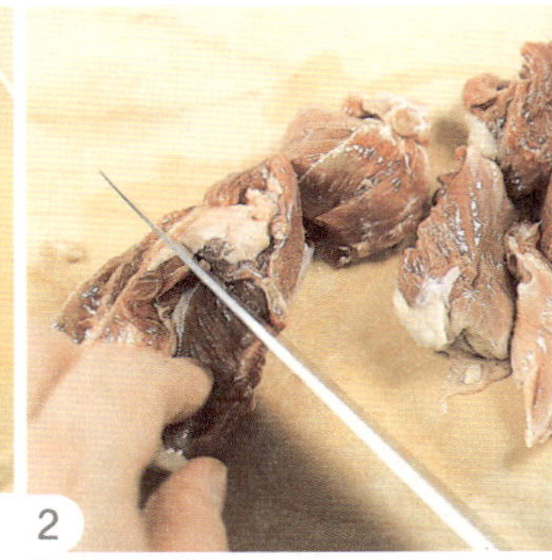
2

970 Kcal

3

5

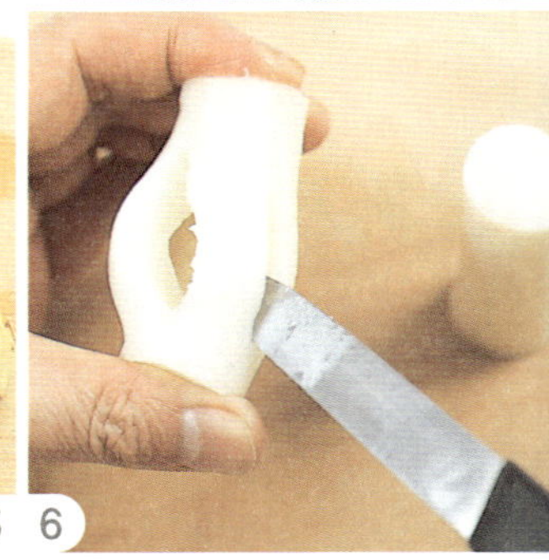
6

만들기

1 사태는 찬물에 담가 핏물을 뺀다.

2 핏물 뺀 사태는 한 입 크기로 썬다.

3 적당하게 썬 사태를 끓는 물에 살짝 삶아 건져 놓는다.

4 다진 쇠고기는 양념하여 조물조물 무친다.

5 당근, 무는 한입 크기로 잘라 가장자리를 다듬어 둥글게 만들고 밤은 속껍질까지 모두 벗겨 준비한다. 대추와 잣은 마른행주로 문질러 씻어 둔다.

6 흰떡은 4~5cm 길이로 자른 다음 오이 소박이를 만들 때처럼 가운데 부분에 열십자로 칼집을 낸다.

7 양념에 무친 고기를 흰떡 칼집 사이에 채워 넣는다.

8 큰 냄비에 양념 A를 거즈에 싸서 넣고 양념 B를 넣은 다음 사태를 넣고 푹 익힌다. 고기가 2/3정도 익으면 준비한 흰떡과 야채들을 모두 넣고 푹 익힌다.

재료

사태 · 떡 ········ 500g씩
다진 쇠고기 ········ 200g
무 · 당근 ········ 100g씩
밤 · 대추 ········ 6개씩
불린 표고 ·········· 3장
은행 ·············· 10알
잣 ············ 1작은술

다진 쇠고기 양념

설탕 ·········· 1큰술
참기름 · 깨소금 · 간장 2큰술
다진마늘 · 파 ··· 1큰술씩
후춧가루 ········ 조금

양념 A

양파 ··· 100g, 대파 ··· 50g
마른홍고추 ········ 3개
저민 생강 ········ 10g
통마늘 ·········· 70g
통후추 ······· 2작은술

양념 B

간장 ·········· 1/2컵
물엿 ·········· 3/4컵
설탕 ·········· 2큰술
물 ············· 10컵

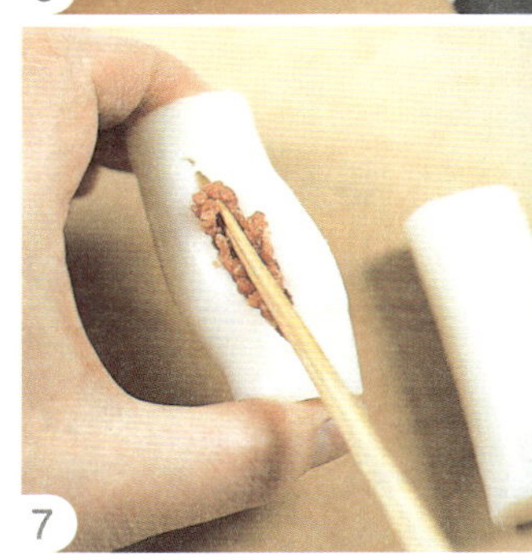
7

1 사태는 찬물에 담가 핏물을 뺀다.
2 핏물 뺀 사태를 한 입 크기로 쑹덩쑹덩 썰어 준비한다.
3 썰어놓은 사태를 끓는 물에 살짝 삶아 기름기를 뺀다.
5 당근, 무, 대추와 잣을 손질한다.
6 흰떡의 가운데에 열십자 모양의 칼집을 넣는다.
7 다진 쇠고기를 양념하여 흰떡의 칼집 사이에 넣는다.

Q 흰떡을 칼집내어 고기소를 넣지 않고 그대로 사용하면 안되나요?

칼집내어 고기소 넣는 것이 훨씬 맛이 있고 볼품도 있어요.

흰떡을 그대로 사용하는 것보다 칼집을 넣어 고기 속을 채워 넣는 것이 보기에도 훨씬 좋고 요리의 질감도 살아납니다. 한마디로 볼륨감이 생긴다는 거지요. 이때 채워 넣는 고기 속은 불고기 양념을 해서 넣으면 익었을 때 간도 잘 맞고 맛도 부드러워 어른이나 아이 모두가 좋아하는 맛이 된답니다. 흰떡은 말랑한 것을 사용하는 것이 좋은데, 만약 마른 흰떡을 사용해야 한다면, 물에 불려두었다가 흰떡을 크기에 맞게 잘라 끓는 물에 소금을 조금 넣고 데쳐 내세요.

닭갈비

닭갈비에 쓰이는 부위는 어느 부위든 뼈에 붙어 있는 살을 이용하면 된다. 그중에서도 다리살이 가장 맛있다. 닭가슴살은 살은 많지만 퍽퍽하므로 보관했다가 닭강정을 만들어 먹으면 맛있다.

723 Kcal

1 닭다리 껍질을 벗긴다.
2 닭다리에 잔칼집을 넣는다.
3 당근과 고구마는 골패쪽 모양으로 썰고 양파 깻잎, 양배추는 굵직하게 썬다.
4 양념장에 들어갈 간장은 물에 섞어 한 번 끓여 준비한다.
5 닭고기를 양념 다지기에 재워 둔다.
6 잘 달구어진 팬에 기름을 두르고 닭고기부터 익힌다.

재료

닭다리 ········ 3개(600g)
당근 ············· 100g
고구마 ··········· 100g
양파 ············· 100g
양배추 ··········· 100g
깻잎 ············ 3묶음

닭갈비 양념

진간장 ············· 1컵+물 3/4컵을 끓인다.
맵지 않은 고춧가루 ·· 1컵
흑설탕 ······· 5큰술
다진 마늘 ······· 1/2컵
다진 생강 ··· 1과 1/2큰술
후춧가루 ······ 1/2큰술
참기름 ········· 1/2컵
통깨 ······ 1과 1/2큰술
카레가루 ······· 1큰술
치킨 그레비 ··· 3작은술

만들기

1 닭다리를 준비하여 뼈를 들어내고 껍질을 벗긴다.

2 껍질 벗긴 닭다리를 반으로 갈라 살을 넓게 편 후 잔칼집을 넣어 준비한다.

3 당근과 고구마는 골패쪽 모양으로 썰고, 양파, 양배추, 깻잎은 깨끗이 손질하여 굵직하게 썬다.

4 양념장에 들어갈 간장을 진강장 1컵에 물 3/4컵을 섞어 끓여서 준비한다.

5 분량의 재료를 합하여 닭갈비 양념을 만든 후 양념장을 조금 덜어 잔칼집 넣은 닭다리를 적당하게 무쳐 재워둔다.

6 잘 달구어진 팬에 기름을 조금만 두르고 양념에 재운 닭다리를 먼저 넣어 타지 않게 익힌다.

7 닭고기가 2/3 정도 익으면 썰어놓은 당근, 고구마를 넣고 익으면 맛을 보아가며 양념 다지기를 더 넣어 간을 맞추면서 썰어놓은 양파, 양배추, 깻잎순으로 넣어 볶아 완성한다.

Q 닭갈비에 들어갈 닭고기 손질법을 알려주세요.

A

뼈 부위의 칼집을 깊숙이 내고 껍질은 벗겨 내세요.

닭갈비에 쓰이는 닭고기는 닭다리 부위가 가장 좋습니다. 살도 쫄깃하고 넓적하게 펼칠 수 있어 먹기에도 좋지요. 닭다리는 뼈 부위에 칼집을 깊숙이 넣어가며 살을 펼쳐 닭다리를 들어내고 그 다음 껍질도 벗겨내야 합니다. 그래야 양념이 속까지 잘 스며들어 맛있게 되지요. 야채도 풍성하게 준비하여 함께 볶아 먹으면 맛있는 닭갈비 요리가 된답니다. 또 닭갈비를 볶을 때 다른 채소보다 당근, 고구마를 먼저 넣는 이유는 양파, 양배추, 깻잎보다 익는 시간이 더디기 때문입니다. 양념장이 좀 많다 싶으면 덜어서 쓰고 나머지는 두었다가 다시 쓰셔도 됩니다.

고기반찬의 기초 테크닉

요리에 흔히 이용되는 고기류는 쇠고기, 돼지고기, 닭고기로 제한되어 있지만 조리법은 무척 다양하다. 좋은 고기를 골라 밑손질을 잘하는 것은 맛있는 고기요리의 기본. 이밖에도 꼭 알아두어야 할 고기요리의 기본요령을 챙겨보자.

[쇠고기]

핏물빼기

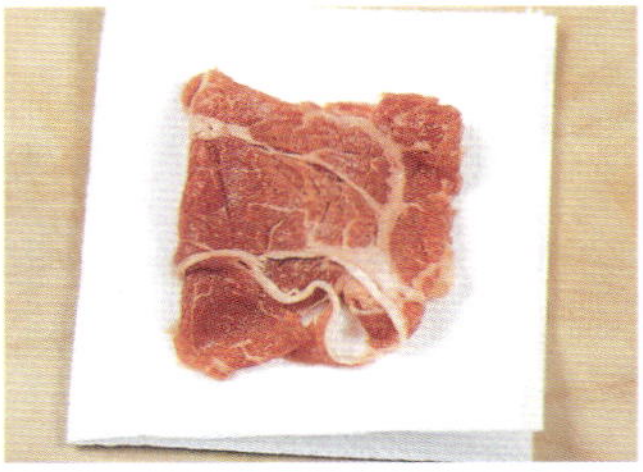

아무리 적은 양이라도 핏물을 빼지 않으면 누린내가 난다. 그렇다고 물에 담가두어 고기의 맛까지 빼버리지 말고 흐르는 물에 씻어 종이 타월에 올려 놓으면 핏물이 자연스럽게 빠진다. 종이타월은 2~3번 갈아 주도록.

썰기

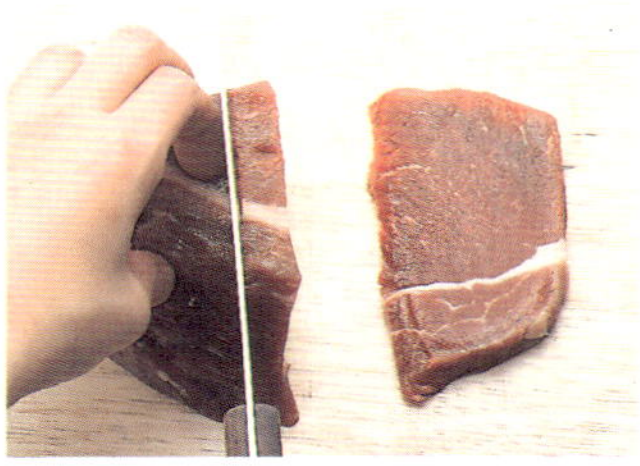

썰어두면 육즙이 나와 맛도 덜하고 신선도도 떨어지므로 조리 직전에 자른다. 질긴 고기는 가볍게 두들겨서 섬유질을 끊어주고 불필요한 지방 덩어리와 힘줄도 잘라낸다. 덩어리 고기를 썰 때는 고기결과 직각으로 자르고 채썰 때는 결과 나란하게 잘라야 수축되지 않는다.

삶기 · 끓이기

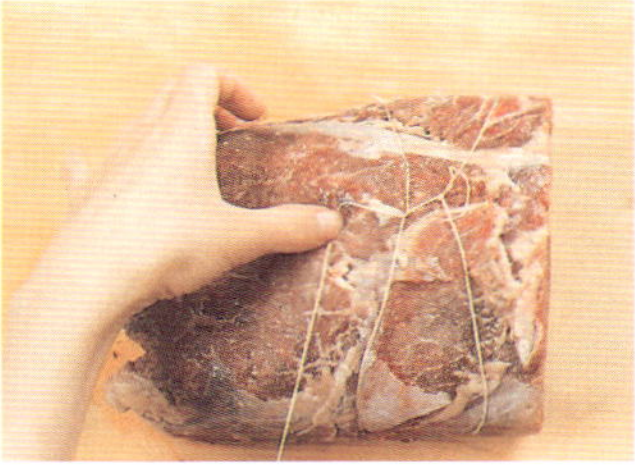

양지, 사태 등 질긴 덩어리 고기는 찬물부터 넣어 끓이는데 포크로 군데군데 찔러주면 잘 익는다. 고기를 삶을 때는 향채소를 넣고 센불에서 끓여 재빨리 고기 표면을 굳혀야 육즙이 흘러나오지 않아 맛있다. 일단 끓인 다음에는 불을 줄이고 거품을 걷어내야 누린내가 덜 난다.

굽기 · 볶기

쇠고기는 지나치게 익으면 육질이 단단해져 맛이 덜하므로 센불에서 단숨에 볶는다. 코팅된 프라이팬에 구울 때는 기름을 두르지 않아야 맛있고 소금과 후춧가루도 굽기 직전에 뿌린다. 석쇠에 구울 때는 석쇠에 기름을 바르고 뜨겁게 달군 후 구워야 달라붙지 않는다.

[돼지고기]

고르기

돼지고기는 연분홍색을 띠는 것으로 매끈하고 윤기가 나며 만져보아 탄력이 있는 것이 좋다. 신선하지 못한 것은 회색이 진하고 푸른빛이 나며 탁해 보일 뿐만 아니라 탄력도 없다.

돼지고기 중에서 가장 많이 먹는 부위는 지방이 많은 삼겹살, 표면만 지방이 덮인 방아살과 볼깃살, 지방이 적은 목살, 등심, 안심으로 나뉜다.

썰기

도톰하게 조리할 때는 두들겨서 결을 끊어줘야 두께도 균일해지고 육질도 연해진다. 덩어리고기를 썰 때는 결의 방향에 직각이 되게 자르고 표면에 붙어 있는 힘줄이나 기름덩어리는 제거한다. 고기를 넓적하게 조리할 때는 가장자리에 칼집을 넣어야 형태가 변하지 않는다. 다진 고기는 특히 상하기 쉬우므로 사용하기 직전에 다져 쓰는 게 좋다.

삶기 · 찌기

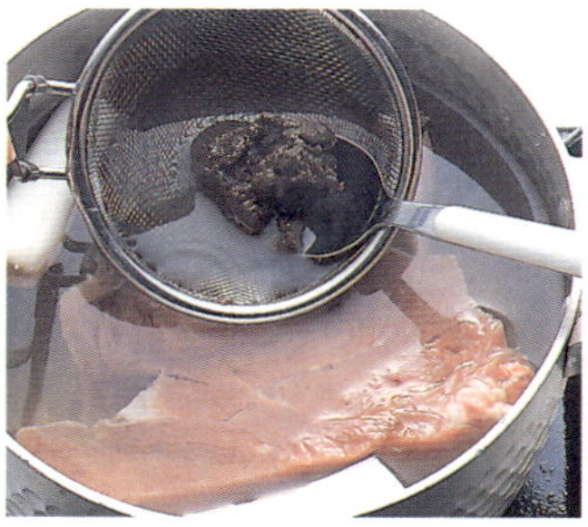

고기를 삶기 전에 찬물에 담가 핏물을 빼주면 냄새도 덜 나고 끓일 때 거품도 덜 생긴다. 된장을 넣어 삶든지 향미 채소를 넣어 삶으면 돼지고기 특유의 누린내를 줄일 수 있다. 고기를 덩어리째 삶거나 찔 때는 삶은 고기를 면실로 단단하게 묶어 모양을 잡아주든지 랩에 단단하게 만 후 구멍을 내고 냉장고에 넣어 차게 식힌 후 썬다.

굽기 · 볶기

돼지고기 역시 센불에서 구워야 하는 것은 기본. 하지만 돼지고기는 기생충 감염의 위험이 있으므로 속까지 익을 때까지 조리해야 한다. 돼지고기는 쇠고기에 비해 맛이 담백하므로 향미가 강한 소스를 곁들여 맛을 더해주는 것도 맛있게 먹는 요령이다. 생강즙, 청주 등으로 밑간을 하면 냄새도 없어지고 고기도 연해진다.

튀기기

고기의 물기를 잘 닦은 후 튀김옷을 입힌다. 이때 밀가루는 되도록 얇게 입히고 달걀과 빵가루는 구석구석 빠짐없이 묻힌다. 처음에는 센불에서 튀겨 색을 내준 다음 불을 줄여 속까지 충분히 익혀 기름을 뺀다.

튀김기름 온도는 처음에 180℃기름에서 튀기되, 겉이 노느스름하게 튀겨지면 불을 중간으로 줄여야 한다.

[닭고기]

고르기

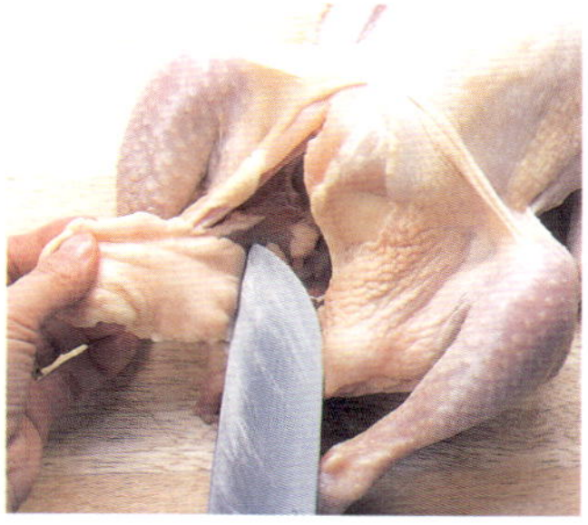

껍질이 희고 윤기가 흐르며 살은 두텁고 분홍색이 도는 것으로 껍질의 털구멍이 솟아오르고 손으로 만져보아 탄력이 있는 것이 신선하다. 닭은 다른 고기에 비해 쉽게 상하므로 바로 사용하지 않을 경우라면 냉동보관하는 것이 좋다. 냉장고에서는 1일이 한도. 술과 소금으로 밑간을 해두면 좀더 오래 보관할 수 있다.

기본손질

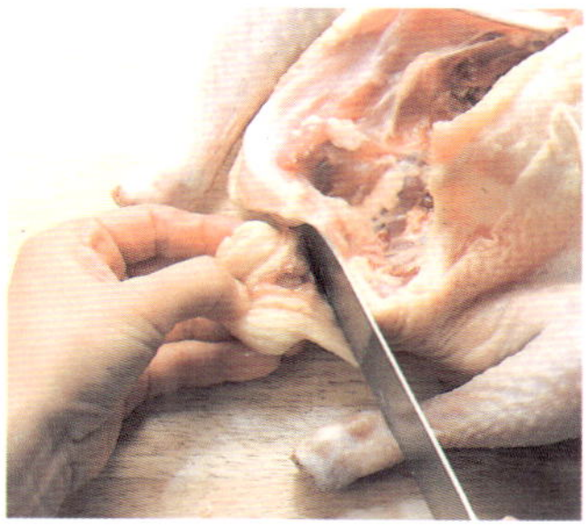

닭을 통째로 사왔다면 먼저 꽁지 부분에 뭉쳐 있는 기름덩어리와 주변의 기름을 도려내고 껍질과 살 사이에 있는 노란 지방도 칼끝으로 긁어낸다. 그 다음 흐르는 물에 속을 훑어가면서 뱃속에 남아 있는 찌꺼기를 말끔히 씻어낸다. 토막을 칠 때는 뼈와 뼈 사이를 칼로 내리치듯 단번에 자른다. 닭다리 등 살이 두툼한 부위로 조리할 때는 칼집을 넣어준다.

굽기

물기가 많은 재료이므로 굽기 전에 간을 잘 해야 풍미가 좋아진다. 닭고기 역시 센불에서 양면을 구운 다음에 불을 줄여 속까지 익힌다. 껍질이 붙은 경우에는 껍질 쪽부터 굽기 시작해서 색갈이 나면 뒤집어서 살 부분을 익힌다. 오븐에 구울 때는 자주 꺼내서 흘러내린 기름을 껍질 구석구석 발라주면 윤기가 난다.

튀기기

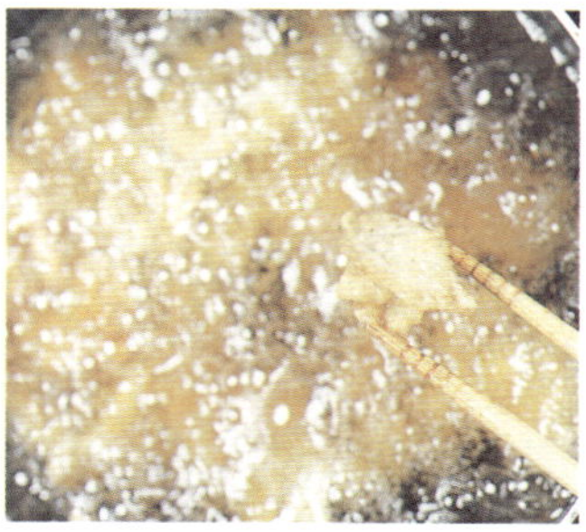

튀기기 전에 밑간을 잘해두어야 닭 냄새도 없애고 물기도 빠진다. 밀가루나 녹말가루 등 튀김옷은 가능한 한 얇게 바르는 것이 좋고, 튀길 때는 180도 기름에 넣고 서서히 튀겨 속까지 익힌 후 건져 두었다가 다시 한 번 센불에서 튀기면 바삭하다.

삶기

닭고기는 너무 오래 삶으면 살이 단단해져 맛이 덜하다. 중닭이라면 40분 정도 끓이다가 손가락으로 고기를 눌러보아 탄력이 느껴질 때 꺼내면 적당하다. 이때 저민 마늘이나 생강, 파 등의 향신 채소를 넣으면 닭 특유의 냄새를 없애는데 효과적이다. 가슴살을 찔 때는 술을 뿌리면 냄새가 사라진다.

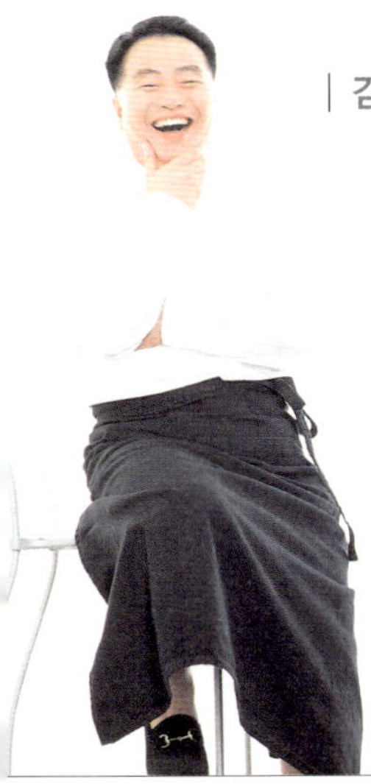

제철 생선이 맛이 좋겠죠. 손질을 제대로 해야 하는 것은 기본이고요.

생선, 해물

반찬을 맛나게 만들려면 우선 재료 고르기를 잘 해야 합니다. 수산 시장에 나가 보면 종류도 많고 비슷비슷한 모양을 한 것들이 모두 살아 움직이지만 막상 내 장바구니에 담아야 할 것은 어떤 것인지 망설이게 되죠. 그리고 요즘은 자연산이다, 양식이다, 수입산이다, 국내산이다 하여 더욱 주부들을 헷갈리게 하기도 하죠.

그러나 거기에 너무 구애받지 마세요. 먼저 생선으로 무엇을 만들 것인지를 정하고, 생선을 구입하세요. 회로 먹을 것인지, 구이를 할 것인지, 조림을 할 것인지, 아니면 찌개를 끓일 것인지를 생각하고 장에 나가는 것이 편리하겠죠.

저는 개인적으로 고등어와 삼치를 좋아합니다. 고등어와 삼치는 우리에게 가장 친숙한 생선이기도 하지만 구이를 하면 본래의 생선 맛을 즐길 수도 있고 특히 등푸른 생선인 고등어는 콜레스테롤을 예방한다고 하니 일부러라도 찾아 먹는 편입니다.

생선을 선택할 때 구분하는 방법을 간단하게 알려 드릴게요. 첫째 자연산과 양식을 구분하는 방법인데, 자연산은 생긴 모양부터가 좀 달라요. 같은 종류라도 나선형으로 날씬하게 생겼으며 몸에 상처가 없답니다. 넓은 바다에서 마음껏 헤엄치며 자유롭게 살았으니 그럴 수 밖에요. 운동량이 많았다는 거죠. 그래서인지 고기도 쫄깃하고 탄력이 있다는 것 기억해 두세요. 하지만 양식은 몸이 두리뭉실하고 비늘이 벗겨지는 등 상처가 눈에 띕니다. 좁은 공간에서 저희들끼리 비비고 살았으니 운동량도 떨어질 것이고 스트레스도 좀 받았겠어요. 물론 맛을 보면 차이가 완연히 나타나죠. 살이 퍼석퍼석 하답니다.

조리과정에서 조심할 점은 생선을 토막 낸 후 물에 씻지 말라는 겁니다. 토막치기 전에 아가미로 내장을 꺼내고 말끔하게 씻은 후 토막을 쳐서 바로 조리하세요. 그래야 비린내가 나지 않고 영양 손실도 없습니다. 제 강의를 듣는 주부님들에게 자주 말씀을 드리는 내용인데 설명을 해 드려도 왠지 토막을 쳐서 한 번 씻어 내야 개운하다는 분들이 많아요. 하지만 이제부터는 그렇게 하지 마세요.

chapter2

생선·해물류 반찬

Q

오징어 껍질을 벗기지 않고 그냥 요리하나요?

오징어볶음

볶음을 할 때 야채를 먼저 볶다가
오징어를 넣고 볶는다. 그래야 수분이 생기지 않고
요리의 볼품도 있다.

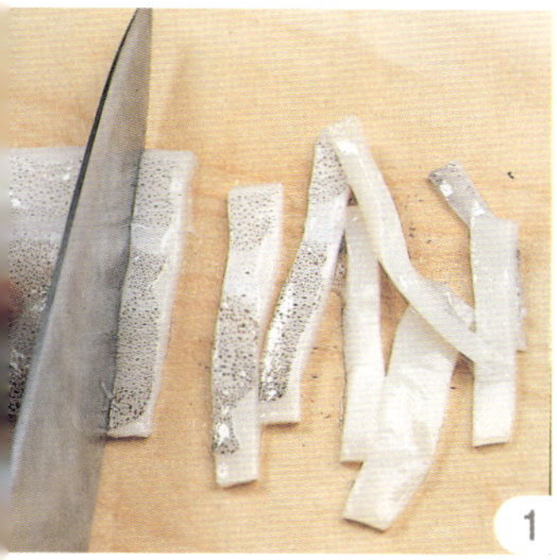

196 Kcal

1 오징어는 깨끗이 손질하여 3~4cm 길이로 썰어둔다.
2 호박, 양파, 당근, 깻잎, 고추 등의 채소를 고루 준비한다
3 분량의 양념들을 합하여 볶음 양념을 만든다.
4 기름을 살짝 두른 팬에 채소들을 넣어 볶다가 오징어를 넣고 볶는다.
5 마지막으로 깻잎을 넣고 재빨리 볶아 낸다.

재료

- 오징어 ··········· 1마리
- 양파 ············· 50g
- 풋고추 ··········· 30g
- 홍고추 ··········· 20g
- 애호박 ··········· 40g
- 당근 ············· 30g
- 대파 ············· 50g
- 식용유 ··········· 조금

볶음 양념

- 고운 고춧가루 ··· 3큰술
- 굵은 고춧가루 ···· 1큰술
- 다진 마늘 · 간장 ·· 1큰술
- 설탕 · 참기름 ···· 2큰술
- 깨소금 ······· 1/2큰술
- 생강즙 ······· 1작은술
- 소금 ··········· 조금

만들기

1 오징어는 깨끗이 손질하여 3~4cm 길이로 잘라 준비한다.

2 양파는 오징어 굵기로 썰고 홍고추, 대파, 풋고추는 어슷썰기로 썬다. 애호박, 당근은 2~3cm 길이의 골패쪽 모양으로 썰고 깻잎은 한입 크기로 썬다.

3 분량의 양념을 합하여 볶음 양념을 만들어 둔다.

4 잘 달구어진 팬에 식용유를 조금 두르고 준비된 채소들을 넣고 한소끔 볶다가 오징어를 넣고 분량의 볶음 양념을 넣어 볶는다.

5 마지막으로 깻잎을 넣고 재빨리 섞은 다음 불에서 내린다.

오징어 내장 빼는 방법

요리의 종류마다 손질법이 조금씩 다르지만 기본 손질은 껍질 벗기기와 내장 떼어내기다. 내장을 빼려면 우선 몸통과 다리가 붙어있는 아래 부분에 손가락을 집어넣어 가만히 내장이 붙은 부분을 빼낸다.

A

볶음을 할 때는 구태여 벗기지 않아도 됩니다.

오징어 껍질을 벗기는 것은 숙회 등의 요리의 맛이나 색을 살려야 하는 경우입니다. 볶음과 같은 요리는 굳이 오징어 껍질을 벗기지 않는 것이 좋습니다. 오징어 껍질에는 콜레스테롤을 없애주는 성분이 들어있다고 합니다. 몸에 좋은 것인 만큼 특별히 싫어하지 않는다면 그냥 드시는 것이 좋지요. 볶을 때는 채소를 먼저 볶다가 오징어를 나중에 넣어야 수분이 생기지 않습니다. 볶음 요리에 수분이 생기면 질척해져서 요리가 맛이 없고 볼품도 없어집니다. 주의하세요.

홍합조림

양념맛으로 먹는 조림 반찬은 생홍합을 사용하지 않아도 된다. 냉동 홍합은 살짝 삶아서 냉동시킨 것이기 때문에 사용하기가 편리하다.

154 Kcal

1 냉동 홍합은 상온에서 해동시킨다.
2 어묵은 끓는 물에 데친다.
3 마늘종은 한입 크기로 썬다.
4 조림장을 끓인다.
5 끓인 양념을 체에 걸어 조림장을 만든다.
6 준비한 재료에 조림장을 붓고 윤기나게 조린다.

만들기

1 생홍합을 구입했을 때는 홍합살에 붙어 있는 이물질을 제거하고 깨끗이 씻어 준비한다.

2 어묵은 홍합 모양으로 동글동글하게 생긴 것을 구입하여 끓는 물에 데쳐 여분의 기름기를 뺀다.

3 마늘종은 깨끗이 씻어 3~4cm 길이로 한입에 먹기 좋은 크기로 썬다.

4 냄비에 분량의 조림 양념을 넣고 걸쭉해지도록 중간불에서 끓여 낸다.

5 걸쭉하게 끓여진 양념장을 체에 걸러 조림장만 얻는다.

6 냄비에 조림장을 넣고 어묵과 홍합, 마늘종을 넣어 윤기나게 조린다.

재료

홍합살(냉동) ······ 250g
어묵 ······ 150g
마늘종 ······ 70g

조림 양념

간장 ······ 3큰술
맛술 ······ 2큰술
물엿 ······ 1큰술
참기름 ······ 1큰술
대파 ······ 20g
통마늘 ······ 30g
저민 생강 ······ 3쪽
후춧가루 ······ 조금

한마디 더 홍합은 늦봄에서 여름 사이에는 냉동된 홍합살을 구입해서 사용하는 것이 좋다. 생홍합을 사용할 때는 살에 붉은 빛이 도는 것으로 구입하고 홍합에 붙어있는 수염은 끓는 물에 살짝 데친 다음 떼어내는 것이 편리하다.

Q 얼리지 않은 홍합을 사용하면 안되나요?

A

손질을 더 많이 해야 하고 번거로움이 따릅니다.

얼리지 않은 생 홍합을 사용할 경우에는 손질을 더 많이 해야 하므로 번거롭습니다. 생홍합을 사용할 때는 표면에 붙어 있는 지저분한 것들을 솔로 깨끗이 씻어 제거한 후 물을 끓여 홍합이 입을 벌릴 정도로만 살짝 삶아냅니다. 그 다음 홍합 살을 발라내어 차갑게 식힌 후 조려내면 됩니다. 조림과 같이 양념 맛으로 먹는 요리는 반드시 생홍합을 사용하지 않아도 좋습니다. 냉동 홍합은 손질을 깨끗이 한 다음 살짝 삶아서 냉동시킨 것이므로 더 편리합니다.

꼬막채소무침

삶은 꼬막 살을 콩나물, 미나리와 섞어 매콤하게 무쳤기 때문에 입안이 개운해지는 음식이다. 술안주로 훌륭하다.

재료

꼬막 · · · · · · · · · · · · · 500g
콩나물 · · · · · · · · · · · · 170g
미나리 · · · · · · · · · · · · 120g

무침양념

고추장 · · · · · · · · 3큰술
다진파 · · · · · · · · · 1큰술
다진마늘 · · · · · · · 1큰술
참기름 · · · · · · · · · 1큰술
깨소금 · · · · · · · 1/2큰술
고운 고춧가루 · · · · 1큰술

만들기

1 꼬막은 슴슴한 소금물에 하룻밤 정도 담가서 해감을 시킨 후 소금을 넣고 박박 문질러 씻는다.

2 냄비에 물을 넉넉히 붓고 끓여 꼬막을 살짝 삶아낸다.

3 삶아낸 꼬막의 살을 발라내서 제 물에 씻어 물기를 거둔다.

4 콩나물은 머리와 꼬리를 떼어내고 끓는물에 데치고 미나리는 연한 줄기 부분만을 3~4cm 길이로 자른 다음 끓는 소금물에 새파랗게 데쳐 찬물에 헹궈 물기를 거둔다.

5 큰 그릇에 분량의 무침 양념을 넣고 잘 섞은 후 준비된 재료들을 넣고 맛있게 무쳐 완성한다.

197Kcal

point

3

4

5

3 삶아낸 꼬막의 입을 벌려 조개살만 꺼낸다.
4 콩나물은 손질하여 끓는 물에 데치고, 미나리는 먹기 좋도록 3~4cm 길이로 자른다.
5 준비된 재료를 양념장으로 무친다.

Q 콩나물을 삶아내면 실처럼 가늘어져 버리는데 왜 그렇죠?

A 삶을 때 소금을 넣으면 삼투압 현상으로 가늘어집니다.

콩나물을 삶을 때 소금을 넣으면 안됩니다. 소금을 넣고 데치면 삼투압 작용에 의해 콩나물의 수분이 빠져나가 실처럼 가늘어져 버리게 되는 겁니다. 콩나물을 데칠 때는 소금을 넣지 않은 물에서 삶아내도록 하세요. 데쳐낸 후에도 찬물에 헹구지 않습니다. 넓은 채반에 펼쳐 저절로 식을 때까지 그냥 두시면 됩니다.

소라냉채

껍질이 있는 소라를 사용할 때는 끓는 물에 삶아 살을 뺀 후 끝에 붙어 있는 내장을 깨끗이 떼어내고 사용한다. 삶을 때는 소라를 엎어서 삶아야 잘 익는다.

재료

삶은 소라살 ······· 200g
오이 ·············· 1개
배 ·············· 1/3개
래디시 ············ 5개
생밤 ·············· 3개

겨자소스

- 갠겨자 ········ 4큰술
- 설탕 ·········· 3큰술
- 식초 ·········· 3큰술
- 소금 ········ 2작은술
- 다진마늘 ····· 1/2큰술

만들기

1 껍질 있는 소라를 엎어놓고 삶는다.

2 삶은 소라는 꼬치를 이용하여 살을 뺀다.

3 소라살에 붙어 있는 푸르스름한 내장을 떼어내고 얄팍하게 썬다.

4 오이는 표면을 소금으로 문질러 씻은 후 필러를 이용해 껍질을 얇게 벗긴 후 동글동글하게 썬다.

5 배는 한입 크기로 썰고, 래디시는 깨끗이 씻어 동글동글하게 썬다. 생밤은 얄팍하게 썬다.

6 분량의 소스 재료들을 잘 섞어 겨자 소스를 만든다.

7 준비된 재료들을 접시에 보기좋게 담은 후 겨자소스를 곁들여 낸다.

141Kcal

point

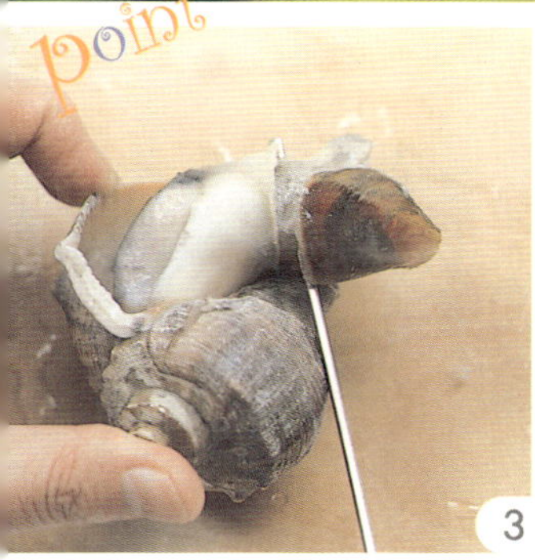

3 삶은 소라살을 꺼내 내장을 떼어낸다.
6 분량의 재료들을 합하여 겨자소스를 만든다.
7 준비된 재료를 담고 겨자 소스를 곁들인다.

Q 톡 쏘는 겨자 소스 만드는 법을 상세히 알려 주세요.

A 발효겨자를 쓰는 것이 좋습니다.

간단하게 만들 수 있는 방법으로 튜브 겨자를 쓰시는 분들이 있습니다만 튜브 겨자는 맛이 약해 톡 쏘는 겨자의 맛을 느낄 수 없습니다. 가루로 된 겨자를 따뜻한 물에 개어 재빨리 저으면 겨자가 발효되면서 톡 쏘는 맛을 냅니다. 겨자를 되직하게 개어 랩을 씌우고 3~4시간 두어도 발효가 잘 됩니다.

Q

생선을 타지 않게 굽는 방법을
알고 싶어요.

꽁치양념구이

양념장 만들기가 가장 중요하므로 양념장 4가지를 분량대로 잘 만들어 제맛을 살리도록. 석쇠나 오븐 그릴에 구워내면 더욱 맛있다.

1

2-1

305 Kcal

2-2

3~4

5

6

1 꽁치손질을 한다.
2-1 양념 재료 중 간장과 설탕을 섞어 먼저 끓인다.
2-2 간장이 끓으면 대파와 마늘, 생강을 넣어 끓인다.
3~4 건더기를 건져낸 양념장에 B를 넣고 끓이다가 양념 C를 넣는다.
5 손질해 놓은 꽁치에 양념을 발라 굽는다.

재료

꽁치 ············ 2마리

꽁치 양념장 A
- 물 ············· 1컵
- 설탕 ·········· 6큰술
- 간장 ·········· 7큰술
- 마늘 ··········· 20g
- 대파 ··········· 20g
- 생강 ··········· 20g

양념장B
- 고추장 ········· 1큰술
- 고춧가루 ······· 4큰술
- 후춧가루 ········ 조금

양념장C
- 물엿 ·········· 2큰술
- 청주 ·········· 2큰술

참기름 ······· 2작은술

만들기

1 꽁치는 내장을 제거한 후 깨끗이 씻어 물기를 없애고 칼집을 넣는다.

2 꽁치 양념장 A의 재료 중 간장과 설탕을 먼저 끓이다가 나머지 재료를 함께 섞어 끓이면서 처음 분량의 2/3 분량이 되면 건데기는 건져버리고 조림장만 냄비에 담아 불에 올린다.

3 A의 조림장에 B의 양념 재료들을 넣고 고춧가루가 풀릴 때까지 약한 불에서 끓인다.

4 양념장 A, B를 섞은 조림장에 양념장 C의 양념을 넣어 끓여 걸쭉해지면 참기름을 넣어 조림장을 완성한다.

5 손질해 놓은 꽁치를 석쇠에 얹거나 생선 굽는 그릴에 한번 앞뒤로 구운 후 어느 정도 익으면 완성된 소스를 발라가며 윤기나게 굽는다.

A

손질해 놓은 꽁치를 먼저 애벌구이 한 후 양념발라 구우세요.

생선을 구울 때 양념을 발라 불에 올리면 생선이 익기 전에 양념이 먼저 타버려 구이 맛을 제대로 낼 수가 없습니다. 우선 손질한 꽁치를 애벌구이 하세요. 애벌구이한 생선에 양념을 발라 센불에 가까이 대고 굽지 말고, 약한 불에서 어느정도 거리를 두고 구우면 속까지 잘 익습니다. 아니면 양념을 묻히지 않은 채 잘 구워 소스에 담갔다가 그대로 상에 내도 맛이 있답니다.

Q

새우가 가장 맛있는 철은 언제이며 내장은 왜 꼭 빼내야 하나요?

대하구이

펼친 새우에 새우살을 다져 도톰하게 얹고 오븐에 굽는 요리로 모양새가 예쁘고 맛도 좋아 새로운 반찬을 만들고 싶을 때 해봄직한 메뉴다.

102 Kcal

1 새우등에 반듯하게 칼집을 넣는다.
2 칼집 넣은 부위를 양옆으로 벌려 내장을 꺼낸다.
3 살쪽으로 길게 칼집을 넣는다.
4 다진 새우살에 양념한다.
5 펼친 새우에 밀가루를 묻힌다.
6 밀가루 묻힌 위에 다진 새우를 붙여 모양을 만들어 굽는다.

재료

대하	5마리
새우살	150g
소금, 흰후추	조금씩
녹말가루, 참기름	조금씩

새우살 양념

송송 썬 부추	20g
다진 마늘	1/2큰술
설탕	1/2큰술
참기름	1큰술
소금	조금
흰후춧가루	조금

만들기

1 새우등에 칼집을 반듯하게 넣는다.
2 칼집 넣은 부위를 양옆으로 벌려 내장을 빼낸다.
3 새우살 양쪽에 칼집을 넣어 수축을 방지한 후 칼날로 자근자근 두드려 편편하게 만든 다음 소금과 흰후춧가루를 뿌려 밑간한다.
4 펼친 대하 몸에 덧붙일 새우살은 분량의 양념으로 버무린다.
5 소금과 흰후춧가루로 밑간한 새우의 살 부분에 밀가루를 솔솔 묻힌다.
6 밀가루 입힌 위에 양념한 새우살을 도톰하게 발라 모양을 만든다.
7 모양을 만든 새우를 오븐에 넣어 굽는다.
8 다 구워지면 참기름을 살짝 바르고 접시에 담아낸다.

A

가을, 겨울이 제철이고 내장을 빼야 풍미가 있고 감칠맛이 돕니다.

새우는 가을과 겨울이 가장 맛있는 철입니다. 새우를 고를 때는 다리와 머리가 제대로 붙어 있고 모양이 반듯한 것이 신선합니다. 껍질이 깨어졌거나 광택이 나지 않으면 신선도가 떨어지죠. 그리고 조리할 때는 내장을 반드시 빼내세요. 그러지 않으면 쓴맛이 돌아요. 또 새우 꼬리 바로 위 삼각형으로 생긴 뾰족한 부분은 물이 고여 있으므로 가위로 잘라내세요.

오징어숙회

안에 넣을 채소는 다른 것으로 바꾸어도 좋다. 초고추장을 만들 때 배즙과 사과즙을 사용하면 맛이 훨씬 부드럽고 향취가 있다.

재료

물오징어 ········· 2마리
깻잎 ··············· 8장
무, 부추, 레몬 ····· 조금씩

초고추장

- 고추장 ········· 1/2컵
- 식초 ·········· 4큰술
- 사과즙 ········ 3큰술
- 배즙 ·········· 3큰술
- 마늘 간 것 ····· 1작은술
- 설탕 ·········· 4큰술
- 생강즙 ······· 1작은술

만들기

1 물오징어는 몸통과 다리를 분리한 다음 반으로 갈라 내장과 껍질을 제거하고 배 안쪽에 가로, 세로 잔칼집을 넣어 끓는 물에 몸통과 다리를 데친다.

2 깻잎은 깨끗이 씻어 줄기 부분은 잘라내고 무는 곱게 채 썬다. 부추는 살짝 데친다.

3 오징어의 칼집 넣은 면이 바깥쪽으로 가게 하여 안쪽에 깻잎을 깔고 오징어 다리를 넣은 후 김밥 말듯이 둥글게 만다.

4 데친 부추로 오징어말이를 묶은 다음 한입 크기로 적당히 썬다.

5 상에 낼 때 초고추장을 곁들인다.

142 Kcal

point

1

3

4

1 칼집넣은 오징어의 몸통과 다리를 데쳐낸다.
3 오징어 안쪽에 깻잎을 깔고 오징어 다리를 넣어 둥글게 만다.
4 부추로 묶은 다음 한 입 크기로 썬다.

Q 오징어의 안쪽에 깻잎 대신 다른 채소를 넣으면 어떨까요?

A 오이나 무순, 당근을 채썰어 넣어도 상관 없어요.

안쪽에 다른 채소를 넣어도 맛이 좋습니다. 깻잎 대신 오이나 무순, 당근 등을 곱게 채썰어 넣고 둥글게 말면 보기에도 예뻐 손님 초대상에 올려도 손색이 없는 요리가 되지요. 초고추장은 배즙과 사과즙을 함께 섞으면 고급스러운 초고추장이 됩니다.

주꾸미무침

오징어나 낙지 대신 주꾸미를 사용해도 비슷한 맛을 즐길 수 있다. 대신 함께 들어갈 채소류를 잘 선택하고 무침 양념의 분량을 잘 맞추도록 한다.

재료

주꾸미(실량) ······· 380g
오이 ········· 1/2개(80g)
당근 ············· 50g
양파 ············· 40g
쑥갓 ············ 5줄기
국수 ··········· 적당량

무침 양념

- 고추장 ········· 4큰술
- 다진 마늘 · 참기름 1큰술씩
- 고춧가루 ······ 1작은술
- 깨소금 · 설탕 · · · 1큰술씩

만들기

1 주꾸미는 깨끗이 손질한다.

2 깨끗이 손질한 주꾸미를 끓는 물에 데쳐 한입 크기로 썬다.

3 오이는 반으로 갈라 어슷썰기로 썰고 당근도 오이와 같은 크기로 썬다. 풋고추는 어슷썰기로 썰고 양파는 반으로 갈라 곱게 채 썬다. 쑥갓은 씻어 건져둔다.

4 국수는 삶아서 건져 물기를 거두어 둔다.

5 넓은 그릇에 손질한 주꾸미와 당근, 오이, 풋고추, 양파를 분량의 양념으로 맛있게 무쳐서 삶은 국수 위에 예쁘게 담아낸다. 쑥갓으로 장식한다.

193 Kcal

point

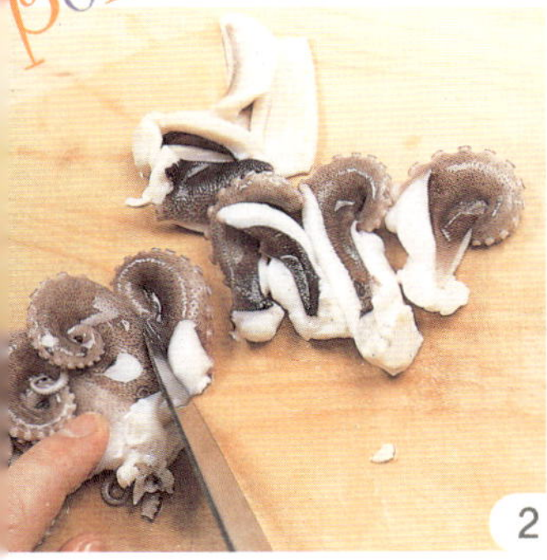

2 주꾸미는 손질하여 끓는물에 잠깐 데쳐 한 입 크기로 알맞게 썬다.
3 오이와 당근, 양파, 쑥갓 등의 채소를 고루 채썬다.
5 준비한 모든 재료를 양념에 무쳐 국수 위에 얹는다.

Q 음식을 사진처럼 예쁘게 담는 비법이 있을까요?

A 깨끗하고 큰 그릇을 사용하세요.

음식을 예쁘게 담는다는 건 곧 먹기 좋고 보기 좋게 담는다는 뜻입니다. 보기에만 좋고 먹기에 불편하다면 그것도 우스운 일이지요. 무침이나 볶음 등의 요리는 약간 큼직한 접시에 여유 있게 담는 편이 보기에 좋습니다. 그릇에 그득하게 담으면 오히려 부담스러울 수도 있으니까요.

아귀조림

아귀는 생긴 것이 징그러워 집에서 다루기가 거북할 수 있다. 하지만 토막낸 것을 사면 그다지 힘들지 않으므로 두려워하지 말고 만들어보자.

198 Kcal

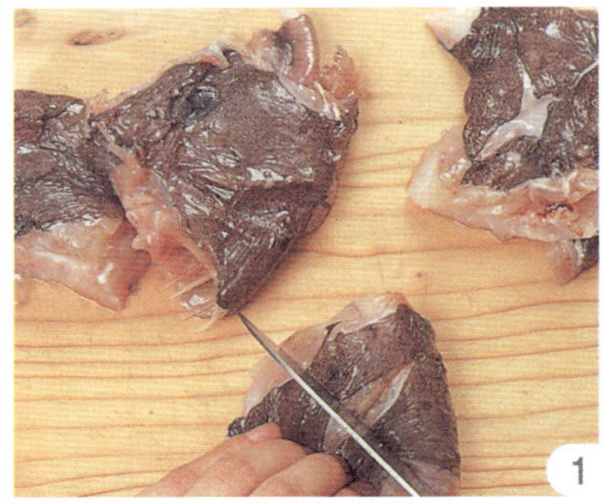

1

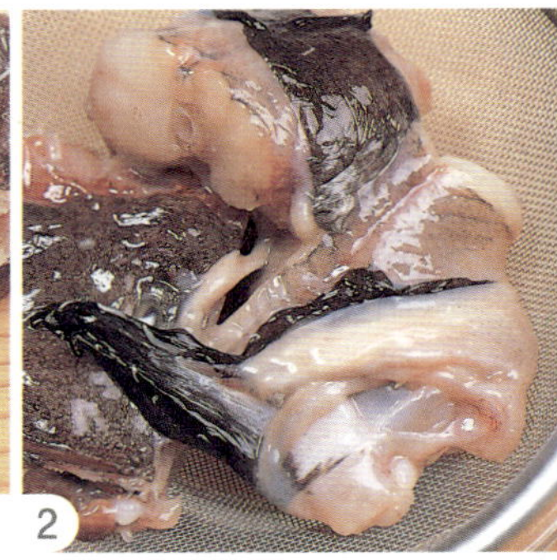

2

3

4

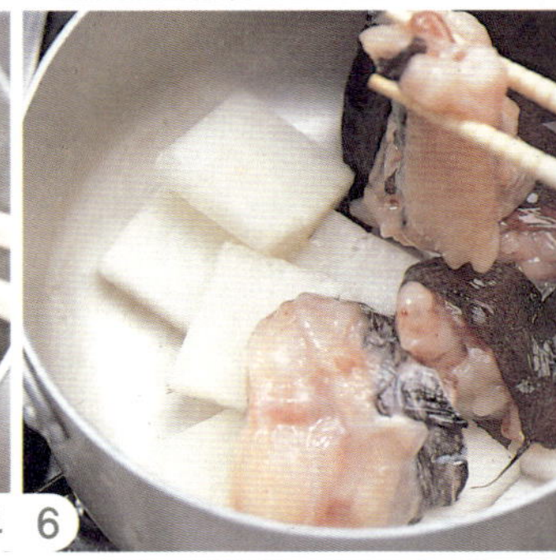

6

만들기

1 아귀는 내장을 제거하고 기본 손질한 것을 준비하여 미끈거리는 성분이 없어지도록 문질러 씻어 토막을 낸다.

2 토막을 낸 아귀를 다시 한 번 말갛게 씻어 체에 밭쳐 물기를 뺀다.

3 무는 한입 크기로 큼직하게 썬다. 홍고추, 풋고추는 어슷썰기를 하고 양파는 채썰어 준비한다.

4 장국물을 만든다. 냄비에 분량의 물과 다시마를 넣어 3~4시간 정도 담가 두었다가 불에 올려 끓어 오르면 다시마는 건져내고 불을 끈 다음 가다랭이포를 넣고 5분 정도 두었다가 고운체에 밭쳐 장국물을 만든다.

5 장국물과 분량의 양념을 합하여 조림 양념을 만든다.

6 냄비에 무 썬 것을 깔고 그 위에 아귀 손질한 것을 얹는다.

7 아귀 위에 홍고추, 풋고추, 양파를 고루 얹은 뒤 조림 양념을 붓고 맛이 들도록 푹 조린다.

재료

아귀 ············ 600g
무 ············ 300g
홍고추 ············ 1개
풋고추 ············ 2개
양파 ············ 100g

조림 양념

장국물(물 3컵, 다시마 5g, 가다랭이포 3g) ···· 2컵
간장 ·········· 5큰술
설탕 ·········· 2큰술
고춧가루 ······· 2큰술
마늘 ·········· 2큰술
후춧가루 ········ 조금
생강가루 ········ 조금

7

1 아귀는 미끌거리지 않도록 문질러 씻어 토막을 낸다.
2 토막낸 아귀를 다시 씻어 물기를 뺀다.
3 채소들을 썬다.
4 장국물을 만든다.
6 냄비에 무를 먼저 깔고 그 위에 아귀를 올린다.
7 아귀 위에 채소를 얹고 양념장 부어 조린다.

Q

아귀 고르는 요령을 알려주세요. 밖에서 먹는 것만큼 맛있을까요?

A

표면에 윤기가 있고 탄력이 있는 것을 고르고 조림장 맛이 좋아야겠죠.

아귀는 입이 커서 붙은 이름이지요. 이름 만큼 입이 크고 삼각형 모양으로 넓적하게 생겼습니다. 아귀는 작은 것보다는 큰 것이 좋습니다. 너무 작은 것은 별로 먹을 것이 없고 맛도 떨어집니다. 또 아귀 표면에 윤기가 있고 탄력이 있어야 싱싱한 것이지요. 적당히 큼직한 것을 구입하고 표면의 미끈거리는 성분이 남아 있지 않도록 여러 번 박박 문질러 씻어 조리를 하세요.

아귀는 아귀조림 외에 아귀찜, 아귀탕, 아귀수육 등 여러가지 음식을 만들 수 있어요. 외식 메뉴라고 생각하지 마시고 만들어 보세요.

Q

튀김을 바삭하게 튀기려면 어떻게 해야 할까요?

생선튀김

바삭한 튀김을 하려면 튀김 반죽을 얼음물로 하고 반죽을 많이 젓지 않는 것이 좋다. 젓가락 끝으로 날 밀가루가 보일 정도로 반죽한다.

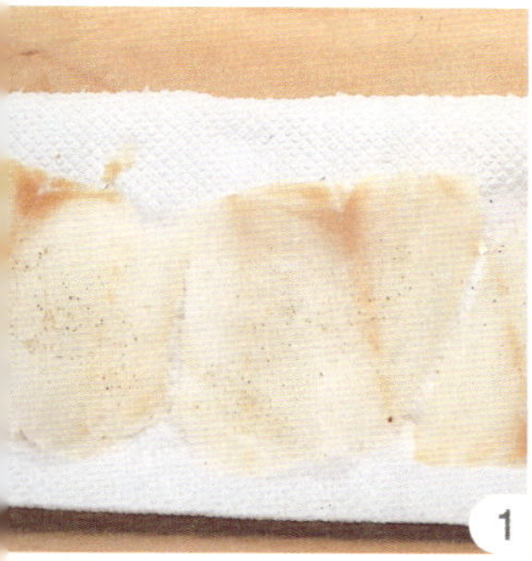

333 Kcal

1 포 뜬 대구살에 물기를 빼고 밑간한다.
2 풋고추와 당근은 채 썬다.
3 대구포에 채소를 만다.
4 튀김반죽을 만든다.
5 튀김옷을 입힌다.
6 170℃ 기름에 튀긴다.

재료

대구살	150g
풋고추	2개
당근	50g
소금, 후춧가루	조금씩
튀김가루	조금
튀김용 짧은 꼬치	

튀김 반죽

튀김가루	3/4컵
얼음물	3/4컵
검은깨	1큰술

겨자마요네즈소스

마요네즈	3큰술
갠겨자	1큰술
설탕	1작은술
식초	1작은술

만들기

1 얇게 포를 뜬 대구살을 종이 타월에 얹어 수분을 제거한 후 소금과 후춧가루로 밑간한다.
2 풋고추와 당근을 곱게 채 썰어 준비한다.
3 대구포에 채소를 올려 둥글게 말아 꼬치로 고정시킨다.
4 분량의 재료를 합하여 튀김반죽을 만든다.
5 생선말이를 튀김가루에 뒹굴린 후 튀김옷을 입힌다.
6 기름 온도가 170도 정도 되었을 때 바삭하게 튀긴다.
7 겨자 마요네즈 소스를 만들어 찍어 먹는다.

A

튀김 재료가 차가울수록 바삭하게 튀겨집니다.

튀김을 바삭하게 하는 가장 큰 비결은 바로 튀김 재료의 온도를 낮추는 것입니다. 이를 위해 튀김옷 반죽을 할 때도 얼음물을 사용합니다. 또 튀김 반죽을 너무 많이 젓는 것도 튀김을 눅눅하게 만드는 요인이지요. 튀김 가루와 얼음물을 그냥 젓가락 끝으로 톡톡 두들기며 날가루가 보일 정도로 대충만 섞은 다음 튀김 재료를 넣어 옷을 입힌 후 바로 튀겨내면 됩니다. 그 다음 여분의 기름기는 체에 밭쳐 빼거나 종이 타월 위에 올려 빼면 바삭하면서도 담백한 튀김을 먹을 수 있습니다.

삼치살완자전

삼치살을 곱게 다져 밀가루와 달걀을 섞은 반죽에 묻혀 튀기는 음식으로 생선을 싫어하는 아이들에게 만들어주면 잘 먹는다.

재료

다진 삼치살 ······· 200g
다진 양파 ········· 3큰술
송송 썬 실파 ······· 2큰술
송송 썬 홍고추 ····· 1개분

양념
- 다진 마늘 ······· 1큰술
- 생강즙 ······ 1/2작은술
- 소금 ········· 1작은술
- 참기름 ········· 1큰술
- 설탕 ········· 1/2큰술

지짐 반죽
- 밀가루 ········ 5큰술
- 계란 ············ 2개

만들기

1 삼치는 얇게 포를 떠서 준비한다.

2 가시 없이 잘 발라낸 삼치살을 잘게 다진다.

3 실파, 홍고추, 양파를 잘게 다진다.

4 곱게 다진 삼치살에 실파, 홍고추, 양파를 넣고 양념에 무친다.

5 양념에 무친 삼치살에 밀가루와 달걀을 분량대로 넣어 반죽한다.

6 170℃ 정도의 기름에 삼치살 반죽을 한 수저씩 떠 넣어 앞뒤로 노릇하게 지져낸다.

7 지져낸 완자는 종이타월 위에 올려 여분의 기름기를 없앤 뒤 접시에 담아낸다.

220 Kcal

point

1

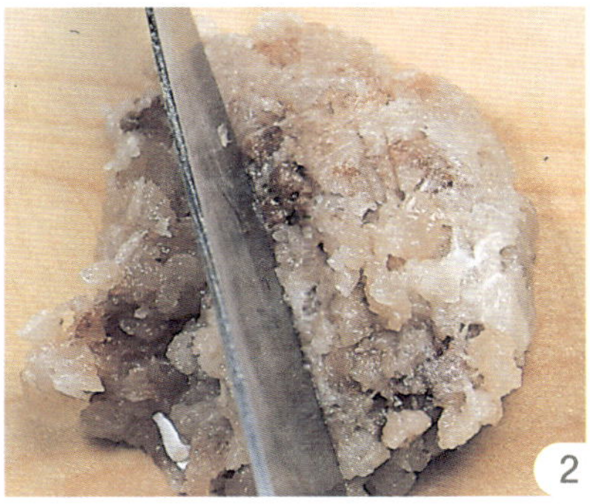
2

4

1 삼치는 얇게 포를 떠서 준비한다.
2 포뜬 삼치를 잘게 다진다. 입자가 굵으면 반죽이 어우러지기 어렵다.
4 삼치살에 실파, 홍고추, 양파 다진 것을 넣어 무친다.

Q 생선 소금구이를 할 때 볼품있게 굽는 법을 알려주세요.

A 생선을 꼬치에 통째로 꿰어 구우면 한결 볼품이 있어요.

생선을 통으로 꼬치에 꿸 때는 윗면이 위로 오게 놓고 꼬리의 아랫면에서부터 꼬치를 찔러 넣습니다. 바느질하듯 일정한 간격으로 꿰면 됩니다. 소금은 굽기 직전에 30cm 위에서 뿌린다는 것 잊지마세요. 소금을 뿌린 후 시간이 지나면 삼투압 작용으로 생선에서 물이 나와 표면이 파삭하게 구워지지 않아요.

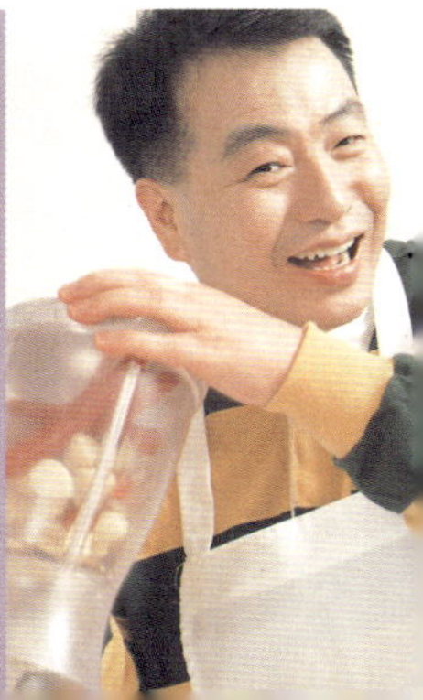

고등어된장구이

고등어는 다른 생선에 비해 비린 맛이 강한 생선이다. 된장을 발라 재워놓으면 비린 맛이 중화된다.

재료

고등어살 ·········· 300g

된장 양념

- 일본 된장 ······· 4큰술
- 갈은 양파 ······· 3큰술
- 청주 ·········· 2큰술
- 갈은 마늘 ······· 1큰술
- 생강즙 ······· 1작은술
- 설탕 ········ 2작은술

만들기

1 고등어는 흐르는 물에 깨끗이 씻어 물기를 뺀 다음 석 장 뜨기로 포를 뜬 후 지저분한 내장을 긁어낸다.

2 된장 양념 재료를 섞어 된장 양념을 만든다.

3 손질한 고등어에 된장 양념을 발라 약 30분 정도 재워둔다.

4 고등어에 된장 양념이 배었으면 된장을 대충 긁어낸 후 달궈진 석쇠에 올려 굽는다.

한마디 더 생선구이를 할 때 석쇠를 뜨겁게 달구어 기름이나 식초를 바른 다음에 생선을 올려 놓으면 껍질이 단번에 응고되어 들러붙지 않는다.

256Kcal

Point

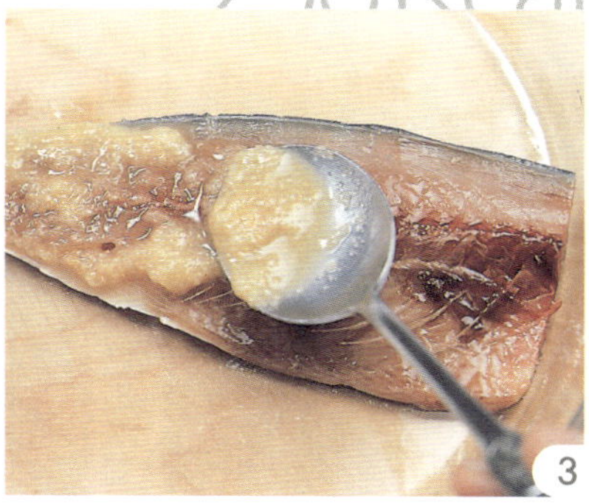

1 고등어는 포를 뜬 후 내장을 긁어낸다.
2 분량의 재료들을 합하여 된장 양념을 만든다.
3 양념에 고등어를 재워 맛이 들도록 해서 굽는다.

Q 고등어에 된장을 발라 굽는 이유를 알고 싶어요.

A 된장이 고등어의 비린 맛을 중화시켜 줍니다. 돼지고기의 누린내나 생선의 비린내를 없애주는데는 된장이 최고예요. 특히 고등어처럼 비린내가 심한 생선은 그 냄새 때문에 안 먹는 사람들도 의외로 많거든요. 된장을 발라 구워보세요. 냄새도 중화하되지만 된장의 간이 적당하게 스며들어 맛이 좋아진답니다.

Q

매운 맛의 꽃게장은 어떻게
만들어야 되나요?

간장게장

너무 짜지 않게 담가 2~3일 후에 바로 먹도록 한다. 간장을 진하게 하고 끓여 식혀 붓기를 여러 번 반복하면 오래 두고 먹을 수 있는 짠맛의 게장이 된다.

1

2

518 Kcal

3

4-1

4-2

5

1 꽃게는 암게를 준비하여 이물질이 남아 있지 않도록 물에 잘 씻어 건진다.
2 양념 간장 재료를 준비한다.
3 꽃게에 양념 간장을 붓는다.
4-1 다음날 간장을 따라 내어 끓인다.
4-2 끓인 간장을 체에 밭인다.
5 간장을 식혀 다시 붓는다.

재료

꽃게 ············ 3마리

양념 간장

- 간장 ············ 9컵
- 사이다 ······ 1과 1/2컵
- 소주 ············ 1컵
- 설탕 ·········· 5큰술
- 생강 ··········· 20g
- 양파 ··········· 100g
- 건고추 ·········· 5개
- 통후추 ······· 2작은술

만들기

1 꽃게는 깨끗이 씻어 소쿠리에 건져 물기를 뺀다.

2 양념간장 재료를 분량대로 섞어 양념간장을 만든다.

3 꽃게를 밀폐용기에 차곡차곡 담고 양념간장을 부어 하룻동안 그대로 둔다.

4 하루가 지나면 꽃게만 남기고 양념 간장은 모두 쏟아내어 냄비에 넣고 물을 섞은 다음 바글바글 끓여 식힌 다음 고운체에 밭인다.

5 끓여서 체에 밭여 식은 간장을 다시 꽃게 용기에 부어 2~3일이 지나면 먹을 수 있다.

한마디 더 간장을 끓여 부어 만든 게장 간장에 마늘대를 넣어 두면 맛난 마늘대 장아찌가 된다. 겨울에 먹다 남은 동치미 무를 넣어 두어도 맛있는 무 장아찌가 된다.

A

간장게장에 고춧가루 양념장을 만들어 무치면 됩니다.

싱싱한 꽃게를 토막내어 진간장을 부어 간이 충분히 배게 합니다. 꽃게에 간이 충분히 배면 간장을 따라내어 고춧가루와 물엿, 설탕, 다진파, 마늘, 생강, 깨소금을 넣어 양념장을 만들고 그 양념장에 풋고추와 붉은 고추를 어슷썰어 넣고 미나리와 파를 숭덩숭덩 썰어 넣어 잘 버무립니다. 그 양념에 간장 맛이 밴 꽃게를 넣고 버무리면 즉석에서 먹을 수 있는 꽃게장이 되죠.

채식을 해도 콩, 잡곡, 해조류와 견과류를 골고루 드세요.

요즘은 채식에 대한 관심이 높습니다. 채식에 대한 관심은 전혀 새로운 것은 아니지만 항상 논란을 불러오는 듯 합니다. 채식을 하느냐 하지 않느냐의 문제는 사실 개개인이 결정할 문제라고 생각됩니다. 채식을 주장하는 분들의 말씀도 일리가 있는 것이고, 골고루 먹어야 한다는 얘기도 틀리지 않은 것이니까요. 남의 말만 듣고 이리저리 휩쓸리지 말고 내게 적당한 것은 어느 것인가를 판단하신다면 되리라 생각됩니다.

단, 채소와 과일을 평상시에도 풍부하게 많이 먹어야 한다는 것은 명백한 사실입니다. 특히 녹황색 채소와 콩, 잡곡밥, 해조류, 견과류 등의 식품은 굳이 채식을 하는 사람이 아니라도 잘 챙겨먹으면 우리 몸을 한결 충실하게 해주는 것들입니다. 채식을 하는 분들이 건강상에 아무런 문제가 없는 것은 그 분들이 이런 식품들을 골고루 드시기 때문입니다.
이런 이유로 산나물과 채소들을 중심으로 한 메뉴를 마련했습니다. 순전히 채식만을 고려한 것이 아니므로 만약 채식을 원하는 분들이 계시다면 원래의 메뉴에서 고기나 해물 종류만 빼고 드셔도 무방합니다. 또 골고루 드셔야 한다는 분들은 제 원고대로 만들어 드시면 되겠지요. 무엇보다 중요한 것은 몸과 마음의 건강을 유지하는 것이라고 생각됩니다.

그러나 채소류 반찬은 무치고, 찌고, 볶고, 튀기고, 지지는 조리법이 많기 때문에 참기름, 들기름, 참깨, 들깨 등 식물성 기름이 많이 쓰입니다. 그 기름이 지방 섭취에 도움이 되겠죠. 그리고 어떤 재료가 주재료이든 고기나 해조류, 등 적절한 배합으로 음식을 만든다면 문제가 되지 않습니다. 특별히 채식만을 고집하는 분이라면 전문지식을 갖고 먹는 것에 남다른 신경을 쓰세요. 그런 분들을 위해 이 책에서는 채식주의에 대해 궁금해 하시는 내용들을 간추려서 간단하게 설명했습니다. 관심이 있으신 분들은 참고로 하세요.
저는 개인적으로 모든 식품은 골고루 먹는 것이 좋다는 생각을 가지고 있기 때문에 채소류 반찬을 만들면서도 고기류와 해물류를 적당히 섞어서 음식을 만들었습니다.

chapter3

채소류 반찬

Q

채식을 쉽게 할 수 있는 방법을 알려주세요.

채소찰전병

찹쌀 전병을 얇팍하게 부쳐
채소, 버섯, 고기를 각각 채썰어 볶은 후 양념하여
전병에 싸먹는 음식이다.

679 Kcal

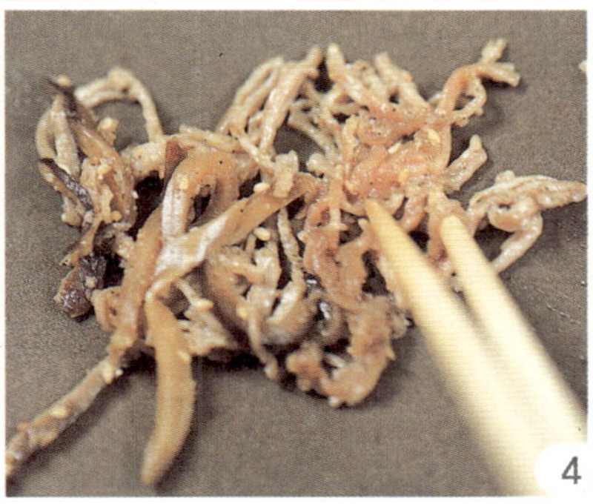

1 호박은 둥글게 돌려 깎아 채썬다.
2 당근, 표고, 쇠고기도 채썬다.
3 채썬 호박을 소금에 절였다 볶는다.
4 쇠고기와 표고도 양념하여 볶는다.
6 전병반죽을 한다.
7 팬에 동글게 전병을 부친다.

재료

애호박 ········ 2개(700g)
쇠고기 ··········· 100g
당근 ············· 100g
표고(불려서 손질한 실량) 50g
소금, 식용유 ······ 조금씩

전병반죽

찹쌀가루 ········ 2컵
밀가루 ·········· 2컵
물 ········· 2와 1/2컵

무침양념

깨소금 ······· 1작은술
참기름 ··· 2작은술, 소금

쇠고기, 표고 양념

간장 ······ 1과 1/2큰술
설탕 ········ 2작은술
다진 마늘 ····· 2작은술
다진파 ····· 1과 1/2큰술
깨소금 ········· 1큰술
참기름 ········· 1큰술
후춧가루 ······· 조금

만들기

1 호박을 깨끗이 씻어 원통 모양으로 돌려 깎아 채썬다.
2 당근, 표고, 쇠고기도 채썬다.
3 채썬 호박을 소금에 살짝 절여 물기를 꼭 짜서 볶는다.
4 채썬 쇠고기와 표고도 분량의 양념에 조물조물 무쳐 볶는다.
5 채썬 당근은 끓는 소금물에 데친 다음 찬물에 헹구어 물기를 꼭 짜 놓는다.
6 분량의 전병 재료를 합하여 반죽을 만든다.
7 잘 달구어진 팬에 식용유를 둘러 종이타월로 닦아낸 다음 한 수저씩 떠 넣어 얇고 동글게 전병을 부친다.
8 볶아낸 야채를 무침 양념으로 각각 무친 다음 접시에 전병과 함께 보기 좋게 담아낸다.

A

밥은 잡곡밥으로 하시고 두부와 콩 등의 식품을 충분히 드세요.

우선 고기를 먹지 않는 게 채식의 시작이겠지요. 그 다음에는 고기가 들어간 음식도 먹지 않아야 합니다. 예를 들면 햄버거, 만두나 피자, 고기를 넣어 만든 김밥 등도 해당되지요. 그리고 주위 사람들에게 자신이 채식주의자라는 것을 알리세요. 그러면 훨씬 쉬워집니다. 음식점에서도 고기가 들어가지 않은 메뉴를 골라야겠지요. 도시락을 싸가지고 다닌다면 이런 고민은 좀 더 쉽게 해결할 수 있습니다. 밥은 잡곡밥으로 바꾸시고요, 두부와 콩 등의 식품을 충분히 드세요.

쓴바귀나물

씀바귀의 잔뿌리를 이용한 나물로 쓴맛을 충분히 우려내야 먹기 좋다. 뿌리가 엉켜 있으므로 잔뿌리를 다듬어 버리고 3~4cm 길이로 잘라서 사용한다.

재료

삶은 씀바귀 ········ 160g
미나리 ··········· 120g
손질한 숙주 ········ 100g

양념장

다진마늘 ······· 1큰술
다진파 ········ 2큰술
깨소금 ········· 1큰술
식초 ·········· 3큰술
설탕 ·········· 2큰술
고추장 ······· 4~6큰술
(입맛에 따라 조절)

만들기

1 씀바귀 뿌리는 잔뿌리를 다듬어내고 3~4cm 길이로 일정하게 자른 후 깨끗이 씻어 끓는 소금물에 데쳐내어 찬물에 헹군다.

2 미나리는 3~4cm 길이로 잘라 끓는 소금물에 새파랗게 데쳐내어 찬물에 헹군 후 물기를 꼭 짠다.

3 숙주는 머리와 꼬리를 떼어낸 뒤 끓는 소금물에 살짝 데쳐 소쿠리에 건져 물기를 거두면서 식힌다.

4 넓은 그릇에 분량의 양념장 재료를 넣어 고루 섞은 후 준비한 채소들을 넣어 버무려 내거나 혹은 따로 담아낸다.

130 Kcal

point

1

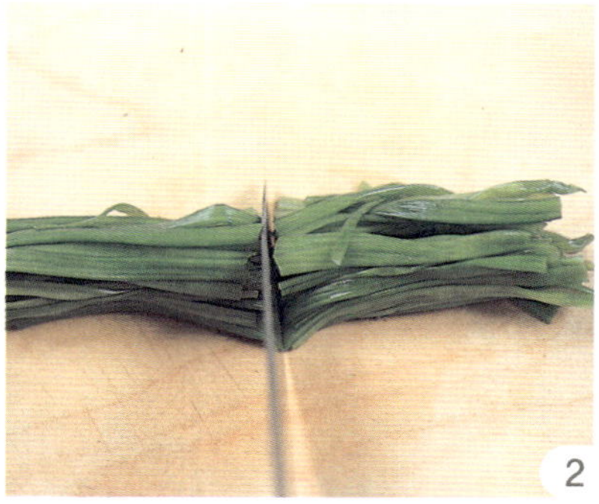
2

3

1 데친 씀바귀 뿌리를 찬물에 담가 쓴맛을 우려낸다.
2 데친 미나리는 씀바귀와 같은 길이로 잘라 준비한다.
3 숙주는 머리와 꼬리를 떼어내 깔끔하게 준비한다.

Q 채식을 시작하기 위해서는 어떤 준비가 필요할까요?

A 현기증이 날 수도 있으므로 견과류로 보충하세요.

우선 고기를 먹던 사람이 갑자기 채식을 하려면 몸에 부담이 와서 어지럼증이나 기력이 떨어지는 현상이 생기게 됩니다. 그러나 이런 현상은 우리 몸 속에 남아 있던 동물성 성분이 차차 빠져나가는 과정에서 생기는 일시적인 현상이라고 하네요. 참깨나 검정깨, 잣, 땅콩과 같은 견과류를 먹으면 영양이 보충됩니다.

배추나물

통배추와 미나리를 살짝 데쳐 다진 새우젓 국물로 맛을 낸 양념에 무쳐먹는 나물이다. 담백한 맛을 즐길 수 있다.

재료

통배추 ············ 400g
미나리 ············ 100g
청양고추 ············ 2개
홍고추 ············ 1개

양념

깨소금 ·········· 1큰술
다진파 ·········· 1큰술
다진마늘 ······ 2작은술
참기름 ·········· 1큰술
다진 새우젓 ······ 조금
흰후춧가루 ······ 조금

만들기

1 통배추의 줄기 부분은 굵직하게 채썰고 잎사귀는 3등분으로 썰어서 끓는 물에 데쳐낸 다음 찬물에 헹궈 물기를 꼭 짜낸다.

2 미나리는 뿌리와 잎사귀를 다듬어 씻어 끓는 물에 살짝 데쳐서 찬물에 헹궈 꼭 짜서 4~5cm 길이로 썬다.

3 청양고추, 홍고추는 반으로 갈라 씨를 제거한 후 1cm 길이로 곱게 채썬다.

4 준비한 재료들을 넓은 그릇에 담고 분량의 양념으로 맛을 내어 무친다.

5 새우젓 양념은 나물의 시원한 맛을 더해 준다.

69 Kcal

Point

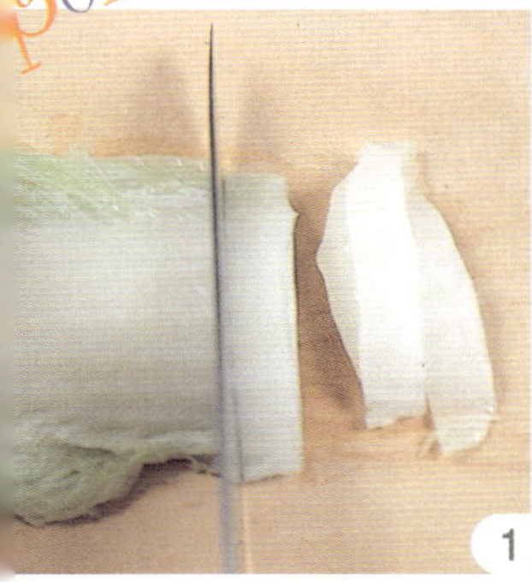

1 데쳐낸 배추의 줄기와 잎 부분을 나누어 적당한 크기로 썬다.
2 미나리는 뿌리와 잎사귀를 다듬어 데쳐낸다.
4 넓은 그릇에 준비된 재료와 분량의 양념을 넣어 조물조물 무친다.

Q 채식을 할 때 식용유나 참기름과 같은 기름 섭취도 제한해야 하나요?

A 기름 대신 물을 이용할 수도 있어요.

참기름과 들기름은 참깨와 들깨에서 추출한 식물성 기름입니다. 식용유를 사용하지 않고 볶음 요리를 하려면 물을 이용하세요. 팬을 먼저 뜨겁게 달군 다음 따뜻한 물을 조금 넣고 볶음 재료를 넣어 재빠르게 볶아내면 기름을 사용한 것보다 훨씬 담백한 볶음 요리를 만들 수 있습니다.

Q

채식을 할 때 좋아하는 음식을 집중적으로 먹어도 되나요?

》 도라지산적

도라지는 여름부터 가을까지가 제철이므로 이 시기에 만들어 먹으면 향이 더욱 좋다. 산적용 도라지는 끓는 소금물에 살짝 삶아 양념해서 사용해야 더 맛있다.

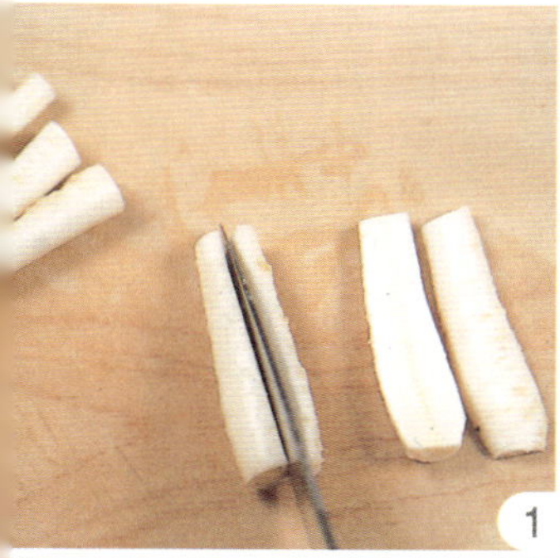
1

2

274 Kcal

3

4

5

6

1 도라지는 연필 굵기로 썰어 준비한다.
2 도라지를 소금물에 삶아 건져 찬물에 헹궈 양념한다.
3 쇠고기는 자근자근 두들겨 어슷하게 저며 썬다.
5 저민 쇠고기를 양념한다.
6 산적꼬치에 도라지, 쇠고기, 도라지순으로 꿰어 노릇노릇 지진다.

재료

- 통도라지 ········· 200g
- 쇠고기 ··········· 200g
- 식용유 ··········· 조금
- 산적꼬치 ·········· 조금

쇠고기 양념

- 간장 ·········· 2큰술
- 설탕 ·········· 1큰술
- 다진 파 ········ 2큰술
- 다진 마늘 ······· 1큰술
- 참기름 ········· 1큰술
- 깨소금 ······· 1/2큰술
- 후춧가루 ········ 조금

도라지 양념

- 다진 파 ········ 1큰술
- 다진 마늘 ····· 1/2큰술
- 참기름 ········· 1큰술
- 깨소금 ······· 1/2큰술
- 설탕 ········· 1/2큰술
- 소금 ··········· 조금

만들기

1 통도라지는 5~6cm 길이의 연필굵기로 썬다.

2 썬 도라지를 끓는 소금물에 삶아 건져 냉수에 헹궈 물기를 거둔다.

3 도라지 양념을 분량대로 섞어 물기 뺀 도라지를 넣어 무친다.

4 쇠고기는 길이 6~7cm, 넓이 1.5~2cm 정도로 도톰하게 썰어 칼등으로 자근자근 두들겨 수축을 방지한다.

5 쇠고기 양념을 분량대로 섞어 썰어놓은 쇠고기를 양념에 무친다.

6 산적 꼬치에 도라지, 쇠고기, 도라지의 순서로 가지런히 꿰어 잘 달구어진 팬에 식용유를 조금 두른 후 노릇하게 지져낸다.

7 상에 낼 때는 산적을 가지런히 담은 후 잣가루를 조금 올려내면 보기 좋다.

A

골고루 드시는 게 좋습니다.

채식에서도 편식은 절대 금지입니다. 채식을 한다고 해서 오이만 먹는다거나 혹은 감자만 먹는다거나 하는 건 채식이라고 볼 수 없습니다. 기본적으로 제철에 나는 채소와 과일을 골고루 먹어야 합니다. 요즘은 하우스 농사가 워낙 발달해서 특별히 제철 식품이라는 개념이 약해졌지만 사계절이 뚜렷한 우리 나라에서는 제철 식품의 의미가 특별합니다. 제철에 나는 식품에는 충분한 영양과 그 계절의 기운이 들어 있기 때문입니다.

채소숙회

싱그러운 향을 느끼기에 그만인 음식이다. 만가닥 버섯과 무채는 생으로 사용하지만 브로콜리와 실파는 끓는 물에 살짝 데쳐 맛을 낸다.

재료

만가닥버섯 ········ 100g
브로콜리 ·········· 70g
실파 ············· 100g
무 ··············· 조금

초고추장

- 배즙 · 사과즙 ·· 2큰술씩
- 식초 ·········· 3큰술
- 생강즙 ······ 1/2작은술
- 마늘 갈은 것 ··· 1/2큰술
- 설탕 ······ 1과 1/2큰술
- 고추장 ········ 5큰술

만들기

1 만가닥버섯은 밑둥을 잘라낸 뒤 가닥가닥 떼어낸다.

2 브로콜리는 굵은 줄기에서 한입 크기로 잘라 끓는 소금물에 살짝 데쳐 찬물에 헹군 다음 물기를 거둔다.

3 실파는 다듬어 씻어 끓는 소금물에 살짝 데쳐 찬물에 헹군 후 물기를 거둬 먹기 편하도록 돌돌 말아 풀리지 않게 매듭을 짓는다.

4 무는 곱게 채 썬 다음 찬물에 여러 번 씻어 물기를 없앤 뒤 접시에 담고 그 위에 브로콜리, 버섯, 실파를 가지런히 담는다.

5 분량의 재료를 합하여 초고추장을 만들어 곁들인다.

110 Kcal

point

1 만가닥 버섯은 가닥가닥 떼어 놓는다.
2 브로콜리는 한입 크기로 잘라 끓는물에 데쳐 찬물에 헹궈 물기를 빼 놓는다
3 데쳐낸 실파의 물기를 거둔 후 돌돌 말아 먹기 편하게 준비한다.

Q '채식주의' 란 말 그대로 채소만 먹는 건가요?

A 우유나 닭고기를 병행하는 채식주의도 있어요.

채식주의에도 여러 유형이 있다고 합니다. 우선 유제품은 먹지만 달걀은 먹지 않는 '락토(lacto)', 유제품과 달걀을 모두 먹는 '락토오보(lacto ovo)', 또 유제품과 달걀은 물론 생선까지 먹는 '페스코(pesco)', 여기에 닭고기까지 먹는 '세미(semi)'채식주의자까지 기준은 다양합니다. 완전 채식주의자는 '비건스(vegans)' 라고 합니다.

유채나물

봄철에 유채꽃이 피기 전에 어린 잎 순을 따서 나물로 무쳐 먹으면 향이 은은하고 상큼하여 입맛을 돋게 한다.

재료

유채나물 ····· 400g(실량)

나물 양념

- 통깨 ·········· 4큰술
- 된장 ·········· 3큰술
- 물 ············ 7큰술
- 다진 마늘 ······· 1큰술
- 다진 파 ········ 2큰술
- 참기름 ········ 1큰술

만들기

1 유채나물은 잘 다듬어 씻어 끓는 소금물에 새파랗게 데쳐내어 찬물에 헹군 후 물기를 꼭 짠다.

2 나물 양념을 만드는데, 통깨, 된장, 물은 분량대로 돌절구나 믹서에 넣고 곱게 갈아 준비한다.

3 통깨와 된장을 간 된장물에 다진파, 마늘, 참기름을 분량대로 넣고 잘 섞어 나물 양념을 만든다.

4 넓은 그릇에 데쳐낸 유채나물과 나물 양념을 넣고 조물조물 무쳐 담아낸다.

한마디 더 유채나물은 참기름을 넉넉히 넣어야 고소하다. 대부분의 봄나물에는 비타민 C를 비롯하여 단백질, 칼슘, 철분이 많이 들어있다.

98 Kcal

point

1

2

4

1 깨끗이 씻은 유채나물을 끓는 소금물에 파랗게 데쳐 찬물에 헹군 후 물기를 짜 둔다.
2 된장 3큰술에 통깨 4큰술을 섞고, 물 7컵을 부어 곱게 갈아 나물 양념을 만든다.
4 넓은 그릇에 데친 유채나물을 담고 나물 양념을 부어 조물조물 무친다.

Q 김치는 채식에 적합한지 궁금해요.

A 비타민 B_{12}와 철분의 영양문제를 해결해 줍니다.

완전채식주의자(vegan)라면 젓갈을 넣지 않은 김치를 먹습니다. 하지만 그게 아니라면 그냥 우리가 평소 먹는 김치를 드셔도 되겠지요. 김치는 많이 드시면 좋지만 너무 짜거나 매운 건 좋지 않습니다. 김치는 채식주의자들에게 문제가 되는 비타민 B_{12}와 철분의 영양문제를 해결해줍니다.

Q

채소나 과일에 남아 있는 농약 성분은 어떻게 하죠?

》 실파나물

데쳐 낸 실파와 구운 파래김을 섞어 갖은 양념에 무친 나물로 입맛을 돋우어 주는 반찬이다. 멸치젓으로 간을 하고 참기름, 깨소금, 설탕으로 맛을 낸다.

1

2

72 Kcal

3

4

5

6

1 실파를 데친다.
2 데친 실파의 미끈거리는 성분을 뺀다.
3 김을 바삭하게 굽는다.
4 비닐봉지에 넣어 잘게 부순 다.
5 나물에 넣어 무친다.
6 넓은 그릇에 담고 통깨를 뿌린다.

재료

실파 ············· 300g
구운 파래김 ········· 10g

나물 양념

- 깨소금 ····· 1과 1/2큰술
- 참기름 ········· 1큰술
- 설탕 ··········· 조금
- 멸치젓 ········· 조금

만들기

1 실파는 깨끗이 다듬어 끓는 소금물에 흰 머리 부분부터 넣어 파란 부분까지 살짝 익혀낸 다음 찬물에 헹궈 물기를 꼭 짠다.

2 데쳐낸 실파를 가지런히 도마에 놓고 나무 젓가락으로 흰 부분부터 힘있게 눌러가며 밀어 미끈거리는 성분을 없애고 3~4cm 길이로 자른다.

3 파래김은 프라이팬을 달군 다음 기름 없이 굽는다.

4 구운 파래김은 비닐봉지에 넣어 잘게 부숴 둔다.

5 넓은 그릇에 실파와 구운 김을 넣고 분량의 양념을 하여 조물조물 무쳐 완성한다.

한마디 더 실파는 구입할 때 대개 큰 단으로 구입하기 때문에 음식을 만들고 나면 남게 된다. 이럴 때 그대로 냉장고에 넣지 말고 뿌리를 잘라낸 후 신문지에 돌돌 말아 냉장고 채소실에 보관한다. 오래 두고 먹으려면 습기가 있는 땅 속에 묻어두는 것이 좋다.

A

소금물에 담갔다가 식초물에 헹구세요.

가급적이면 유기농이나 무농약 혹은 저농약 식품을 선택하도록 하고 잔류 농약이 의심스러울 때는 적절한 손질을 합니다. 과일의 잔류 농약은 90% 정도가 껍질과 껍질 바로 밑에 남아 있고 과육 부분까지는 침투하지 않습니다. 과일은 소금물에 15~20분 정도 담갔다가 흐르는 물로 씻으면 됩니다. 야채의 경우 10분 이내로 담그고, 마지막엔 식초물로 헹굽니다. 소금의 양은 물 4ℓ 에 2큰술 정도, 식초는 2ℓ 에 2큰술 정도 넣으면 적당합니다.

풋마늘볶음

이른 봄이 제철인 풋마늘을 채썰어 프라이팬에 볶고 채썬 고기도 조물조물 양념하여 볶아 함께 무친 간편한 볶음반찬이다.

재료

풋마늘	200g
쇠고기	100g
소금	약간
식용유	약간

무침 양념

깨소금	1큰술
참기름	1큰술
소금	조금

쇠고기 양념

다진파	1큰술
다진마늘	1/2큰술
진간장	1큰술
설탕	1/2큰술
참기름	1큰술
깨소금	1/2큰술
후춧가루	조금

만들기

1 풋마늘은 3~4cm 길이로 잘라 보통 굵기로 채 썬다.

2 잘 달구어진 팬에 식용유를 조금 두르고 풋마늘을 새파랗게 볶으면서 소금으로 간을 맞춰 차게 식힌다.

3 쇠고기는 곱게 채 썰어 분량의 양념으로 조물조물 무쳐 팬에 볶아 차게 식힌다.

4 넓은 그릇에 풋마늘과 볶은 쇠고기를 넣고 분량의 무침 양념으로 맛있게 무쳐 담아낸다.

186 Kcal

point

2

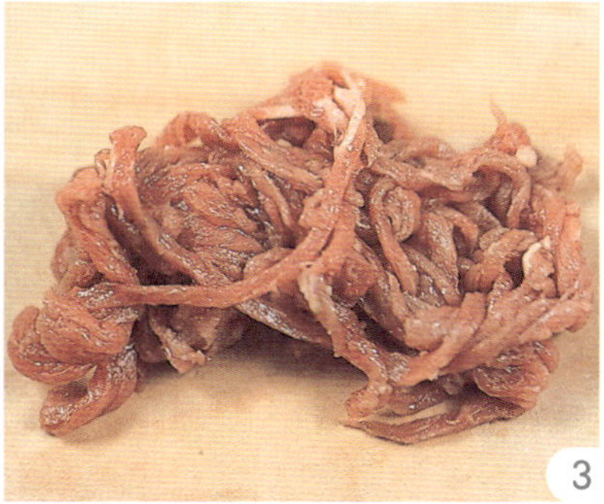
3

4

2 채썬 풋마늘을 식용유 두른 팬에서 파랗게 볶아낸다.
3 쇠고기도 풋마늘과 같은 정도로 채 썰어 분량의 양념에 무쳐 팬에 볶아 차게 식힌다.
4 넓은 그릇에 볶은 풋마늘과 볶은 쇠고기를 섞어 양념에 무친다.

Q 채소의 농약 제거법에 대해서 더 자세히 알고 싶어요.

A 식초물에 담갔다가 조리하세요.

양배추, 배추, 양상추는 겉잎에 농약이 제일 많이 남아 있으므로 겉잎을 그냥 버리세요. 양파는 갈색 껍질을 벗겨내기만 하면 됩니다. 쑥갓이나 시금치, 부추는 흐르는 물에 3분 정도 씻습니다. 마지막 헹굴 때 5번 정도 흔들어 씻으면 됩니다. 감자나 당근, 무와 같은 뿌리채소 껍질을 벗겨내면 됩니다.

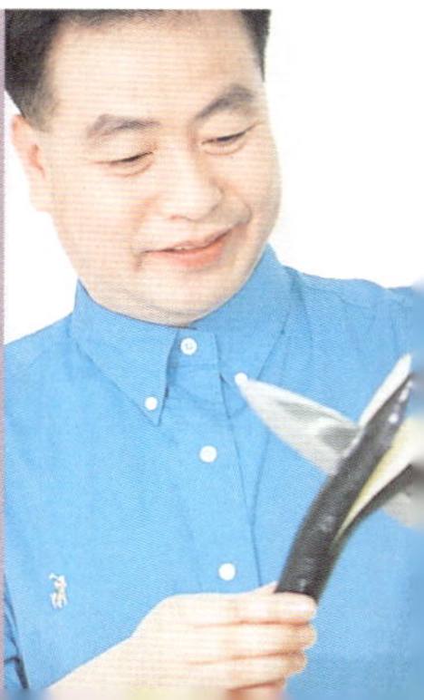

참나물무침

흔히 먹는 나물은 아니지만 봄철에 장에 나가면 눈에 띄는 재료다. 어느 나물이나 마찬가지지만 소금물에 살짝 데쳐 갖은 양념에 무친다.

재료

참나물 ············ 200g

무침 양념

- 다진 마늘 ····· 1작은술
- 다진 파 ······· 2작은술
- 소금 ····· 1/2~1작은술
- 설탕 ······· 1/2작은술
- 깨소금 ······· 2작은술
- 참기름 ······· 2작은술

만들기

1 참나물은 연한 부분만 다듬어 깨끗이 씻는다.

2 깨끗이 씻은 참나물을 끓는 소금물에 새파랗게 데쳐 내어 찬물에 헹군 후 물기를 꼭 짠다.

3 데쳐서 물기 짜낸 참나물에 분량의 양념을 넣고 조물조물 맛있게 무쳐 완성한다.

4 삶아서 무치는 숙채는 무쳐 먹으면 간이 싱거워지므로 상에 낼 때는 간을 다시 보아 맞추도록 한다.

55 Kcal

point

1

2

3

1 참나물은 적당한 크기로 자른다.
2 줄기부분부터 끓는 소금물에 넣어 새파랗게 데친다.
3 분량의 양념으로 조물조물 무친다.

Q 채식을 할 때 함께 먹을 수 있는 식품들에 대해 알려주세요.

A 콩종류가 좋습니다. 우선은 콩을 많이 드세요.
검은콩, 흰콩, 강낭콩 할 것 없이 많이 드시면 좋습니다. 쌀에는 부족한 라이신과 같은 필수아미노산이 콩류에는 상대적으로 풍부하기에 쌀과 콩류를 함께 먹으면 더욱 완전한 단백질 섭취가 됩니다. 콩은 그냥 먹으면 소화가 잘 안되므로 두부나 삶은 콩의 형태로 먹으면 소화흡수율이 매우 높아집니다.

Q

우리 고유의 식사법이 채식과
통한다는 건 무슨 뜻인가요?

달래적

달래와 채썬 오징어, 양파를 부침가루로 반죽하여 뜨거운 프라이팬에 노릇하게 부쳐 먹는 별미 반찬이다. 초간장을 찍어 먹으면 제맛이 난다.

151 Kcal

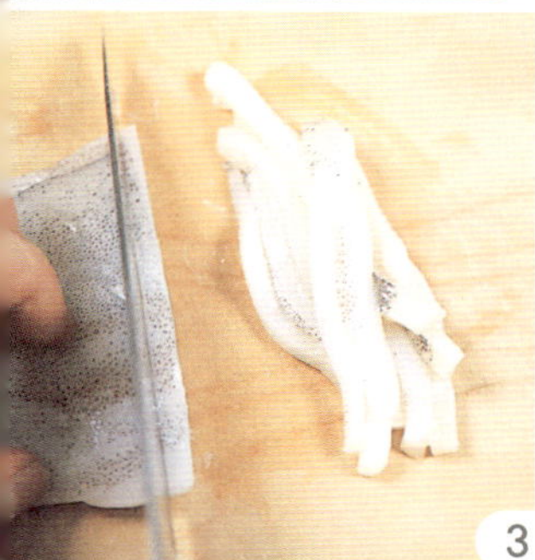

1 달래의 겉껍질을 벗겨내어 다듬어 2~3cm 크기로 썬다.
2 양파는 채썰고 홍고추는 둥글게 썬다.
3 오징어는 내장과 껍질을 제거한 다음 채 썬다.
4 부침가루를 반죽한다.
5 부침가루에 손질한 달래와 오징어, 양파를 섞어 반죽한다.

재료

달래 ·········· 1단(100g)
홍고추 ·········· 1개
오징어 ·········· 1마리
양파 ·········· 50g
부침가루와 식용유 ··· 적당량

초간장

- 식초 ·········· 2큰술
- 설탕 ·········· 2큰술
- 물 ·········· 2큰술
- 간장 ·········· 2큰술

만들기

1 달래는 깨끗이 다듬어 씻어 길이 2~3cm정도로 자른다.
2 양파는 곱게 채썰며, 홍고추는 동글동글 얄팍하게 썰어 둔다.
3 오징어는 내장을 제거하고 깨끗이 씻은 후 채 썬다.
4 부침가루를 훌훌하게 반죽한다.
5 준비한 재료를 반죽에 넣고 잘 섞는다.
6 잘 달구어진 팬에 반죽을 한 수저씩 떠넣고 그 위에 홍고추 썬 것을 얹어 앞뒤로 노릇하게 부쳐낸다.
7 초간장을 만들어 곁들여 낸다.

한마디 더 달래는 실같은 수염뿌리도 모두 먹을 수 있다. 잘라 버리지 말고 똑같이 등분해서 사용한다. 다만 둥근 뿌리 부분을 감싸고 있는 겉껍질은 한 겹 벗겨 낸다.

A

보리밥에 나물반찬, 된장찌개 이정도면 채식과 통하는 거죠.

우리가 예전부터 먹어오던 밥상을 한번 생각해 보세요. 보리밥에 나물반찬, 된장찌개 이런 정도 아닌가요? 채식의 식사로 딱 알맞는 메뉴들로 구성되어 있다는 것을 한눈에 알 수 있습니다. 우리 전통 먹거리 중에서도 된장은 특히 항암효과가 널리 입증되었죠. 된장의 효능을 잘 살리려면 푹푹 끓여서는 안됩니다. 먼저 야채를 넣고 끓인 뒤 맨 나중에 된장을 풀어 1분 정도만 살짝 끓여야 된장의 효능이 살아있게 됩니다.

Q

자라나는 아이들한테 채식만을 먹여도 괜찮을까요?

피망어묵잡채

피망, 어묵, 양파, 표고를 채썰어 각가 볶아 한데 모아서 무친 특별한 잡채다. 밥반찬으로 다양한 영양을 섭취할 수 있다.

198 Kcal

1

2

3

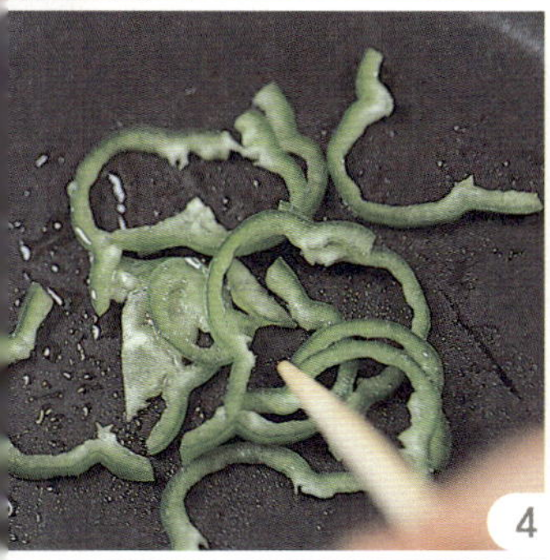
4

5–1

5–2

6

1 청, 홍 피망과 양파는 채 썰어 준비한다.
2 표고버섯과 어묵도 채 썰어 준비한다.
3 데친 어묵을 분량의 조림 양념에 넣어 조려낸다.
4 청홍 피망을 볶는다.
5–1 채썬 양파를 볶는다.
5–2 표고버섯도 볶는다.
6 볶은 재료들을 섞고 무침 양념으로 무친다.

재료

어묵 · · · · · · · · · · · · · 200g
청피망 · · · · · · · · · · · 100g
홍피망 · · · · · · · · · · · 100g
양파 · · · · · · · · · · · · · 80g
생표고 · · · · · · · · · · · 100g
식용유, 소금 · · · · · · 조금씩

채소무침 양념

참기름 · · · · · · · · · 1큰술
깨소금 · · · · · · · · · 1큰술
흰후춧가루, 설탕 · 조금씩

어묵 양념

맛술 · · · · · · · · · · 1/2컵
간장 · · · · · · · · · · 1큰술
다진 마늘 · · · · · 1작은술

만들기

1 청피망, 홍피망, 양파는 채썰어 준비한다.

2 어묵과 표고버섯도 채썰어 준비한다.

3 채썬 어묵은 끓는물에 데쳐내어 여분의 기름기를 제거한 후 분량의 어묵조림 양념에 졸여 준비한다.

4 채썬 홍피망, 청피망은 잘 달구어진 팬에 식용유를 살짝 두르고 소금을 조금 넣어 각각 볶아낸다.

5 채썬 양파와 생표고버섯도 잘 달구어진 팬에 식용유를 살짝 두르고 소금을 조금 넣어 각각 볶아낸다.

6 볶아낸 청홍 피망, 양파, 표고버섯을 함께 큰 그릇에 담아 분량의 무침 양념으로 무친 후 무쳐놓은 어묵을 넣어 잘 섞어 완성한다.

한마디 더 잡채하면 보통 당면이 들어간 것을 생각하기 쉽지만 입맛에 따라 다양하게 변화를 줄 수 있다. 숙주나물, 풋고추, 호박, 버섯류 등의 재료들을 각각 채썰어 따로따로 볶아서 먹기 직전에 갖은 양념에 무치면 된다.

A

채소, 해조류, 콩류를 골고루 섭취하면 됩니다.

의외로 채식 식단에도 영양은 충분합니다. 100g당 칼슘 함유량(mg)이 멸치가 1700으로 많긴 하지만, 다음이 검정깨가 약 1300, 김이 약 800, 미역과 다시마가 약 600~700 등으로 그야말로 풍부하게 들어있답니다. 콩에는 거의 완전식품이라고 할 만큼의 영양이 들어 있고요, 고르게 먹는다면 아무 문제가 없다고 합니다. 우유 대신 두유를 먹이는 것이 더 좋습니다. 두유는 식물성 단백질인 콩의 엑기스만을 뽑아낸 것이기 때문에 아이들의 성장에 아주 좋은 식품이지요.

Q

해물류의 섭취는 채식과 어떤 관계가 있나요?

새우고추튀김

풋고추의 동그란 부분에 새우 몸통을 반지 끼듯 쏙 집어넣어 튀김반죽을 입혀 튀긴 색다른 반찬이다. 고추와 새우가 함께 씹히는 맛이 특징이다.

186 Kcal

1 새우의 내장을 빼고 껍질을 벗긴 후 꼬리 부분의 물집을 제거한다.
2 배 쪽에 사선으로 칼집을 넣어 꾹꾹 눌러 늘인다.
3 고추에 새우를 끼운다.
4 튀김가루에 얼음물을 넣어 훌훌하게 반죽한다.
5 고추 새우에 튀김옷을 입혀 튀긴다.

재료

대하 ··········· 10마리
풋고추 ··········· 10개
튀김가루 ········· 조금
흰후춧가루 ········ 조금
튀김기름 ········ 적당량

튀김간장 다시물
- 다시마 ··········· 5g
- 가쯔오부시 ········ 3g
- 물(2와1/2컵) ······ 2컵
- 진간장 ········· 1/2컵
- 맛술 ·········· 1/4컵
- 무즙, 실파 ····· 조금씩

만들기

1 대하는 껍질을 벗기고 꼬리 부분의 물집을 제거한다.

2 껍질벗긴 새우의 배 쪽에 사선으로 칼집을 넣고 손으로 꾹꾹 눌러 길게 늘어뜨린 다음 흰 후춧가루를 솔솔 뿌려둔다.

3 고추는 한 면만 갈라 씨를 제거하고 꼭지와 끝 부분을 자른 다음 새우에 반지 끼우듯이 끼워둔다.

4 튀김가루에 얼음물을 넣어 훌훌하게 반죽한다

5 새우를 날 튀김가루에 한번 뒹굴린 다음 튀김반죽을 입혀 잘 달구어진 튀김기름에 바삭하게 튀겨낸다.

A

해조류를 마음껏 드시면 됩니다.

원칙적으로는 해물류도 동물성 단백질이므로 권하지 않습니다. 대신에 미역, 김, 다시마, 톳 등의 해조류는 맘껏 드셔도 좋습니다. 해조류에는 가장 이상적인 형태로 칼슘의 양이 많이 포함되어 있고, 미네랄을 매우 풍부하게 공급해 줍니다. 표고버섯과 다시마 우려낸 물을 만들어 냉장고에 넣어 뒀다가 된장국 끓일 때에 사용하면 좋습니다. 또 미역냉채, 미역국, 미역초무침 등 미역을 이용한 다양한 요리를 해서 드실 수도 있고요. 톳으로는 상큼한 샐러드를 만들어 드시면 좋겠지요.

호박새우찜

만들어 놓으면 볼품이 있어 손님상에도 잘 어울린다. 새우살을 곱게 다져 갖은 양념에 무쳤기 때문에 맛의 깊이가 있고 호박맛과 어우러져 별미이다.

재료

새우살 ··········· 200g
밀가루 ··········· 조금
호박 ·············· 1개

양념장
- 송송 썬 풋고추 ··· 1개분
- 송송 썬 홍고추 ··· 1개분
- 송송 썬 풋마늘 ··· 3큰술
- 다진마늘 ······· 1큰술
- 간장 ·········· 2큰술
- 설탕 ········ 2작은술
- 참기름 ········· 1큰술
- 깨소금 ········· 1큰술

새우살 양념
- 다진파 ········· 1큰술
- 다진마늘 ······· 1큰술
- 깨소금 ········· 1큰술
- 참기름 ········· 1큰술
- 설탕 ········ 2작은술
- 후춧가루 ········ 조금

만들기

1 호박은 깨끗이 씻어 한 번 칼집을 넣고 다시 자르는 방법으로 준비한다.

2 새우살은 내장을 제거한 다음 물기를 없애고 곱게 다져 분량의 새우살 양념에 무친다.

3 호박 안쪽에 밀가루를 약간 묻힌다

4 밀가루 묻힌 호박 안쪽에 새우살을 채워 넣는다.

5 내열용기에 담고 뚜껑을 덮은 후 찜솥에 올려 13분 정도 가열하여 꺼내 그릇에 담는다.

6 분량의 재료들을 합하여 초간장 양념을 만든 후 호박새우찜과 곁들여 낸다.

192 Kcal

Point

2

3

4

2 새우는 내장을 제거한 후 부드럽게 다져 분량의 양념에 무쳐 맛을 더한다.
3 호박은 가운데에 칼집을 넣고 사이에 밀가루를 묻힌다.
4 양념한 새우살을 호박 칼집 사이에 채워 넣고 찜통에 찐다.

Q 채식을 위한 소스 같은 건 없을까요?

A 두부 소스가 좋습니다.

두부소스 만드는 법을 알려 드리죠. 연두부 1모, 양파 1/4개, 파슬리 50g, 레몬즙 1큰술, 소금 조금을 준비하여 두부는 끓는 물에 살짝 데치고 양파는 프라이팬에 물을 넣고 살짝 볶습니다. 파슬리는 소금을 조금 넣은 물에 삶아서 모든 재료를 믹서기에 넣고 잠깐 갈아서 레몬주스와 소금으로 간을 하면 됩니다.

채소반찬의 밑손질 요령

채소류는 쓴맛이나 떫은맛 때문에 우려내고 음식을 만들어야
하는 것도 있고 소금에 절이거나 식촛물에 담갔다가
조리해야 제맛이 나는 것들도 있다.
이처럼 재료마다 조금씩 다른 손질요령을 잘 알아두자.

[물에 담갔다가 사용하는 재료]

요리를 하기 전에 재료를 얼마동안 물에 담가두었다가 사용하는 채소들이 있다. 재료 자체에서 쓴맛이나 떫은 맛이 나는 경우, 껍질을 벗기면 쉽게 색깔이 변하는 것, 특유의 냄새 때문에 바로 요리에 쓰면 맛이 덜한 경우, 그리고 지저분한 것을 쉽게 제거하기 힘들 때도 물에 담갔다 쓴다.

토란 | 소금에 씻은 토란을 다시 한 번 끓는 물에 삶아 미끈거리는 것을 없앤다.

고구마 | 썰어서 곧 물에 담가두면 색깔이 변하는 것을 막을 수 있다.

콩,팥 | 하룻밤 정도 물에 담가 불렸다가 조리한다. 그래야 딱딱하지 않고 쉽게 물러진다.

더덕 | 껍질을 벗기고 깨끗이 씻은 뒤 물에 여러 시간 담가두어 아린맛을 우려낸다.

양파 | 익히지 않고 생것으로 요리할 때는 물에 담가 냄새를 없애고 매운맛도 적당히 빼준다.

감자 | 감자볶음을 하기 전에는 반드시 물에 담가 전분기를 씻어내야 질척거리지 않는다.

[식촛물에 담갔다가 사용하는 재료]

떫은맛이 강한 채소는 썬 다음에 공기에 접촉되면 변색되고 요리가 완성된 후에도 씁쓸한 맛이 남게 된다. 이러한 채소들은 밑준비 단계에서 식촛물에 담가 떫은맛을 빼야 한다.

양송이 | 껍질을 벗기면 금방 색깔이 변하므로 식촛물에 담근다. 생으로 먹거나 샐러드에 이용할 때는 레먼즙을 뿌려두면 색도 깨끗하고 맛도 좋다.

연근 · 우엉 | 썬 다음에 곧장 식초 탄 물에 담그면 떫은맛도 빠지고 색도 하얗게 된다.

[애벌삶기를 해서 사용하는 재료]

본요리에 들어가기 전 재료를 살짝 삶아 좋지 않은 냄새를 없애기도 하고 마르고 딱딱한 것은 부드럽게 불리는 역할을 하기도 한다.

토란 | 소금에 씻은 토란을 다시 한 번 끓는 물에 삶아 미끈거리는 것을 없앤 후 사용한다.

무청 | 물에 담가 불렸다가 끓는 물에 삶은 후에도 물에 담가 두어야 냄새가 나지 않는다.

죽순 | 조리 전 쌀뜨물에 삶아서 떫은맛을 없애고 조리한다.

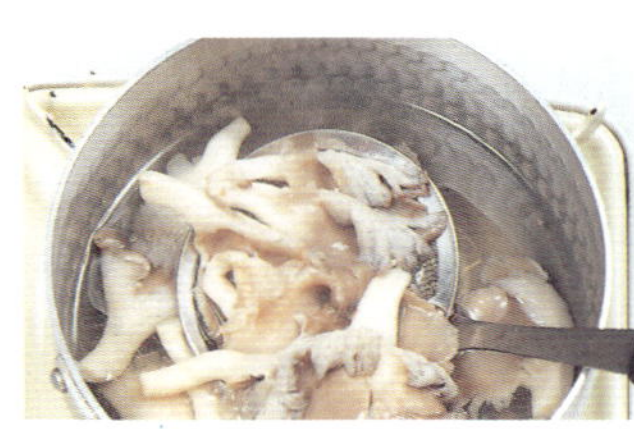

버섯 | 볶기 전 끓는 물에 데쳐 수분을 뺀 후에 볶는다.

2

어머니의 손맛, 밑반찬

매일 반찬 만들기 힘드시죠? 이럴 때 밑반찬이 필요합니다. 어머니의 손맛이 느껴지는 밑반찬. 한 번 만들어 보세요. 까다롭지 않고 쉽게 만들 수 있는 것들만 골랐습니다. 소개하는 조림, 볶음, 장아찌 중에서 몇 가지만 만들 줄 알면 얼마든지 응용이 가능합니다. 끼니 때마다 무슨 반찬을 만들까? 걱정하지 마시고 배워 보세요. 상차리기가 쉬워집니다. 밑반찬의 숨은 비결이 이 책 안에 있어요.

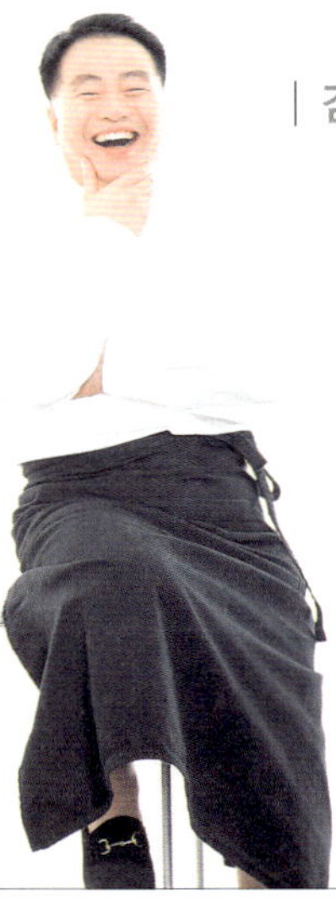

현대인의 입맛에 맞춰 식탁에 항상 올릴 수 있는 반찬으로 구성했어요.

밑반찬 하면 오래 저장해 두고 먹는 짠 반찬이 떠오르겠지만 이 책에서는 현대인의 입맛에 맞춰서 너무 짜거나 저장반찬은 피하고 언제나 아침, 저녁 식탁에 올려 먹을 수 있는 것들로 구성했어요. 대신 어머니의 손맛이 느껴지는 순수한 우리 맛을 살리려고 했습니다. 어머니의 손맛이란 우리 어렸을 적에 먹던 기교를 부리지 않고 참맛을 내는 그런 음식들이죠. 그 안에는 어머니의 정이 담겨 있고 지혜가 묻어 있는 우리만의 맛이라 할까요. 항상 이야기하는 것이지만 음식 안에는 사랑이 담겨 있어야 한다는 것, 그것이 최고의 조미료거든요. 철이 든 지금 생각해 보면 아니, 요리를 전문으로 하는 직업을 갖다 보니까 우리 음식처럼 과학적이고 지혜로운 음식이 없다는 걸 알게 됐어요. 그때그때 먹는 무침에서부터 몇 끼 두고 먹어도 상하지 않는 조림, 몇 달을 두어도 변하지 않는 장아찌, 김치 등 영양의 밸런스를 맞추면서 건강에 도움을 주는 음식들이 얼마나 많습니까? 그 많은 음식들에 사랑을 느끼지 않을 수가 없죠. 하나하나 기억하면서 노하우를 알려 드리죠.

밑반찬으로는 조림 종류가 많은데 조림이라 해도 너무 오랫동안 냉장고에 보관하지는 마세요. 아무래도 맛이 떨어진답니다. 지금이야 자료 구하기도 쉽고, 계절 없이 각종 식품들이 쏟아져 나오고 있으니까 구태여 한꺼번에 만들어 몇 달씩 두고 먹을 필요는 없지 않습니까. 적당한 분량을 만들어 밀폐용기에 담아 놓으시면 좋습니다. 상에 냈던 음식은 다시 밀폐용기에 섞지 마세요. 아깝다고 섞어 버리면 그나마 남아 있던 것까지 버리게 되니까요.

음식은 재료가 가지고 있는 제맛을 느낄 수 있게 만들어야 합니다. 예를 들어 멸치 풋고추 조림을 만드는데 풋고추와 멸치를 한꺼번에 넣고 조려도 맛이야 나겠지만 풋고추 따로 볶고, 멸치 따로 볶아 식혀서 섞으면 색깔도 곱지만 고추 맛 따로, 멸치맛 따로 즐길 수 있어 음식의 참맛을 제대로 맛보게 되는 것이지요. 그것이 바로 음식 만들기의 노하우라는 것입니다. 가족들의 기억 속에 오래 남는 그런 반찬 저와 함께 만들어 보세요.

Q

연근을 식초에 담가두는 이유는
무엇 때문인가요?

연근조림

연근은 반드시 식초물에 담갔다가 조리도록 한다.
그래야 연근 색깔도 곱고 살큰한 맛이 살아난다.

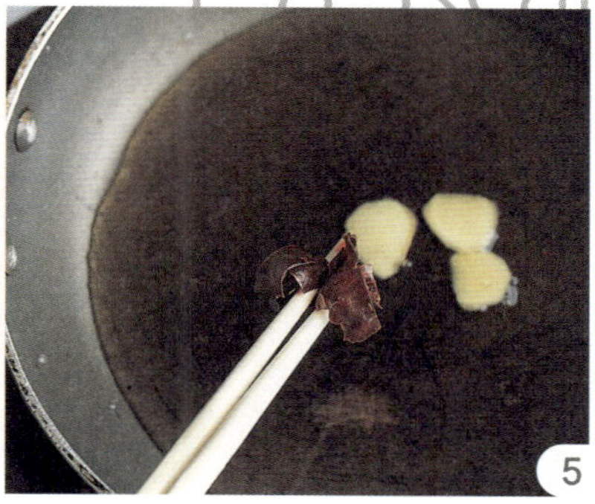

131 Kcal

1 연근을 껍질을 벗기고 둥글게 썬다.
2 썬 연근을 식초물에 담가둔다.
3 식초에 담갔던 연근을 끓는 식초물에 데쳐내어 잡맛을 없앤다.
4 홍고추와 생강을 썬다.
5 조림장을 만든다.
6 조림장에 연근을 넣어 조린다.

재료

연근 · · · · · · · · · · · · · 200g
마른 홍고추 · · · · · · · · · 1개
저민 생강 · · · · · · · · · · · 5g
식초 · · · · · · · · · · · · · 조금

조림 양념장

맛술 · · · · · · · · · · 1/2컵
간장 · · · · · · · · · · 3큰술
물엿 · · · · · · · · · · 4큰술
물 · · · · · · · · · · · · 1컵

만들기

1 껍질 있는 연근을 구입하여 껍질을 벗겨 둥글게 썬다.
2 썰어 놓은 연근을 연한 식초물에 담근다.
3 30분 정도 지난 후 끓는 물에 식초를 넣어 연근을 살짝 데쳐낸다.
4 마른 홍고추는 반으로 갈라 씨를 털어낸 후 바둑판 모양으로 썰고 생강은 저민다.
5 분량의 조림 양념 재료를 섞어 바글바글 끓여 조림 양념장을 만든다.
6 냄비나 우묵한 팬에 연근과 마른 홍고추, 생강을 함께 넣은 후 조림양념을 넣어 물기 없이 조려서 완성한다.

한마디 더 껍질 있는 연근은 흐르는 물에 깨끗이 씻은 다음 먼저 꼭지처럼 보이는 끝 부분을 잘라내고 칼로 껍질을 길게 벗긴다. 연근은 귀찮더라도 흙이 묻어있는 것을 통째로 구입해서 손질하는 게 좋다. 너무 가는 것은 섬유질이 억세므로 약간 두리뭉실하고 굵직한 것을 고른다.

A

색깔이 변하는 것도 예방하고 씹히는 맛도 좋아집니다.

연근은 식초물에 처음 담가두는 것은 연근의 색깔이 변하는 것을 방지하기 위해서입니다. 다음으로 연근을 식초물에 데쳐내는 것은 연근에 포함되어 있는 떫거나 좋지 않은 맛을 뽑아내기 위해서이지요. 이 과정을 생략하면 연근조림 특유의 살큰한 맛이 살아나지 않습니다. 꼭 식초물에 담가두었다가 다시 한번 데쳐내는 과정을 거치도록 하세요. 또 껍질 벗긴 연근은 한 번에 다 조리하는 것이 좋습니다. 통째로 샀을 경우에는 사용한 만큼만 잘라 쓰고 나머지는 껍질째 젖은 신문지에 싸서 비닐봉지에 담은 후 냉장고에 보관하면 며칠 간은 문제 없어요.

Q

알감자를 맛있게 조리는 비결이
있을까요?

》돼지고기알감자조림

알감자의 크기가 일정해야 하고 중간 불에서 오래도록 뭉근하게 조려야 간이 속까지 스며든다.

399 Kcal

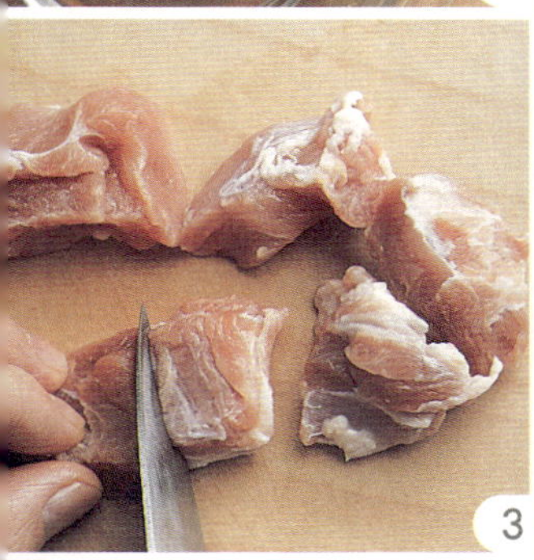

1 알감자는 껍질째 씻는다.
2 돼지고기는 찬물에 담가 핏물을 뺀다.
3 핏물 뺀 돼지고기는 알감자 크기로 썬다.
4 조림고추 손질을 한다.
5 조림장에 감자부터 넣어 조리기 시작한다.
6 감자가 반쯤 익으면 돼지고기를 넣고 조리다가 조림고추를 넣어 완성한다.

재료

알감자 ··········· 500g
돼지고기 사태 ······ 350g
조림고추 ·········· 70g

조림간장A

- 물 ············· 10컵
- 물엿 ············ 1컵
- 진간장 ·········· 1컵
- 설탕 ··········· 1/4컵

조림간장B

- 통마늘 ·········· 50g
- 건홍고추 ········ 4개
- 저민 생강 ········ 10g
- 통후추 ······· 1/2큰술
- 채 썬 양파 ······· 50g

만들기

1 알감자는 껍질을 벗기지 말고 깨끗이 씻어 물기를 거둔다.

2 돼지고기 사태는 냉수에 담가 핏물을 뺀다.

3 핏물 뺀 돼지고기를 알감자와 같은 크기로 썬다.

4 조림고추는 꼭지를 떼어내고 깨끗이 씻어 물기를 거둔다.

5 냄비에 조림간장 A를 넣고 B는 깨끗한 보에 싸서 같이 넣은 후 한 소끔 끓어 오르면 베보에 싼 양념 주머니를 꺼내고 감자를 먼저 넣어 조리기 시작한다.

6 감자가 $\frac{1}{2}$ 정도 쪼글쪼글하게 조려지면 돼지고기 사태를 넣어 같이 조린다. 돼지고기가 거의 조려지면 조림고추를 넣고 조금 더 조린다.

한마디 더 알감자조림은 겉이 쪼글쪼글해지도록 조려야 속까지 간이 배고 맛이 좋다. 그러나 실제로 조려보면 그렇게 되기가 쉽지 않다. 그럴 경우를 생각해서 감자를 씻어서 종이타월에 싼 후 비닐 봉지에 넣어 전자레인지에서 10분 정도 익혀 수분을 뺀 다음 조려보자.

A

중간불에서 오래 조리고 감자 알이 일정해야 합니다.

알감자는 알의 굵기가 자그마하고 크기가 일정한 것으로 고르세요. 알감자의 크기가 고르지 않으면 조린 후에도 각각의 맛이 일정하지 않게 되겠지요. 중간불에 오래 조려야만 감자가 쪼글쪼글해지면서 맛이 좋아집니다. 감자가 절반 정도 익었을 때 돼지고기를 넣고 또 돼지고기가 거의 익어갈 무렵 고추를 넣어 조리면 맛도 좋고 향도 좋아지지요. 조림간장 맛이 알감자 조림 맛을 결정하므로 조림간장 만들기에 실수가 없도록 하세요. 분량 잘 지키시고요.

Q 더덕의 저장성을 높이려면 어떻게 하면 되나요?

더덕장아찌

즉석에서 먹는 장아찌는 갖은양념에 조물조물 무치지만 두고 먹을 장아찌는 꾸덕꾸덕하게 말린 더덕을 고추장에 박아 숙성시킨 후 먹는다.

139 Kcal

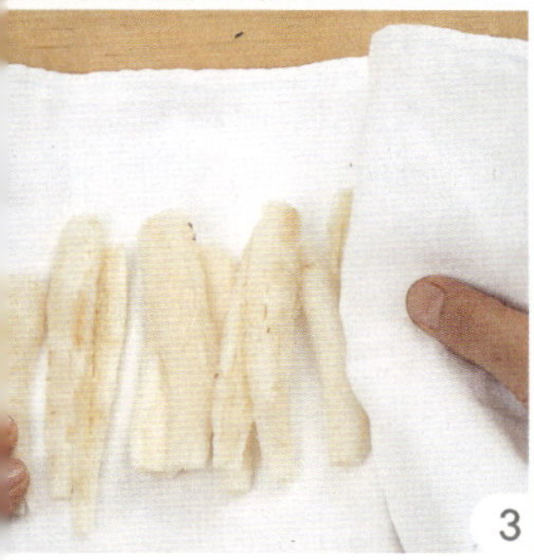

1 더덕은 방망이로 민다.
2 결대로 먹기 좋게 찢어둔다.
3 더덕을 소금에 살짝 절여 물기를 꼭 짠다.
4 마늘종을 데쳐낸다.
5 무침 양념장을 만든다.
6 더덕을 먼저 무치다가 마늘종을 넣어 섞는다.

재료

깐 더덕	150g
마늘쫑	12대(100g)
소금	조금

무침양념

고추장	1/3컵
고운 고춧가루	1큰술
다진마늘	2작은술
물엿	1큰술
설탕	2작은술
통깨	1큰술
참기름	2작은술

만들기

1 깐 더덕은 연필 굵기의 작은 것으로 준비하여 방망이로 힘주어 밀어가며 부드럽게 준비한다.

2 더덕을 결대로 부드럽게 찢어 둔다.

3 더덕을 소금에 살짝 절여 물기를 꼭 짜 놓는다.

4 마늘종 길이는 더덕 길이에 맞춰 잘라 끓는 소금물에 파랗게 살짝 데쳐 찬물에 헹군 다음 물기를 없앤다.

5 넓은 그릇에 분량의 무침 양념 재료를 넣고 양념장을 만든다.

6 먼저 더덕을 넣어 무친 다음 마늘종을 넣고 다시 한번 버무린다.

한마디 더 더덕은 독특한 향취가 있고 쌉쌀하면서도 단맛이 나는 것이 특징. 섬유질이 억세고 물기가 적어 아작아작 씹는 맛이 좋으며 오래 씹을수록 특유의 향을 즐길 수 있다. 조리할 때는 아린 맛을 내는 사포닌 성분을 우려내고 조리하도록. 껍질을 벗길 때는 옆으로 돌려가며 벗긴다.

A

고추장에 박아 놓으면 오래 두고 먹을 수 있습니다.

여기서 소개한 더덕 장아찌는 즉석에서 만들어 먹을 수 있는 것입니다. 저장용 더덕 장아찌를 만들기 위해서는 조금 다른 방법이 필요하지요. 우선 더덕을 살짝 두들겨 꾸덕꾸덕하게 말린 다음 망사 자루에 넣어 준비합니다. 그 다음 저장 용기에 고추장을 조금 넣고 그 위에 더덕이 든 망사 자루를 놓습니다. 그 위로 고추장을 덮어 두면 오래도록 먹을 수 있지요. 장아찌는 계절에 따라 다르게 준비하는데 봄에는 오이, 더덕, 도라지, 굴비를, 여름에는 마늘, 마늘종을, 가을에는 무, 감, 깻잎, 고추 장아찌를 주로 담급니다.

두부쇠고기조림

부드러운 두부맛과 쇠고기의 씹히는 맛이 조화를 이룬 맛난 반찬이다. 두부 속에 고기를 넣을 때 부서지지 않게 조심한다.

274 Kcal

1 2

3

4 5

만들기

1 두부는 한 입 크기로 도톰하게 썰어 한 쪽면에만 깊게 칼집을 넣어 주머니처럼 입구를 만든다.

2 잘 달구어진 팬에 식용유를 살짝 두르고 칼집 넣은 두부를 앞뒤로 노릇하게 지진다.

3 다진 쇠고기는 분량의 쇠고기 양념에 조물조물 무쳐 간이 배도록 잠시 놔둔다.

4 지져 낸 두부 속에 양념한 쇠고기를 조심스럽게 채워 넣는다.

5 넓은 냄비에 두부를 담고 조림 양념을 조금 끼얹은 후 그 위에 대파 썬 것, 실고추, 통깨를 얹는다.

6 마지막으로 나머지 조림 양념을 두부에 자작하게 부어 조려 완성한다.

재료

두부 ········· 1모(420g)
다진 쇠고기 ········ 100g
대파 ············· 20g
실고추 ··········· 약간
통깨 ············· 조금
식용유 ·········· 적당량

쇠고기 양념

- 간장 ·········· 1큰술
- 설탕 ········ 1/2큰술
- 다진파 ········· 1큰술
- 다진마늘 ····· 1/2큰술
- 깨소금 ······· 1/2큰술
- 참기름 ······· 1/2큰술
- 후춧가루 ········ 약간

조림 양념

- 물 ············· 2컵
- 다진마늘 ······· 1큰술
- 간장 ·········· 3큰술
- 설탕 ·········· 2큰술
- 참기름 ········ 1큰술

6

1 두부는 약간 도톰하게 썰어 한쪽 면에 칼집을 넣는다.
2 칼집넣은 두부를 앞뒤로 지진다.
3 다진 쇠고기를 양념한다.
4 두부의 칼집 사이에 쇠고기를 채워 넣는다.
5 두부를 냄비에 안치고 조림장을 부어 조린다.
6 그릇에 예쁘게 담는다.

Q

두부와 쇠고기의 맛이 잘 어울릴까요?

A

어울릴뿐 아니라 영양적으로도 보완이 됩니다.

두부 속에 쇠고기를 넣어 조리는 두부조림은 영양학적으로도 잘 어울릴 뿐 아니라 맛도 아주 좋습니다. 부드러운 두부 맛과 쇠고기의 씹히는 맛이 잘 조화되기 때문이지요. 게다가 단백질도 풍부하니 여름 더위에 지친 몸이 원기를 회복할 수 있도록 도와주는 영양식이 된답니다. 맛이 밍밍해지지 않도록 쇠고기에 반드시 양념을 해서 두부 속에 채워 넣도록 하세요.

Q

마늘장아찌는 어떤 맛이 나며 색깔 있는 마늘 장아찌는 어떻게 담그죠?

쪽 마늘장아찌

소금으로 하얗게 담그기도 하고 간장으로 까맣게 담그기도 한다. 새콤달콤한 맛이 특징이므로 식초와 설탕 분량을 잘 맞추도록 한다.

1

2

240 Kcal

3

4

5

6

1 깐마늘을 깨끗이 씻은 후 물기를 제거한다.
2 깨끗이 준비한 마늘을 저장용기에 담는다.
3 식초를 제외한 양념을 끓여 식힌다.
4 양념물이 완전히 식으면 식초를 넣는다.
5 마늘을 담아둔 저장용기에 양념물을 넣어 밀봉하여 익힌다.
6 7~10일 후에 먹도록 한다

재료

깐마늘 ··········· 500g
물 ··········· 2와1/4컵
설탕 ············ 1/2컵
소금 ········ 2와1/2큰술
식초 ············ 1/3컵

만들기

1 마늘은 크기가 고르고 알이 단단한 깐 마늘을 구입하여 물에 깨끗이 씻은 후 물기를 완전히 제거한다.
2 미리 열탕 소독하여 말려둔 저장용기에 물기 거둔 마늘을 채운다.
3 분량의 물과 소금, 설탕을 함께 냄비에 넣어 팔팔 끓여 식힌다.
4 양념물이 완전히 식으면 분량의 식초를 넣는다.
5 식초물이 완성되면 마늘 담은 저장용기에 부어 밀봉한다.
6 7일~10일 정도 지난 후 맛이 들면 꺼내 먹는다.

한마디 더 통마늘 장아찌는 마늘을 까지 않고 통으로 담그는 장아찌로 마늘의 겉껍질만 한 겹 벗기고 대가 12cm정도 남게 잘라 소금물에 1주일간 삭힌다. 삭힌 마늘은 건져 물기를 빼고 항아리에 담은 후 식초물을 끓여 식혀서 항아리에 붓고 1주일 동안 또 삭힌다. 식초물만 따라 다시 팔팔 끓여 식혀서 붓는다. 같은 방법을 몇 번 더 반복하면 오래오래 두고 먹을 수 있는 통마늘장아찌가 된다.

A

새콤달콤한 맛이 납니다. 색깔 있는 장아찌는 간장으로 합니다.

새콤달콤한 맛이 나기 때문에 아이들도 잘 먹을 수 있습니다. 마늘피클 정도의 맛이라고 생각하면 되겠네요. 이런 타입의 마늘 장아찌는 더위로 인해 입맛이 없는 여름철에 입맛을 돋궈주는데 아주 좋은 역할을 합니다. 고기 요리를 먹을 때 곁들여도 아주 개운한 맛을 내지요. 이 마늘 장아찌를 잘게 다져 생채 등의 나물요리에 양념으로 곁들여도 맛이 좋습니다. 색깔 있는 마늘 장아찌를 담그려면 소금 대신 진간장으로 간을 맞추시고요.

》마른멸치 장아찌

멸치를 볶아 숙성시켰다가 고추장 항아리에 박아 다시 숙성시킨 후 먹는 재래식 밑반찬이다. 짭짤하고 매콤한 맛을 낸다.

136 Kcal

만들기

1 멸치는 내장을 제거하고 체에 넣고 흔들어 부스러기를 떨구어낸다.

2 손질한 멸치를 마른 냄비에 볶아 냄새를 없앤다.

3 분량의 양념장을 냄비에 넣고 끓여 식힌다.

4 유리병에 멸치를 넣고 양념장을 식혀서 부은 후 2개월 동안 둔다. 이때 반드시 냉장 보관해야 한다.

5 2개월 후 꺼내서 멸치만 건져 낸 다음 망에 담는다.

6 고추장 항아리에서 고추장을 충분히 덜어내어 건져낸 멸치를 박아 한 달 보름 정도 냉장 보관하여 숙성시킨다.

7 한 달 보름이 지나면 멸치를 꺼내어 먹는다.

한마디 더 멸치 중에서는 중간 크기의 흰 멸치가 상품이며 빛이 뽀얗고 모양이 반듯하며 크기가 고른 것이 좋다.

재료

마른멸치 ············ 1근

양념장

- 간장 ········ 2와1/2컵
- 물 ············· 4컵
- 청주 ············ 1컵
- 식초 ············ 8컵
- 설탕 ········ 2와1/2컵
- 물엿 ········ 2와1/2컵

1 멸치의 머리와 내장을 제거한다.
2 마른 냄비에 볶아 냄새를 없앤다.
3 분량의 양념을 냄비에 넣고 끓여 식힌다.
4 저장 용기에 멸치를 넣고 끓여낸 양념장을 붓는다.
5 2개월 후 멸치를 꺼내 망에 담는다.
6 푹 삭힌 멸치를 꺼내 다시 고추장에 박아 숙성시킨다.

Q 좋은 멸치 고르는 법과 보관하는 방법을 알려 주세요.

A

멸치의 품질은 재료의 선도와 기름의 함량으로 크게 좌우됩니다.

멸치는 뽀얀 빛이 나는 것이 질이 좋고, 붉고 검은 빛이 나는 것은 기름이 산화된 것입니다. 다시멸치는 크고 넓적하면서 연한 빛깔이 나며 모양이 약간 기억자로 구부러지고 전체적으로 푸르스름하며 광택이 나는 것이 좋습니다. 가운데가 구부러진 것이나 배가 터진 것은 국물을 낼 때 좋지 않은 냄새가 나므로 주의해서 고르세요. 보관할 때는 누런 봉투에 담아 건조한 곳에 보관하고 햇볕에 잠깐 말려 절구에 찧어 가루를 내서 병에 담아두고 쓰면 낭비가 적습니다.

Q

조림고추와 멸치 손질법이 특이하네요?

고추멸치볶음

풋고추와 멸치는 환상의 콤비다. 풋고추를 손질할 때는 꼭지를 떼고 바늘구멍을 내도록 하고 멸치는 마른 냄비에 한 번 볶아서 사용한다.

155 Kcal

1 풋고추에 구멍을 낸다.
2 멸치는 머리와 내장을 제거한다.
3 멸치를 마른 팬에서 볶는다.
4 볶은 멸치를 체에 담아 잡티를 없앤다.
5 조림고추를 볶는다.
7 조림양념에 볶는다.

재료

조림고추 ·········· 100g
멸치(중간 크기) ····· 100g
식용유 ··········· 조금

조림고추 양념

소금 ······· 1/2작은술
깨소금 ······· 1작은술
다진마늘 ···· 1/2작은술
설탕 ········· 1작은술
다진파 ······· 1작은술
참기름 ······· 1작은술
(함께 섞어둔다)

멸치 양념

간장 ······· 1/2작은술
고운 고춧가루 ·· 1작은술
설탕 ········· 1작은술
다진마늘 ···· 1/2작은술
맛술 ·········· 3큰술
후춧가루 ······ 1작은술
참기름 ······· 1작은술
(함께 섞어둔다)

만들기

1 조림고추는 깨끗이 씻어 꼭지를 제거한 다음 꼬치 등으로 서너 번 찔러 구멍을 낸다.

2 멸치는 머리와 내장을 제거한다.

3 다듬은 멸치를 마른 팬에 볶아 비린내를 없앤다.

4 볶은 멸치를 체에 담아 멸치에서 떨어지는 먼지와 잡티 등을 흔들어 털어낸다.

5 팬에 식용유를 조금 두르고 조림 고추를 넣고 볶으면서 분량의 양념을 넣어 새파랗게 볶아 식힌다.

6 팬을 다시 달군 다음 식용유를 두르고 애벌 볶은 멸치를 넣고 살짝 볶아 멸치에 기름이 골고루 돌면 멸치 양념을 넣어 고루 섞이도록 저어주면서 볶는다.

7 멸치가 볶아지면 볶아둔 조림고추를 섞어 상에 낸다.

A

풋고추는 바늘 구멍을 내고 멸치는 마른팬에 볶아 내세요.

고추를 찔러 구멍을 내는 것은 고추가 잘 볶아지도록 하기 위한 것이에요. 양념도 잘 스며들게 되고요. 번거롭더라도 꼭 따라해 보세요. 그 다음 멸치를 미리 마른 팬에서 볶는 것은 멸치 특유의 비린내를 없애고 더 고소한 맛을 살리기 위한 것입니다. 불필요한 수분을 없애기 위한 것이기도 하지요. 멸치가 진득하다면 아무래도 볶음의 맛이 덜하니까요. 그리고 멸치볶음에 풋고추를 넣으면 풋고추 향에 멸치향이 어우러져서 맛이 일품입니다. 또 멸치에 매콤한 맛이 배어 멸치 맛도 한결 좋아진답니다.

보리새우볶음

새우를 볶기 전에 까슬까슬한 것을 다 털어내고 기름 두르지 않은 프라이팬에 한번 볶아 내면 비린 맛을 없앨 수 있다.

98 Kcal

1 2

3

4 5

1 마른팬에 새우를 볶아 비린맛을 없앤다.
2 볶은 새우를 마른 보에 넣고 비벼 꼬리와 머리를 떼어낸다.
3 볶음 양념을 만든다.
4 프라이팬을 달군 후 식용유를 두르고 새우를 볶으면서 볶음 양념을 넣어 맛을 낸다.
5 깨끗한 보시기에 담는다.

재료

보리새우 ·········· 100g
식용유 ··········· 약간

볶음 양념

참기름 ········· 1큰술
간장 ·········· 1큰술
설탕 ·········· 1큰술
통깨 ··········· 약간

만들기

1 보리 새우는 머리를 다듬어 잘 달구어진 마른 팬에 한번 볶아낸다.

2 볶은 새우가 식으면 마른 보에 놓고 손으로 살짝살짝 비벼 다리와 꼬리가 떨어져 나가도록 한다.

3 볶음 양념 재료를 섞어 볶음 양념을 만든다.

4 프라이팬을 달군 다음 식용유를 조금 두르고 새우를 볶으면서 볶음 양념을 넣어 바삭하게 볶아 완성한다.

5 깨끗한 보시기에 예쁘게 담는다. 도시락 반찬으로도 좋고 달착지근한 맛이 돌아 아이들도 잘 먹는다.

Q 보리새우를 고르는 법과 다른 조리법도 알려주세요.

너무 잔 것보다 중간 것이 좋고 새우 향이 신선해야 합니다.

볶음용으로는 아무래도 너무 자잘하면 맛이 없어요. 살이 통통하고 새우의 향이 신선한 중간 크기의 새우가 좋습니다.
보리새우는 된장찌개에 넣어 구수한 맛을 살리기도 하고 아욱국이나 시금치국에 넣어 새우 향이 상큼하게 도는 국을 끓이기도 합니다.

아이들이 좋아하는 볶음을 하고 싶다면 토마토 케첩을 끓이다가 새우를 넣고 볶아 보세요. 색깔도 발그스레해지고 달착지근하면서 케첩 향이 돌아 아이들이 잘 먹는답니다.

Q

오징어 볶음의 맛을 내기가
어려워요.

오징어채볶음

볶기 전에 오징어채를 물에 한 번 빨아서 물기를 뺀 후 볶으면 양념 맛이 더 잘 스며들고 양념장을 먼저 끓이다가 볶으면 윤기가 더 돈다.

1

2

435 Kcal

3

4

5

1 오징어채를 가위로 먹기좋게 자른다.
2 가위로 자른 오징어채를 물에 한번 빨아서 건져둔다.
3 분량의 양념을 합하여 팬에서 먼저 끓인다.
4 끓어 오르면 오징어채를 넣고 볶는다.
5 불을 약하게 해서 양념이 고루 묻게 뒤적인다.

재료

오징어채 ·········200g

조림장

- 고추장 ········2큰술
- 물엿 ··········4큰술
- 고추기름 ·······2큰술
- 간장 ··········2큰술
- 설탕 ········2작은술
- 미림 ··········4큰술
- 다진 마늘 ·······1큰술
- 마요네즈 ·······4큰술

만들기

1 오징어채는 깨끗한 것을 구입해 가위로 먹기 좋게 잘라 체에 넣고 흔들어 부스러기와 먼지 등을 제거한다.

2 부스러기를 제거한 오징어채를 물에 살짝 씻어낸 다음 체에 밭쳐 물기를 거둔다.

3 팬에 분량의 조림장 재료를 넣고 끓인다.

4 조림장이 끓어 오르면 오징어채를 넣고 윤기나게 볶는다.

5 오징어채를 볶을 때는 양념이 오징어채에 골고루 묻어야 하므로 불을 좀 약하게 해서 뒤적이면서 천천히 볶는다.

6 상에 낼 때는 통깨를 조금 뿌린다.

A

조림장을 먼저 끓이다가 오징어채를 넣고 볶으세요.

오징어채볶음은 아이들이 아주 좋아하는 밑반찬의 하나이지요. 그런데 의외로 이 볶음을 어려워하시는 분들이 많더군요. 감칠맛을 내는 비결은 조림장을 먼저 끓이다가 오징어채를 넣는 것이에요. 그러면 양념이 오징어채에 잘 코팅되어 맛이 좋아지게 되지요. 그 전에 오징어채를 미리 한번 물에 빨아서 보드랍게 해두면 좋아요. 약간 촉촉한 상태에서 볶아내면 양념이 더 잘 스며들게 되고 맛도 부드러워지지요.

Q

자반고등어 고르는 요령을 알려주세요.

》 자반고등어찜

자반고등어를 그대로 사용하면 너무 짜질 염려가 있으므로 쌀뜨물에 담가 짠기를 우려내고 사용한다. 그래야 감칠맛이 더 있다.

235 Kcal

1 자반고등어는 쌀뜨물에 담가두어 짠 맛을 뺀다.
2 적당하게 토막을 낸다.
3 감자와 채소를 썬다.
4 양념장을 만든다
5 바닥이 두터운 냄비에 감자를 깐다.
7 고등어를 얹고 다른 채소도 얹은 후 쌀뜨물을 부어 찜을 한다.

재료

재료	분량
고등어 자반	200g
감자	200g
풋고추	2개(20g)
대파	40g
양파	40g
쌀뜨물	적당량

찜 양념장

재료	분량
간장	1/4컵
다진마늘	1큰술
고춧가루	2작은술
설탕	2작은술
참기름	1큰술
깨소금	1작은술
생강즙	1작은술
청주	1큰술

만들기

1 고등어 자반은 머리와 꼬리를 떼어내고 쌀뜨물에 푹 담가두어 짠 맛을 빼낸다.

2 소금기를 뺀 고등어 자반을 토막 낸다.

3 감자는 껍질을 벗기고 도톰하게 한 입 크기로 썰고, 풋고추와 대파는 어슷썰기로 썰고 양파는 채 썬다.

4 분량의 양념장 재료를 합해 양념장을 만든다.

5 바닥이 두터운 냄비에 감자를 깔고 그 위에 고등어 자반을 얹고 다른 야채도 얹는다.

6 자반 고등어 위에 미리 만들어둔 분량의 양념장을 끼얹는다.

7 양념장 얹은 위에 쌀뜨물을 자작하게 부어 찜을 완성한다.

A

탄력이 있고 기름기가 돌지 않는 것이 싱싱합니다.

자반고등어찜은 짭짤하면서도 감칠맛이 돌아 밥 반찬으로는 그만이죠. 게다가 고등어는 등푸른 생선으로 영양도 많답니다. 고등어 자반을 살 때에는 뼈에 살이 단단하게 붙어 있는지 확인하세요. 살짝 눌러보아 살에 탄력이 느껴지는 것이 좋습니다. 노르스름한 기름기가 도는 것은 묵은 자반이므로 조심하세요. 아가미가 암갈색을 띠고 있거나 손으로 눌렀을 때 살이 밀리는 것은 상한 것이므로 잘 살펴보아야 합니다.

뱅어포구이

양념장 맛을 살리는 게 맛의 비결이다. 양념을 발라 잠시 두었다가 앞뒤로 바삭하게 구워 가위로 잘라 상에 낸다.

274 Kcal

1 뱅어포를 손바닥으로 톡톡 두들겨 부스러기를 털어낸다.
2 분량의 양념을 함께 섞어 양념장을 만든다.
3 양념장을 뱅어포에 앞뒤로 고르게 바른다.
4 팬에 식용유를 살짝 두르고 구워낸다.
5 통깨를 뿌려 그릇에 담는다.

재료

뱅어포 ··· ·······10장

양념장

- 고추장 ········3큰술
- 설탕 ······1과1/2큰술
- 간장 ··········2큰술
- 참기름 ········2큰술
- 고운 고춧가루 ····1큰술
- 물엿 ··········3큰술
- 다진파 ········3큰술
- 다진마늘 ···1과1/2큰술
- 깨소금 ····1과1/2큰술

만들기

1 뱅어포를 앞뒤로 살펴보아 이물질을 제거한 다음 손바닥으로 톡톡 털어 부스러기와 먼지를 털어낸다.

2 분량의 양념을 합하여 양념장을 만든다.

3 양념장을 뱅어포에 고르게 바른 다음 재워둔다.

4 석쇠에 구울 때는 뱅어포를 2장씩 겹쳐 앞뒤로 굽는다. 팬을 이용해 구울 때는 팬에 식용유를 두르고 뱅어포를 한 장씩 올려 굽는다.

5 구워낸 뱅어포를 한 입 크기로 썰고 통깨를 뿌린다. 가위로 자르면 부서지지 않는다.

Q

뱅어포 고르는 법과 타지 않게 굽는 요령을 알려주세요.

A

하얗고 도톰한 것을 고르세요.

구멍이 많이 나 있거나 누르스름하게 색이 변한 것은 오래 된 것입니다. 그런 것으로 음식을 만들면 퀴퀴한 냄새가 나고 맛이 없습니다. 사용하고 남은 것은 밀봉하여 서늘한 곳에 두세요. 그렇게 하지 않으면 색도 변하고 딱딱해지니까요. 석쇠에 구울 때는 2장씩 겹쳐놓고 불에서 멀리 떨어진 곳에서 천천히 구워야 합니다. 고추장 양념도 너무 되직하면 바르기가 힘들고 너무 묽으면 흘러내려 빛깔이 옅어지므로 물엿으로 농도를 맞추세요. 또 양념을 발라 즉시 굽는 것보다 잠시 동안 볕에 말리면 굽기가 쉽습니다.

Q

풋고추와 홍고추의 맛이 너무
강하지 않나요?

고추나물

풋고추와 홍고추의 매운 기를 빼려면 채썰어서 미리 찬물에 담가 헹군 후 볶는 것이 좋다. 고추 대신 홍피망, 청피망으로 대신해도 비슷한 맛이 난다.

183 Kcal

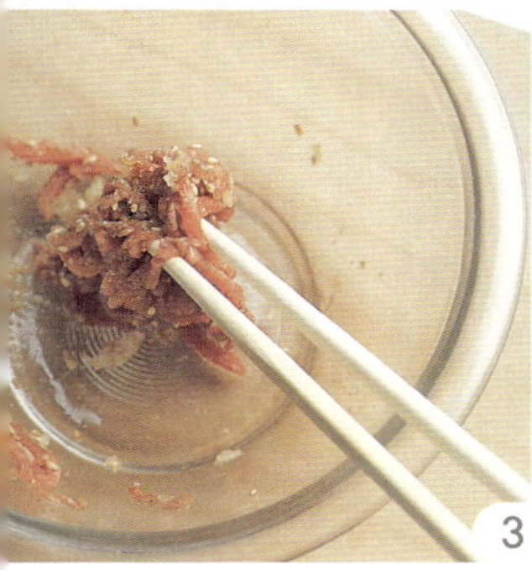

1 풋고추와 홍고추는 곱게 채 썰어 준비한다.
2 채썬 쇠고기의 핏물을 뺀다.
3 채썬 쇠고기를 양념한다.
4 채썬 풋고추와 홍고추를 볶는다.
5 양념한 쇠고기를 볶는다.
6 쇠고기와 풋고추를 버무린다.

재료

풋고추 · · · · · · · 40개(320g)
쇠고기 · · · · · · · · · · · 100g
홍고추 · · · · · · · · · · · · 2개
식용유 · · · · · · · · · · 적당량

쇠고기 양념
- 다진파 · · · · · · · · · 1큰술
- 다진마늘 · · · · · 1/2큰술
- 깨소금 · · · · · · · 1/2큰술
- 참기름 · · · · · · · · · 1큰술
- 설탕 · · · · · · · · · 1/2큰술
- 후춧가루 · · · · · · · · 조금

고추볶음 양념
- 다진파 · · · · · · · · · 1큰술
- 다진 마늘 · · · · · 1/2큰술

무침 양념
- 소금 · · · · · · · · · 1작은술
- 설탕 · · · · · · · · · 1작은술
- 깨소금 · · · · · · · 1/2큰술
- 참기름 · · · · · · · · 1큰술

만들기

1 풋고추, 홍고추는 꼭지를 떼어내고 깨끗이 씻은 다음 반으로 갈라 씨를 털어내고 곱게 채 썰어 찬물에 헹궈 소쿠리에 받쳐 물기를 제거한다.

2 쇠고기는 고기결대로 곱게 채 썰어 종이 타월에 놓아 핏물을 빼 놓는다.

3 핏물 뺀 고기를 고기 양념에 무쳐 둔다.

4 잘 달구어진 팬에 식용유를 살짝 두르고 풋고추, 홍고추를 같이 볶다가 분량의 볶음 양념을 넣어 볶아 차게 식힌다.

5 양념에 재워둔 쇠고기도 팬에서 고슬하게 볶아 차게 식힌다.

6 큰 그릇에 볶아둔 풋고추와 쇠고기를 함께 담고 무침양념으로 무쳐 접시에 담는다.

A

풋고추, 홍고추채를 물에 담갔다가 사용하고, 피망으로 대신해도 됩니다.

풋고추와 홍고추를 채 썬 다음 찬물에 미리 한번 헹구세요. 이렇게 하면 고추의 매운 맛이 많이 사라지기 때문에 볶았을 때에도 맛이 강하지 않습니다. 대신에 풋고추 특유의 향긋한 향과 맛이 남게 되지요. 고추를 못 먹는 사람이 있다면 고추 대신 피망을 써도 좋습니다. 청홍 피망을 곱게 채 썰어 같은 방법으로 각각 볶아 섞어서 양념무침을 하면 누구라도 맛있게 먹을 수 있는 반찬이 되겠지요.

Q

생땅콩을 껍질째 데치면 껍질이 벗겨지나요?

》 호두장과

짭짤하고 달콤하게 조린 호두, 땅콩조림은 영양반찬으로 그만이다. 간장을 넣지 않고 조리면 아이들 간식으로도 좋다.

555 Kcal

1 호두 손질을 한다.
2 끓는 물에 땅콩을 삶다가 호두를 넣어 함께 삶는다.
3 호두와 땅콩을 찬물에 헹궈 물기를 뺀다.
4 조림장 재료를 끓인다
5 조림장에 호두와 땅콩을 넣고 조린다.

재료

호두살 ············ 200g
생땅콩(속껍질 붙은 채로) ············ 200g
식초 ············ 조금

조림장

- 간장 ············ 4큰술
- 맛술 ············ 3큰술
- 물 ············ 1컵
- 설탕 ············ 1과1/2큰술
- 물엿 ············ 3큰술

만들기

1 호두살을 발라 가운데 딱딱한 부분을 떼어낸다.

2 끓는 물에 식초를 조금 넣고 물이 끓기 시작하면 생땅콩을 넣고, 8분간 삶다가 호두살을 넣고 함께 2~3분간 정도 더 삶아 떫은 맛을 없앤다.

3 땅콩과 호두살을 건져 찬물에 헹군 다음 체에 밭쳐 물기를 뺀다.

4 냄비에 분량의 조림장 재료를 넣고 끓인다.

5 양념장이 끓으면 삶은 땅콩과 호두를 넣고 윤기나게 조려 완성한다.

A

물론입니다. 하지만 첫번째 삶은 물은 따라 내세요.

껍질째 삶았을 때는 첫물은 한 번 따라버리고 다시 한 번 데쳐 내세요. 그러면 껍질이 말끔히 벗겨진답니다. 그리고 이 반찬은 동물성 지방을 피해야 하는 성인이나 기운이 없는 노인, 자라나는 아이들에게 만들어 주면 좋습니다. 사람에게 꼭 필요한 필수 지방산이 많이 들어있기 때문이죠. 호두는 고단백, 고지방, 고에너지 식품이며 비타민과 무기질이 풍부해 노화방지, 피로회복에 탁월한 효과가 있습니다. 특히 호두에는 비타민 B와 비타민 B_1이 듬뿍 들어있어 탄수화물과 지방 대사과정을 도와 빠르게 에너지를 만들어 기운이 나게 해 줍니다.

남은 재료 보관하기

요리를 하다보면 음식재료가 남는 경우가 있다.
재료의 특성에 따라 달라지는 보관요령을 잘 익혀두면 음식
하다 남은 재료를 낭비 없이 보다 오래 신선하게 이용할 수 있다.

채소

상추, 부추 등 잎이 연한 채소는 물이 닿으면 쉽게 상하므로 보관할 것은 물에 씻지 말고 통에 담아 냉장고에 보관하는 것이 좋다. 버섯이나 푸른 잎 채소류는 수분이 마르지 않도록 신경써야 한다. 감자나 고구마 등은 저온에 약하므로 굳이 냉장고에 둘 필요가 없고 흙 묻은 우엉이나 당근 등은 흙 속에 묻어두면 더 오래 보관할 수 있다.

주요 채소 보관법

오이 | 물기를 없애고 비닐봉지에 꼭 싸서 냉장고에 보관한다. 1주일 이상은 무리없이 보관할 수 있다.

가지 | 랩에 싸면 실온에서 2일 정도 둬도 된다. 물 뿌려 밀봉해서 냉장 보관하면 더 오래 간다.

양배추 | 겉잎을 두었다가 남은 양배추를 감싸서 냉장고에 두면 마르지 않는다.

버섯류 | 키친타월에 싸서 건조를 막고 비닐봉지에 넣어 냉장고에 보관한다.

시금치 | 종이타월에 싸서 분무기로 물을 뿌려준 다음 비닐봉지에 넣어 냉장 보관한다.

배추 | 축축하게 적신 신문지에 싸서 바람 잘 통하는 서늘한 곳에 두면 며칠간 보관 가능하다.

생선

어패류는 신선도가 중요하므로 사오는 즉시 바로 조리하는 게 가장 좋은 방법이지만 그렇지 못한 경우에도 잘만 손질해 두면 하루 이틀은 보존이 가능하다. 냉동 보관을 하면 좀더 오래 보관할 수 있다. 냉장실에서는 되도록 하루를 넘기지 않는 게 좋으며, 냉동했던 것을 해동한 후에는 다시 냉동하지 않는 게 원칙이다.

▲물기가 남아 있으면 비린내도 심하고 쉽게 상하므로 물기를 빼고 보관한다.

▲소금을 뿌려 두거나 생강즙, 술 등을 살짝 뿌려 두면 비린내가 나지 않는다.

●생선 보관 요령

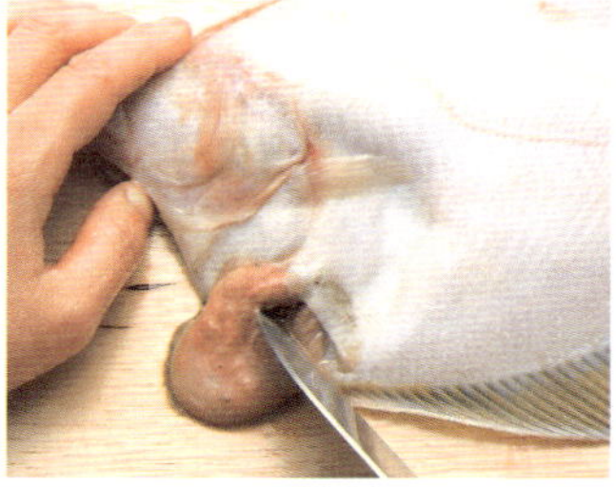

▲아가미와 내장을 제거하고 보관한다.

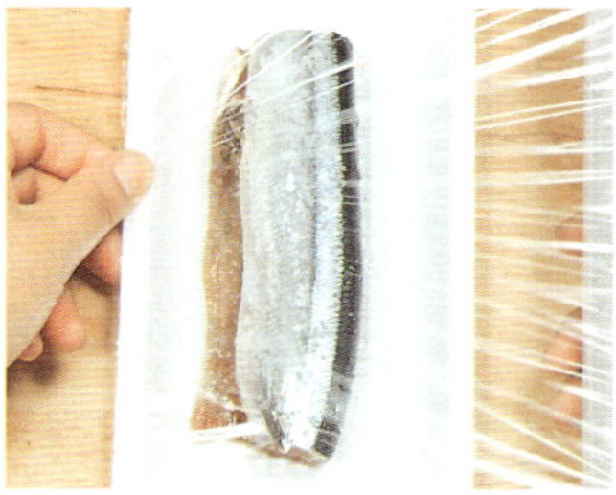

▲공기와 닿으면 건조되어 맛이 떨어지므로 랩으로 꼭 싸서 보관한다.

▲냉동보관 시에는 한번 먹을 양만큼 나눠 둬야 해동 후 다시 냉동시키는 일이 없다.

▲조개와 전복은 깨끗이 씻어서 완전히 해감시킨 후에 1회분씩 나누어 냉동 보관한다.

고기류

고기 종류는 대체로 하루나 이틀 안에 조리할 것은 랩이나 비닐봉지에 밀봉해 냉장고 신선실에 보관해 두면 되고 그 이상 보관이 필요한 경우에는 냉동실에 보관하는 것이 가장 좋다. 물기가 있는 것을 그대로 얼리면 육질이 떨어지고 썰기도 나쁘므로 냉동실에 보관할 때는 물기를 잘 닦아서 밀봉한다.

쇠고기 | 냉장고에서 4,5일 정도 보존이 가능하다. 그 이상 보존하려면 랩에 싸서 냉동고에 보관한다. 덩어리 고기는 한번 쓸 만큼씩 잘라서 냉동시키면 1개월 정도는 보존할 수 있다. 또 다진 고기는 랩이나 비닐팩에 싸서 공기를 뺀 다음 냉장고에 두었다가 되도록 빨리 사용한다. 양념을 하거나 덩어리째 삶아 두면 오래 보관할 수 있다.

닭고기 | 다른 고기에 비해 고기결이 부드럽기 때문에 얼려서 보관하면 맛이 떨어진다. 신선한 닭고기를 구입해 하루나 이틀 안에 조리할 거라면 냉장고 신선실에 보관하는 것이 가장 좋다. 당장 먹을 것이 아니라면 냉동실에 보관하는데 손질하지 않은 채로 밀봉해서 보관하는 것이 좋다. 냉동실이라도 2주일은 넘기지 않도록.

돼지고기 | 되도록 덩어리째 보관하는 것이 맛을 잃지 않는 비결이다. 삼결살 등 얇게 썬 고기를 보관할 때는 살짝 언 상태의 고기를 구입해서 곧바로 냉동실에 넣어두었다가 조리하기 1시간쯤 전에 신선실로 옮겨 해동한다. 덩어리째로 고기를 보관할 경우 한 번 먹을 양만큼씩 덜어 랩이나 비닐봉지에 싸서 냉동보관한다.

기타 식품

달걀 | 상온(15도)에서는 2~3주일, 27~28℃에서는 3~4일, 5~10℃라면 2개월 가까이 보존된다. 선도를 오랫동안 유지하기 위해서는 산 즉시 냉장고에 넣어두는 게 좋다. 이때 공기집이 있는 둥근 쪽이 위로 가도록 보관하면 노른자가 안정되어 보다 오랫동안 선도가 유지된다.

두부 | 사용 후 남은 두부는 반드시 물에 담가 냉장 보관하는데 담가둔 물을 매일 바꿔주면 2~3일은 둘 수 있다. 뜨거운 물에 한번 데쳐 차게 식히면 4~5일은 보존가능하다. 밀폐용기에 담겨 있는 두부는 개봉하지 말고 그대로 냉장실에 넣어두면 2~3일은 보존할 수 있다.

건어물 | 말린 생선을 냉동보관할 때는 한 마리씩 비닐에 넣어서 다시 랩으로 싼다. 오징어채나 마른새우, 북어포, 마른 미역, 다시마 등은 비닐봉지에 담은 다음 종이봉투에 넣어 습기가 없는 서늘한 곳에 보관한다. 내용물의 이름을 표시해 두면 꺼내 쓸 때 편리하다.

3

속풀이 국·찌개 전골

결혼하면 제일 먼저 배워야 할 음식이 뭔지 아세요? 바로 국, 찌개, 전골 끓이기예요. 국물 음식은 즉석에서 보글보글 끓여야 제맛이 나니까 국물내기 몇 가지만 익히세요. 국물 맛만 제대로 낼 줄 알면 주재료와 부재료 넣고 양념 넣어 끓이기만 하면 끝이에요. 대신 간맞추기는 기호에 따라 다르니까 가족들의 입맛에 따라 주는 게 좋겠죠.

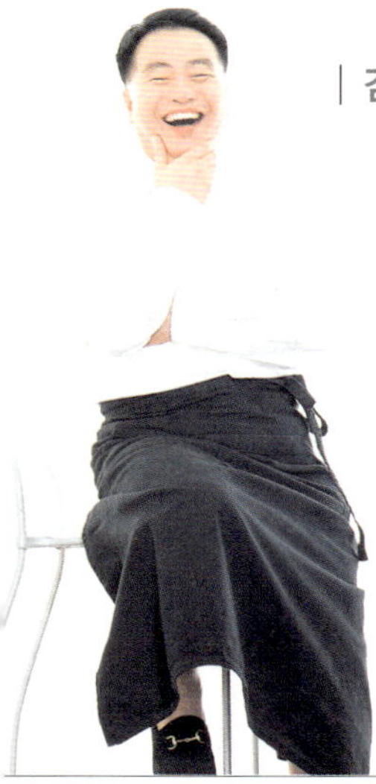

정성이 담긴 따끈한 국물요리는 먹는 사람의 마음까지 따뜻하게 합니다.

주부들이 매일 하는 고민 중의 하나가 '오늘은 무슨 국을 끓이지?' 하는 것이지요. 오늘 저녁 식탁에는 어떤 찌개를 끓여 낼까? 내일 아침에는 무슨 국을 끓여야 남편과 아이들이 밥 한 술이라도 뜨고 갈까? 하는 고민으로 장보기에 나설 때마다 한참을 이곳저곳 기웃거리게 됩니다. 제가 강의를 할 때 만나는 주부들도 '무슨 국을 끓여야 좋을지 모르겠어요' 하는 질문을 많이 하시는 걸 보면 그 고민이 참 심각한 모양입니다.
우리 식탁에서 국물요리가 차지하는 비중은 참으로 큽니다. 아무리 잘 차려진 식탁이라도 보글보글 맛깔스런 찌개나 감칠맛 나는 국이 없다면 어쩐지 허전하고 잘 먹었다는 느낌을 받지 못합니다. 특히 남편이나 어르신들은 더욱 그렇지요. 왠지 입맛 없고 기운 없을 때라도 맛나게 끓여진 국이 있으면 밥 한 그릇 말아 뚝딱 먹어치우게 되잖아요.
하지만 국물요리를 만드는 것은 그렇게 만만치 않습니다. 국이나 찌개를 끓이기 위해 여러 재료들의 밑손질을 하는 것도 손이 많이 가는 일이고, 또 국물의 맛을 제대로 내는 것은 쉽지 않습니다. 간 맞추기도 은근히 까다롭지요. 게다가 매일같이 끓여야 하는 것이다 보니 메뉴를 정하는 것도 참 신경 쓰이는 일입니다.

주부님들의 이런 고민을 덜어 드리기 위해 국, 찌개, 전골을 주제로 한 요리들을 모았습니다. 언제나 우리 식탁에서 마주할 수 있는 평범한 메뉴들이지만 가족 모두가 맛있게 먹을 수 있고 또 절대로 질리지 않는 것들로만 구성을 했습니다. 맛나게 끓이는 비결도 잊지 않았으니 레서피대로만 따라 한다면 실패하지 않고 맛있는 국을 끓일 수 있을 것입니다.

무슨 국을 끓일까, 하는 고민은 이런 식으로 해결하면 좋을 듯 합니다. 일주일을 기본 단위로 보고, 월요일은 토장국, 화요일은 얼큰한 고추장찌개, 수요일은 고깃국, 다시 목요일이 되면 재료의 맛과 향을 살려 끓여내는 맑은국, 금요일은 온 식구가 함께 먹을 수 있는 된장찌개, 그리고 토요일은 남은 재료를 모아 한꺼번에 끓여 먹는 전골 등으로 기본 원칙과 흐름을 정해 두고 그 메뉴에 맞춰 부재료들을 선택하면 메뉴 짜기가 훨씬 쉬워진답니다.
국물요리는 그 따끈함만큼이나 먹는 사람의 마음까지 훈훈하게 하는 힘이 있습니다.

Q

미역은 바락바락 주물러 씻어야
한다고 알고 있는데요.

홍합미역국

미역국을 끓일 때 미역을 너무 바락바락 주물러서 씻으면 끈적거리는 성분이 우러나와 국물이 깨끗하지 않다. 흐르는 물에 흔들어 씻도록 한다.

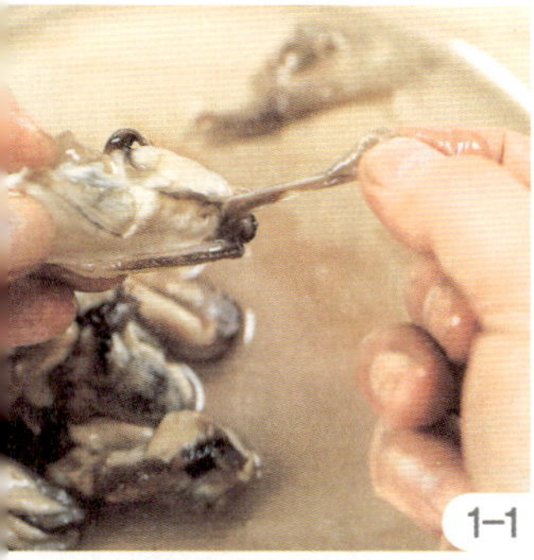
1-1

1-2

226 Kcal

3

4

5

6

1 홍합에 붙어 있는 수염을 떼어낸다.
2 씻은 홍합은 체에 밭여 물기를 빼 둔다.
3 미역을 불려 3~4cm 길이로 자른다.
4 미역을 볶는다.
5 물을 붓고 홍합을 넣어 끓이다가 다진마늘, 소금, 흰후춧가루로 맛을 낸다.
6 그릇에 담는다.

재료

홍합 ··············· 1kg
물 ················ 10컵
불린 미역 ·········· 100g
참기름 ············ 1큰술

양념

다진 마늘 ········ 1큰술
소금, 흰후춧가루 ·· 조금

만들기

1 홍합은 껍질을 바락바락 문질러 겉에 붙어 있는 솜털과 이물질을 제거하고 한번 헹군 뒤, 살을 떼어낸 후 가장자리 검은 수염을 떼어내고 내장을 제거한다. 냉동 홍합을 사용할 경우에는 물에 담가 부드럽게 불린다.

2 홍합살은 옅은 소금물에 살살 흔들어 씻어 건져 다시 깨끗한 물로 씻어 체에 밭쳐 물기를 빼둔다.

3 미역은 넉넉한 찬물에 부드러울 정도로 불린 다음 살살 흔들어 씻어 헹구어 물기를 빼고 3~4cm 길이로 잘라 준비한다.

4 냄비에 참기름을 두르고 미역을 먼저 넣어 볶는다.

5 미역 색이 파르스름해지면 분량의 물을 붓고 홍합을 넣어 끓이다가 미역과 홍합이 어우러지게 끓으면 다진마늘을 넣고 소금과 흰후춧가루로 맛을 낸다.

6 간을 다시 본 후 그릇에 담는다.

A

주물러 씻으면 국물이 맑지 않고 시원한 맛을 내기 어렵습니다.

미역 손질법에 대해 잘못 알려진 것 중의 하나입니다. 미역을 주물러 씻으면 국을 끓일 때 미역에서 진득거리는 물질이 흘러나와 국물이 맑지 않습니다. 미역 분량의 5~6배 정도의 넉넉한 물에 미역을 불린 다음 맑은 물에서 살살 흔들어 씻어 국을 끓이세요. 더 시원한 국물을 낼 수 있습니다. 미역국에 들어가는 홍합은 신선한 것으로 골라야 하는데 껍질을 벗겨보아 살에 붉은 빛이 돌고 살이 통통하며 윤기가 흐르는 것이 비린내가 나지 않습니다.

배추김치국

배추김치가 시어지기 시작할 때 김치국을 끓이면 맛이 있다. 쇠고기를 볶아 사용하도록 한다.

91 Kcal

만들기

1 쌀뜨물은 세 번째 씻은 물을 받아 놓는다.

2 배추김치는 송송 썰어 국물을 짜 놓고 대파는 어슷썰기로 썬다.

3 쇠고기는 납작하게 한입 크기로 썰어 기름두른 프라이팬에 달달 볶는다.

4 쇠고기가 어느정도 익으면 송송썬 배추김치를 함께 넣고 볶는다.

5 쇠고기와 배추김치 맛이 어우러졌을 때 분량의 쌀뜨물을 붓고 푹 끓인다.

6 완전히 끓여지면 다진 마늘, 국간장으로 간을 하고 마지막으로 김치 국물을 넣어 간을 맞춘다.

재료

배추김치 ·········· 250g
쇠고기 ············ 100g
대파 ·············· 30g
참기름 ············ 1큰술
쌀뜨물 ············ 6컵

국물 양념

다진 마늘 ····· 2작은술
국간장 ········· 약간
배추김치국물 ···· 약간

1 쌀뜨물은 세 번째 쌀 씻은 물을 받아 준비한다.
2 냄비에 참기름을 두르고 쇠고기를 볶는다.
4 배추김치를 함께 넣어 볶는다.
5 쌀뜨물을 부어 끓인다.
6 국간장으로 간을 맞춘 다음 김치 국물로 부족한 간을 맞춘다.

Q

국을 끓이는 배추김치는 어떤 상태가 좋은가요?

A

김치가 약간 시어지기 시작할 때가 제일 맛이 있습니다.

배추김치국이 가장 맛있을 때는 김치가 한참 맛을 낼 때입니다. 이때에는 간을 맞출 때도 배추김치 국물을 이용하면 한결 깊고 시원한 국물맛을 내게 됩니다. 김치가 약간 시어지기 시작할 때도 좋지요. 하지만 조금 더 시었다 싶으면 김치를 그냥 사용하지 마시고 흐르는 물에 잠깐 헹궈서 국을 끓여야 합니다. 김치국물은 넣지 마시고요. 국물맛이 너무 시어질 우려가 있으니까요.

Q

감칠맛 나는 다시마 국물 만들기
좀 가르쳐 주세요.

모시조개콩나물국

조개 국물로 맛을 내는 시원한 국이다. 조개 껍질이 씹히지 않도록 체에 걸러 사용한다.

79 Kcal

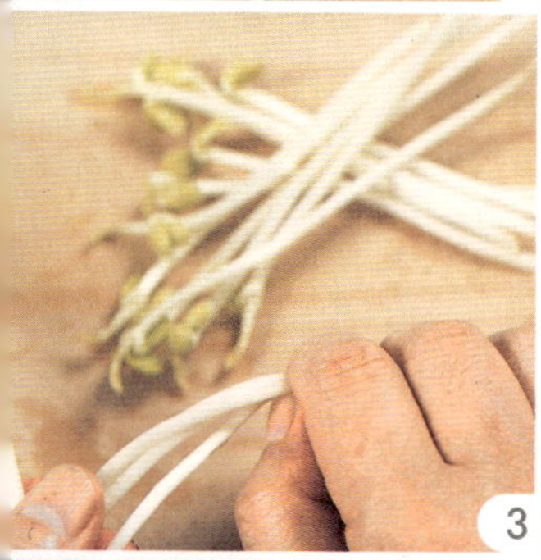

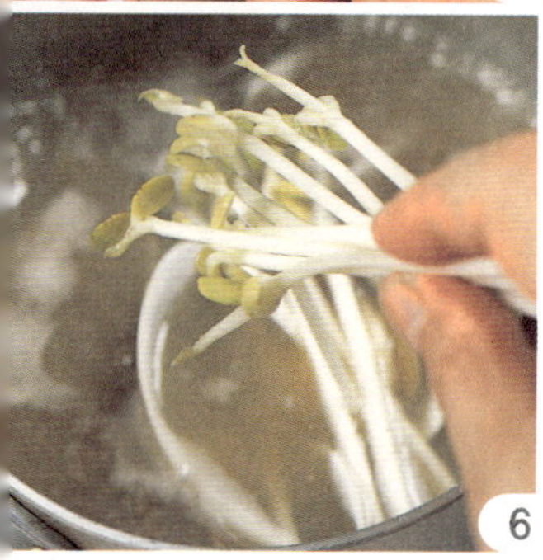

1 모시조개는 소금을 조금 넣은 물에 담가 해감시킨다.
2 모시조개를 끓여 국물을 준비한다.
3 콩나물을 준비한다.
4 풋고추, 홍고추를 썬다.
5 국물 양념을 넣는다.
6 된장국물이 끓으면 콩나물을 넣고 풋고추, 홍고추를 넣어 살짝만 더 끓인다.

재료

모시조개 ······ 8개(300g)
콩나물 ··········· 150g
홍고추 ··········· 1/2개
풋고추 ··········· 1/2개
물 ··············· 8컵
대파 ············· 조금

국물양념

다진 마늘 ······· 1큰술
된장 ··········· 3큰술
흰후추 ·········· 약간
가다랭이포 1과 1/2작은술

만들기

1 모시조개는 소금을 약간 넣고 문질러 씻어 껍질 표면의 더러움을 없애고, 연한 소금물에 담가 어두운 곳에 반나절 정도 두어 해감을 토하게 한 다음 씻어 건져 냄비에 8컵의 물을 붓고 끓인다.

2 조개가 입을 벌리면 조개는 건져두고 국물은 따로 준비한다.

3 콩나물은 꼬리를 떼어내고 잔뿌리를 깨끗이 다듬어 씻어 건진다.

4 풋고추, 홍고추, 대파는 어슷썰기로 썰어 씨를 제거하여 준비한다.

5 냄비에 준비한 조개 국물을 붓고 건져놓은 조개를 넣은 후 된장과 다른 양념도 함께 넣어 끓인다.

6 된장 국물이 팔팔 끓어 맛을 내면 콩나물을 넣어 뚜껑을 덮고 한소끔 끓이다가 어슷썬 풋 고추, 홍고추를 넣어 살짝만 더 끓여 완성한다.

A

잘 닦은 다음 군데군데 가위집을 넣어 찬물에 담가둡니다.

맑고 감칠맛 나는 다시마 국물 만들기가 쉽지 않습니다. 우선 다시마는 젖은 행주로 표면을 잘 닦은 다음 군데군데 가위집을 넣어 찬물에 담가 둡니다. 가위질을 하는 것은 다시마의 맛이 더 잘 우러나라고 하는 것이지요. 이 상태에서 5~6시간 정도 다시마물을 우려냅니다. 그 다음에 불에 올리는데, 이때 불의 상태는 중간불보다 약하게 해야 합니다. 이렇게 잔잔한 불로 다시마물을 끓이기 시작해서 끓으려고 하면 바로 불을 끄고 다시마는 건져냅니다. 경우에 따라 가다랭이포를 넣고 뚜껑을 닫아 5분 정도 두면 깔끔한 국물 맛과 향긋한 다시마 국물이 완성됩니다.

Q

콩나물 꼬리에 아스파라긴산이
더 많다고 하던데 잘라내야 하나요?

콩나물 무국

콩나물 국에 무를 넣으면 맛이 구수하고 시원하다. 무를 나박 썰기로 썰지 말고 연필깍듯이 썰어넣자. 무 씹히는 맛이 훨씬 좋다.

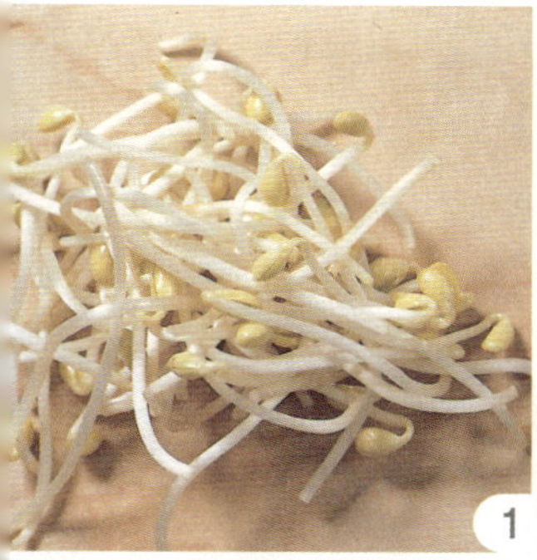

58 Kcal

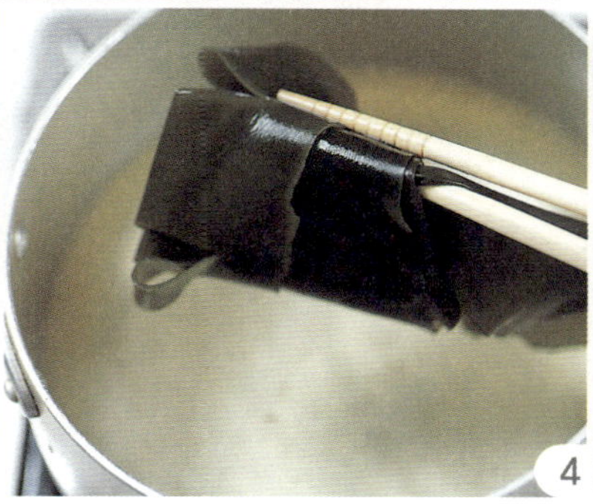

1 콩나물은 꼬리를 다듬고 깨끗이 씻어 준비한다.
2 무는 연필 깍듯이 깍아둔다.
3 다시마와 핏물 뺀 고기를 넣고 끓여 다시마물을 만든다.
4 다시마를 건져낸다.
5 다시마물에 무를 먼저 넣고 끓이다가 콩나물을 넣고 한소끔 더 끓인다.

재료

콩나물	100g
무	150g
쇠고기	100g
대파	10g
다진 마늘	1큰술
고운 고춧가루	1큰술
소금	약간
국물용 물6컵	
다시마	5g

만들기

1 콩나물은 꼬리를 다듬어 깨끗이 씻어 준비한다.

2 무는 연필깍듯이 마구썰기를 하고 대파는 어슷 썰어 준비한다.

3 냄비에 물과 다시마, 핏물 뺀 쇠고기를 넣어 끓인다.

4 다시마물이 끓기 시작하면 다시마를 건진다.

5 다시마 건진 국물에 무를 먼저 넣고 끓이다가 무가 익으면 콩나물을 넣어 다시 한소끔 끓인 후 대파, 다진 마늘, 고춧가루, 소금으로 맛을 내어 완성한다.

A

그대로 끓이면 국이 지저분하니까 조금만 잘라내세요.

콩나물로 국을 끓인 다음 고춧가루를 살짝 풀어 먹으면 아주 시원하고 개운한 맛이 그만이지요 그렇습니다. 콩나물 꼬리에는 숙취 해소에 좋은 성분이 들어 있지요. 하지만 콩나물 꼬리를 그대로 둔 채 국을 끓이면 국이 지저분해져서 보기에 좋지 않습니다. 그래서 어느 정도는 꼬리를 다듬어 끓이는 것이 좋지요. 그렇다고 해서 유효한 성분이 꼬리에만 있는 것은 아니니 걱정마세요..

Q

좀 더 얼큰한 감자국을 먹고 싶을
땐 어떻게 하죠?

감자국

감자를 동글동글하게 다듬어 끓이면 부서지지도 않고 볼품도 있다. 번거로워도 얌전한 감자국을 끓여 본다.

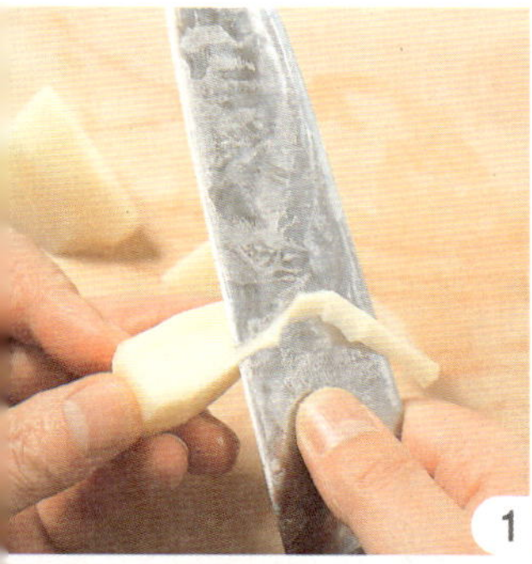

122 Kcal

1 감자는 깍둑썰기로 썰어 칼로 가장자리를 도려낸다.
2 쇠고기는 핏물을 뺀다.
3 냄비에 참기름을 두르고 먼저 쇠고기를 넣어 볶는다.
4 쇠고기가 어느정도 익었을 때 감자를 넣고 함께 볶다가 물을 부어 끓인다.
5 감자가 중간 정도 익었을 때 국물 양념을 넣고 끓인다.

재료

감자 ············· 350g
쇠고기 ··········· 100g
대파 ············· 30g
참기름 ··········· 1큰술
물 ··············· 6컵

국물 양념

다진 마늘 ····· 2작은술
흰후추 · 소금 ··· 약간씩

만들기

1 감자는 깍두기 모양으로 썰어 가장자리는 칼로 다듬어 둥글둥글하게 다듬는다.

2 쇠고기는 납작하게 한입 크기로 썰어 핏물을 빼고 대파는 어슷썰기로 썰어 준비한다.

3 냄비에 참기름을 두르고 쇠고기를 볶는다.

4 쇠고기가 어느정도 볶아지면 감자를 넣어 함께 볶다가 물을 부어 끓인다.

5 감자가 중간 정도 익었을 때 분량의 양념으로 간을 맞추고 다시 감자가 푹 익을 때까지 끓인다.

6 완전히 다 끓으면 썰어놓은 대파를 넣어 완성한다.

A

고추장에 된장을 조금 풀어 넣고 끓이면 됩니다.

맑게 끓이는 감자국은 아침 식사용으로 준비하시고, 저녁에 먹을 거라면 얼큰하게 끓이는 감자국도 좋습니다. 이때는 고추장을 넣어서 끓이세요. 된장도 약간 풀고 고추장을 넣어 푹 끓여 드시면 얼큰하면서도 감자의 구수한 맛이 아주 그만이지요. 쇠고기를 조금 넣으면 국물 맛을 한결 더 깊게 만들어 줍니다. 그리고 국에 넣을 감자는 가장자리를 둥글게 깎아 넣으세요. 그래야 감자가 부서지지 않고 모양이 좋습니다. 국물이 탁한 것이 싫다면 찬물에 잠깐 담가 전분을 우려 낸 후 사용하세요. 훨씬 맑은 국 국물을 만들 수 있습니다.

북어국

한입 크기로 썬 북어포와 나박썬 무를 넣고 끓이는 북어국이다. 북어만 넣어 끓이는 것보다 훨씬 시원하다.

273 Kcal

1 북어포는 머리와 지느러미를 잘라내고 적당한 크기로 자른다.
2 무는 나박기로 썬다.
3 풋고추, 홍고추, 대파는 어슷 썰어 준비한다.
4 무와 북어포를 함께 넣어 끓이다가 풋고추, 홍고추를 넣어 끓인다.
5 다진마늘, 생강즙, 흰 후춧가루를 넣어 맛을 낸다.

만들기

1 북어포는 머리와 지느러미를 잘라 낸 다음 흐르는 물에 재빨리 씻어 한 입 크기로 썬다.
2 무도 북어포 모양으로 썬다.
3 대파, 풋고추, 홍고추는 어슷 썰어 준비한다.
4 냄비에 분량의 물을 붓고 손질한 무, 북어포를 함께 넣어 푹 끓인 다음 대파, 풋고추, 홍고추를 넣고 다시 한소끔 끓인다.
5 분량의 국물 양념으로 간을 맞춘 후 완성한다.

재료

북어포	2마리
무	400g
대파	60g
풋고추	2개(30g)
홍고추	2개(20g)
물	10컵

국물 양념

다진 마늘	2큰술
생강즙	1작은술
흰 후춧가루 · 소금	약간씩

Q 북어국에 다른 재료를 넣는다면 무엇이 좋을까요?

A

콩나물을 넣으면 더욱 구수하고 시원합니다.

북어국을 끓일 때 흔히 달걀을 많이 넣습니다. 하지만 달걀을 넣고 끓이면 북어와 무에서 우러난 시원한 맛이 줄어들지요. 대신에 콩나물은 함께 넣고 끓여도 좋습니다. 머리와 꼬리를 잘라 낸 다음 콩나물, 무, 북어포를 함께 넣고 끓이면 아주 시원하면서도 구수한 북어국을 만들 수 있지요. 이때 재료는 처음부터 함께 넣고 끓여야 맛이 어우러집니다. 또한 북어나 콩나물 모두 단백질이 풍부하고 간을 보호해 주는 성분이 많아 해장국 재료로 아주 좋습니다.

Q

굴은 어떻게 씻어야 하나요? 또
어느 정도 익혀야 가장 맛이 있죠?

굴두부국

굴과 두부는 궁합이 잘 맞는 식품이다. 함께 넣고 시원하게 끓이면 속풀이 국으로 그만이다.

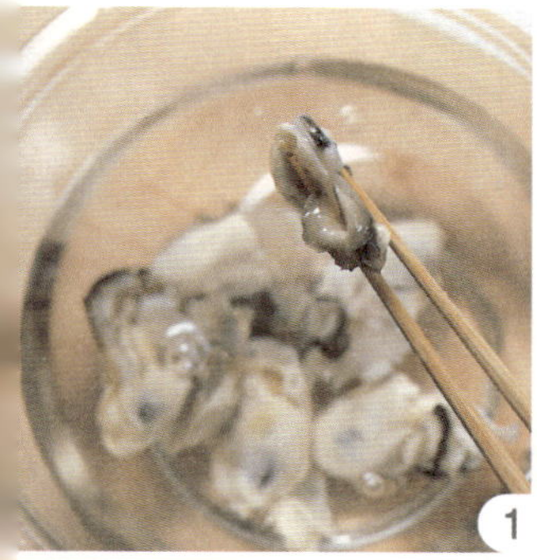

119 Kcal

1 굴은 흐르는 물에 하나씩 씻어 건진다.
2 두부는 굴과 같은 크기로 깍둑썰기 한다.
3 실파는 2cm 길이로 자른다.
4 먼저 두부와 실파를 넣어 두부가 익을 때까지 끓이면서 양념을 한다.
5 마지막으로 굴을 넣고 잠깐만 더 끓여 완성한다.
6 먹음직하게 담는다.

재료

굴	300g
물	8컵
실파	50g
두부	200g

국물 양념

다진 마늘	1큰술
생강즙	1작은술
소금 · 흰후추	약간씩

만들기

1 굴은 껍질을 골라내고 하나씩 흐르는 물에 씻어 건진다. 혹은 슴슴한 소금물에 씻어 건져도 된다.

2 두부는 굴 크기와 비슷하게 깍둑썰기로 준비한다.

3 실파는 2cm 길이로 잘라 준비한다.

4 분량의 물을 냄비에 붓고 끓으면 실파와 두부를 먼저 넣어 끓인다.

5 두부가 어느 정도 익으면 분량의 양념으로 간을 맞춘 다음 굴을 넣고 살짝만 끓여 완성한다.

6 오목한 국 그릇에 두부가 부서지지 않게 떠 담고 굴을 위에 얹어 먹음직하게 보이도록 한다.

A

흐르는 물에 하나하나 씻어 잠깐만 익히세요.

굴을 씻을 때 보통은 연한 소금물에 휘휘 저어서 씻게 되는데, 이런 방법이 사실은 굴의 맛있는 향을 감소시킨답니다. 그래서 흐르는 물에 하나씩 얼른얼른 씻어내는 것이 굴의 맛과 향을 잘 보존할 수 있는 요령이지요. 또 익힐 때도 굴의 풍미를 최대한 살리기 위해서는 너무 푹 익히면 안됩니다. 가장 마지막에 굴을 넣고 살짝만 더 끓여 굴이 반숙 정도로만 익은 상태가 가장 맛있습니다. 굴이 너무 익으면 풍미가 없어지는 것은 물론, 굴이 너무 작아져 볼품이 없지요.

Q

선생님이 사용하시는 조리도구가 궁금해요.

》 시금치 팽이버섯국

된장국은 멸치국물이 제격이다. 멸치는 기름 두르지 않은 마른 냄비에 볶아 멸치 특유의 비릿한 맛을 제거한 후 사용한다.

59 Kcal

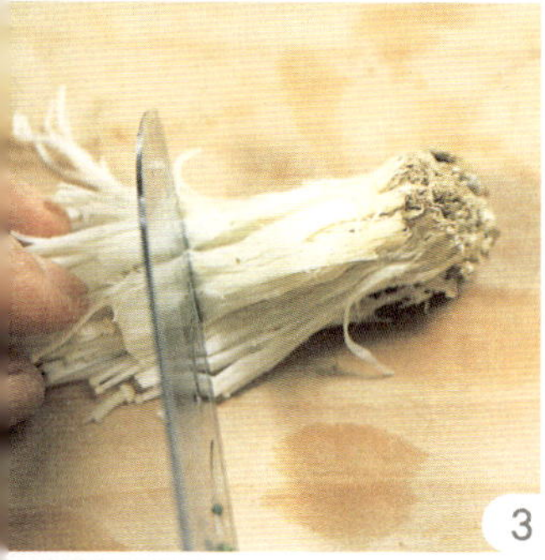

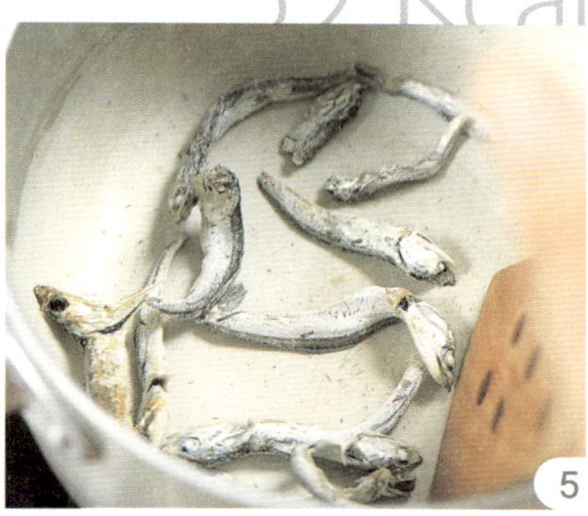

1 시금치를 다듬는다.
2 다듬은 시금치를 살짝 데쳐 흐르는 물에 씻어 물기를 꼭 짠다.
3 팽이버섯을 준비한다.
4 된장 국물 재료를 믹서에 간다.
5 마른 냄비에 멸치를 볶는다.
6 멸치 볶은 냄비에 국물을 붓고 끓이다가 준비한 재료를 넣고 완성한다.

재료

시금치	150g
팽이버섯	1봉
대파	10g
다진 마늘	1큰술
생강즙	1/2작은술
굵은멸치	10g
된장국물	
된장	3큰술
국간장	약간
고추장	1큰술
물	6컵

만들기

1 시금치는 깨끗이 다듬어 5~6cm 길이로 잘라 준비한다.

2 끓는 소금물에 준비한 시금치를 넣고 살짝 데친 다음 흐르는 물에 씻어 물기를 꼭 짠다.

3 팽이버섯은 밑둥을 잘라내고 씻어 가닥가닥 떼어 준비하고, 대파는 어슷썰기로 썬다.

4 된장 3큰술에 고추장 1큰술, 국간장 조금을 섞어 물 6컵을 붓고 믹서에 곱게 갈아 된장 국물을 준비한다.

5 내장 뺀 멸치를 마른 냄비에 살짝 볶다가 믹서에 간 된장 국물을 붓고 끓인다.

6 국물이 끓어오르면 시금치, 팽이버섯을 넣고 대파, 생강즙, 다진 마늘을 넣어 한소끔 끓여 완성한다.

A

기능성이 뛰어난 것, 손에 익은 것 두루 갖춰 놓고 있습니다.

누군가 그런 말을 하더군요. 부엌에 들어가 보면 음식 만들기를 좋아하는 사람인지 아닌지 알 수 있다고요. 어떻게 알 수 있나 했더니만 조리도구를 잘 갖춰 두고 있는 사람이 음식 만들기를 좋아하는 사람이라고 해서, 맞는 말이라고 생각했습니다. 저 역시 새롭거나 기능적인 조리도구를 보면 욕심을 내는 편입니다. 요즘은 조리도구도 참 예쁘고 세련되게 나오더군요. 그래서 저희 집 부엌에는 조리도구가 남달리 많지요. 그런가 하면 별로 볼품은 없어도 오랜 시간 동안 제 손에 익어서 편안한 것들도 있고요. 주부님들도 자신의 조리도구에 관심과 애정을 가져보세요.

Q

버섯에 따라 이용 방법이 다르지 않을까요.

버섯국

여러 가지 버섯 맛과 돼지고기 맛이 어우러진 국이다.
국 국물이 맛있으려면 다시마 국물을 사용한다.

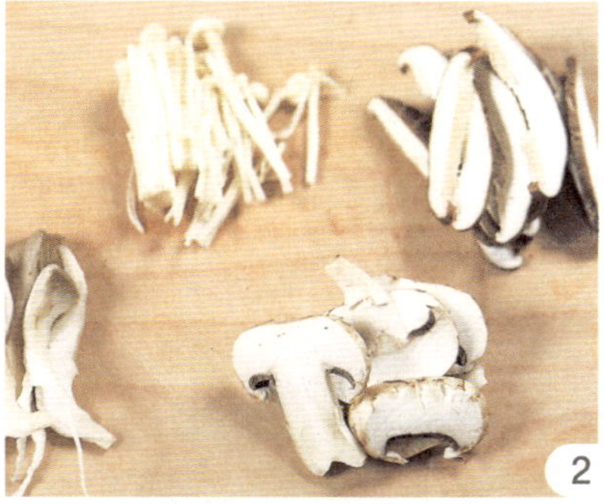

155 Kcal

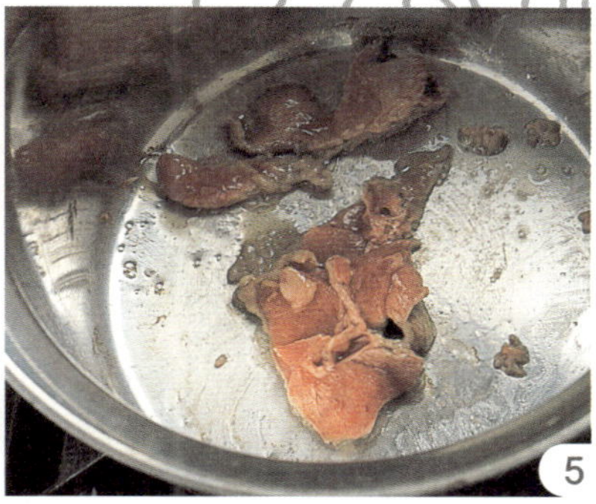

1 한입 크기로 썬 쇠고기를 양념한다.
2 여러가지 버섯을 준비한다.
3 다시마 물을 만든다.
4 가다랭이포를 잠시 넣어 맛과 향을 우려낸다.
5 냄비에 참기름을 두르고 고기를 볶는다.
6 국물을 붓고 버섯을 넣어 끓이다가 달걀을 부드럽게 풀어 넣는다.

재료

쇠고기 ··········· 100g
생표고버섯 ········· 3개
느타리버섯 · 양파 ·· 50g씩
팽이버섯 ·········· 100g
달걀 ·············· 2개
대파 ············· 30g

국물 양념
- 다진 마늘 ······· 1큰술
- 국간장, 참기름 ·· 조금씩
- 후춧가루 ········ 조금

쇠고기 양념
- 국간장 ······· 1작은술
- 다진 마늘 ···· 1/2작은술
- 참기름 ······ 1/2작은술
- 후춧가루 ········ 조금

다시마국물
- 다시마 ·········· 15g
- 가다랭이포 ········ 5g
- 물 ············· 7컵

만들기

1 쇠고기는 한 입 크기로 얄팍하게 썰어 분량의 쇠고기 양념에 무친다.

2 생표고는 채 썰고 느타리버섯은 깨끗이 씻은 후 찢어 준비하고 팽이버섯은 밑동을 잘라내 가닥가닥 떼어 준비한다. 양파는 곱게 채 썰고 대파는 어슷썰기한다.

3 다시마를 5~6시간 정도 우린 후 불에 올려 끓기 시작하면 다시마는 건져내고 불을 끈다.

4 다시마 끓인 국물에 가다랭이포를 넣어 5분 정도 우려낸 후 체에 밭쳐 맑은 국물을 얻는다.

5 잘 달구어진 냄비에 참기름을 두르고 양념에 무친 쇠고기를 볶다가 다시마 국물을 넣고 푹 끓여 고기맛이 우러나면 준비해둔 버섯류를 넣어 끓인다.

6 버섯이 익으면 다진 마늘, 국간장, 후춧가루로 맛을 낸 다음 푼 달걀을 넣어 완성한다.

A

물론입니다. 잘 어울리는 요리들이 있어요.

양송이는 볶음, 무침, 전골, 수프 등 어떤 재료, 어떤 요리에도 잘 어울려 두루 쓰이는 경우가 많고, 표고는 향기가 높아 볶음이나 나물, 탕에 많이 쓰입니다. 송이는 순수한 버섯의 맛을 즐기는 방법으로 구이가 어울리고요. 팽이버섯은 작고 모양이 예뻐 찌개나 전골류에 넣어 맛과 향을 살리는 경우가 많아요. 석이는 잡채에는 꼭 들어가고, 채썰어서 고명으로 많이 쓰입니다.

Q

사골 국을 끓이면 좋지 않은 냄새가
나는데 어떻게 해야 하나요?

사골우거지탕

잡뼈를 사용할 때는 핏물을 잘 빼야 역겹지 않다. 우선 물에 담가 핏물을 빼고 끓는 물에 데쳐 첫물은 버리고 사용한다.

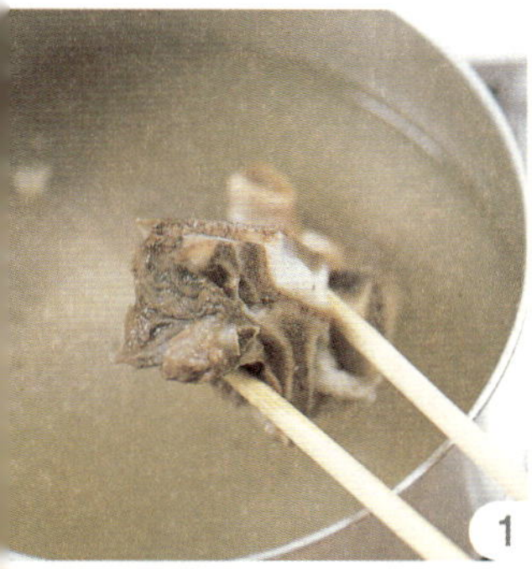

238 Kcal

1 핏물 뺀 잡뼈를 끓는 물에 데쳐낸다.
2 데쳐낸 잡뼈를 뜨거운 물에 헹구어 뽀얗게 끓인다.
3 얼갈이배추를 데쳐 꼭 짠다.
4 무는 채썰고 대파, 풋고추, 홍고추는 어슷 썬다.
5 사골 국물에 된장과 고추장을 풀어 끓인다.
6 끓는 사골 국물에 얼갈이 배추와 준비한 재료를 넣고 완성한다.

재료

잡뼈 국물 ·········· 15컵
무 ·············· 250g
얼갈이 배추 ········ 650g
풋고추 ············ 50g
대파 ············· 150g
홍고추 ············ 30g

사골 국물

잡뼈 ············ 3kg
물 ············· 25컵

양념

된장 ·········· 5큰술
고추장 ········ 3큰술
다진 마늘 ······· 3큰술
들깨가루 ········ 조금
생강즙 ······· 1작은술
소금 ··········· 조금

만들기

1 잡뼈는 찬물에 담가 핏물을 제거한 후 냄비에 물을 넉넉히 붓고 물이 끓으면 핏물뺀 잡뼈를 넣어 데쳐 낸다.

2 한 번 끓여낸 잡뼈는 뜨거운 물에 헹구어 냄비에 물 25컵을 붓고 뽀얗게 푹 끓여낸다.

3 얼갈이배추는 다듬어 깨끗이 씻어 끓는 물에 살짝 데쳐 찬물에 헹구어 물기를 꼭 짠다.

4 무는 굵게 채 썰고 대파, 풋고추, 홍고추는 어슷 썰어둔다.

5 냄비에 사골 국물을 붓고 된장, 고추장을 풀어 맛이 우러나도록 푹 끓인다.

6 사골 국물이 끓어오르면 얼갈이 배추와 무, 대파, 청·홍고추를 넣고 한 번 더 끓인 다음 간을 맞춰 완성한다.

A

먼저 찬물에 담가 핏물을 완전히 뺀 다음 한 번 끓여서 찬물에 헹굽니다.

잡뼈를 끓일 때는 우선 찬물에 담가 핏물을 완전히 뺀 다음 데친다는 기분으로 물에 한 번 끓여서 잡냄새와 잡성분을 빼야 합니다. 이렇게 데쳐낸 잡뼈를 뜨거운 물에 한 번 더 헹궈낸 다음 다시 끓여야 국물이 깨끗하고 뽀얗게 우러납니다. 처음에 끓인 물은 뽀얗게 잘 안 되므로, 따라 놓고 다시 물을 붓고 끓이기를 세 번 정도 반복한 다음 섞어서 사용하면 좋지요. 주의할 것은 끓이는 도중에 국물이 조금밖에 없다고 새로운 물을 보충해서 끓이면 국물에서 뼈의 누린내가 많이 나게 됩니다. 또 뼈가 녹아 부서질 정도로 오래 끓이는 것도 좋지 않습니다.

Q

우렁이 너무 질겨서 맛이 없어요. 중국산 우렁은 어떻게 다르죠?

» 우렁된장찌개

우렁 살은 너무 오래 끓이면 질겨지므로 된장찌개가 바글바글 끓을 때 마지막으로 넣고 한소끔 더 끓이도록 한다.

1

2

151 Kcal

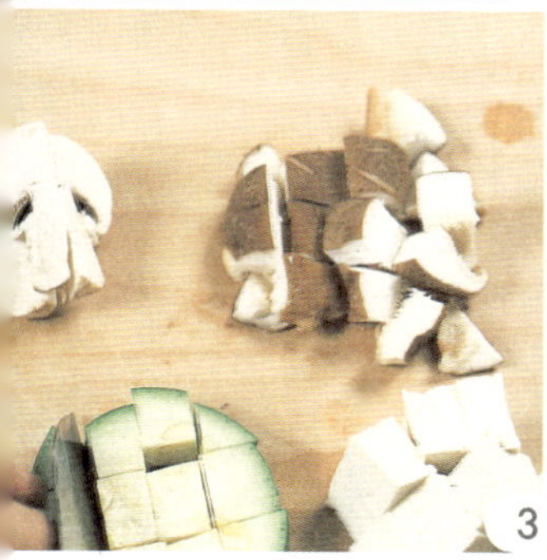
3

4

5

7

1 표고버섯은 기둥을 떼어낸다.
2 표고버섯을 씻어 물기를 짠다.
3 두부, 버섯, 호박은 깍둑썰어 준비한다.
4 팽이버섯은 절반으로 자르고 풋고추, 홍고추는 동글동글하게 썬다.
5 우렁을 씻어 체에 받인다.
7 된장 국물에 준비한 재료를 넣고 끓이다가 팽이버섯을 얹는다.

재료

- 우렁살 ··········· 150g
- 생표고 ··········· 70g
- 양송이 ··········· 70g
- 쇠고기 ··········· 70g
- 호박 ··········· 70g
- 두부 ··········· 70g
- 팽이버섯 ········ 1/2봉지
- 대파 ··········· 30g
- 풋고추 ··········· 1개
- 홍고추 ··········· 1개
- 다진 마늘 ········· 1큰술
- 생강즙 ········ 1/2작은술

된장 국물

- 된장 ·········· 1/3컵,
- 고추장 ········ 2큰술
- 물 ········· 2와1/2컵

만들기

1 표고버섯은 기둥을 떼어낸다.

2 기둥을 뗀 표고를 흐르는 물에 살짝 씻어 찢어지지 않도록 겹쳐서 물기를 꼭 짠다.

3 두부, 송이, 호박은 깍둑썰기로 준비한다.

4 팽이버섯은 절반 길이로 자르고 풋고추, 대파, 홍고추는 동글동글 썬다.

5 우렁은 조물조물 주물러 씻어 잔모래를 없애고 건져 체에 밭쳐둔다. 우렁의 감칠맛은 글루타민산 등의 아미노산과 호박산이 있기 때문이다.

6 된장 국물은 분량의 물에 된장, 고추장을 믹서에 곱게 갈아 준비한다.

7 뚝배기에 준비한 재료들을 전부 담고 된장 국물을 부어 푹 끓인 후 상에 내기 직전에 팽 이버섯을 얹어 다시 한소끔 끓여 완성한다.

A

중국산 우렁은 몸집이 크고 질기고 맛이 없습니다.

중국산 우렁은 질깁니다. 요즘은 뭐든지 중국산이 워낙 많이 들어와 있어서 주의해서 사지 않으면 안됩니다. 중국산 우렁은 국산 우렁에 비해 몸집이 크니까 살펴보세요. 국산 우렁이라 해도 요즘은 논에서 자연적으로 나는 것이 아니고 양식을 하는 것들이라 예전에 먹었던 그 쫄깃하고 향긋한 맛은 사실 기대하기 힘들지요. 그리고 우렁을 너무 오래 끓이지 마세요. 질겨지는 원인이 됩니다.

Q

순두부가 풀어져서 지저분해요.
먹음직스럽게 끓일 수는 없을까요?

순두부찌개

순두부는 덩어리째 넣고 끓여야 끓으면서 자연스럽게 부서지기도 하고 덩어리로 남기도 하여 먹음직스럽다.

721 Kcal

1

2

3

4

5-1

5-2

1 바지락은 깨끗이 씻어 해감을 토하게 한다.
2 돼지고기와 양파는 채썬다.
3 팬에 양념장을 만든다.
4 냄비에 참기름을 두르고 돼지고기를 볶는다.
5-1 물을 붓고 끓이다가 순두부를 넣는다.
5-2 바지락 조개, 양파, 양념장과 가다랭이포를 넣어 푹 끓인다.

재료

- 순두부 ············ 2봉
- 바지락 ··········· 250g
- 대파 ············· 30g
- 돼지고기 ·········· 100g
- 양파 ············· 100g
- 달걀 ·············· 1개
- 물 ··············· 2컵
- 참기름 ··········· 1큰술
- 가다랭이포 ······ 1작은술
- 소금 ·············· 조금

양념장

- 식용유 ·········· 1컵
- 고운 고춧가루 ··· 1과 1/2
- 다진 마늘 ········ 1컵
- 다진 생강 ······· 1/4컵

만들기

1 바지락은 깨끗이 씻어 소금물에 담가 해감을 토하게 한다.

2 돼지고기는 한 입 크기로 얄팍하게 썰고 양파는 채썰며 대파는 송송 썬다.

3 팬에 분량의 식용유를 붓고 달구어지면 준비된 양념을 볶아 양념장을 만든다.

4 냄비에 참기름을 두르고 돼지고기를 넣어 볶는다.

5 돼지고기가 볶아지면 분량의 물을 붓고 바글바글 끓을 때 순두부와 조개, 양파, 양념장, 가다랭이포를 넣고 끓인다.

6 순두부찌개가 다 끓었을 때 송송 썬 대파를 듬뿍 넣고 달걀을 깨뜨려 넣은 후 불에서 내 린다.

양념장 만들기

1 달구어진 기름에 다진 생강을 넣어 향을 낸다.

2 기름에 생강 향이 돌면 다진 마늘을 더하여 타지 않게 볶는다.

3 마지막으로 고춧가루를 넣고 서로 어우러지도록 볶아낸다.

A

순두부를 큰 덩어리째로 넣으세요.

순두부를 찌개에 넣을 때 부수어 넣지 말고 큰 덩어리째로 넣어 끓이도록 하세요. 끓으면서 자연스럽게 부서지기도 하고 또 덩어리로 남기도 해야 보기에도 먹음직스럽고 맛도 깔끔합니다. 순두부찌개는 얼큰한 맛을 잘 내는 것이 중요한데, 미리 양념을 기름에 볶아 만들어두면 깔끔하면서도 얼큰해서 좋은 맛을 내지요. 한번에 만들어 두고 냉장고에 보관했다가 사용하면 됩니다. 기호에 따라 청양고추를 송송 썰어 마지막에 넣어 매운 맛을 살려도 좋습니다.

냉이된장조치

초봄에 냉이가 나기 시작하면 된장찌개에 넣어 봄을 느끼게 하는 것도 주부의 지혜. 왠지 새로운 맛이 그리울 때 끓여 봄직한 찌개다.

157 Kcal

1

2

3

4

5

6

만들기

1 양송이, 호박, 두부는 깍둑썰기로 썬다.

2 팽이버섯은 1~2cm 길이로 적당하게 썰고 대파, 홍고추, 풋고추는 동글동글 썬다.

3 쇠고기는 납작썰기하여 핏물을 빼서 건져 놓고, 조갯살은 내장을 제거하고 깨끗이 씻어 건진다.

4 냉이는 뿌리 쪽을 깨끗이 다듬어 긴 것은 자르고 지저분한 것은 잘라 깨끗이 씻어 놓는다.

5 된장국물은 물 2컵에 분량의 된장, 고추장을 믹서에 곱게 갈아 다진 마늘, 생강즙을 넣어 만든다.

6 뚝배기에 준비된 재료들을 모두 담고 된장국물을 부어 구수하게 끓인 후 상에 내기 직전에 팽이버섯을 넣고 한 소끔 더 끓여 낸다.

재료

냉이	250g
양송이	70g
두부	140g
호박	70g
대파	30g
쇠고기	70g
조갯살	200g
팽이버섯	1/2봉
홍고추	2개
풋고추	2개

된장국물

된장	1/3컵
고추장	2큰술
다진마늘	1큰술
생강즙	1/3작은술
물	2컵

1 두부, 양송이, 호박은 깍둑썰기하여 준비한다.
2 청고추, 홍고추, 대파는 동글동글 썰고 팽이버섯은 밑둥을 자른다.
3 쇠고기는 납작하게 썰고 조갯살은 내장을 깨끗이 씻어 건져 놓는다.
4 냉이는 잔뿌리를 적당히 잘라낸다.
5 믹서기에 된장국물 재료를 넣고 간다.
6 된장국물에 재료를 넣고 끓인다.

Q

채식을 할 때 가장 기본이 되는 방법을 소개해 주세요.

A

잡곡밥을 드시는 게 좋아요

첫째는 흰쌀밥 대신 현미를 넣은 잡곡밥을 드세요. 모든 식품의 영양은 껍질과 씨눈에 담겨 있으므로 곡식의 섭취 역시 자연적인 상태의 현미, 통밀, 차조, 차수수, 율무, 기장, 통보리, 팥, 콩 등으로 하는 게 좋습니다. 잡곡을 최소한 3가지 이상 섞어서 밥을 지은 다음 식사를 하실 때는 흰쌀밥 먹는 것처럼 대충 씹어 삼키면 안됩니다. 처음 2~3개월 동안은 입 속에서 천천히 꼭꼭 씹어 입안에서 소화를 위한 효소와 충분히 섞이도록 해야 합니다. 그러기 위해선 국과 함께 먹는 것도 바람직하다고 생각합니다.

김치찌개

우리 집 김치가 매운지, 짠지, 혹은 단맛이 있는지를 가려 양념하도록 한다. 설익은 김치보다 약간 신김치가 맛있다.

260 Kcal

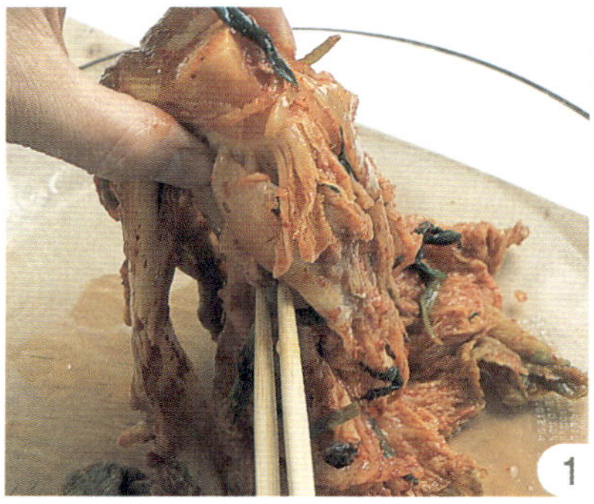

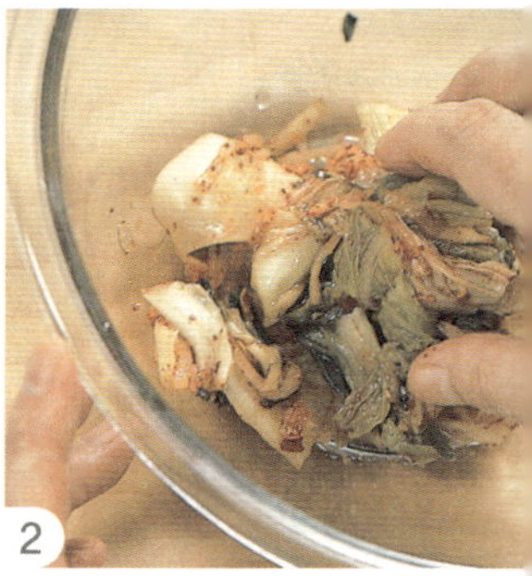

1 2

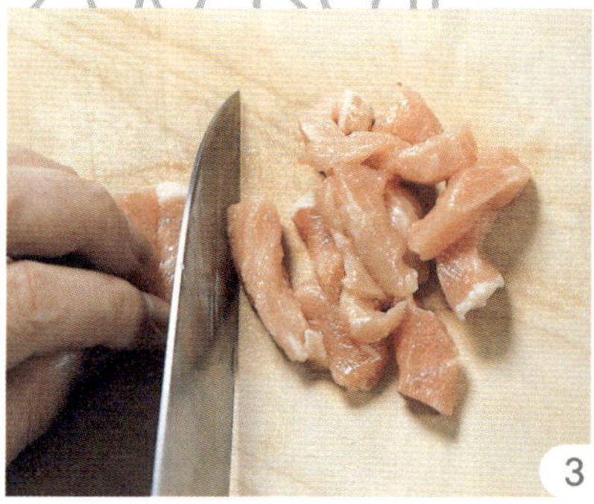

3

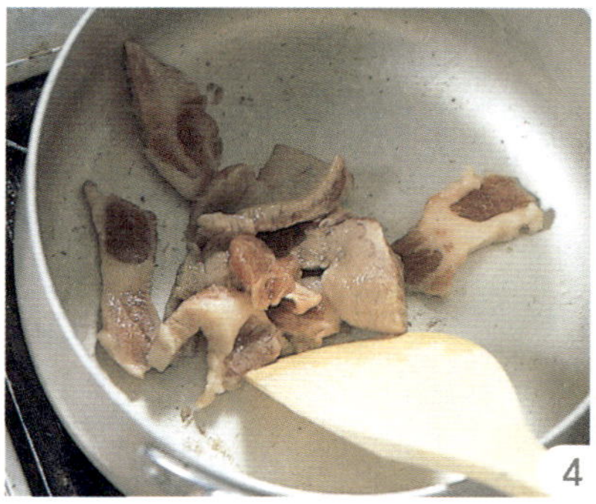

4 5

만들기

1 배추김치는 속을 털어내고 한입 크기로 썬다.

2 썰어 놓은 배추 김치를 분량의 버터, 식용유, 참기름에 조물조물 주물러 무친다.

3 돼지고기는 한입 크기로 썰고 대파는 어슷 썰어 준비한다.

4 잘 달구어진 냄비에 돼지고기를 볶는다.

5 돼지고기가 볶아지면 배추김치를 넣고 함께 볶는다.

6 김치가 나른하게 볶아지면 물을 붓고 끓인다.

7 찌개 국물이 끓어 오르면 분량의 양념을 하여 완성한다.

재료

배추김치 ··· 1/4포기(500g)
돼지고기 ········· 200g
대파 ············· 50g
물 ··············· 2컵

배추김치 양념

버터 ·········· 1큰술
식용유 ········· 1큰술
참기름 ········· 1큰술

김치찌개 양념

고춧가루 ······· 1큰술
다진 마늘 ····· 2작은술
설탕 ········ 2작은술

6

1 배추김치는 속을 털어내고 한입 크기로 썬다.
2 배추김치를 버터양념으로 무친다.
3 돼지고기와 대파를 썬다.
4 돼지고기를 볶는다.
5 김치를 넣어 볶다가 물 부어 끓인다.
6 다 끓으면 김치찌개 양념을 넣는다.

Q

저희집은 김치찌개에 두부를 넣는데 맛이 덜한 것 같아요.

A

두부를 넣으면 시금털털한 맛이 나서 좋지 않습니다.

김치찌개에는 두부를 넣지 않는 것이 좋습니다. 김치찌개를 끓일 때는 신김치를 많이 이용하는데, 두부를 넣으면 두부가 이 맛을 빨아들여 찌개를 끓였을 때 두부 맛이 시금털털해집니다. 또 맛난 찌개를 끓이려면 우리집 김치가 매운 맛인지, 짠 맛인지, 혹은 단 맛인지를 잘 가려서 양념을 가감하세요. 김치찌개를 끓일 때에는 화학 조미료 대신 설탕을 조금 넣으면 맛이 좋아집니다.

Q

국물을 맑게 끓이려면 어떻게 끓여야 하나요?

굴두부찌개

고기가 아무리 적게 들어간다 해도 핏물 빼는 것 잊지 말고, 굴깍지가 들어가지 않게 흐르는 물에 잘 씻어서 사용한다.

1

2

185 Kcal

3

4

5

6

1 굴손질을 한다.
2 쇠고기의 핏물을 뺀다.
3 무, 미나리 등의 곁들이 야채를 준비한다.
4 쇠고기를 볶는다.
5 쇠고기가 익으면 물을 붓고 준비한 재료를 넣는다.
6 마지막으로 굴, 미나리를 넣고 양념을 넣어 한소끔 더 끓인다.

재료

굴	200g
쇠고기	100g
두부	200g
무	70g
대파	30g
미나리	20g
팽이버섯	1/2봉지
쑥갓	3잎
홍고추	1개
참기름	1큰술
물	4컵

양념

다진 마늘	2작은술
생강즙	1/2작은술
소금, 흰후추	조금

만들기

1 굴에 붙어 있는 깍지들을 손으로 제거하면서 하나씩 흐르는 물에 씻어 체에 밭쳐 물기를 뺀다.

2 쇠고기는 납작하게 썰어 핏물을 뺀다.

3 무, 두부는 골패쪽으로 썰고, 대파는 어슷썰기로 썰며 팽이버섯은 뿌리를 잘라낸다. 미나리는 3~4cm 길이로 자르고 쑥갓은 여린 잎으로 준비한다. 홍고추는 어슷썰기로 썬다.

4 냄비에 참기름을 1큰술 두르고 고기를 볶는다.

5 쇠고기가 익으면 분량의 물을 부어 끓으면 무, 두부, 대파, 팽이버섯, 홍고추를 넣고 한소끔 끓인다.

6 마지막으로 굴, 미나리를 넣고 분량의 양념을 넣어 맛을 낸 후 다시 한소끔 끓여 쑥갓을 얹어 완성한다.

A

쇠고기를 찬물에 담가 핏물을 뺀 뒤에 조리하세요.

쇠고기를 넣어 국물을 내는 찌개는 반드시 핏물을 빼는 과정을 거쳐야 국물이 맑고 맛도 개운해집니다. 대개의 경우 사골 국물을 내거나 혹은 양지머리로 국물을 낼 때는 핏물 빼는 과정을 기억하고 계시는데, 이처럼 소량으로 고기가 들어갈 때에는 그냥 무시하는 경우가 많습니다. 하지만 아무리 적은 양이라 해도 할 것은 다 해야 제 맛을 낼 수 있습니다. 쇠고기 핏물 빼기는 흐르는 물에 2~3번 씻어 체에 밭쳐 놓으면 자연히 핏물이 빠지는데 그렇게 하면 시간이 걸리므로 맑은 국을 끓일 때는 찬물에 잠깐 담가두어 핏물을 빼도 됩니다.

Q

멸치국물을 구수하게 내는 요령이
있나요?

》 생태찌개

매운탕 국물을 멸치국물로 하면 맛이 더욱 깊어진다. 멸치국물을 만들 때는 마른 냄비에 멸치를 한 번 볶아 비린내를 없앤 후 끓이도록 한다.

206 Kcal

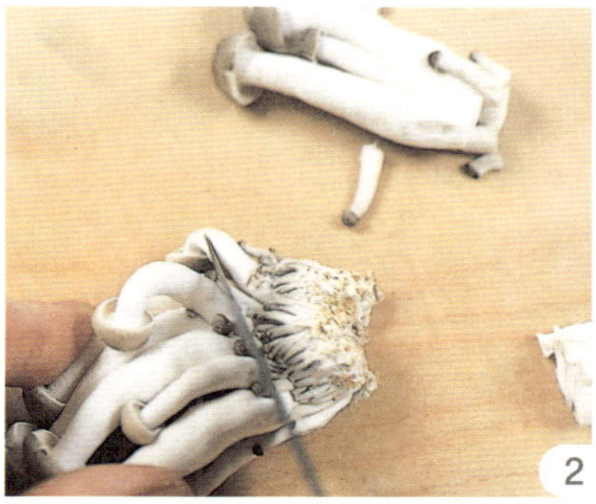

1 생태를 손질하여 토막낸다.
2 만가닥 버섯과 팽이버섯을 손질한다.
3 호박, 무, 대파 등의 야채를 어슷썰기 한다.
4 멸치국물을 만든다.
5 양념장을 만든다.
6 멸치국물에 무를 끓이다가 양념장을 풀고 생태를 넣어 끓인다.
7 생태가 익으면 야채를 넣고 마무리한다.

재료

생태 ········ 1마리(600g)
무 ·············· 100g
애호박 ············ 50g
만가닥버섯 ········· 50g
대파 ············· 30g
미나리 ············ 30g
팽이버섯 ··········· 1봉
홍고추 ············ 1개
멸치국물 ··········· 6컵

찌개 양념

고추장 ········ 2큰술
고춧가루 ······· 1큰술
다진 마늘 ······ 2큰술
다진 생강 ····· 1작은술
소금 ··········· 조금

만들기

1 생태는 지느러미와 비늘을 제거한 후 깨끗이 씻어 머리에서 뾰족하게 나온 이빨 부분을 잘라내고 머리를 자른 후 내장을 꺼내어 쓸개만 떼어내고 나머지는 깨끗이 씻어 물기를 없앤다. 생선살은 적당한 크기로 토막낸다.

2 만가닥 버섯은 밑동을 자른 후 가닥가닥 떼어내고 팽이버섯도 밑동을 잘라 가닥을 정리하여 흐르는 물에 가볍게 씻어낸다.

3 호박과 무는 골패쪽 모양으로 얇게 썰고 홍고추, 대파는 어슷썰기로 썬다. 미나리는 4~5cm 길이로 썬다.

4 멸치를 기름두르지 않은 냄비에 넣고 볶다가 물을 넉넉히 부어 끓여 멸치 국물을 만들어 놓는다.

5 분량의 양념장 재료를 섞어 양념장을 만든다.

6 냄비에 분량의 멸치국물을 붓고 끓어 오르면 무를 넣고 한소끔 끓이다가 준비된 양념장을 풀고 생태를 넣고 끓인다.

7 생태가 어느정도 끓었을 때 호박, 홍고추, 버섯, 대파를 넣고 끓인다. 마지막으로 간을 확인한 후 미나리를 넣어 완성한다.

A

기름 두르지 않은 마른 냄비에 멸치를 볶아 끓이세요.

멸치국물은 생선찌개나 혹은 김치를 이용한 요리를 할 때에도 꼭 필요한 밑재료입니다. 멸치국물을 구수하게 내는 요령은 우선 신선한 멸치를 사용해야 비린내가 나지 않겠지요. 냄비에 물을 붓고 멸치를 처음부터 넣은 다음 중간불 정도에서 끓여내도 됩니다. 그 다음 멸치를 건져내고 청주를 한 스푼 정도 넣으면 멸치 특유의 비린내가 가시지요. 좀 더 구수하고 담백한 국물을 내고 싶을 때는 멸치를 마른냄비에 먼저 달달 볶다가 물을 붓고 끓입니다. 이렇게 하면 멸치 비린내도 한결 덜하고 맛도 구수해져요.

Q

선생님은 요리하면서 제일 어려운 점이 어떤 건가요?

꽃게탕

국물은 다시마와 가다랭이포 끓인 것을 사용하고, 당면을 물에 불려 넣는다. 꽃게에서 우러난 시원한 국물에서 당면을 건져 먹는 재미가 특별하다.

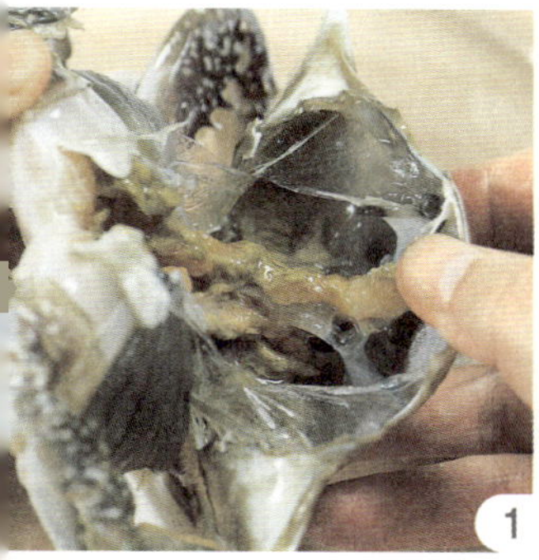

1

2

280 Kcal

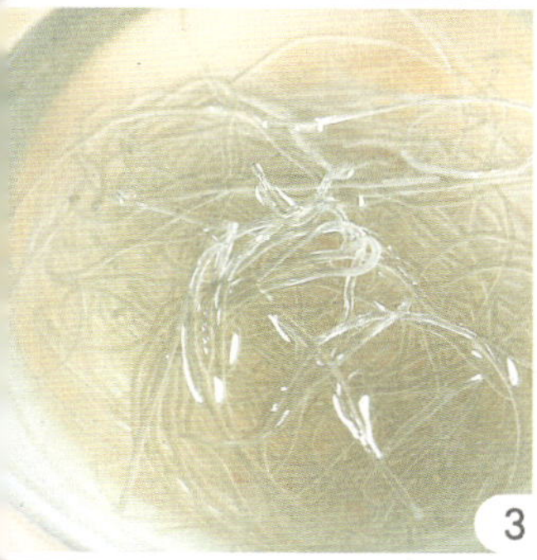

3

4

5

6

1 꽃게손질을 한다.
2 무, 미나리, 대파, 홍고추, 풋고추를 썰어 놓는다.
3 당면은 물에 불려둔다.
4 다시마 국물을 만든다.
5 양념장을 만든다.
6 냄비에 준비한 재료를 안치고 끓인다.

재료

꽃게 ············ 2마리
무 ·············· 200g
미나리 ··········· 100g
쑥갓 ············· 100g
대파 또는 풋마늘 ···· 100g
불린 당면 ········· 130g
홍고추 ············ 2개
풋고추 ············ 4개

양념장

- 다진 마늘 ······· 2큰술
- 고운 고춧가루 ··· 3큰술
- 후춧가루 ···· 1/3작은술
- 생강즙 ······· 1작은술
- 가다랭이포 ···· 2작은술
- 된장 · 고추장 ·· 1큰술씩
- 소금 ··········· 조금

다시마 국물

- 다시마 ·········· 10g
- 가다랭이포 ······· 1컵
- 물 ·············· 9컵

만들기

1 꽃게는 솔로 문질러 깨끗이 씻은 후 등딱지를 떼고 배딱지도 떼어 몸통에 붙어 있는 지저분한 것들을 훑어 낸 후 한 입 크기로 자른다.

2 무는 얄팍하게 골패쪽 모양으로 썰고 미나리와 쑥갓은 4~5cm 길이로, 대파, 풋고추, 홍고추는 어슷하게 썬다.

3 당면은 찬물에 담가 불려둔다.

4 다시마도 찬물에 담가 다시마 맛이 우러나게 한 후 다시마 우린 물을 냄비에 붓고 끓이다가 다시마를 건져내고 불을 끈 다음 가다랭이포를 넣고 잠시 두었다가 건져내어 다시마 국물을 만든다.

5 분량의 재료들을 섞어 양념장을 만든다.

6 냄비에 준비된 재료들을 넣고 다시마물을 부어 끓어오르면 양념장을 넣고 소금으로 간을 맞춰 낸다.

A

음식의 간을 맞추는 일이 가장 어렵습니다.

저는 간을 맞추는 일이 어렵다고 말씀드리고 싶습니다. 간 맞추기만 잘 해도 음식맛이 살아나니까 무척 중요한 것이기도 하고요. 사실 짜다, 싱겁다, 맵다 하는 정도가 사람마다 전부 틀리고 또 기분에 따라서도 많이 틀려서 이것이다 하는 정답이 없으니까요. 그래서 레서피를 쓸 때에도 소금 적당량, 후춧가루 조금 하는 식으로 두리뭉실하게 표현할 수밖에 없습니다. 우리 한식 요리가 어렵게 느껴지는 것도 바로 이런 점 때문입니다. 주부님들도 간 맞추기에 노력 많이 하세요.

Q

미더덕을 넣으면 맛은 있는데
먹을 때 입천정을 델 때가 많아요.

》 아귀탕

아귀는 모양도 징그럽고 미끈거리는 성분이 있어 다루기를 꺼려하는 분들이 많다. 하지만 소금물에 문질러 씻으면 미끈거리는 성분이 가신다.

147 Kcal

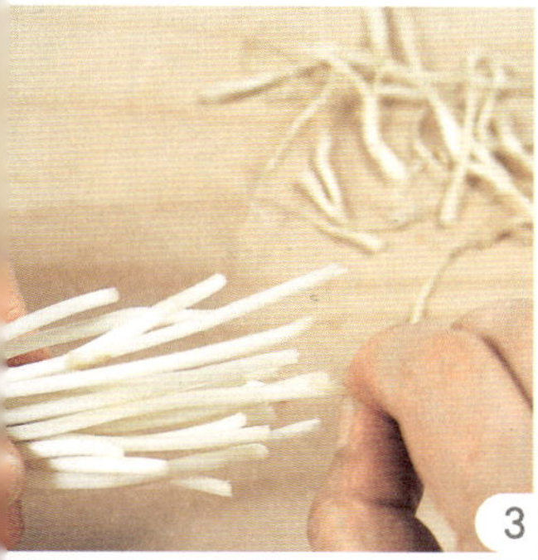

1 아귀는 소금에 문질러 씻어 물기를 뺀다.
2 미더덕을 깨끗이 씻어 둔다.
3 콩나물은 꼬리를 자른다.
4 풋고추, 홍고추, 대파는 어슷 썰어 준비한다.
5 양념장을 만든다.
6 아귀와 미더덕, 콩나물을 넣고 끓인다.

재료

- 아귀 ··· 500g
- 미나리 ··· 200g
- 미더덕 ··· 200g
- 대파 ··· 50g
- 콩나물 ··· 300g
- 홍고추 ··· 15g
- 풋고추 ··· 30g
- 물 ··· 8~10컵 정도

양념장

- 굵은 고춧가루 ··· 2큰술
- 고운 고춧가루 ··· 1큰술
- 다진 마늘 ··· 3큰술
- 생강즙 ··· 1작은술
- 가다랭이포 ··· 1큰술
- 소금 ··· 조금

만들기

1 아귀는 대표적인 가을, 겨울 생선으로 몸이 흐물흐물해서 다루기 쉽지 않다. 살 때 손질을 부탁해서 토막을 내서 가져와 소금물에 문질러 씻어 소쿠리에 건져 물기를 뺀다.

2 미더덕은 모래가 나오지 않을 때까지 소금물에 여러 번 씻어 건져 물기를 뺀다.

3 콩나물은 꼬리를 제거하고 미나리는 콩나물 길이로 자른다.

4 대파, 홍고추, 풋고추도 어슷 썰어 씨를 털어내고 준비한다.

5 분량의 양념을 합하여 양념장을 만들어둔다.

6 냄비에 물을 붓고 끓으면 아귀와 미더덕, 콩나물을 넣고 양념장을 풀어 한소끔 끓이다가 어슷썬 홍고추, 풋고추, 대파를 넣어 한 번 더 끓여 완성한다. 미나리는 나중에 넣는다.

A

입 안에서 터지는 게 싫으면 꼬치로 한 번씩 찔러 두세요.

미더덕은 특유의 향으로 해물을 이용한 탕이나 국을 끓일 때 빠지지 않는 재료 중의 하나이지요. 미더덕 손질은 약한 소금물에 살살 흔들어 씻으면 됩니다. 미더덕이 익으면 크게 부풀어 오르고 깨물면 입 속에서 터지면서 물이 나오는데, 이것이 싫은 사람은 미리 꼬치로 미더덕을 한 번씩 찔러두면 됩니다. 미더덕을 드실 때는 미더덕을 건져 터뜨린 후 드시도록 하세요. 음식을 먹는 것도 요령이거든요.

Q

조개는 어느정도나 해감시켜야 모래가 씹히지 않을까요?

해물맑은탕

조개와 새우의 시원한 맛이 우러난 속풀이 탕이다. 다시마와 가다랭이포로 만든 장국물도 맛을 내는데 한 몫을 한다.

103 Kcal

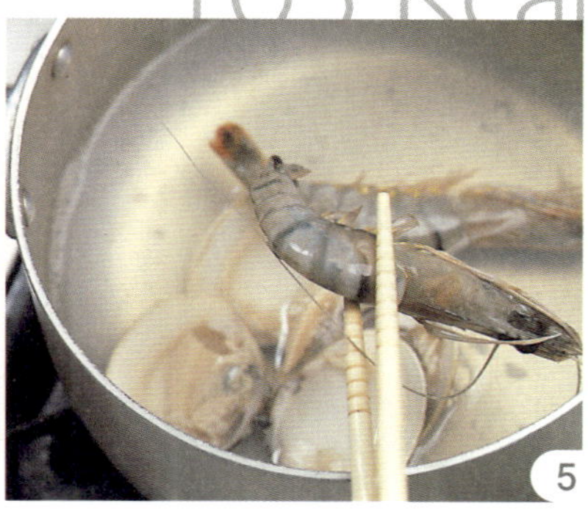

1 두부와 청, 홍고추, 대파 등의 재료를 준비한다.
2 다시마 국물을 만든다.
3 중합은 소금물에 해감시켜 끓인다.
4 다시마 국물에 해감시켜 씻어 놓은 중합을 넣고 끓인다.
5 중합 끓인 국물에 새우를 넣는다.
6 국물이 끓으면 준비한 채소와 두부를 넣고 끓인다.

재료

중합 ············ 300g
새우 ············ 5마리
두부 ············ 100g
풋고추 ············ 1개
홍고추 ············ 1개
대파 ············ 30g

국물 양념

장국물(다시마 10g, 가다랭이포 5g, 물 7컵) ···· 6컵
다진 마늘 ······· 1큰술
생강가루 ········ 조금
혼다시 ······· 2작은술
소금 ··········· 조금

만들기

1 두부는 손가락 굵기로 썰고 풋고추, 홍고추, 대파는 어슷썰기를 하여 준비한다.

2 장국물을 먼저 만든다. 7컵의 물에 다시마를 넣어 4~5시간 담가두었다가 불에 올려 끓어 오르면 다시마는 건져내고 불은 끈 다음 가다랭이포를 넣고 5분 정도 우려내서 깨끗한 보에 거른다.

3 중합을 소금물에 해감시켜 깨끗이 씻은 후 다시마, 가다랭이포 장국물에 넣고 끓인다.

4 중합의 입이 벌어지면 건지고 국물은 가만히 두어 바닥에 가라앉은 모래 등은 버리고 국물만 받아 놓는다.

5 가만히 따라놓은 중합 국물에 새우를 넣어 장국의 맛을 더 살린다.

6 국물이 바글바글 끓을 때 썰어놓은 두부, 청홍고추, 대파를 넣고 분량의 양념을 더하여 한소끔 끓인다.

A

하루 정도나 4~5시간 정도가 좋습니다.

조개는 슴슴한 소금물에 담가 어두운 곳에 두거나 신문지를 덮어 하루 정도나 4~5시간 정도 두었다가 박박 문질러 씻어 끓이면 됩니다. 하지만 해감을 한 조개라도 뜨거운 물에 끓이다 보면 조개 입이 벌어지면서 개흙이 또 나올 수 있고, 조개 껍질이 씹힐 수 있으므로 조개 끓인 국물을 베보자기에 내려 맑은 국물을 사용하면 됩니다. 조개는 건져 놓았다가 다시 사용하시고요.

》콩되비지찌개

콩은 하루 전에 미리 불려 놓아야 콩껍질이 잘 벗겨진다. 껍질을 벗겨내지 않으면 껄끄럽고 구수한 맛이 덜하다.

740 Kcal

1

2

3

4

5

만들기

1 콩은 하룻밤 전에 미리 물에 담가 불려 껍질을 벗긴다.

2 믹서기에 육수 2컵을 붓고 껍질 벗긴 콩을 넣어 곱게 갈아 준비한다.

3 돼지갈비는 분량의 물과 저민 생강을 넣고 푹 삶아 3컵 분량으로 줄어들면 생강은 건져 버리고 기름기를 제거하여 육수로 준비한다.

4 통배추는 살짝 삶아 찬물에 헹군 후 송송 썰어 물기를 꼭 짠 후 남은 육수 1컵에 돼지갈비와 배추를 넣고 끓인다.

5 돼지갈비와 배추가 끓으면 그 위에 믹서에 갈은 콩을 넣어 젓지 말고 끓인다.

6 찌개가 끓는 동안 분량의 양념장 재료를 고루 섞어 양념장을 만든다.

7 되직하게 끓여졌을 때 불에서 내리고 양념장을 곁들인다.

재료

쇠고기 ··········· 100g
불린 콩 ···· 4컵(+육수 2컵)
돼지갈비 300g ··········
····(+물 8컵, 저민 생강 5g)
통배추줄기 ········ 400g

양념장

송송 썬 대파 ······ 1컵
다진마늘 ······· 1큰술
깨소금 ········ 2큰술
참기름 ········ 2큰술
간장 ·········· 6큰술
설탕 ······ 1과1/2큰술
송송 썬 풋고추 ··· 3개분
고춧가루 ······· 1큰술

7

1 흰콩은 물에 담가 하룻밤 정도 불려 껍질을 벗긴다.
2 불린콩은 믹서에 곱게 간다.
3 돼지갈비 육수를 만든다.
4 남은 육수에 돼지갈비, 배추를 넣어 끓인다.
5 끓으면 그 위에 콩물을 붓고 끓인다.
7 되직하게 끓었을 때 불에서 내린다.

Q 흰콩 가는 과정을 좀더 자세히 알려주세요.

A

흰콩을 충분히 불려 껍질을 벗긴 후 믹서에 갑니다.

흰콩은 일명 메주콩이라고도 하는데, 농협 수퍼 등에 가면 쉽게 구할 수 있습니다. 흰콩을 사다 하룻밤 정도 물에 불린 다음 껍질을 벗깁니다. 물에 잠긴 상태에서 손으로 콩을 살살 비비면 껍질이 벗겨져 나옵니다. 이 콩껍질을 벗기지 않은 채 그대로 요리를 하면 콩 특유의 구수한 맛이 잘 살아나지 않을 뿐만 아니라 껍질이 입 안에서 돌아 껄끄러우니 귀찮더라도 꼭 벗겨야 합니다. 이런 식으로 여러 번 물을 갈아가면서 콩 껍질을 벗긴 다음 육수와 함께 믹서에 곱게 갈면 되지요.

오이감정

감정이란 찌개 종류로 국물을 자작하게 끓이는 것이 특징이다. 오이를 삼각뿔 모양으로 썰어 아작아작 씹히는 맛을 즐기는 바특한 찌개다.

104 Kcal

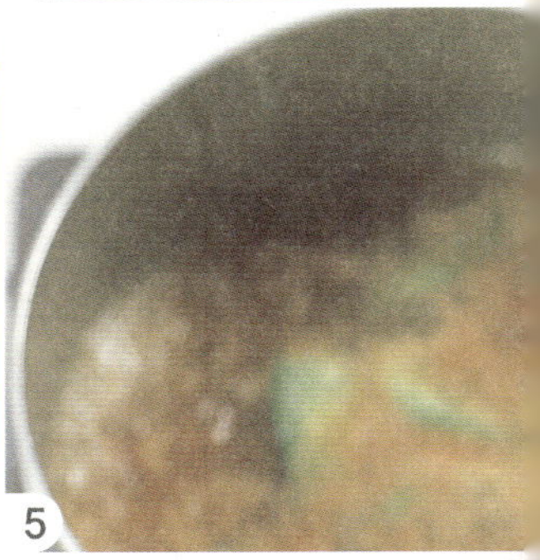

만들기

1 오이는 소금으로 문질러 씻어 삼각뿔 모양으로 저며 놓는다.

2 고추는 어슷하게 썰어 씨를 털어내고 대파도 어슷하게 썬다.

3 쇠고기는 핏물을 빼고 납작납작하게 썰어 국간장, 다진 마늘 등 장국 양념으로 밑간해 둔다.

4 양념한 고기를 냄비에 넣고 달달 볶다가 물을 부어 끓인다.

5 장국이 끓으면 고추장과 된장을 풀고 오이를 넣어 끓인다.

6 오이가 익으면 고추와 대파, 다진 마늘을 넣고 잠깐 더 끓여 낸다.

한마디 더 감정이란 궁중에서 고추장찌개를 일컫던 말로서 건더기가 많고 국물이 잘팍한 형태다. 오이는 오래 끓여도 호박처럼 뭉그러지지 않아 씨가 많아도 되며 늙은 오이를 써도 된다. 된장을 넣지 않고 고추장만으로 끓일 때는 국간장으로 간을 맞춘다.

재료

오이 ··············· 1개
쇠고기 ··········· 100g
풋고추 ············ 4개
홍고추 ············ 1개
대파 ··············· 1대
다진 마늘 ······· 2작은술
고추장 ··········· 3큰술
된장 ············· 1작은술
물 ················· 3컵

장국 양념

국간장 ········ 1작은술
다진마늘 ····· 1작은술
참기름, 후춧가루 조금씩

1 오이는 삼각지게 돌려가며 썰어놓는다.
2 대파, 청고추, 홍고추 등의 야채는 어슷 썰어 준비한다.
3 쇠고기는 장국 양념으로 밑간해 둔다.
4 냄비에 밑간한 쇠고기를 넣어 볶는다.
5 고추장 된장을 풀고 오이를 넣어 끓인다.
6 오이가 익으면 고추, 대파, 다진마늘을 넣고 더 끓인다.

Q

오이를 찌개에 넣어 끓이면 뭉크러지지 않나요?

A

오이를 익히면 아작아작하고 의외의 맛을 즐길 수 있습니다.

오이를 된장 국물에 넣어 끓이는 오이감정은 토속찌개라고 할 수 있습니다. 오이를 익혀 먹으면 이상하지 않을까 하시는 분들이 있는데, 의외로 아작아작하고 된장 국물과 잘 어울려 시원한 맛이 납니다. 여기에 쇠고기를 볶아 국물 맛을 더해 주므로 영양면으로도 좋은 찌개이지요. 단, 쇠고기를 넣어 국물을 낼 때에는 아무리 소량이라도 반드시 찬물에 미리 담가 핏물을 빼야 한다는 것, 잊지 마시구요. 불에서 내리기 직전에 간을 보아 싱겁다 싶으면 소금으로 간을 맞추면 됩니다.

Q

배추김치 전골 맛있게 끓이는 비결을 알려주세요.

배추김치전골

폭 익은 김치로 끓여야 제맛이 난다. 김치 속은 털어내고 갖은양념에 조물조물 무쳐서 끓이도록. 그래야 김치전골의 맛을 살릴 수 있다.

354 Kcal

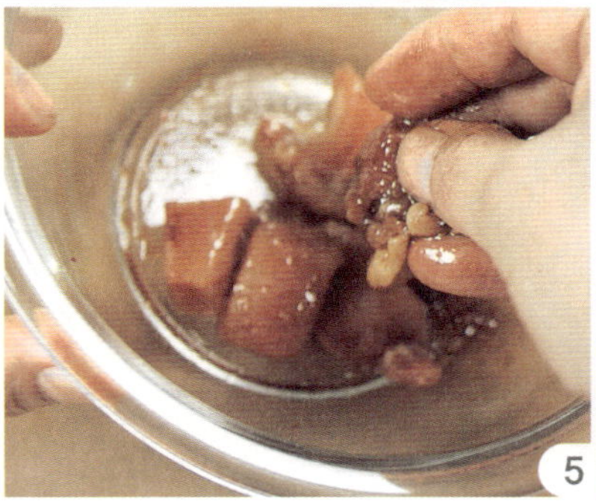

1 썬 김치를 양념에 무쳐둔다.
2 유부를 삶아 낸다.
3 어묵, 양파, 유부를 썬다.
4 흰떡을 찬물에 담궜다 체에 밭인다.
5 돼지고기는 양념한다.
6 멸치국물을 만든다.
7 전골냄비에 안쳐 끓인다.

재료

배추김치 ········· 500g
돼지고기 · 양파 ··· 100g씩
어묵 ············· 70g
흰떡 ············· 130g
유부 ············· 10장
소금 ············· 조금

고기 양념

- 간장, 참기름 ··· 1큰술씩
- 설탕 ········· 1작은술
- 다진 마늘 ······· 1큰술
- 생강즙 ······ 1/2작은술
- 고운 고춧가루 ···· 1큰술

배추김치양념

- 참기름, 식용유 ·· 1큰술씩
- 다진 마늘 ······· 1큰술
- 설탕 ········· 1작은술

국물내기

- 멸치 ··········· 30g
- 다시마 ·········· 10g
- 물 ············· 6컵

만들기

1 배추김치는 속을 대강 털어낸 후 한 입 크기로 썰어 배추김치 양념에 조물조물 무쳐둔다.

2 유부는 끓는 물에 살짝 삶는다.

3 삶은 유부는 물기를 꼭 짠 후 굵게 채 썰고, 어묵은 굵직하게 썰며 양파도 채 썬다.

4 흰떡은 떡국썰기로 썰어 맑은 찬물에 헹구어 체에 밭쳐 물기를 빼 놓는다.

5 돼지고기는 얄팍하게 썰어 고기 양념에 무친다.

6 분량의 물에 멸치, 다시마를 넣고 끓여 멸치 국물을 만든다.

7 전골 냄비에 준비한 재료들을 잘 돌려 담고 국물을 부어 상에서 직접 끓여 먹거나 혹은 보글보글 끓여 낸다.

A

푹 익은 김치를 쓰고 속을 털어낸 뒤 조리하세요.

우선 배추김치의 익은 상태가 중요한데, 푹 익은 김치로 끓이는 게 가장 맛이 좋습니다. 또 배추김치의 속을 털어내야 하는데, 속을 그대로 둔 채 전골이나 찌개를 끓이면 지저분하고 맛도 텁텁합니다. 김치 속을 털어 낸 후 김치에 갖은 양념을 하고, 돼지고기도 갖은 양념하여 끓이면 국물 맛도 좋아지고 김치 맛도 좋습니다. 또 전골을 끓일 때는 배추김치의 줄기 부분이 잎 부분보다 많이 들어가게 해야 보기에 깔끔하답니다.

낙지전골

낙지는 오래 끓이면 질겨지므로 상에서 끓여가면서 먹도록. 끓는 국물에 낙지를 넣어 낙지의 색깔이 변하면 바로 꺼내서 먹는다.

306 Kcal

1 2

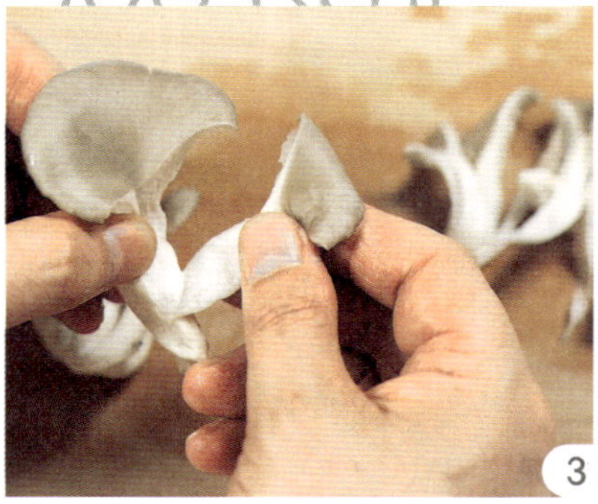
3

4 6

만들기

1 낙지는 미리 잘라서 판매하는 절단 낙지를 구입해 깨끗이 씻은 후 물기를 없앤다.

2 양파는 굵직하게 채 썰고 깻잎순은 깨끗이 씻어둔다. 풋고추와 대파는 어슷 썰어 준비한다. 미나리는 뿌리와 잎을 떼어낸 후 5~6cm 길이로 자른다.

3 느타리버섯은 흐르는 물에 씻어 물기를 눌러 짠 후 굵게 찢어둔다.

4 생면은 미리 잘 삶아 찬물에 씻어 사리를 만들어 소쿠리에 밭쳐 둔다.

5 다시마를 분량의 물에 5~6시간 정도 우린 후 살짝 끓여 다시마 물을 만든다.

6 낙지를 양념장에 고루 무쳐둔다.

7 전골 냄비에 준비된 재료들을 보기좋게 돌려 담은 후 다시마국물을 부어 끓인다. 마지막으로 준비된 생면을 국물에 끓여 먹는다.

재료

- 낙지 · · · · · · · · · · · · · 500g
- 양파 · · · · · · · · · · · · · 120g
- 깻잎순 · 미나리 · · · 150g씩
- 느타리버섯 · · · · · · · · 100g
- 생면 · · · · · · · · · · · · · 200g
- 풋고추 · · · · · · · · · · · · 30g
- 대파 · · · · · · · · · · · · · 80g

양념장

- 고추장 · · · · · · · · 3큰술
- 고운 고춧가루 · · · 2큰술
- 국간장 · · · · · · · · 2큰술
- 설탕 · · · · · · · · · 1작은술
- 가다랭이포 · 생강즙 1큰술
- 다진 마늘 · · · · · · · 3큰술
- 들깨가루 · · · · · · · 3큰술
- 들기름 · · · · · · · · 2큰술

국물내기

- 다시마 10cm · · · · · · 1장
- 물 · · · · · · · · · · · · · 5컵

7

1 낙지는 깨끗이 씻어 물기를 뺀다.
2 깻잎순, 양파, 미나리, 대파, 홍고추, 청고추 등의 재료를 준비한다.
3 느타리버섯은 굵게 찢는다.
4 생면을 준비한다.
6 낙지는 분량의 양념장에 넣고 고루 무친다.
7 전골 냄비에 준비한 재료를 돌려 담고 다시마 국물을 부어 끓인다.

Q 낙지 전골 맛있게 먹는 방법은 뭔가요?

A

국물이 끓어 낙지의 색깔이 변하면 바로 꺼내 드세요.

낙지는 오래 끓이면 질겨지고 맛이 떨어집니다. 낙지가 주로 전골 요리에 쓰이는 것도 바로 이런 이유이지요. 상에서 직접 끓여가면서 먹으면 오랫동안 끓일 염려가 없어지니까요. 국물이 보글보글 끓어 낙지의 색깔이 변하면 바로 꺼내 드세요. 이때 곁들이는 재료 역시 미나리나 깻잎 순처럼 연한 것이 좋습니다. 낙지는 또 불고기와 함께 끓여 불낙전골이라 해서 먹기도 하는데, 불고기 역시 잠깐만 끓여 먹는 것이라 잘 어울리지요. 낙지와 야채 등을 다 건져 먹고 나면 국물에 생면을 끓여 드세요. 얼큰하면서도 개운한 국물과 부드러운 생면 맛이 잘 어울립니다.

Q
샤브샤브에 들어갈 두부를 왜 먼저 익히나요?

》샤브샤브

고기, 야채, 버섯 등의 기본 재료들을 손질해서 큰 접시에 담아두고, 소스를 분량 맞춰 만들면 끝나는 요리다. 즉석에서 끓여 먹는 일본식 전골이다.

538 Kcal

1 우엉은 칼등으로 껍질을 벗긴다.
2 껍질 벗긴 우엉을 물 속에 채 썰어 넣었다가 살짝 삶는다.
3 두부는 한 입 크기로 썰어 팬에 지진다.
4 지진 두부를 찬물에 헹군다.
5 여러 가지 버섯을 준비한다.
7커다란 접시에 준비한 재료를 담는다.

깨소스

- 땅콩버터 ········ 50g
- 통깨 ··········· 30g
- 다시마 국물 ····· 1/4컵
- 간장 ········· 1/2큰술
- 맛술 ·········· 3큰술
- 레몬즙 · 참기름 · 꿀 1큰술
- 설탕 ········· 1작은술
- 소금 ··········· 조금

재료

- 샤브샤브용 쇠고기 ··· 200g
- 양파 ············· 150g
- 시금치 ··········· 100g
- 두부 ············· 150g
- 우엉 ············· 200g
- 팽이버섯 ··········· 1봉
- 만가닥버섯 ·········· 1팩
- 생표고 ············ 6장
- 양송이 ············ 5개
- 배춧잎 ············ 2장
- 대파 ·············· 2개
- 생면 ··········· 적당량

다시 국물

- 다시마 · 가다랭이포 30g
- 물 ·············· 15컵
- 맛술 ··········· 1/2컵

폰즈소스

- 다시마물 · 간장 ·· 1/2컵
- 식초 ·········· 3큰술
- 설탕 ·········· 2큰술
- 레몬즙 ········· 1개분
- 송송 썬 실파 ····· 1/2컵

만들기

1 우엉은 칼등으로 긁어 껍질을 벗긴다.

2 껍질 벗긴 우엉은 색깔이 변하지 않게 물 속에 채썰어 넣었다가 끓는 물에 살짝 삶아둔다.

3 두부는 한 입 크기로 자른 후 팬에서 살짝 지진다.

4 지진 두부를 찬물에 헹궈 기름기를 제거한다.

5 생표고는 기둥을 제거하고 굵직하게 채 썬다. 팽이버섯과 만가닥버섯은 밑동을 잘라내고 씻어 가닥가닥 찢어둔다. 양송이는 굵게 썰어둔다. 배춧잎은 굵직하게 자르고 대파는 어슷하게 썬다.

6 생면은 살짝 삶아서 준비해 둔다.

7 커다란 접시에 샤브샤브용 쇠고기와 준비한 재료를 보기 좋게 돌려 담은 후 냄비에 다시 국물을 붓고 상에서 직접 끓여가며 준비한 재료들을 익혀 소스에 찍어 먹는다. 건더기를 다 건져먹고 나면 국물에 생면을 끓여 먹는다.

A

살짝 지져 표면을 단단하게 만들면 맛도 좋아지고 더 쫄깃해집니다.

두부는 성질이 부드러워서 익힐 때 부서지기 쉽지요. 두부가 부서져서 샤브샤브 국물에 둥둥 떠다니면 보기도 안 좋고 맛도 싱겁기만 합니다. 그런 만큼 두부를 미리 기름 두른 팬에서 살짝 지져내 표면을 단단하게 만들어주는 것이지요. 이때 소금을 살짝 뿌리면서 지져내면 밑간이 들어서 맛도 더 좋아지겠지요. 그리고 한 번 지져낸 두부를 끓이면 씹는 맛도 더 쫄깃해집니다.

국물 맛내기

우리 식탁에서 빠질 수 없는 것이 바로 국물요리.
쉬운 듯해도 까다로운 것이 바로 국물요리이다.
문제는 국물 맛. 재료에 따라 달라지는 국물 맛내기 요령을 알아보고
맛있는 찌개, 전골, 국 끓이는 핵심 비법도 차근차근 익혀보자.

[국물 내기 요령]

멸치 국물 내기

칼칼하고 개운한 국물 맛을 내는 데는 멸치가 좋다. 된장, 고추장 등을 풀어서 끓이는 국, 찌개에 잘 어울린다. 국물용 멸치로는 조금 크고 넓적한 것, 전체적으로 연한 색을 띠며 푸르스름하고 광택이 있는 것이 좋다.

멸치손질 | 머리와 내장을 떼낸다. 내장째 끓이면 씁쓸한 맛이 난다.

멸치볶기 | 멸치 특유의 비린내를 없애기 위해 마른냄비에서 살짝 볶아준다.

국물 끓이기 | 멸치는 찬물에서부터 끓인다. 물 5컵당 멸치 10마리 정도가 적당

거품 걷기 | 거품은 걷어내야 국물 맛이 깔끔하다. 끓기 시작해서 10~15분 정도면 완성된다.

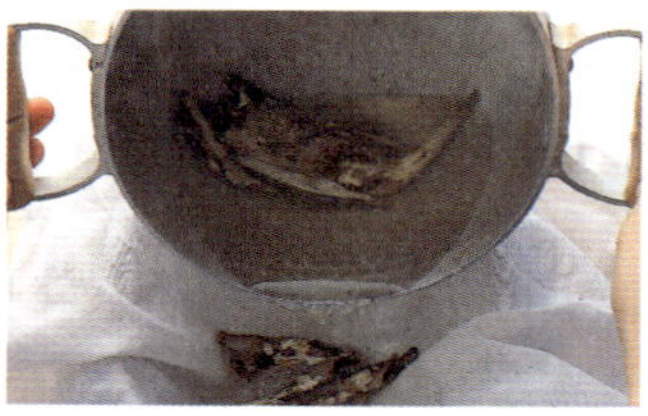

멸치 건져내기 | 멸치는 반드시 건져낸다. 베보를 깔고 거르면 한결 맑은 국물이 된다.

다시마 국물 내기

다시마 국물은 감칠맛이 있다. 맑은 국물의 찌개나 전골에 잘 어울린다. 주로 멸치와 함께 우려내는데 처음부터 넣지 말고 멸치를 한소끔 끓인 뒤에 넣어 잠깐만 끓인다.

다시마 손질하기 | 표면의 흰 가루를 털어내고 젖은 헝겊으로 깨끗이 문질러 닦는다.

끓이기 | 찬물에 5~6시간 담가 다시마 물을 우려낸다.

다시마 건지기 | 다시마 우린 물에 다시마를 넣고 끓기 시작하면 바로 다시마를 건져 낸다.

조개 국물 내기

생선이나 해물류를 사용하는 찌개, 전골에는 단연 조개나 새우 국물이 최고다. 국물을 내는 데는 모시조개나 소합같이 크기가 작은 것이 좋으며 홍합이나 새우 껍질, 머리 등을 함께 넣고 끓여도 맛있다.

조개 손질하기 | 껍질째 끓이므로 깨끗이 문질러 씻은 다음 소금물에 해감시킨다.

끓이기 | 해감시킨 조개는 다시 한 번 씻어 찬물에서부터 끓인다.

거품 걷기 | 끓어오르면서 생기는 거품은 걷어낸다. 조개가 입을 벌리면 완성.

국물 거르기 | 깨끗한 국물을 얻으려면 베보에 국물을 한번 밭여서 사용한다.

쇠고기 국물

쇠고기 육수는 어느 음식에나 대체로 잘 어울린다. 떡국이나 무장국 같은 맑은 국은 물론 된장찌개도 좀더 진한 맛을 낼 수 있다. 많은 양의 국물을 낼 때는 양지머리나 사태가 좋고 적은 양일 때는 등심을 잘게 썰어서 볶다가 물을 부어 끓이는 게 낫다.

핏물빼기 | 양지머리나 사태는 찬물에 한두 시간 담가 두어 핏물을 뺀다.

끓이기 | 누린내를 없애려면 파와 통마늘을 넣고 끓인다. 고기 600g에 물 15컵 정도가 적당하다.

거품 걷기 | 거품은 수시로 걷어내고 한소끔 끓으면 불을 줄여 푹 끓인다.

국물 거르기 | 고기가 푹 익으면 고기는 건져 놓고 국물은 베보에 밭여 맑게 거른다.

[맛있는 찌개 · 전골 · 국을 끓이려면]

찌개 맛내기 포인트

찌개는 바특하게 끓여 진한 맛이 특징으로 무엇보다 국물 양을 적당히 잡아야 맛있다. 국물을 넉넉하게 끓이는 찌개는 재료의 표면이 수면에 잠길 정도로 국물을 잡는다. 국물이 조금 남게 하는 찌개는 재료의 표면이 나타날 정도로 국물의 양을 잡는다. 불의 세기를 조절해야 하는데, 처음에는 불을 세게 하여 국물이 끓기 시작하면 약한 불에서 보글보글 끓인다. 찌개는 대개 오래 끓여 국물이 졸아들게 되므로 처음에는 심심하게 간을 하도록 한다.

끓으면서 생기는 거품을 걷어낸다. 그래야 국물 맛이 깔끔하다.

생선찌개를 끓일 때는 국물이 끓을 때 생선을 넣어야 생선의 좋은 맛이 흘러나오지 않는다. 마늘 등의 향신 야채는 휘발성이 있어 5분 이내에 날아가 버리므로 다 끓었을 때 넣는다.

전골 맛내기 포인트

전골은 찌개보다 국물이 좀더 넉넉하고 상 위에서 바로 끓이면서 먹는 것이 특징이다. 비교적 여러 가지 재료를 써서 한꺼번에 끓이므로 각 재료마다 필요한 밑손질을 철저히 해야 국물에 나쁜 맛이 우러나지도 않고 맛있게 먹을 수 있다. 고기나 야채전골의 맛을 내는 데는 쇠고기 육수가 좋으며, 야채가 주재료일 때는 국물을 적게 잡는다. 두부는 지져서 넣어야 모양이 망가지지 않는다. 잘 익지 않는 재료나 우엉, 죽순처럼 떫은맛이 강한 재료는 데쳐서 넣고, 고기는 양념해서 넣는다. 국수나 당면 등은 삶아서 나중에 넣는다.

국 맛내기 포인트

콩나물, 무, 북어 등은 맑은국, 봄나물은 토장국, 미역이나 오이 등은 한여름 입맛을 돋우는 냉국 재료로 이용하는 등 재료부터 골라 쓰는 요령이 필요하다.

간장 소금으로 간하는 맑은국 건지보다 국물을 넉넉히 잡아야 시원한 맛이 우러난다.

토장국을 끓일 때 된장으로만 간하면 텁텁해지므로 마지막 간은 소금으로 보충한다.

연한 푸성귀로 토장국을 끓일 때 국물에 된장을 먼저 풀어 끓인 다음 채소를 넣고, 무처럼 익는 데 시간이 오래 걸리는 재료는 재료가 어느 정도 익은 후에 된장을 푼다.

냉국을 끓일 때 건더기에도 밑양념을 해야 맛이 나고 간은 간장으로 하는 것이 깔끔하다. 냉국에 들어가는 간장 식초는 같은 비율로, 설탕은 간장 양의 반을 잡으면 적당하다.

4

맛깔진 손님초대 일품요리

손님을 치루어야 할 일이 많으시죠? 집들이, 어른들 생신, 남편 생일, 승진 턱, 아기 돌, 왜 그렇게 크고 작은 집안의 행사가 많은지, 그럴 때 마다 머리가 아프실거예요. 하지만 이제 안심하세요. 보기에도 폼나고 맛도 좋고, 상에 내놓으면 모두들 감탄할만한 맛갈진 일품요리를 알려드릴게요. 이것저것 음식 마련하려고 애쓰지 말고 한 가지라도 확실하게 만들어 솜씨 자랑을 해보세요.

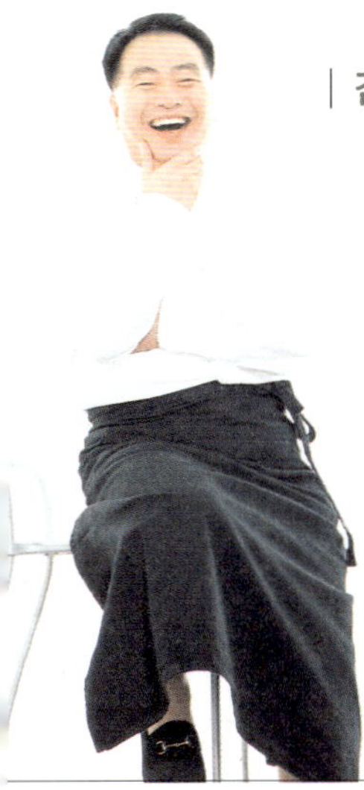

집들이나 명절 등 손님을 초대했을 때 해먹으면 좋을 메뉴들을 소개하죠.

손님을 초대하고 나면 뭐가 좋을까 고민하게 되지요. 늘 보던 음식에서 벗어나 좀 더 맛있고 입맛을 당겨주는 그런 음식들로 손님들을 즐겁게 해주자구요. 사실 손님을 치르노라면 주부들의 허리가 휜다는 걸 제가 어찌 모르겠어요. 그래서 이런 말씀 드리기도 조심스러운 것이 사실이지만 조금만 더 힘을 내보자구요. 어차피 고생하는 거, 이왕이면 본때나게 하자는 거지요. 대신에, 설거지는 남편에게 해달라고 하세요. 맛있는 음식을 얻어 먹었으니, 그 정도 써비스야, 남편께서 하지 않으시겠습니까.

그런 생각으로 마련한 것이 소개하는 메뉴들이지요. 보기에도 폼나고 맛도 좋아서 상에 내놓으면 모두들 감탄하실 겁니다. 아삭아삭 씹는 맛이 좋은 향긋한 배생채도 있고, 차돌박이를 팬에 살짝 구워낸 다음 가지, 토마토 등과 함께 먹는 가지차돌박이냉채도 특별한 맛을 내줄 겁니다. 또 어르신들을 위해 도가니무침이나 편육수삼겨자채를 준비해 보세요.

손님을 치를 때 가장 중요한 것 한 가지 알려 드리죠. 복잡하게 생각하지 마시고 요리의 가지 수를 줄이는 겁니다. 우리 어머니들은 손님을 맞이한다 하면 우선 상다리가 부러지게 차려야 한다는 개념이 우선일 거예요. 하지만 그것은 구시대 생각이에요. 한 가지라도 맛나게 만들어 손님들의 입을 즐겁게 해주는 것이 인상에 남는답니다.

그래도 한 가지는 좀 너무 한 것 같죠? 그럼 이렇게 정하시면 돼요. 먼저 식사가 나오기 전에 가볍게 술 한 잔 하면서 먹을 수 있는 냉채나 생채 같은 입맛 돋아주는 요리 2가지 정도, 어느 정도 이야기 꽃이 피고 분위기가 무르익으면서 식사와 함께 먹을 수 있는 본요리를 준비하는데 그날의 컨셉에 따라 쉽고 볼품 있는 요리 2가지 정도, 그리고 식사 후에 입가심으로 먹는 요리 2가지 정도만 준비하세요. 물론 솜씨가 좀 서툴더라도 진심으로 정성을 들여 만든 음식은 맛이 없을 수가 없습니다.

Q

사태를 삶아 잘랐을 때 모양이 예쁘려면 어떻게 하죠?

편육과 수삼겨자채

편육을 먹음직스럽게 만들려면 아롱사태를 삶아 랩으로 단단하게 말아 모양을 잘 잡아야 한다.

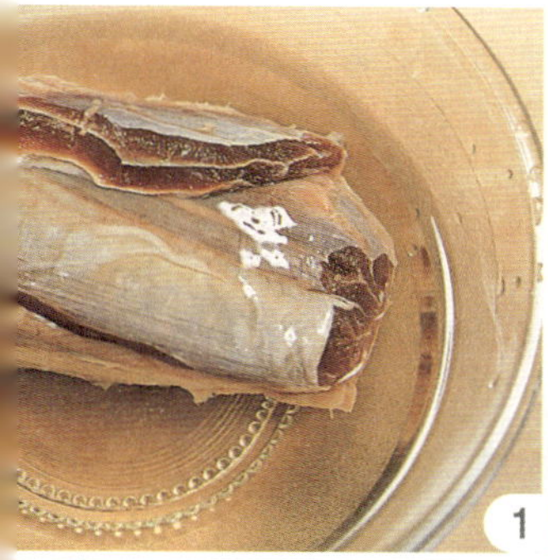

176 Kcal

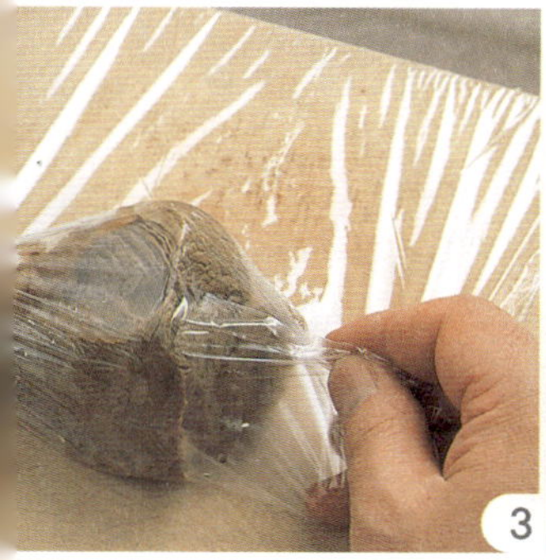

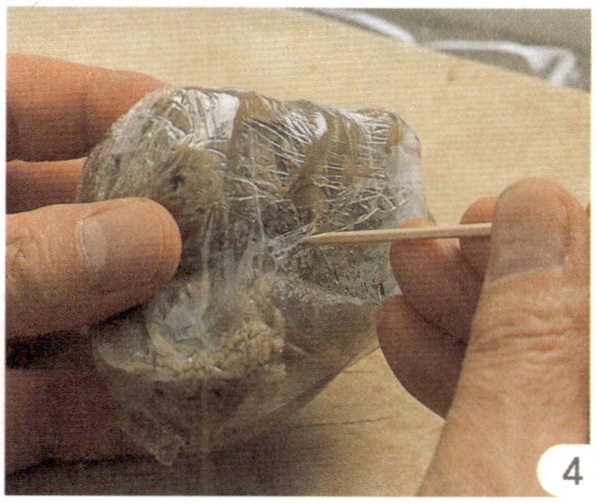

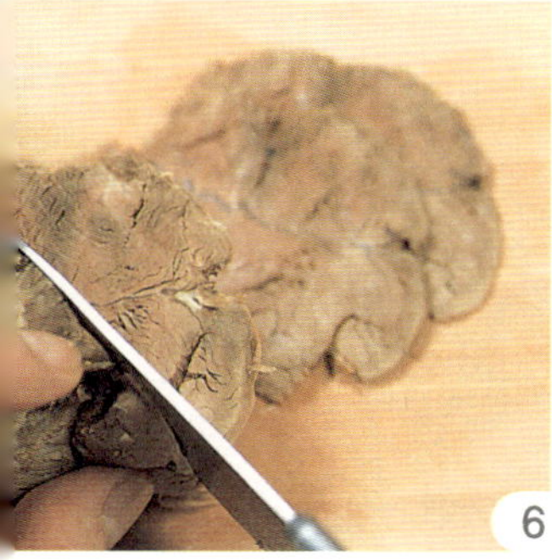

1 사태는 찬물에 담가 핏물을 뺀다.
2 핏물 빠진 사태를 푹 삶는다.
3 삶아진 사태를 꺼내 한김 식힌 후 랩으로 만다.
4 모양이 잡혔으면 나무 꼬치로 찔러 김이 나갈 구멍을 만들어 놓는다.
5 배, 사과, 대추, 오이, 수삼, 밤을 채썬다.
6 사태 고기가 단단하게 굳었으면 얄팍하게 썬다.

재료

아롱사태 ········· 300g
배 ··············· 1/4개
사과 ············ 1/4개
대추 ··············· 3개
오이 ············ 1/2개
수삼 ············ 2뿌리

아롱사태 삶는 양념

저민 생강 ········ 3쪽
통마늘 ········ 1/3컵
양파 ············ 100g
대파 ············ 50g
진간장 ········· 1큰술
통후추 ······· 1작은술

겨자소스

갠 겨자 ········ 2큰술
식초 ········· 1작은술
설탕 ········ 2작은술
소금 ······· 1/2작은술

만들기

1 사태는 찬물에 담가 핏물을 뺀다.

2 핏물 뺀 사태를 끓는 물에 넣고 1시간 30분 정도 푹 삶는다. 이때 생강, 마늘, 양파, 통후추 등의 향채를 함께 넣어 삶는다.

3 삶아진 사태를 꺼내어 한김 식힌 후 랩으로 단단하게 말아 모양을 잡는다.

4 모양이 잡혔으면 나무 꼬치로 군데군데 찔러 김이 나갈 구멍을 만들어 준다.

5 배, 사과는 곱게 채썰고 대추는 씨를 제거한 후 역시 채썰고 밤은 속껍질까지 벗긴 다음 얄팍하게 썬다. 오이는 4~5cm 길이로 잘라 원통 모양으로 돌려깎기하여 곱게 채썰어 준비한다. 수삼은 흙을 털어내고 물에 깨끗하게 씻은 후 역시 채썰어 준비한다.

6 사태고기는 얄팍하게 썰고 분량의 양념을 합하여 겨자소스를 만든다.

7 준비한 채소를 합하여 겨자소스로 버무린 다음 편육과 함께 접시에 보기좋게 담아낸다.

A

고기의 모양을 잘 잡아주어야 합니다. 그리고 식은 다음에 써세요.

고기는 삶은 후에 랩이나 베보자기 등으로 꼭꼭 싼 다음 식혀주면 고기가 단단하게 응고되면서 깔끔한 모양으로 다듬어집니다. 또 고기가 완전히 식은 후에 잘라야 얇고 깨끗하게 잘라집니다. 겨자 소스는 겨잣가루를 물에 되직하게 갠 다음 김이 오르는 냄비 뚜껑에 엎어 5~10분 정도 두어 발효시킨 다음 식초와 설탕, 배즙을 넣어주면 겨자소스의 맛이 한결 부드럽고 고급스러워집니다.

Q

대하의 손질법이 궁금해요. 골패쪽으로 써는 방법도 알려 주세요.

대하겨자채

큰새우를 칼집넣어 삶았기 때문에 보기도 좋고 씹히는 맛도 일품이다. 겨자소스에 버무려 콕 쏘는 맛을 즐긴다.

117 Kcal

1

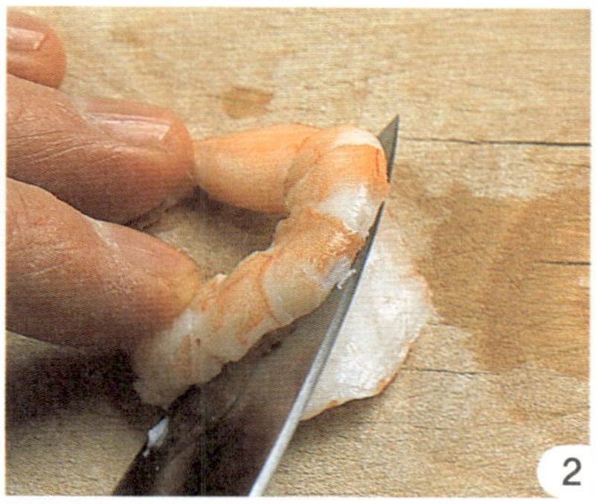

2

3

4–1

4–2

5

6

1 새우를 끓는 물에 넣어 삶아 준비한다.
2 삶은 대하를 껍질 벗겨 반으로 저민다.
3 오이와 당근 등의 재료를 썰어 준비한다.
4–1 달걀은 황백으로 나누어 두툼하게 지단을 부친다.
4–2 지단을 골패쪽 모양으로 썬다.
5 분량의 재료를 합해 겨자소스를 만든다.
6 준비된 재료를 겨자 소스에 버무린다.

재료

대하	5마리
오이	1/2개
배	1/4개(150g)
당근	30g
달걀	2개
겨자 소스	
갠 겨자	2큰술
식초	1큰술
설탕	1큰술
다진 마늘	1작은술
잣가루	1큰술

만들기

1 대하는 내장을 빼고 끓는 물에 삶는다.

2 삶은 대하의 머리, 꼬리, 껍질을 제거한 후 반으로 저민다.

3 오이는 3~4cm 길이로 잘라 반으로 가른 후 얄팍하게 썰어 찬물에 헹궈 건져 물기를 없애고, 배도 오이와 같은 모양으로 썰어 설탕물에 담갔다가 건진다. 당근도 오이와 같은 크기로 썰어 찬물에 헹군 다음 건져 물기를 빼둔다.

4 달걀은 황백으로 나누어 도톰하게 지단을 부쳐 골패쪽 모양으로 썬다.

5 분량의 재료를 합하여 겨자소스를 만든다.

6 준비된 재료를 겨자소스에 버무려 담아낸다.

A

등쪽의 검은 내장을 반드시 제거해야 합니다.

대하는 우선 소금을 조금 넣은 물에 흔들어 씻은 다음 등쪽에 꼬치를 찔러 검은 내장을 제거해야 합니다. 내장이 있는 채로 요리를 하면 씁쓸한 맛이 나서 좋지 않지요. 새우의 둘째와 셋째 마디 사이에 꼬치를 약간 깊게 찔러 넣어 앞으로 조심스럽게 당기면 내장이 빠져나오게 된답니다.

골패쪽 모양이란 폭 1~1.5cm, 길이 3~4cm 정도의 직사각형 모양으로 납작하게 자르는 것을 말합니다. 겨자채나 혹은 냉채 등을 만들 때 채를 썰어 준비하는 것보다 볼륨감 있는 요리를 만들 수 있습니다.

배생채

손님 상을 차릴 때 시원한 냉채로 입가심을 할 수 있도록 먼저 만들어 상에 낸다. 소스는 새콤, 달콤, 콕 쏘는 맛이 나야 상큼하다.

재료

배 · 사과 ········ 1/2개씩
양상추(재래상추) ····· 2장
미나리 ··········· 3줄기
생밤 · 곶감 ······· 2개씩
대추 ·············· 5개

생채 소스

물 ············ 4큰술
식초 · 설탕 ···· 3큰술씩
겨자 갠 것 ······ 1큰술
소금 ········· 1작은술
레몬 ············ 1쪽

만들기

1 배, 사과는 길이 3~4cm, 사방 0.5~1cm 정도의 굵기로 썰고, 양상추는 손으로 하나씩 뜯어 깨끗하게 씻은 후 물기를 빼고 굵직하게 썬다.

2 미나리는 길이 3~4cm 정도로 썬다.

3 생밤은 납작하게 썰고 곶감은 반으로 갈라 씨를 뺀 다음 사방 0.5~1cm 정도로 썬다.

4 대추는 원통 모양으로 얇게 돌려 깎은 후 채썬다.

5 분량의 양념을 합하여 새콤달콤한 단촛물을 만든 후 레몬즙을 소스에 넣는다.

6 준비한 재료들을 넓은 그릇에 담은 후 단촛물을 부어 부서지지 않게 골고루 버무려 보기좋게 담아낸다.

137 Kcal

point

1-1 배는 물기가 많은 것으로 골라 고른 크기로 채썬다.
1-2 양상추를 손질하여 굵직하게 썰고 미나리는 3~4cm 길이로 썬다.
6 준비된 재료들을 그릇에 함께 담고 소스를 부은 후 골고루 버무린다.

Q 선생님은 요리의 재료를 어디서 구입하세요?

A 동네 대형마트나 재래시장을 이용합니다.

맛있는 요리를 만들기 위해선 신선한 재료의 구입이 가장 기본이지요. 제가 주로 장을 보는 곳은 우리 동네에 있는 대형 마트와 재래시장입니다. 대형 마트에서는 신선도가 중요한 채소와 각종 가공식품류를 구입하지요. 재래시장의 장점은 가격이 싸고 다양한 재료를 구할 수 있습니다.

가지 차돌박이냉채

차돌박이는 양념에 무쳐 굽고, 가지, 무순, 토마토를 손질해서 보기 좋게 담아내는 냉채 요리다.

재료

가지 ········ 2개(200g)
무순 ·············· 2팩
차돌박이 ·········· 100g
토마토 ······ 1/2개(100g)

냉채 소스

송송 썬 실파 ····· 1/2컵
간장 ·········· 6큰술
레몬즙 ······· 1/2개분
다진 마늘 ······· 2큰술
깨소금 · 설탕 ·· 2큰술씩
식초 ·········· 4큰술

만들기

1 가지는 3~4cm 길이로 잘라 연필굵기로 썰어 찜통에 살짝 쪄낸 다음 식힌다.

2 무순은 뿌리 끝 부분만 잘라낸 후 찬물에 담가 살살 흔들어 씻어 체에 밭쳐 물기를 뺀다.

3 토마토는 끓는 물에 살짝 담갔다가 꺼내 껍질을 벗긴 후 반달 모양으로 얄팍하게 썬다.

4 차돌박이는 잘 달구어진 팬에 굽는다.

5 분량의 재료를 합하여 냉채 소스를 만든다.

6 넓은 접시에 준비된 재료들을 색스럽게 돌려 담은 후 소스와 곁들여 낸다.

192 Kcal

Point

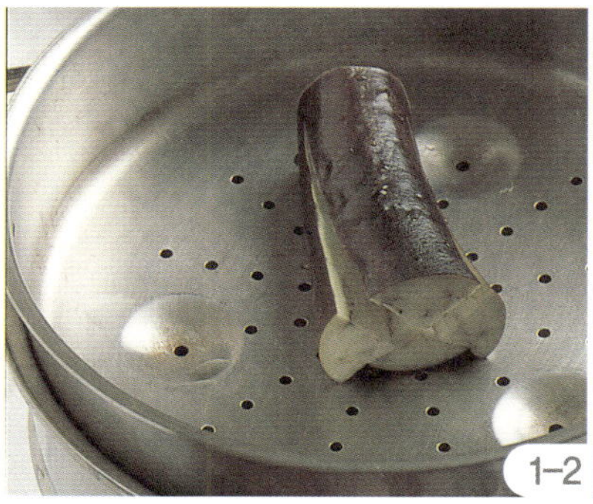

1-1 가지에 칼집을 넣어 8등분한다.
1-2 적당하게 자른 가지를 찜통에 찐다.
3 냄비에 물을 끓여 토마토를 넣고 살짝 데쳐 토마토의 껍질을 벗겨 썬다.

Q 토마토와 고기의 맛이 잘 어울리나요?

A 토마토 향은 고기 맛을 상큼하게 살려줍니다.

토마토는 냉채 재료로 잘 어울린답니다. 살짝 씹는 맛을 느끼게 해주는 동시에 향긋한 향까지 더해져 고기와 함께 먹으면 더욱 입맛을 돋워주지요. 주의할 점은 토마토를 고를 때 약간 덜 익은 듯한 것을 골라야 제 맛을 느낄 수 있다는 것이지요. 그리고 반드시 토마토의 껍질을 벗겨야 합니다.

사과차돌박이생채

기름기가 많은 차돌박이구이를 사과, 채소와 함께 먹을 수 있게 한 별미 요리다. 차돌박이는 살짝만 굽는다.

1

2

259 Kcal

3

4

5

만들기

1 사과는 4등분으로 잘라 속을 제거한 다음 껍질을 벗기고 약간 도톰하게 썬다.

2 도톰하게 썬 사과는 색깔이 변하는 것을 방지하기 위해 설탕물에 담갔다가 건져 물기를 거둔다.

3 차돌박이는 팬을 뜨겁게 달군 다음 굽는다.

4 시금치는 깨끗이 손질하여 한입 크기로 썰고 부추는 3~4cm 길이로 자른다.

5 분량의 양념 재료를 넣어 무침 양념을 만든 다음 손질한 부추와 시금치를 넣고 버무린다.

6 접시에 사과와 차돌박이를 번갈아 보기좋게 담고 양념에 버무린 부추 시금치를 가운데에 올린다.

재료

사과 ·············· 1개
차돌박이 ········· 300g
시금치 ············ 50g
영양부추 ·········· 100g

채소무침 양념

멸치액젓 ······· 2큰술
설탕 ·········· 1큰술
물 ············ 1큰술
고운 고춧가루 ·· 2작은술
다진 마늘 ····· 2작은술
깨소금 ······· 1작은술
참기름 ······· 2작은술

6

1 사과는 도톰하게 썬다.
2 썬 사과를 설탕물에 담갔다가 건진다.
3 차돌박이를 굽는다.
4 영양부추와 시금치는 깨끗이 씻은 후 물기를 빼둔다.
5 무침 양념에 채소를 넣고 버무린다.
6 사과와 차돌박이를 번갈아 보기좋게 돌려 담고 채소 버무림을 가운데에 얹는다.

Q 차돌박이를 맛있게 먹는 방법을 알려주세요.

채소와 함께 먹는 것이 좋습니다.

차돌박이는 대개 얇게 썰어서 판매하는데, 기름기가 많은 부위여서 그냥 먹으면 금방 질려버리게 되지요. 그래서 과일이나 채소와 함께 먹는 것이 좋습니다. 특히 사과는 아작아작한 맛과 향이 차돌박이와 잘 어울려 별미를 느낄 수 있을 겁니다. 한 가지 주의할 점은 차돌박이를 익힐 때 너무 바싹 익히면 고기가 뻣뻣해지므로 팬에서 살짝만 익혀야 한다는 것이지요. 붉은 기만 없어지면 바로 꺼내도록 하세요. 영양부추와 시금치도 싱싱한 것으로 준비하여 멸치액젓에 무쳐 함께 곁들이면 개운하면서도 입맛을 살려줄 것입니다.

제육부추냉채

새콤하면서도 톡 쏘는 소스 맛을 내는 것이 포인트. 소스 재료 분량을 잘 맞추고 돼지고기 목살을 삶을 때 된장 푸는 것을 잊지 말도록 한다.

재료

재료	분량
돼지고기 목심 부위	200g
영양부추	50g
오이	150g
당근	20g
배	1/3개
밤	5개
잣	1작은술
된장	1큰술

냉채소스

재료	분량
식초	4큰술
설탕	3큰술
다진 마늘	20g
겨자 갠 것	2큰술
소금	1작은술

만들기

1 끓는 된장물에 목심을 넣어 잘 삶는다. 편육이나 보쌈을 만들 때는 돼지고기를 끓는 물에 삶아야 속에 든 영양성분이 빠져나가지 않는다. 대신 설렁탕처럼 국물 맛이 좋아야 하는 음식은 찬물부터 넣어서 끓인다.

2 고기 덩어리를 젓가락이나 꼬치로 찔러 보아 핏물이 나지 않으면 다 익은 것이다. 삶아낸 목심은 건져서 찬물에 헹군 후 채 썬다.

3 영양 부추는 잘 다듬어 씻어 5cm로 자르고, 오이도 5cm로 잘라 돌려 깎아 채 썰고, 당근과 배도 각각 손질하여 5cm길이로 채 썬다. 밤은 얄팍하게 저며 썬다.

4 분량의 냉채소스 재료를 섞어 소스를 만든 후, 준비한 재료들을 무친다.

245Kcal

point

1 끓는 된장물에 돼지고기를 덩어리째 집어넣어 삶는다.
3 준비한 채소와 과일을 채썰어 준비한다.
4 냉채 소스를 만들어 준비한 재료를 버무린다.

Q 소스를 좀 더 맛있게 만들 수 있는 방법을 알려주세요.

A 신맛이 농축된 식초를 사용해 보세요.

제육부추냉채는 소스 하나만으로 간을 맞추는 음식이기 때문에 소스가 이 요리의 맛을 좌우하지요. 약간 새콤한 맛이 돌면서 겨자의 쏘는 맛과 설탕의 달콤한 맛이 잘 어우러져야 해요. 그런데 냉채소스에 식초가 4큰술이나 들어가야 하기 때문에 소스가 묽어질 수 있으므로 농축된 식초를 사용하는 것도 좋겠어요.

도가니무침

영양도 좋지만 질감이 부드러워 노인들도 좋아한다. 무침용으로 도가니를 삶을 때는 끓는 물에 삶아 고기 성분이 물에 빠져 나가지 않게 한다.

재료

도가니(삶은 것) ····· 200g
오이 ·········· 1개(150g)
당근 ············· 40g
양파 ············· 80g
대파 ············· 30g

무침 양념

간장 · 설탕 ···· 2큰술씩
식초 ·········· 2큰술
깨소금 ········· 1큰술
다진 마늘 ······· 1큰술
고춧가루 ······· 1큰술

만들기

1 냄비에 물을 충분히 붓고 도가니를 넣어 푹 무르게 삶아 한입 크기로 썬다.

2 오이는 반으로 갈라 도톰하면서 어슷하게 썰고 당근은 4~5cm 길이의 골패쪽으로 썰며 양파, 대파도 당근과 같은 크기로 썬다.

3 끓는 물에 준비된 재료들을 넣고 한번에 살짝 데쳐서 물기를 없앤 후 도가니와 함께 분량의 양념에 무쳐 완성한다.

181Kcal

point

1 도가니가 익으면 건져내어 식혀서 한입 크기로 먹기 좋게 썬다.
2 오이와 당근, 대파, 양파 등의 채소를 준비한다.
3 끓는 물에 준비한 재료를 넣고 살짝 데쳐 물기를 빼고 도가니와 함께 양념장에 무친다.

Q 고기를 맛있게 삶는 비결을 알고 싶어요.

A 물이 팔팔 끓을 때 삶아 내야 합니다.

편육이나 무침 등의 요리는 고기를 물에 넣어 삶아내야 한다는 것입니다. 물이 끓고 있을 때 고기를 넣어야 고기의 육즙이나 맛있는 성분이 빠져나오지 않기 때문입니다. 하지만 국이나 탕처럼 국물을 맛있게 내기 위해서는 찬물에서부터 넣어 서서히 익혀 고기의 맛난 성분이 물 속에 빠져나오도록 하는 것이 기본입니다.

Q

고기를 두들겨 주는 이유는 뭐지요?
산적에 쓰는 다른 재료는 없나요?

새송이산적

산적용 고기는 부드러워야 맛이 있다. 고기를 자근자근 두드려 미리 양념에 재어 두었다가 굽고, 새송이도 양념에 무쳐 굽는다.

180 Kcal

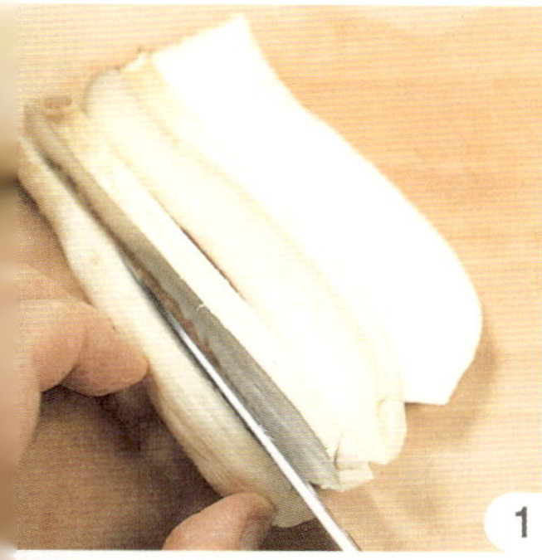

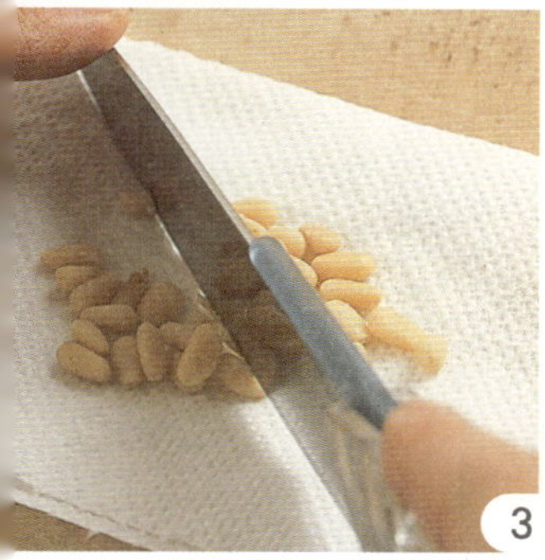

1 새송이는 크기대로 썰어 준비한다.
2 새송이는 소금과 참기름으로 무쳐둔다.
3 잣가루를 만든다.
4 고기는 칼등으로 두들긴다.
5 고기를 양념에 무친다.
6 프라이팬을 달구어 꼬치에 꿴 산적을 앞뒤로 지져서 잣가루를 뿌린다.

재료

새송이 버섯 ········ 150g
쇠고기(살치살) ······ 200
잣가루 ··········· 약간

송이 양념

- 참기름 ········ 적당량
- 소금 ········· 적당량

고기 양념

- 다진파 ····· 1과 1/2큰술
- 다진마늘 ····· 2작은술
- 간장 ······ 1과 1/2큰술
- 설탕 ·········· 1큰술
- 참기름 ········· 1큰술
- 깨소금 ······· 1/2큰술
- 후춧가루 ······· 약간

만들기

1 새송이는 깨끗이 씻어 물기를 없앤 후 작은 것은 1/2크기로, 큰 것은 3~4개로 가른다.

2 적당하게 가른 새송이를 소금, 참기름에 조물조물 무쳐둔다.

3 잣가루도 만들어 둔다.

4 쇠고기는 결의 반대 방향으로 도톰하게 썰은 후 칼등으로 두들겨 부드럽게 만든 후 새송이와 같은 크기로 자른다.

5 분량의 쇠고기 양념을 만들어 쇠고기를 조물조물 무쳐둔다.

6 꼬치에 새송이와 쇠고기를 차례로 꿰어 미리 달군 팬에 지져 잣가루를 뿌린다.

A

고기를 부드럽게 하기 위해서입니다.

산적과 같은 요리를 할 때에는 고기가 뻣뻣해서는 맛이 없지요. 그래서 고기가 부드러워지라고 미리 칼등이나 고기 망치로 자근자근 두들겨서 준비하는 것입니다. 또 하나의 이유는 고기가 수축되지 않도록 하기 위한 것도 있습니다. 고기가 익었을 때 너무 오그라들면 볼품이 없어지므로 미리 고기를 두들겨 수축을 방지하는 것이지요. 산적은 고기나 송이뿐만 아니라 제철 채소나 흰떡 등 다양한 재료로 만들 수 있어요. 봄에는 두릅적이 있고, 가을에는 버섯, 겨울에는 움파, 정월에는 흰떡을 꼬치에 꿰어 철마다 계절의 별미를 즐길 수 있지요.

Q

다진 쇠고기가 자꾸 부서져요.
어떻게 해야 부서지지 않죠?

사슬적

생선살과 고기를 조화시킨 특별한 메뉴다. 고기 반대기를 만들 때 여러 번 치대어 부서지지 않도록 조심하고 생선살 사이에 끼운 다음 칼로 자근자근 두드려 빠지지 않게 한다.

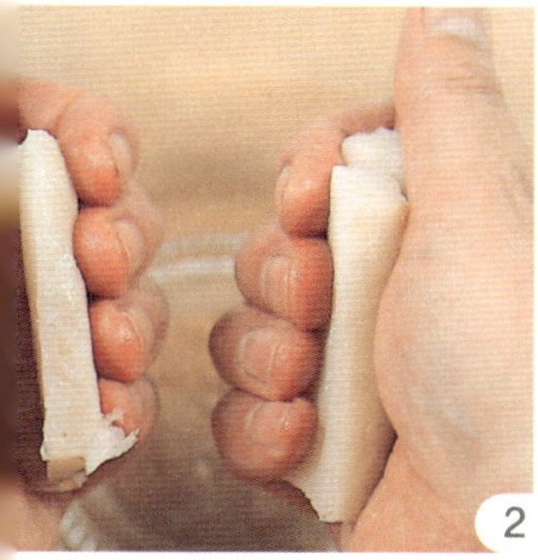

282 Kcal

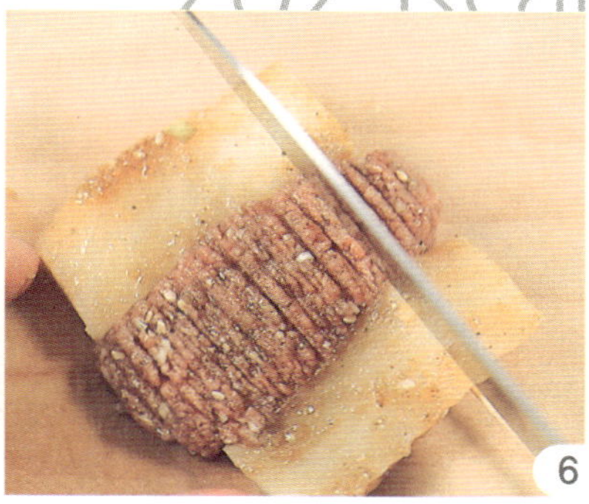

2 냉동생선일 경우 자연해동하여 물기를 꼭 짠다.
3 종이 타월을 깔고, 쇠고기 간 것을 놓아 핏물을 뺀다.
4 다진 쇠고기를 양념에 무쳐 반대기를 만든다.
5 긴 산적 꼬치에 양념한 대구살과 쇠고기를 꿴다.
6 윗면을 칼로 두드린다.
7 잘 달군 프라이팬에 지진다.

재료

흰살 생선 ·········300g
다진 쇠고기 ········150g
잣가루 ···········1큰술

쇠고기 양념

- 소금 ·······1/2작은술
- 다진 파 ········2큰술
- 다진 마늘 ·······1큰술
- 참기름 ·········1큰술
- 깨소금 ·······2작은술
- 설탕 ··········1큰술
- 검은 후춧가루 ····조금

생선 양념

- 진간장 · 청주 ··1큰술씩
- 다진 파 ········2큰술
- 다진 마늘 ·······1큰술
- 참기름 ·········1큰술
- 깨소금 ·······2작은술
- 설탕 ········2작은술
- 다진 생강 ·····1작은술
- 흰 후춧가루 ······조금

만들기

1 쇠고기 양념과 생선 양념을 각각 따로 만들어 둔다.

2 흰살 생선은 길이 5~6cm, 너비 2~3cm 정도로 잘라서 생선 양념에 무친다. 냉동 생선일 경우에는 자연해동하여 물기를 꼭 짜서 사용한다.

3 쇠고기는 기름이 적은 부위를 골라서 다진 다음 종이 타월에 올려놓아 핏물을 뺀다. 그래야 질척거리지 않는다.

4 쇠고기를 양념에 무치는데 이 때 차지게 여러 번 주물러 생선과 같은 크기로 반대기를 만들어 둔다.

5 산적 꼬치에 생선, 다진 쇠고기를 순서대로 꿴다.

6 꼬치에 꿴 산적 꼬치를 도마에 올려 칼로 그 위를 자근 자근 두드린다. 생선 살 사이에 끼워놓은 다진 쇠고기가 꼭꼭 채워지도록 만들기 위해서이다.

7 잘 달군 팬에 기름을 조금 두르고 꼬치를 앞뒤로 노릇노릇하게 지져 잣가루를 뿌려 장식한다.

A

쇠고기의 핏물을 잘 빼고 양념할 때 차지게 주무르세요.

다진 쇠고기를 그대로 사용하면 흐물거리고, 질척거려요. 안에 든 핏물을 제거하지 않았기 때문이에요. 먹어서 좋을 것 없는 핏물은 되도록 많이 제거하는 것이 좋아요. 종이 타월 위에 올려두면 핏물이 금세 빠지는데 종이 타월을 두어 번 갈아주면 핏물은 웬만큼 제거됩니다. 반대기를 만들 때도 여러 번 차지게 주무른 다음 생선살 사이에 끼워서 칼로 여러 번 쳐주면 생선살 사이에 쇠고기 간 것이 꼭꼭 채워져 부서지지 않는답니다.

안동파산적

하나씩 집어먹기 편하다. 고기와 파의 크기가 같아야 모양이 예쁘므로 꼬치에 재료를 뀔 때는 익을 때 줄어들 것을 생각해 약간 크게 끼우도록 한다.

1 2

320 Kcal

3

4 5

6

만들기

1 실파는 깨끗이 씻어서 소금이나 소금물에 통째로 넣어서 살짝 절인다.

2 절인 파는 체에 밭쳐 물기를 제거하고, 4~5cm길이로 접어 가운데를 말아 묶는다.

3 쇠고기는 칼등으로 두드린 다음 파보다 약간 길게, 굵기는 약간 두꺼울 정도로 맞추어 썰어 칼등으로 두드려 분량의 쇠고기양념에 조물 조물 무쳐둔다.

4 꼬치에 파와 쇠고기를 번갈아 꿰어 밀가루를 묻히고 여분의 가루는 털어 낸다.

5 물에 밀가루와 간장을 분량대로 넣어 아주 묽은 밀가루집을 만든다.

6 밀가루집에 꼬치에 꿴 파 산적을 담갔다가 기름을 두른 프라이팬에 지져 뜨거울 때 통깨, 실고추, 설탕을 뿌린다.

재료

실파 ············· 200g
쇠고기 ············ 200g
소금 · 밀가루 ····· 조금씩
실고추 · 통깨 · 설탕 조금씩

밀가루집
- 진간장 ········ 2큰술
- 물 ············· 2컵
- 밀가루 ······ 1과 1/3컵

쇠고기 양념
- 다진 마늘 ······· 1큰술
- 다진 파 ········ 2큰술
- 깨소금 ········· 1큰술
- 참기름 ········· 1큰술
- 진간장 ········ 2큰술
- 설탕 ·········· 1큰술
- 후춧가루 ········ 조금

1 실파는 손질하여 씻은 다음 소금물에 넣고 살짝 절인다.
2 절인 파는 가운데를 말아 묶는다.
3 쇠고기는 굵직하게 썰어 양념에 무친다.
4 파와 쇠고기를 번갈아가면서 꼬치에 꿴다.
5 밀가루집 재료를 넣어 섞어둔다.
6 팬에 기름을 두르고 밀가루집을 바른 꼬치를 지진다.

Q

꼬치에 예쁘게 꿰는 방법을 알려주세요.

A

꼬치의 양쪽 끝 부분에 은행을 꿰어 보세요.

재료가 같은 크기와 모양이 아니기 때문에 일률적인 모양으로 꼬치에 꿰기가 쉽지 않을 거예요. 특히 실파를 만 것이나 고기 등은 그 형태가 잡혀져 있는 것이 아니기 때문에 더 들쭉날쭉합니다. 우선 고기를 꼬치에 꿸 때는 익을 때 줄어들 것을 대비해 약간 큰 것을 끼우도록 하세요. 그리고 오그라들지 않도록 미리 칼등으로 자근 자근 두드려주는 것도 잊지 마세요. 꼬치에 꿸 때는 꼬치의 2/3 정도까지만 끼우는 것이 그릇에 담았을 때 가장 보기 좋은 크기입니다. 양쪽의 꼬치 끝부분이 보기 싫다면 은행을 한 알씩 꽂으면 훨씬 더 품위있어 보입니다.

Q

표고버섯은 어떤 것이 상품인지
고르는 법을 알려주세요.

생표고전

표고에 다진고기를 붙여 지지는 요리로 보기도 좋고 먹기도 편하다. 고기가 표고에서 떨어지지 않기 위해 밀가루를 바를 때 너무 많이 입히지 않도록 조심한다.

309 Kcal

1 생표고버섯은 十자 모양으로 칼집을 넣는다.
2 표고버섯을 양념에 넣어 무친다.
3 다진 쇠고기를 양념한다.
4 밀가루를 표고버섯의 안쪽에 발라준다.
5 고기양념한 것을 표고버섯의 안쪽에 붙인다.
6 고기붙인 쪽에만 밀가루, 달걀을 입혀 지진다.

재료

생표고버섯 ········ 150g
다진 쇠고기 ········ 100g
달걀 ·············· 2개
밀가루 · 식용유 ··· 조금씩

고기양념

- 다진 마늘 ····· 1/2큰술
- 다진 파 ········ 1큰술
- 깨소금 ········· 1큰술
- 참기름 ········· 1큰술
- 설탕 ·········· 1/2큰술
- 소금 ······· 1/2작은술
- 후춧가루 ········ 조금

표고버섯양념

- 간장 ········ 2작은술
- 참기름 ········· 1큰술
- 설탕 ·········· 1/2큰술
- 후춧가루 ······· 약간

만들기

1 표고버섯은 기둥을 떼어내고 깨끗이 씻은 후 물기를 없애고 윗면에 十자 모양으로 칼집을 넣는다. 표고버섯 기둥은 두었다가 된장찌개를 끓일 때 넣으면 더욱 맛있는 찌개가 된다.

2 넓은 그릇에 분량의 표고버섯 양념을 넣어 섞은 다음 표고버섯을 양념에 무친다.

3 쇠고기를 곱게 다져 고기 양념에 무친다.

4 표고버섯의 안쪽에 밀가루를 바른 다음 여분의 밀가루를 털어 낸다.

5 양념한 쇠고기를 밀가루 묻힌 부분에 붙여서 준비한다.

6 고기가 붙어 있는 쪽에만 밀가루와 달걀을 순서대로 묻혀 달군 팬에 기름을 살짝 두르고 지진다.

A

표면은 갈색 빛이 나고, 뒷면이 하얀 것을 고르면 성공이에요.

표고버섯은 표면이 갈색 빛을 띠면서 매끄럽고, 뒷면이 하얀 색인 것이 좋은 것이에요. 크기는 너무 크거나 작은 것은 좋지 않고, 중간 정도의 크기가 가장 좋아요. 말린 표고버섯을 살 때도 뒷면의 살이 거뭇거뭇하지 않고, 하얀 것을 고르세요. 말린 표고버섯을 불릴 때는 미지근한 물에 불려야 하고, 설탕을 조금 넣으면 좀 더 빨리 부드러워져요. 그리고 생표고를 사용하고 남았을 때는 말려 두면 1년내내 먹을 수 있어요. 말린 것은 바람이 잘 통하고 건조한 곳이나 냉장고에 보관하세요. 생표고보다 말린 표고가 영양이 더 좋다는 것도 알아두시고요.

Q

이 요리에서 마늘이 어떤 역할을
하나요?

닭마늘구이

다진 마늘에 잰 닭고기를 달구어진 프라이팬에 익힌 후 다시 조림장에 지져내는 요리이므로 윤기가 나고 맛도 더 있다.

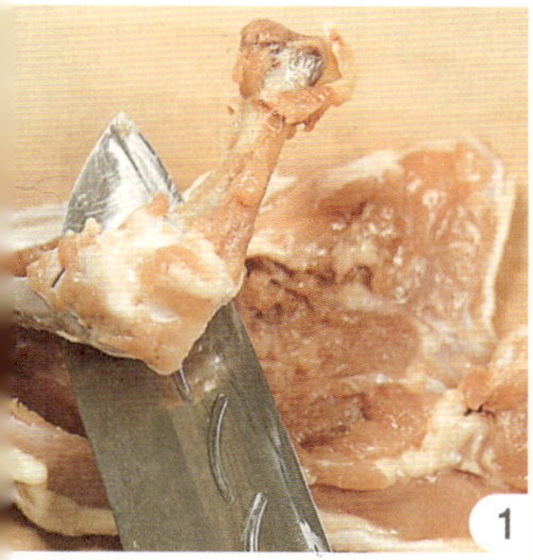

79 Kcal

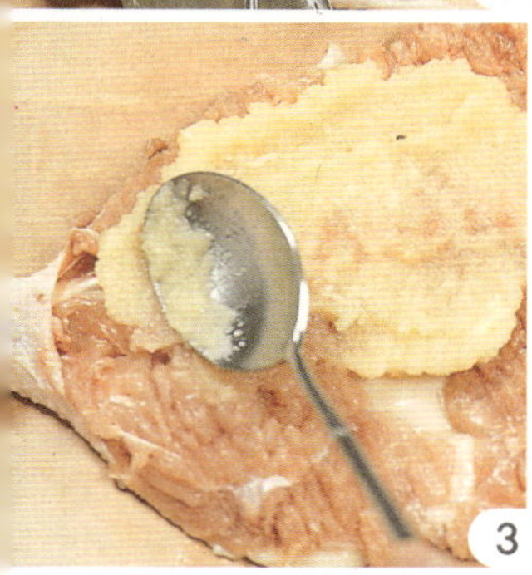

1 닭다리의 뼈를 들어낸다.
2 닭다리 살을 칼등으로 두들긴다.
3 곱게 간 마늘을 닭고기의 위, 아래로 덮어 재워둔다.
4 잰 닭다리살에 밀가루를 묻혀 지진다.
5 조림 양념을 끓인다.
8 지진 닭다리를 양념에 조려 채소로 장식한다.

재료

닭다리 ············ 1개
간마늘 ······· 1/4컵(45g)
밀가루 · 식용유 ··· 조금씩
깻잎 ·············· 5장
재래상추 ··········· 5장
양상추 ············ 2장
치커리 ············ 3장

조림 양념

맛술 ·········· 1/2컵
진간장 ········ 2큰술

만들기

1 닭다리는 뼈 부분에 칼집을 깊게 넣어 뼈를 들어 낸다.
2 닭다리 살 전체를 칼등으로 두드려 수축을 방지한다.
3 곱게 다진 마늘을 닭다리 살 위 아래로 발라 재운다.
4 준비된 닭에 밀가루를 묻혀 잘 달구어진 팬에 식용유를 두르고 노릇하게 지져낸다.
5 냄비에 조림 양념을 넣어 한 번 끓어오르면 불을 끈다.
6 지져 낸 닭다리살을 조림 양념을 부어 윤기가 나도록 조린다.
7 깻잎, 재래 상추, 양상추, 치커리는 깨끗이 씻어 한입 크기로 잘라 섞어서 소쿠리에 밭쳐 물기를 빼 둔다.
8 접시 한가운데에 완성된 닭을 담고 가장자리에 채소를 돌려 담아 상에 낸다.

A

닭 특유의 누린내를 없애줍니다.

마늘은 닭 특유의 냄새를 없애주는 것은 물론 마늘 향이 익으면서 닭고기에 배어 입맛을 돋워주게 됩니다. 마늘을 아주 곱게 갈아 닭고기의 앞, 뒷면을 모두 재어 놓는데, 이 때 재어두는 시간은 30분 정도면 됩니다. 닭다리의 뼈를 발라낸 다음에는 역시 칼등으로 닭고기를 자근자근 두들겨 수축을 방지해야겠지요. 향긋한 마늘 향과 적당히 짭잘한 양념, 그리고 싱싱한 채소가 어울려 별미 음식이 된답니다. 좀 더 먹기 편하도록 하려면 닭고기를 한 입에 먹기 좋은 크기로 잘라 조리하는 것도 좋겠지요.

Q

메로는 어떤 생선인가요? 양념구이 말고 다른 조리 방법은 없나요?

메로양념구이

일식 요리에 자주 등장하는 생선으로 살이 쫀득하고 맛이 담백하여 양념장 발라 구우면 맛이 좋다.

318 Kcal

1 메로의 표면에 붙어 있는 비늘을 긁고 깨끗이 씻는다.
2 큼직하게 토막내어 준비한다.
3 양념장을 만든다.
4 메로를 양념장에 재워둔다.
5 브로릴러에 굽는다.
6 납작한 사각 접시에 보기 좋게 담아 낸다.

재료

메로 · · · · · · · · · · · · · 600g

양념장

- 진간장 · · · · · · · · 4큰술
- 생강즙 · · · · · · · 2작은술
- 설탕 · · · · · · · · · · 2큰술
- 다진 마늘 · · · · · · 2큰술
- 참기름 · · · · · · · · 2큰술
- 후춧가루 · · · · · · · · 약간
- 다진 파 · · · · · · · · 2큰술
- 깨소금 · · · · · · · 4작은술

만들기

1 메로는 껍질이 있도록 준비한 다음 비늘을 긁어내고 흐르는 물에 깨끗이 씻는다.
2 준비한 메로를 큼직하게 토막을 낸다.
3 분량의 양념을 합하여 양념장을 만든다.
4 양념장에 메로를 넣고 잠시 재워둔다.
5 브로일러에 넣고 굽는다. 구우면서 양념장을 메로 위로 끼얹어주도록 한다.
6 납작한 사각 접시에 보기 좋게 담는다.

A

일식 요리에 많이 사용하는 큰 생선입니다.

메로는 남극해에 사는 물고기라고 합니다. 작은 것이 2kg이나 된다고 하니까 꽤 큰 생선이지요. 일식 집에 가면 이 메로를 간장양념에 슴슴하게 조려서 내오기도 하는데, 살이 쫀득하고 맛이 담백한 고급 생선이랍니다. 대개 백화점에 가면 미리 토막내서 판매하는 것을 구입할 수 있지요. 메로에는 단백질은 물론 우리 몸에 꼭 필요한 불포화지방산과 비타민 A, 비타민 B군, 무기질, 칼슘 등이 듬뿍 들어 있어 영양 만점의 생선이라고 할 수 있지요. 간장에 조려 먹는 것이 일반적인데, 버터구이를 해서 먹어도 좋답니다.

Q

오징어 불고기에서 물이 생겨요.
방법을 알려 주세요.

오징어불고기

오징어를 볶을 때 기름이 너무 많으면 담백한 맛이 없어지므로 기름을 살짝만 두르도록 한다. 또 센불에서 빨리 볶아야 물이 생기지 않는다.

295 Kcal

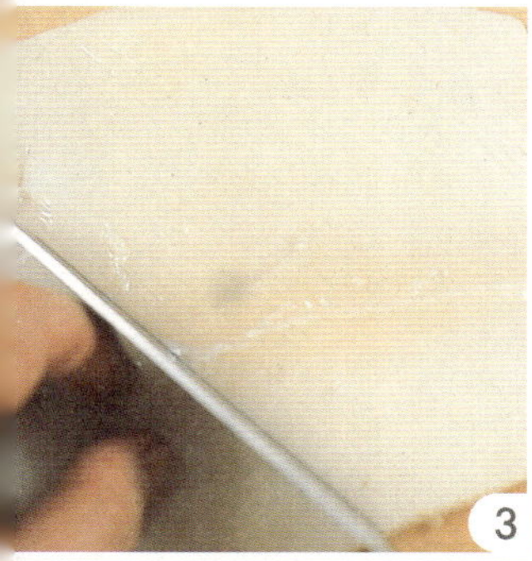

1 오징어는 가위로 배를 가르고 내장을 위로 들어 떼어낸다.
2 눈은 가위로 떼어낸다.
3 오징어 몸통의 안쪽에 대각선으로 잔칼집을 넣는다.
4 양념장을 만든다.
5 썰어 놓은 오징어를 양념장에 버무린다.
6 달구어진 프라이팬에 오징어부터 익히다가 버섯을 넣는다.

재료

물오징어 약간 큰 것 · · 1마리
식용유 · · · · · · · · · · 적당량
팽이버섯 · · · · · · · · · 1봉지
상추 · 깻잎 · · · · · · · 적당량

갖은 양념장

- 고추장 · · · · · · · · 4큰술
- 고춧가루 · · · · · · · 1큰술
- 다진 파 · · · · · · · · 2큰술
- 다진 마늘 · · · · · · · 2큰술
- 생강즙 · · · · · · 1/2작은술
- 설탕 · · · · · · · · · · 1큰술
- 참기름 · · · · · · · · 2큰술
- 깨소금 · · · · · · · · 2큰술

만들기

1 물오징어는 약간 큰 것으로 준비하여 배를 갈라서 내장을 빼내고 껍질을 벗겨서 깨끗이 씻는다.

3 오징어 다리에 붙은 눈은 가위로 잘라 낸다.

3 몸통 안 쪽에 대각선으로 잔칼집을 넣어 한입 크기로 잘라 준비한다. 칼집을 바깥에 넣으면 오그라든다.

4 분량의 갖은 양념 재료를 합하여 양념장을 만든다.

5 손질한 오징어를 양념장에 넣고 주물러 3~4시간 정도 재어둔다.

6 잘 달구어진 팬에 식용유를 살짝 두르고 오징어를 넣어 익히다가 팽이버섯을 넣고 완전히 익힌다.

7 상추나 깻잎 등을 준비하여 싸서 먹을 수 있도록 준비해 둔다.

A

너무 약한 불에서 볶았기 때문이에요. 센불에서 재빨리 볶으세요.

양념한 오징어는 3~4시간 정도 재어 두었다가 볶을 때는 센 불에서 재빨리 익혀 내야 해요. 팬도 뜨겁게 달군 상태에서 '볶는다'는 것보다는 '굽는다'는 생각이 들 정도로 하여 익힙니다. 기름의 양도 팬에 살짝 닿을 정도로 적게 해야 합니다. 기름이 너무 많으면 담백한 맛이 없어지거든요. 오징어가 어느 정도 익은 다음에 팽이버섯을 넣으면 팽이버섯의 씹는 맛을 그대로 즐길 수 있어요.

》 돼지족구이

돼지족은 다루기가 징그럽지만 한 번 만들어보면 쉽게 만들 수 있다. 신선한 돼지족을 불에 한 번 그슬린 후 된장 푼 물에 삶는 것이 포인트다.

907 Kcal

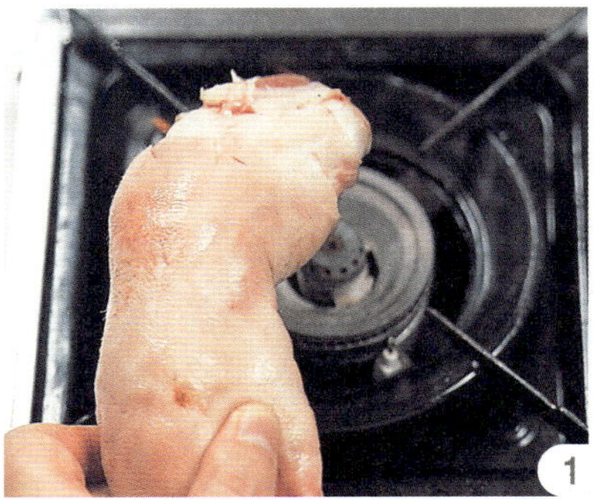

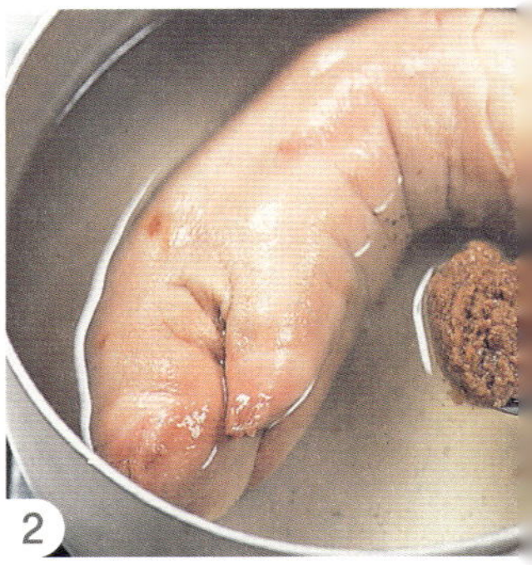

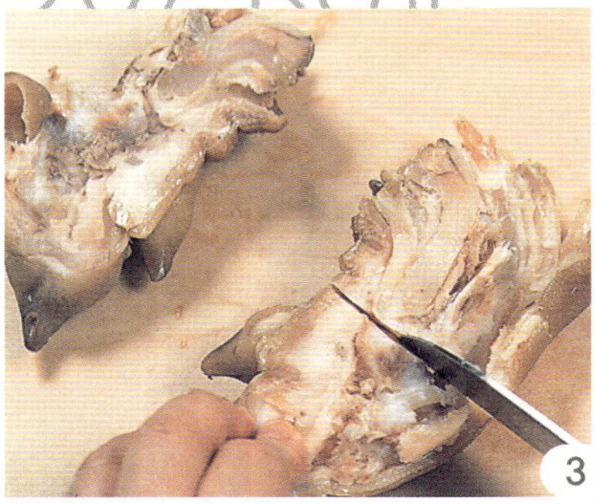

만들기

1 돼지족은 색깔이 선명하고 신선한 것으로 골라 흐르는 물에 여러 번 씻어낸 후 불에 살짝 그슬려 잔털을 없앤다.

2 냄비에 돼지족이 푹 잠길 만큼 물을 충분히 붓고 된장을 풀어 돼지족을 삶는다.

3 푹 무르게 삶은 돼지족을 건져낸 후 찬물에 한 번 씻고 뼈를 발라내고 살만 큼직하게 썬다.

4 분량의 양념을 합하여 양념장을 만든 후 돼지족을 넣고 무친다.

5 석쇠를 달군 후 양념에 무친 돼지족을 올려 구워 완성한다.

6 접시에 돼지족을 담고 송송 썬 실파를 얹는다.

재료

돼지족 ······ 4개(1.4kg)
된장 ············ 2큰술
물 ············· 적당량

양념장

다진 파 ········ 2큰술
다진 마늘 ······ 1큰술
깨소금 ········· 1큰술
간장 ········ 4~5큰술
설탕 ·········· 1큰술
참기름 ········· 1큰술
고춧가루 ······· 1큰술
생강즙 ······· 1작은술

1 돼지족을 그슬려 잔털을 없앤다.
2 된장 푼 물에 돼지족을 넣어 삶는다.
3 삶아낸 돼지족은 뼈를 발라낸다.
4 삶아낸 돼지족을 양념장에 버무린다.
5 석쇠를 달구어 양념에 무친 돼지족을 굽는다.
6 접시에 보기좋게 담는다.

Q 돼지족을 냄새나지 않게 삶는 방법이 궁금해요.

A

신선한 돼지족을 구해 된장 푼 물에 삶으세요. 향채소를 넣고 삶아도 좋아요.

일단 신선한 돼지족을 구입해야 합니다. 겉으로 보기에 색깔이 연분홍색을 띤 것이어야 하며 표면에 신선한 광택을 띠고 있고, 살을 눌러보았을 때 탄력이 느껴지는 것이 좋은 것입니다. 신선한 돼지족은 잔털을 없애기 위해 불에 일단 그슬려야 하지요. 먹을 때 털이 씹힌다면 좋지 않겠지요. 그리고 돼지족을 삶는 물에 된장을 풀어 넣으면 잡냄새가 없어져 먹기가 좋아요. 이때 생강이나 마늘, 대파 등의 향이 나는 채소를 함께 넣고 삶으면 더욱 맛이 좋아진답니다.

Q

향신 채소는 왜 면보에 싸서
끓이나요?

갈비찜

고기의 누린내를 없애기 위해 면보에 통후추, 생강, 마늘, 건고추 등의 향신채를 넣어 끝 부분을 묶은 다음 고기를 삶을 때 같이 넣고 삶는다.

1318 Kcal

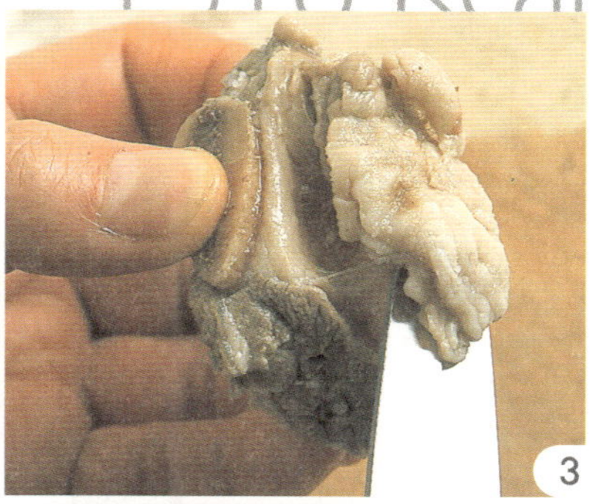

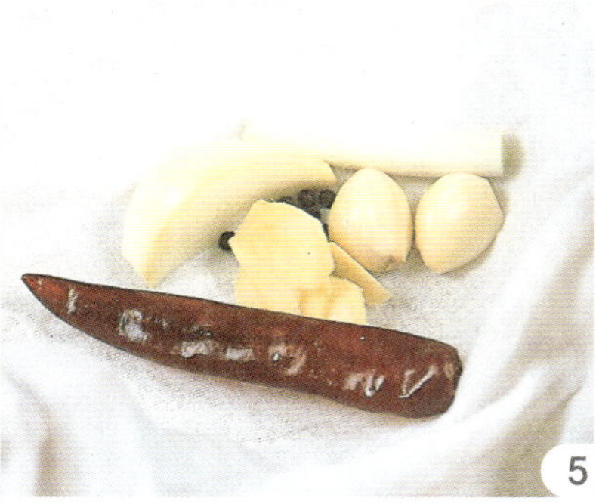

1 쇠고기는 찬물에 담가 핏물을 뺀다.
2 끓는 물에 삶아 물기를 뺀다.
3 쇠갈비의 기름기를 떼어낸다.
4 밤과 무, 당근, 대추를 다듬는다.
5 향신 채소를 베보에 싸서 갈비 안친 냄비에 넣는다.
6 갈비 안친 냄비에 물을 붓고 양념을 넣어 끓인다.
7 준비한 밤, 대추, 당근, 무를 넣는다.

재료

쇠갈비 ··········· 1.5kg

향신 채소
- 양파 ·········· 200g
- 통후추 ·········· 10g
- 통마늘 ········· 100g
- 대파 ··········· 50g
- 건홍고추 ········ 3개
- 저민 생강 ········ 10g

삶는 양념
- 물 ············· 13컵
- 물엿 ············ 1컵
- 진간장 ········ 3/4컵
- 설탕 ·········· 3큰술

부재료
- 무 ············ 100g
- 대추 ············ 5개
- 당근 ·········· 100g
- 밤 ············· 5개
- 잣 ············· 조금

만들기

1 쇠갈비는 찬물에 담가 핏물을 제거한다. 중간에 물을 두어 번 바꾸어가면서 핏물을 빼야 깔끔하고 고기에서 누린내가 나지 않는다.

2 핏물 뺀 쇠갈비는 끓는 물에 삶아 찬물에 헹궈 물기를 뺀다.

3 물기 뺀 쇠갈비는 기름기를 잘라낸 후 군데군데 칼집을 넣는다.

4 밤은 속껍질까지 잘 깎아서 찬물에 담가두고 무, 당근은 밤 크기로 썰어 테두리의 모난 부분을 돌려 깎아 다듬는다. 대추는 잘 씻어 둔다.

5 쇠갈비를 냄비에 안치고 향신 채소도 깨끗한 보에 싸서 함께 넣는다.

6 갈비 안친 냄비에 물 13컵을 붓고 물엿, 진간장, 설탕을 분량대로 넣은 후 은근한 불에 푹 끓인다.

7 고기가 어느 정도 익으면 손질해 놓은 무, 밤, 대추 등의 부재료를 넣고 익힌다.

9 국물이 자작하게 졸아들면 향신 채소를 싼 면보를 꺼낸다.

A

오래 삶으면 국물이 지저분해지기 때문이에요.

고기의 누린내를 제거하기 위한 방법에는 크게 두 가지가 있어요. 찬물에 담가 핏물을 빼는 것과 향신 채소들과 함께 고기를 삶는 거예요. 깨끗한 면보에 통후추, 생강, 마늘, 건고추 등의 향신 채소들을 넣어 끝 부분을 묶은 다음 쇠고기를 삶을 때 같이 넣으세요. 그러면 쇠고기의 누린내는 제거되고, 향신 채소의 양념 맛이 고기에 배어 맛이 좋아지게 되는 거예요. 향신 채소를 면보에 싸는 이유가 궁금하죠? 향신 채소들은 오래 삶으면 뭉그러져서 찜의 국물이 탁해지기 때문이에요. 나중에 찜이 다 되었을 때 면보를 건져내면 돼요.

Q

장식하는 고명이 너무 푸짐한 것
아니예요?

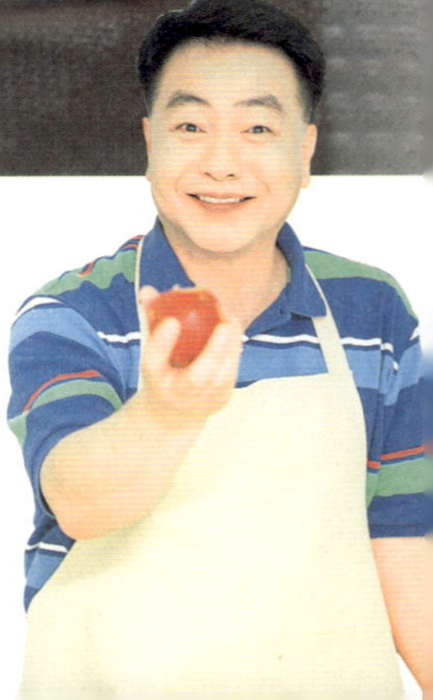

》오색왕새우찜

큰새우와 잔새우를 구입하여 큰새우는 껍질째 사용하고 잔새우는 살만 다져서 사용한다. 모양새가 화려하여 손님상에 놓으면 볼품있다.

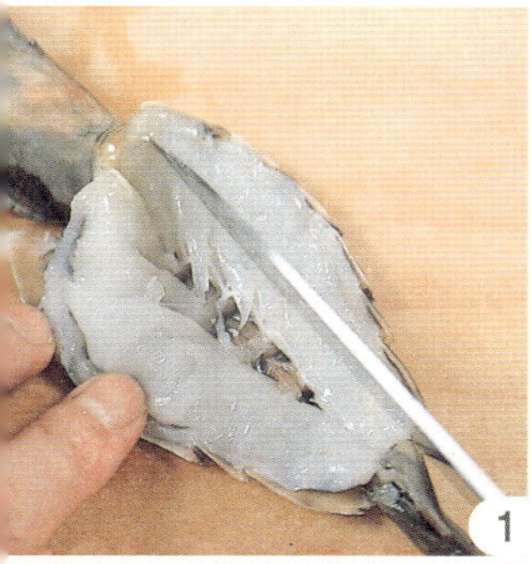

127 Kcal

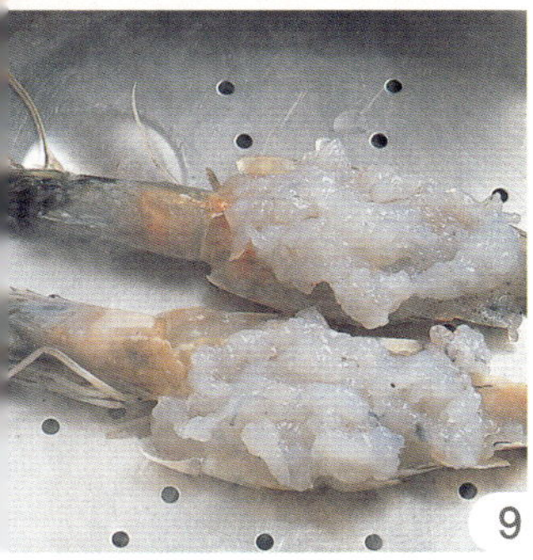

1 대하는 손질하여 칼집을 넣는다.
2 새우살에 밑간한다.
3 잔 새우살을 곱게 다진다.
4 새우살의 윗면에 밀가루를 묻힌다.
5 밀가루를 묻힌 대하의 살에 새우살을 붙인다.
9 새우살을 찜통에 찐다.

재료

대하 ············ 5마리
새우살 ··········· 100g
소금 · 흰후추 ····· 조금씩
밀가루 ··········· 조금
오이 ············· 100g
당근 ············· 70g
달걀 ·············· 2개
불린 ······· 표고버섯 30g

새우살양념

- 설탕 ········· 1작은술
- 다진마늘 ····· 1작은술
- 참기름 ······· 1작은술
- 후춧가루 ······· 조금

만들기

1 대하는 껍질째 등을 갈라 양쪽으로 펼친 다음 실처럼 생긴 등쪽의 내장을 빼내고 살이 있는 부분은 칼날로 자근 자근 두드린다.

2 펼친 새우에 소금과 후춧가루를 뿌려 밑간을 해둔다.

3 새우살은 곱게 다져 분량의 양념으로 버무린다. 여기에 쓰는 새우살은 대하나 잔새우를 사용한다.

4 밑간해 둔 새우에 밀가루를 묻혀 탁탁 털어낸다.

5 그 윗면에 다진 새우살을 도톰하게 덧붙인다.

6 오이, 당근은 채썰어 소금물에 잠깐 절였다가 물기를 꼭 짠 후 볶아서 식힌다.

7 달걀은 황 · 백 지단을 부쳐 3~4cm 길이로 곱게 채 썬다.

8 불린 표고버섯은 포를 떠서 곱게 채 썰어 볶아 식힌 다음 소금과 참기름으로 무친다.

9 새우살 붙인 새우를 찜통에 쪄서 익으면 꺼내서 준비된 오색 고명을 얹어 완성한다.

A

고명과 곁들여서 먹는 음식이기 때문에 그래요.

이 요리는 새우와 고명을 곁들여서 먹는 것이기 때문에 고명의 양이 좀 많은 편이에요. 고명을 일일이 채썰어 볶기가 쉽지는 않겠지만 일단 만들어 두기만 하면 화려하게 연출할 수 있어서 격식을 차려야 하는 상차림에는 그만이지요. 색상도 맞추는 것이 좋은데 주황색이나 초록색 등의 너무 진한 색만 나열하면 그것도 보기 싫어요. 표고버섯이나, 황백지단 등을 올려 색상을 중화시켜 주는 것도 중요한 일이에요.

Q

닭다리를 미리 끓여 내는 것은 왜 그런가요?

닭다리찜

닭다리 특유의 냄새를 제거한 후 조림장에 조렸기 때문에 특별한 맛이 난다. 오랜 시간 푹 조리는 것이므로 짜게 되지 않도록 조심한다.

910 Kcal

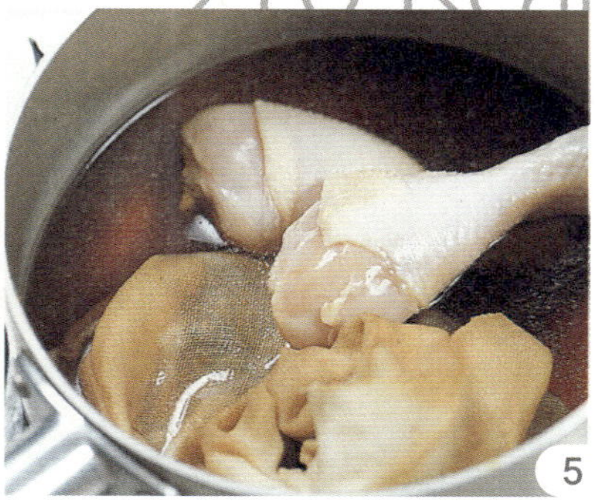

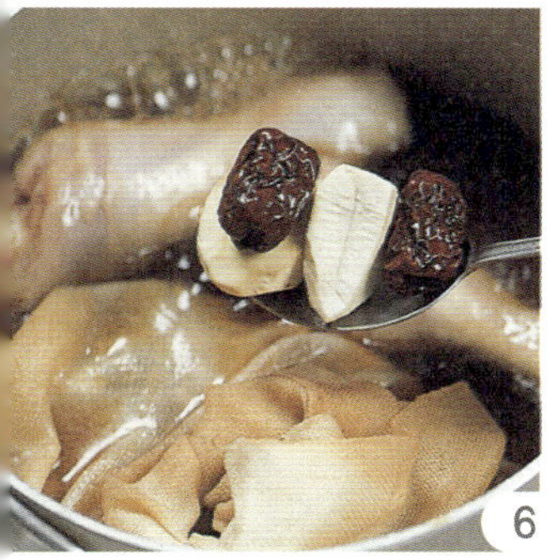

1 닭다리를 끓는물에 살짝 끓여 건져 준비한다.
2 밤, 대추를 손질한다.
3 양념에 들어갈 향채를 준비한다.
4 양념 ①을 깨끗한 베보에 싸서 준비한다.
5 냄비에 닭다리와 양념 ①과 ②를 넣고 끓인다.
6 닭이 어느 정도 익으면 밤과 대추를 넣고 함께 조린다.

재료

닭다리 ··········· 1.3kg
밤 ··············· 10개
대추 ············· 10개

양념 1

채썬 양파 ······· 150g
저민 마늘 ······· 1/2컵
저민 생강 ········ 10g
통후추 ······· 1작은술

양념 2

간장 ·········· 1/2컵
맛술 ·········· 1/4컵
설탕 ·········· 5큰술
참기름 ········ 3큰술

만들기

1 닭다리는 깨끗이 씻어 끓는 물에 살짝 끓여 건져 준비한다.

2 밤은 속껍질까지 벗겨 둥글게 다듬는다. 대추는 깨끗이 씻어 준비한다.

3 양념에 들어갈 향채를 준비하는데 양파는 채썰고, 마늘과 생강은 저미며, 후추는 통으로 준비한다.

4 양념 ①을 깨끗한 베보에 싸서 준비한다.

5 냄비에 닭과 함께 보자기에 싼 양념 ①과 양념 ②를 모두 함께 넣어 물을 자작하게 붓고 끓인다.

6 닭이 2/3정도 익으면 밤, 대추를 넣고 마저 익혀 완성한다.

A

냄새를 제거하기 위해서입니다.

닭고기 역시 특유의 냄새가 있어 이 냄새를 제거하지 않으면 맛있는 요리를 만들 수 없습니다. 닭다리를 흐르는 물에 깨끗이 씻은 후 끓는 물에 살짝 끓여두면 닭고기 특유의 냄새를 제거하는 데 효과적이지요. 그런 다음 조림장에 넣어 조리면 채소의 향과 조림장의 맛이 배어들어 아주 맛있는 닭찜을 만들 수 있습니다. 주의할 점은 갈비찜 하듯이 오랜 시간 푹 조려 만드는 것이므로 자칫 짜지 않도록 양념의 양을 잘 맞춰야 합니다. 그래서 양념장을 나중에 넣는 것이 좋아요.

새우볶음

손질한 새우를 버터에 볶다가 여러 가지 채소를 함께 넣고 양념에 볶아내는 요리로 초간장에 찍어 먹으면 훨씬 개운하다.

92 Kcal

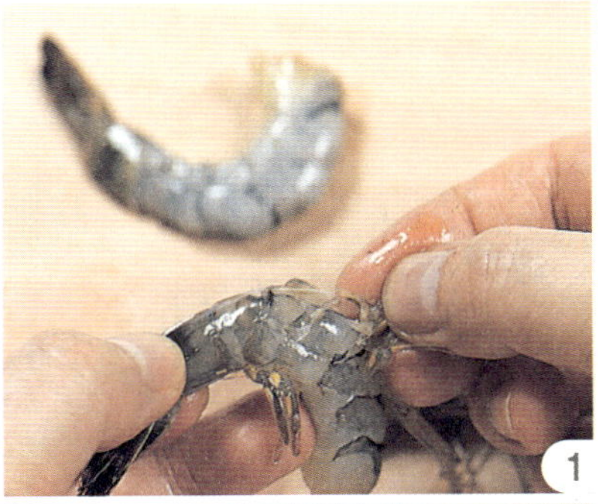

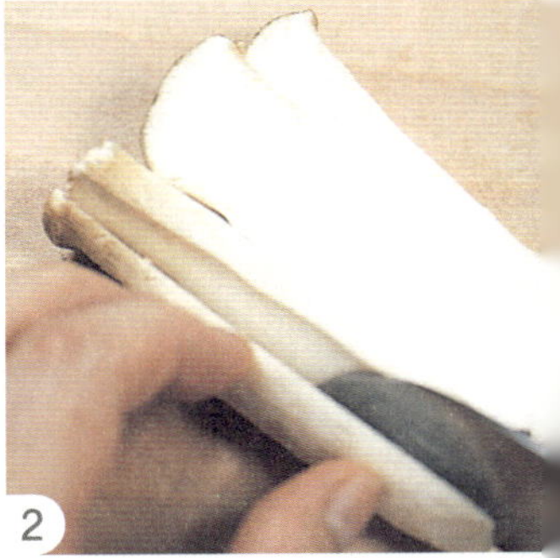

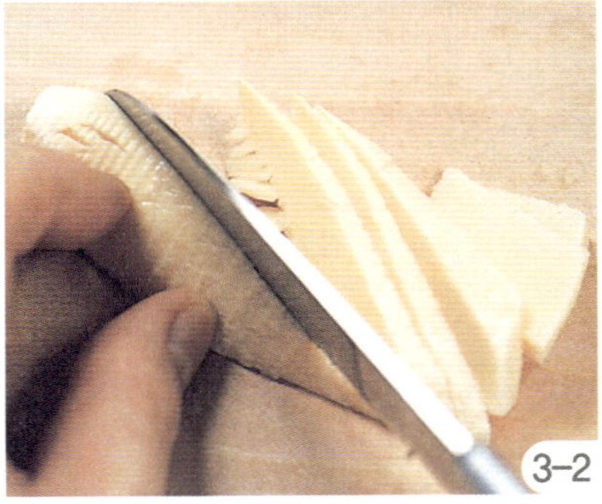

만들기

1 새우는 꼬리만 붙여두고 껍질을 벗긴 후 등쪽 마디에서 내장을 빼내고, 배 쪽에 잔칼집을 넣어 준비한다.

2 새송이는 도톰하게 모양대로 썬다.

3 죽순은 사이사이에 낀 석회를 제거한 후 빗살모양으로 모양을 살려 얇게 썬다.

4 피망은 한입 크기로 어슷하게 썰고 당근은 골패쪽 모양으로 썬다.

5 잘 달구어진 팬에 식용유를 넉넉히 두르고 새우를 살짝 볶다가 기름은 따라내어 버린다.

6 기름 따라버린 새우에 준비한 채소를 넣고 버터로 볶으면서 분량의 양념을 넣어 간을 맞춘 다. 초간장과 함께 곁들여 낸다.

재료

중하 ··········· 10마리
죽순 ············· 50g
피망 ········· 1/2개(50g)
당근 ············· 50g
새송이버섯 ········ 60g
식용유 · 버터 ····· 조금씩

볶음 양념

마늘채 ········· 1큰술
생강즙 ······· 1작은술
흰후춧가루, 맛소금 조금씩

1 새우는 껍질을 벗겨 잔칼집을 넣는다.
2 새송이버섯은 모양을 살려 도톰하게 썬다.
3 죽순은 낀 석회를 제거한다.
4 죽순 역시 빗살 모양으로 모양을 살려 썰어 준비한다.
5 잘 달구어진 팬에 새우를 볶는다.
6 준비된 채소를 넣고 분량의 양념으로 볶는다.

Q

집에서도 직접 요리를 해서 가족들에게 주시나요?

집에서는 집사람이 해주는 게 좋아요. 아이들을 위해서는 가끔 만들죠.

하하. 사실대로 말씀드리면, 집에서는 요리를 잘 안하는 편입니다. 우선 시간이 너무 없어요. 일주일 내내 강의와 방송 출연으로 매일 아침 일찍 나가서 저녁 늦게 돌어오므로 요리는커녕 집에서 밥 먹을 시간도 없는 게 사실입니다. 그리고 저 역시 집에서는 집사람이 해주는 밥을 먹는 게 좋더라구요. 가끔 가족 모임이 있거나 혹은 아이들을 위해 요리를 할 때가 있기는 한데요, 그런 경우라도 집사람이 옆에서 거들어주곤 하지요. 그래도 새로운 메뉴를 만든다거나 혹은 다른 사람이 만든 요리가 맛있어 보일 때는 만드는 방법을 물어봐서 집에서 만들어 보곤 하니까요.

쇠고기새송이버섯볶음

채소와 고기를 함께 볶을 때는 고기가 다 익을 때쯤 채소를 넣어 잠깐 볶아 낸다.

186 Kcal

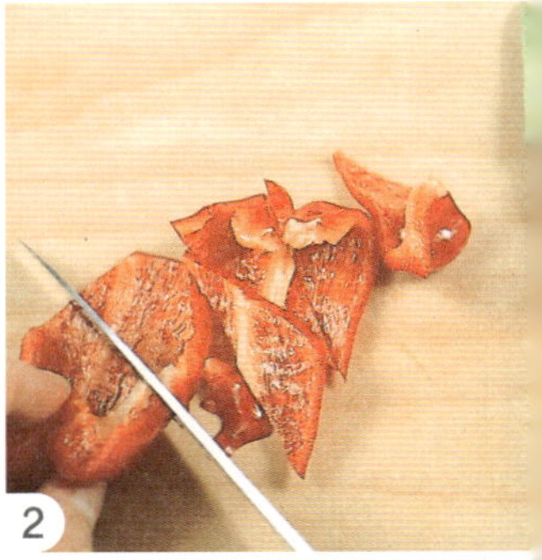

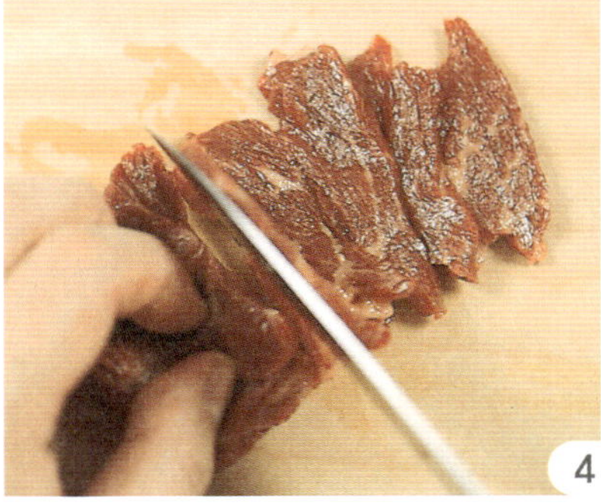

1 새송이는 손질하여 먹기 좋게 썬다.
2 청홍 피망도 먹기 좋은 크기로 썬다.
3 양파도 먹기 좋은 크기로 썰고, 죽순도 손질하여 비슷한 크기로 썬다.
4 꽃등심을 먹기 좋은 크기로 썬다.
5 기름두른 프라이팬에 저민 마늘을 볶다가 고기를 볶는다.
6 고기를 볶다가 채소를 넣고, 양념을 넣어 마무리한다.

만들기

1 새송이는 흐르는 물에서 깨끗하게 씻어 물기를 없앤 다음 0.2~0.3cm 두께로 저며 한입 크기로 썬다.

2 청피망, 홍피망을 한입 크기로 썰고, 마늘은 얇게 저며 놓는다.

3 양파는 먹기좋은 크기로 썰고, 죽순은 안에 든 석회질을 제거한 다음 깨끗이 씻어서 빗살 무늬가 보이도록 썬다.

4 꽃등심은 넓적하게 한입 크기로 썬다. 꽃등심 위에 칼끝으로 잔칼집을 넣어주면 고기가 부드러워지고, 양념도 잘 배어 맛이 더 좋아진다.

5 잘 달군 팬에 식용유를 살짝 두르고 저민 마늘을 먼저 볶아 향을 내다가 쇠고기를 넣고 볶는다.

6 쇠고기가 어느 정도 익으면 새송이, 양파, 죽순, 피망을 넣고 볶으면서 양념을 넣어 간을 맞춘다.

재료

꽃등심 ··········· 150g
새송이버섯 ········ 150g
양파 ············· 50g
죽순 ············· 50g
청피망 ··········· 30g
홍피망 ··········· 30g
통마늘 ··········· 30g
식용유 ·········· 적당량

볶음 양념
굴소스 ····· 1과 1/2큰술
후춧가루 ········ 조금
참기름 ········ 1큰술

Q

청피망과 홍피망이 금세 숨이 죽어 맛이 없어 보이는데 왜 그럴까요?

A

채소는 요리를 하는 마지막 단계에서 넣으세요.

채소 중에서 청피망과 홍피망, 양파는 팬 위에서 조금만 오래 있어도 금세 물러지고, 색깔도 바래는 특징이 있어요. 그렇기 때문에 쇠고기가 거의 다 익어갈 때에 채소를 넣도록 하세요. 이 요리는 쇠고기와 함께 신선한 채소의 맛을 즐기는 요리인데 채소가 씹는 맛도 없을 정도가 된다면 요리의 볼륨감도 없어질 뿐더러 초라해 보이거든요. 피망을 고를 때도 광택이 있고 살이 두꺼우며 팽팽하게 힘이 있는 것을 고르세요. 꼭지 부분이 말라 있거나 시들시들한 것은 오래 된 것이므로 피하도록 하세요.

Q

돼지갈비를 미리 한 번 튀겨내는 것은 왜인가요?

돼지갈비 군밤조림

돼지갈비와 군밤의 맛이 조화를 이룬 요리다. 돼지갈비를 튀겨 조림장에 조리면 양념이 더 잘 스며든다.

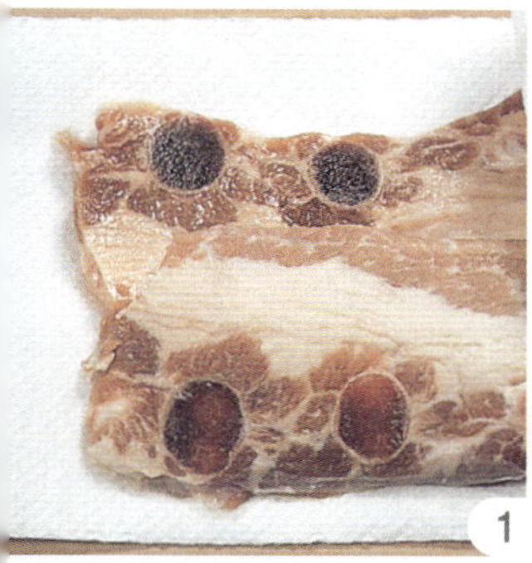

667 Kcal

1 돼지갈비는 흐르는 물에 씻어 종이 타월 위에 올려 핏물을 뺀다.
2 돼지갈비를 잘라 달구어진 기름에 노릇하게 튀긴다.
3 조림장 재료들을 넣고 중불에서 조린다.
4 조림장이 완성되면 건더기는 건져 낸다.
5 밤에 칼집을 낸 후 굽는다.
6 돼지갈비를 조림장에 넣어 조리다가 군밤을 넣어 함께 조린다.

재료

돼지갈비	900g
밤	10개
튀김기름	적당량

조림장

진간장	1/2컵
물	3컵
맛술	1/2컵
통마늘	20개
통후추	1/2큰술
건고추	5개
설탕	1/4컵
물엿	1/4컵
저민 생강	5쪽
양파	100g

만들기

1 돼지갈비는 흐르는 물에 씻어 핏물을 뺀 후 종이타월 위에 올려 남은 핏물이 더 빠지게 놓아둔다. 종이타월을 2~3번 갈아주도록 한다.

2 핏물 뺀 돼지 갈비를 한입 크기로 잘라 달구어진 기름에 노릇하게 튀겨낸다.

3 냄비에 분량의 양념들을 넣어 중불에 서서히 조려 3컵 분량이 될 때까지 조린다.

4 조림장이 완성되면 건더기는 건져내고 조림장은 그대로 둔다.

5 밤은 넓은 쪽에 칼집을 낸 다음 불에 구워서 껍질을 벗긴다.

6 돼지갈비를 조림장에 넣어 윤기나게 조리다가 군밤을 넣고 함께 조려 완성한다.

A

돼지고기 특유의 냄새를 없애기 위해서입니다.

돼지갈비를 미리 기름에 한 번 튀겨내는 것은 돼지고기 특유의 냄새를 없애고 조림장이 돼지갈비에 더 잘 배어 들게 하기 위해서입니다. 프라이팬에 기름을 넉넉히 두르고 돼지갈비를 넣어 노릇하게 튀겨내면 씹히는 맛도 좋아지지요. 특히 조림장에 조릴 때에 조림장 국물이 돼지갈비의 표면에 더 잘 입혀져서 볼품도 있고 맛도 더 깊어집니다. 한 번 만들어 보세요. 튀기지 않고 조리는 것보다 훨씬 근사한 조림이 됩니다.

콩부침

뜨겁게 달군 프라이팬에 기름은 넉넉하게 두르고 한쪽 면이 다 익은 후에 뒤집는다. 콩전은 밀전과 달라서 잘못하면 부서지기 쉽다.

288 Kcal

만들기

1 콩은 돌만 골라내고 넓은 그릇에 넣은 다음 넉넉한 물을 부어 불린다. 불리기 전에 씻으면 껍질이 잘 벗겨지지 않는다.

2 콩이 충분히 불었으면 손으로 비비듯이 하여 껍질을 벗겨내고 여러 번 헹궈 껍질을 따라 낸다.

3 불린 콩과 물 1컵을 믹서에 넣어 곱게 간다.

4 돼지고기는 가로, 세로를 각 0.7cm 정도의 크기로 썰어서 준비해 둔다.

5 숙주는 손질하여 대강 씻은 다음 끓는 물에 살짝 데쳐서 물기를 꼭 짜서 잘게 썬다.

6 삶은 배추도 송송 썰어 물기를 꼭 짠 다음 잘게 썬다.

7 준비한 모든 재료를 한데 섞고, 분량의 다진 마늘, 소금, 밀가루를 넣어 반죽하여 잘 달군 팬에 반죽을 한 수저씩 떠놓아 지진다. 위에 동그랗게 썬 빨간고추로 장식한다.

재료

불린 콩 ············ 2컵
물 ················ 1컵
돼지 고기 ·········· 60g
숙주 ············· 100g
삶은 배추 ········· 150g
다진 마늘 ······· 1작은술
소금 ········· 1/2작은술
밀가루 ·········· 6큰술
빨간 고추 ·········· 2개

1 콩은 물에 불린다.
2 불려놓은 콩을 손바닥으로 비벼 껍질을 제거한다.
3 콩을 믹서에 갈아서 준비해 둔다.
4 돼지고기를 사방 0.7cm 크기로 썰어 준비해 둔다.
5 숙주는 데쳐서 잘게 썬다.
6 배추 삶은 것도 잘게 썬다.
7 준비된 재료를 한데 넣고 반죽해서 잘 달군 팬에 지진다.

Q

전을 잘 부치려고 해도 자꾸 부서져요.
방법이 없을까요?

전을 작게 부치고, 밀가루의 양을 조금만 더 넣어보세요.

콩전은 다른 전과 달리 뒤집개로 꾹꾹 눌러가면서 부치면 전이 딱딱해지고 맛이 없어요. 익지도 않은 상태에서 자꾸 뒤집으면 부서지기 쉬우니 한쪽 면이 완전히 다 익은 다음에 뒤집도록 하세요. 기름의 양도 넉넉하게 하는 것이 좋아요. 요리를 처음 하는 초보자인 경우에는 반죽 재료에 들어가는 것 중에서 밀가루의 양을 1작은술 정도 더 넣어보세요. 밀가루는 되도록 적게 넣어야 맛있지만 밀가루를 조금만 더 넣으면 덜 부서지거든요. 팬에 떠 놓을 때도 크게 떠 놓지 말고, 약간 작다 싶게 떠 놓으면 덜 부서진답니다.

Q

도토리묵을 직접 만들어서 먹고 싶어요.

》 쇠고기도토리묵

도토리묵을 썰 때 칼을 흔들면서 썰면 파도 무늬가 생긴다. 묵에 얹을 김치와 쇠고기도 각각 양념에 조물조물 무쳐 볶아서 얹는다.

1

2

173 Kcal

3

4

5

6

1 도토리묵은 칼을 흔들듯이 하면서 썬다.
2 배추김치를 채 썰어 준비한다.
3 배추김치에 분량의 양념을 넣어 버무린다.
4 쇠고기는 채 썰어 분량의 양념으로 무쳐 놓는다.
5 팬에 양념한 쇠고기를 볶는다.
6 접시에 도토리묵을 담고 위에 김치를 얹은 후 볶은 쇠고기를 얹는다.

재료

쇠고기 ··········· 100g
배추김치 ········· 200g
도토리묵 ··········· 1모

쇠고기양념

- 다진 파 ······· 2작은술
- 다진 마늘 ····· 2작은술
- 진간장 ········· 1큰술
- 설탕 ········· 1/2큰술
- 후춧가루 ······ 적당량
- 깨소금 ······· 2작은술
- 참기름 ······· 2작은술

배추김치양념

- 깨소금 ········· 1큰술
- 참기름 ········· 1큰술
- 설탕 ··········· 조금

만들기

1 도토리묵은 칼에 물을 묻혀서 조금씩 흔들어가면서 한입크기로 썬다. 그래야 보기에도 맛있어 보이고, 굴곡이 있는 곳에 양념이 잘 묻는다.
2 배추김치는 너무 익지 않은 것으로 준비하여 송송 썬다.
3 배추김치에 깨소금, 참기름을 넣어 무치는데 설탕은 배추김치의 단맛을 보아가면서 양을 조절한다.
4 쇠고기는 보통 굵기로 채 썰어 분량의 쇠고기 양념에 무친다.
5 양념한 쇠고기를 뜨겁게 달군 프라이팬에 볶아 식힌다.
6 접시에 도토리묵, 무친 배추김치, 볶은 쇠고기를 켜켜로 얹어 낸다.

A

도토리 가루만 있으면 만드는 것은 쉬워요.

도토리 가루부터 준비하세요. 재래시장에 가면 살 수 있어요. 살 때 중국산인지, 한국산인지를 확인하고 사야 합니다. 한국산이 훨씬 더 찰지고 맛있거든요. 만드는 방법은 쉬워요. 도토리 가루의 5배 정도 되는 물을 냄비나 솥에 붓고, 거기에 도토리 가루를 넣어 잘 저으세요. 처음에는 센불에서 시작했다가 끓기 시작하면 불을 낮춰서 계속 저으세요. 시간이 지나서 묵이 걸쭉해지기 시작하면 불을 좀 더 줄였다가 뜸을 잠시 들이세요. 소금을 넣어 간을 하고, 큰그릇에 쏟아 부어 식히면 다 된 거예요.

김 하 진 의 요 리 교 실

생선 · 해물 반찬 맛내기

생선과 해물을 주재료로 한 요리는 다른 재료에 비해
손질하기가 어렵고 번거롭게 여겨져 왠지 주저하게 된다.
하지만 기본요령만 익혀두면 실제로 그리 까다롭지 않게
준비할 수 있고 조리법 또한 그다지 복잡하지 않다.

[고르기]

신선한 생선은 깨끗한 광택이 있고, 눈이 맑고 튀어나와 있으며 탄력이 있고 파르스름하다. 아가미를 들춰보아 깨끗한 선홍색을 띠고 단단한 것이 신선하다.

오징어 | 등쪽이 흑갈색으로 빛나며 몸통이 두툼한 것이 신선하고 새우는 몸이 투명해 보이고 껍질이 단단한 것을 고른다.

게 | 발이 빳빳하고 손으로 들어보아 묵직한 것이 좋고 조개류는 건드리면 곧 입을 닫아버리는 것이 싱싱하다.

굴 | 까놓은 굴은 유백색으로 통통하며 가장자리의 검은색이 선명하고 탄력이 있는 것이 좋다.

전복 | 살에 광택이 있으며 손으로 건드려보아 살이 오그라드는 것이 좋다. 너무 큰 것보다는 중간 크기의 전복이 더 맛있다.

[손질하기]

생선류

생선은 먼저 비늘을 벗긴다 | 비늘은 머리에서 꼬리를 향해 붙어 있으므로 이 방향과는 반대로 꼬리에서 머리를 향해 긁어야 쉽게 벗겨진다. 가자미나 넙치같이 비늘이 미세한 생선은 칼 끝을 생선에 직각으로 세워 꼬리에서부터 머리를 향해 긁어내면서 미끈거리는 느낌과 비늘을 함께 제거한다. 갈치는 은색 비늘을 긁어내야 먹을 때 촉감이 좋다. 전갱이의 몸 한가운데 길게 난 가시 같은 것은 일종의 비늘이다. 전갱이를 통째로 구울 때는 이 비늘을 칼로 도려내듯이 해서 껍질째 잘라낸다.

내장을 빼낸다 | 비늘을 벗긴 후엔 아가미를 벌려 내장을 빼낸다. 나머지 창자와 엉긴 피는 배를 반쯤 가르고 말끔히 끄집어 낸 다음에 흐르는 물에 씻는다. 생선 토막을 낸 후에는 물에 씻지 말도록. 토막친 생선을 물에 씻으면 비린내가 나며 생선 요리의 맛도 떨어진다.

조개류

조개를 껍질째 깨끗이 씻은 후 바닷물 정도의 소금물에 담가 신문지를 덮거나 어두운 곳에 반나절 정도 두어 해감을 토하게 하는 것이 기본. 조리하기 직전에 소금물을 빼고 껍질과 껍질끼리 부딪쳐가며 잘 씻는다. 한편 조갯살이나 굴처럼 껍질을 벗겨놓은 것은 상처나기 쉽고 세균이 번식하기 쉬우므로 너무 주물러 씻지 않는 것이 좋다. 체에 담아 살살 흔들어 씻고 되도록 재빨리 손질해서 신선도를 유지한다.

새우

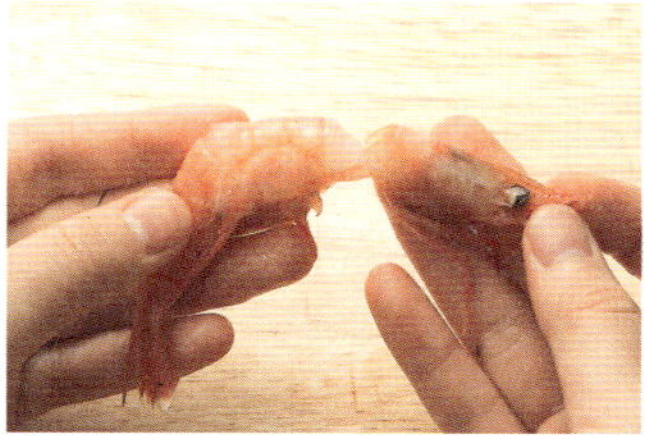

새우는 먼저 소금을 조금 넣은 물에 살살 흔들어 씻은 다음 등을 구부려 세 번째와 네 번째 마디 사이로 꼬지 같은 것을 넣어 검은 내장을 빼낸다. 새우의 배를 갈라 사용할 경우에는 배를 가르면 실같은 까만 내장이 보인다. 말끔히 긁어내고 조리한다.

오징어 · 낙지류

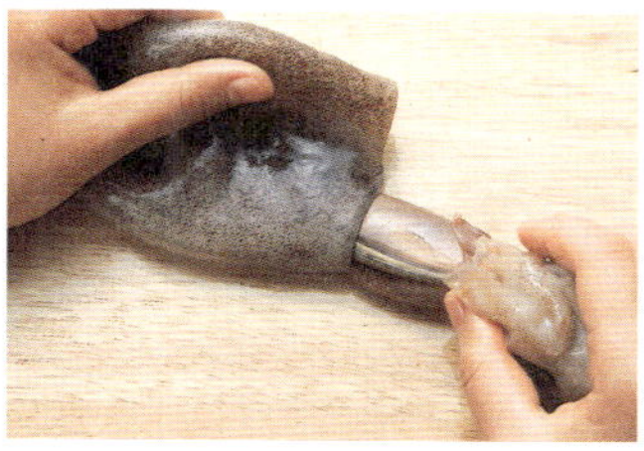

몸통과 다리가 붙어 있는 아랫부분에 손가락을 집어넣어 내장이 터지지 않게 조심하면서 쑥 잡아당긴다. 내장을 빼냈으면 종이 타월이나 소금을 이용해서 껍질을 벗긴다. 눈과 다리 안쪽에 붙어 있는 단단한 빨판은 가위로 잘라 내거나 칼로 떼어낸다. 다리에 붙은 흡판도 칼로 긁어낸다. 낙지는 소금으로 바락바락 주물러 미끈거리는 것을 씻어낸 다음 손질한다.

꽃게

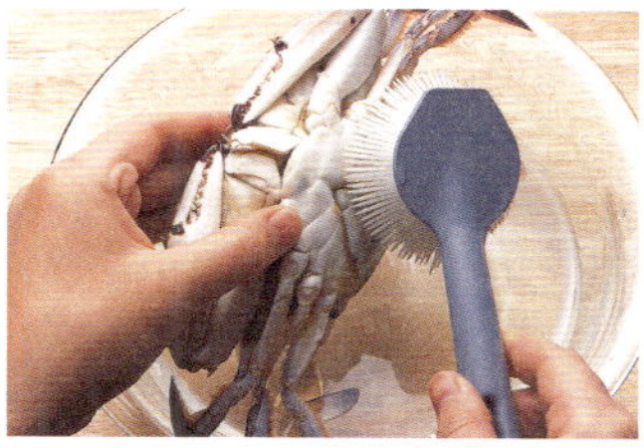

꽃게는 껍질째 조리하므로 솔을 이용해 깨끗이 문질러 씻는다. 배쪽에 삼각형 모양으로 생긴 부분을 들어 올려 등딱지를 뗀다. 몸 좌우에 있는 아가미를 모두 떼어낸 다음 필요한 크기로 자른다. 발의 끝부분도 잘라내는데 가위를 이용하면 쉽다.

[조리법의 기본 테크닉]

국 · 찌개

재료 손질을 깔끔하게 하는 것이 기본. 또 야채 등 다른 부재료를 너무 많이 넣지 않아야 해물 자체의 시원한 맛을 즐길 수 있다. 조개류는 찬물에서부터 넣고 끓이고 생선류는 물이 끓을 때 넣는다. 해물은 오래 끓이면 질겨지므로 맛이 충분히 어우러질 정도로만 끓인다.

볶음

센불에서 재빨리 볶는다. 이것이 볶음 요리의 핵심이다. 약한 불에서 오랫동안 가열하면 재료에서 물이 나와 맛이 없어지고 영양분의 손실도 커진다. 오징어 낙지 등은 살짝 데쳐 볶으면 물이 생기지 않아 맛깔스럽다.

구이

생선이나 해물을 소금만 뿌려 불에 직접 굽는 소금구이는 재료 본래의 맛을 가장 잘 즐길 수 있다. 이때 소금은 재료 무게의 1~2%를 넘지 않아야 하며 소금을 뿌린 채 오래 두면 맛있는 성분이 수분과 함께 빠져 나오므로 즉석에서 뿌리거나, 30분~1시간은 넘지 않아야 한다. 양념을 발라 굽는 구이는 양념장의 맛이 더해져 진한 맛이 있으며 비린내도 나지 않아 좋다. 생선으로 양념장 구이를 할 때는 칼집을 깊숙이 넣고 양념장을 뿌린 후 어느 정도 두어 양념장이 배게 한 후 구워야 맛있다. 생선을 구울 때는 석쇠든 프라이팬이든 먼저 달군 후 재료를 얹어 굽는 것이 원칙이고 껍질 쪽을 먼저 굽고 익기 전에는 재료를 뒤집지 않는 것도 요리 맛을 좋게 하는 비결이다.

조림

가자미 같은 생선을 얼간하여 꾸덕하게 말려두었다가 조려 먹으면 입맛돋우는 밑반찬이 된다. 생선류를 튀겨서 조리하는 것은 일종의 강정 스타일로 약간 달콤해야 맛이 나고 양미리나 명태 말린 것은 그대로 푹 무르게 조리는 게 구수하다. 그러나 너무 오랫동안 조리면 생선살이 쉽게 부스러지고 영양 손실도 커지므로 30분 이상 조리지 않도록 한다. 양념장이 끓을 때 생선을 넣으면 맛성분도 손실되지 않고 생선살도 부스러지지 않으며 뚜껑을 덮고 조려야 표면이 마르지 않는다. 해물류 조림에는 조리 마지막에 녹말 물을 넣어주면 쉽게 식지 않아 더 맛있게 먹을 수 있다.

튀김

튀김은 특별한 재료와 양념 없이 재료 자체만으로 손쉽게 맛과 영양을 낼 수 있는 조리법이다. 도루묵이나 홍도미, 조기 작은 것 등 작은 생선을 통째로 녹말가루를 묻혀 튀겨 먹으면 훌륭한 칼슘 공급원이 되고 가시를 발라낸 생선 살에 튀김옷을 입혀 튀겨도 좋다. 생선을 튀길 때 기름 온도는 170℃ 정도가 적당한데 생선에 특히 많이 함유된 지용성 물질인 DHA가 기름에 녹아나오기 쉬우므로 튀김옷을 두껍게 입히고 재빨리 튀기는 것이 중요하다.

5

조촐한 가족모임 요리

분가해서 사시는 분들 많으시죠? 그러다 보니 한 달에 한 번이라도 부모님, 형제분들이 모여 회포를 풀자는 제안이 있으실 거예요. 그럴 때 비용 많이 들이지 않고 가족들의 정을 나눌 수 있는 그런 음식들을 소개하죠. 형제들이 모이면 자연히 술 한잔 해야 하니까 술안주가 될 수 있는 요리, 부모님을 위한 건강 요리, 아이들을 위한 별미 간식, 온가족이 좋아하는 별미 밥 등 다양하게 준비했어요.

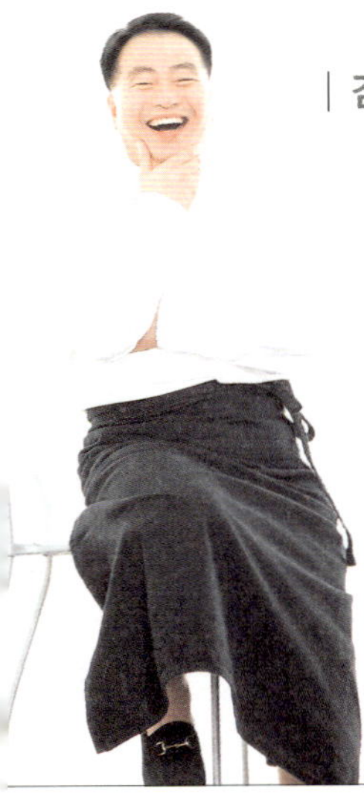

가족들이 다정하게 담소를 나누며 먹는 요리를 마련했어요.

1년 12달, 가족들이 함께 모이는 자리라면, 맛난 음식이 빠질 수 없겠지요. 이럴 때는 우리가 일상으로 먹는 음식에서 조금 벗어나 보시는 게 어떨까요. 거창한 요리보다는 간단하고 조촐하지만 가족들이 다정하게 담소를 나누며 즐겁게 먹을 수 있는 음식, 그런 음식을 마련해 보세요. 계절을 느낄 수 있는 재료를 선택하고, 조리 방법은 복잡하지 않고 쉬운 것을 고르세요. 물론 맛이 있어야 한다는 게 기본이죠. 고기류, 채소류, 생선, 해물류를 골고루 안배하는 것도 좋겠지만 그날의 주메뉴를 정해 "오늘은 갈비찜 파티입니다." 아니면 "오늘은 삼겹살 야채쌈을 준비했어요." "오늘의 특별 메뉴는 모듬해물냉채입니다."라고 공표를 하고 준비하는 겁니다. 그 음식을 기다리는 가족들의 기대가 분위기를 한층 띄어 줄 것입니다.

주메뉴를 정했으면 식사 준비를 해야겠죠. 평상시에 먹는 밥보다는 별식인 자장밥, 카레라이스 같은 것도 좋겠습니다. 이런 별식 밥을 준비하면 다른 반찬에 신경을 덜 쓰셔도 됩니다. 아이들을 위해 닭고기 치즈구이, 닭튀김 등을 만들어 보는 것도 좋겠지요. 가족들이 모이는 자리이니까 어른들이 좋아할만한 메뉴는 물론 아이들, 여자들, 젊은 사람들이 좋아할 만한 메뉴를 골고루 안배하는 지혜가 필요합니다. 조촐하지만 정성이 깃든 음식, 거창하지는 않아도 맛나게 먹을 수 있는 그런 음식으로 가족 모임을 가져 보세요.

Q

다른 양념을 따로 준비하지 않아도 될까요?

모듬해물냉채

소라와 갑오징어, 새우 등은 모두 살짝 데쳐서 준비하고 채소는 싱싱한 상태로 준비하여 겨자소스를 뿌려 먹는다.

278 Kcal

1 새우는 머리만 떼어내고 껍질을 벗긴 뒤 칼집 넣어 삶는다.
2 오이를 썬다.
3 밤, 배는 얇게 썰어 준비한다.
4 소라는 삶아 썬다.
5 갑오징어 몸통에 칼집을 넣는다.
6 끓는 물에 오징어를 데친다.
7 겨자소스를 만들어 끼얹는다.

재료

새우냉채

- 대하 ·········· 5마리
- 오이 ·········· 1/2개

소라냉채

- 소라 ············ 3개
- 밤 ············· 4개

갑오징어 냉채

- 갑오징어 ······· 1마리
- 배 ············ 1/4개

겨자 소스

- 갠 겨자 ···· 4와 1/2큰술
- 설탕 ·········· 3큰술
- 식초 ······ 4와 1/2큰술
- 소금 ····· 1과 1/2작은술
- 다진 마늘 ····· 2작은술
- 레몬즙 ········· 조금

만들기

1 새우는 머리만 떼어내고 껍질을 벗겨 칼집넣어 삶는다.

2 오이는 반으로 갈라 어슷썰기 한다.

3 배는 골패쪽 모양으로 썰고, 밤은 속껍질까지 벗겨 얇게 편으로 썰어 준비한다.

4 소라는 잘 삶아 건져 살을 꺼낸 다음 내장을 제거하고, 얄팍하게 썬다.

5 갑오징어는 껍질을 벗기고 깨끗이 손질하여 몸통 부분만 안쪽으로 가로 세로 칼집을 넣은 다음 한입 크기로 썬다.

6 칼집 넣은 오징어를 끓는 물에 살짝 데쳐 찬물에 헹군 다음 물기를 거둔다.

7 분량의 재료를 합하여 겨자 소스를 만든 뒤 준비된 재료를 보기 좋게 담고 끼얹어 낸다.

A

겨자 소스만으로 충분히 맛있는 냉채를 먹을 수 있습니다.

다만 해물은 밑손질을 충분히 해서 잡냄새가 나지 않도록 하는 것을 잊지 마세요. 소라와 갑오징어, 새우 등은 모두 살짝 데쳐서 준비하고, 채소는 싱싱한 상태로 준비하여 겨자소스를 곁들이면 됩니다. 상차림에 따라 겨자 소스를 따로 내거나 혹은 채소와 해물을 보기 좋게 접시에 담은 후, 겨자 소스를 살짝 뿌려 내면 먹기에 더 편리합니다.

새우와 오징어의 자세한 손질법은 이 책에서도 여러번 설명했기 때문에 본문에서는 생략했습니다.

Q

양장피의 손질법에 대해 자세히
알려주세요.

양장피닭고기냉채

별식 요리로 만들어 본다.
양장피는 투명하게 삶아 찬물에 헹구어 사용하도록한다.

245 Kcal

1 닭가슴살을 삶는다.
2 삶은 닭고기를 손으로 찢는다.
3 양장피를 삶는다.
4 찬물에 헹구어 물기를 빼고 손으로 찢는다.
5 오이는 어슷 썰어 채썬다.
6 겨자소스를 만든다.
7 접시에 담고 소스를 끼얹는다.

재료

닭가슴살 · · · 2쪽
오이 · · · 2개
양장피 · · · 2장

고기 삶는 양념

- 대파 · · · 1대
- 생강 · · · 10g
- 물 · 소금 · · · 조금씩
- 간장 · 청주 · · · 조금씩

양장피 소스

- 갠 겨자 · · · 2큰술
- 간장 · · · 2작은술
- 식초 · · · 4큰술
- 깨소금 · · · 2큰술
- 설탕 · · · 4큰술
- 땅콩 버터 · · · 2큰술
- 참기름, 소금 · · · 조금씩

만들기

1 냄비에 닭가슴살을 담고 충분히 잠기도록 물을 부은 후 대파, 생강, 간장, 소금, 청주를 분량 대로 넣어 삶는다.

2 닭고기가 익으면 충분히 식힌 후 손으로 찢는다.

3 양장피를 물에 넣어 투명하고 부드럽게 삶는다.

4 삶은 양장피를 건져 찬물에 헹구어 물기를 뺀 후 손으로 대충 뜯어 놓는다.

5 오이는 통째로 칼 잔등으로 두들겨 어슷썰기 한 다음 채썬다.

6 겨자소스를 만든다.

7 접시에 오이채를 깔고 양장피를 올린 후 찢어 놓은 닭고기살을 얹는다. 겨자 소스는 끼얹어 내든지 따로 담아 곁들인다.

A

펄펄 끓는 물에 넣어 투명해 질 때까지 삶아야 합니다.

양장피는 중국 요리에 자주 등장하는 재료이지요. 양장피는 중국 재료상이나 일반 수입식품점 등에서 구입할 수 있는데, 구입할 당시에는 아주 딱딱하고 불투명한 상태랍니다. 이 상태의 양장피를 요리로 만들기 위해서는 우선 펄펄 끓는 물에 넣어 투명해질 때까지 삶아야 합니다. 투명해지면서 부드러워지면 찬물에 넣어 충분히 헹구세요. 그 다음 체에 밭쳐 물기를 없앤 다음 손으로 적당히 찢어 소스에 버무려서 드시면 됩니다.

Q

북어포를 골뱅이 국물에 담가두는 이유가 뭔가요?

골뱅이무침

가족 모임 술안주로 쉽게 마련할 수 있는 음식이다. 매콤, 달콤, 새콤하게 무쳤기 때문에 밥반찬으로 먹어도 좋다.

159 Kcal

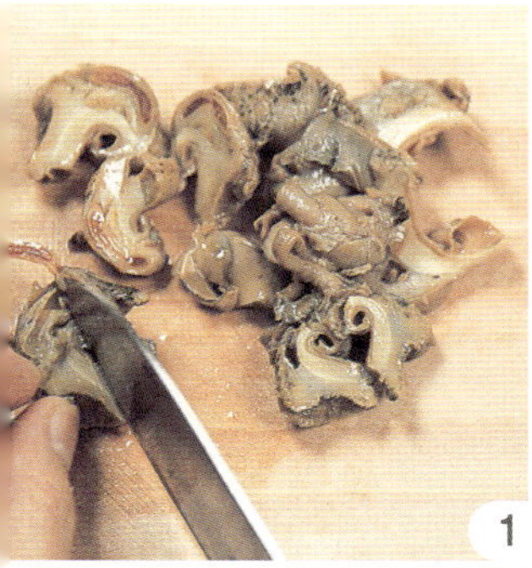
1

2

3

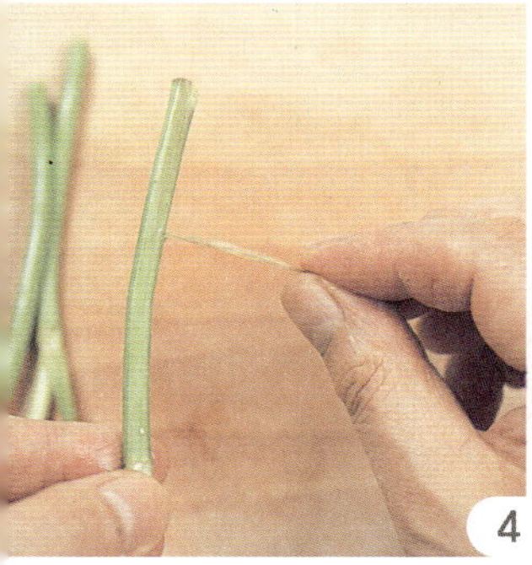
4

5

6

7

1 골뱅이는 먹기 좋도록 얄팍하게 썬다.
2 북어포는 골뱅이 국물에 담가 불려둔다.
3 오이와 배는 4~5cm 길이의 골패 쪽 모양으로 썬다.
4 미나리는 3~4cm 길이로 자른다.
5 양파는 채 썰고 풋고추와 홍고추는 어슷 썬다.
6 양념장을 만든다.
7 준비한 재료들을 양념장에 무친다.

재료

골뱅이(통조림) ······ 100g
북어포 ············ 30g
오이 ············· 80g
배 ··············· 50g
미나리 ············ 40g
양파 ············· 30g
풋고추 ············ 10g
홍고추 ············ 10g

무침 양념

간장 ·········· 2큰술
설탕 ·········· 2큰술
식초 ·········· 3큰술
깨소금 ········· 1큰술
참기름 ········· 1큰술
다진 마늘 ······· 1큰술
고춧가루 굵은 것 ·· 1큰술
고춧가루 고운 것 · 1큰술

만들기

1 통조림 골뱅이의 골뱅이를 꺼내어 얄팍하게 썬다.
2 북어포는 가시가 없도록 손질하여 골뱅이 국물에 담가 불려둔다.
3 오이와 배는 4~5cm 길이의 골패쪽 모양으로 썬다.
4 양미나리는 3~4cm 길이로 자른다.
5 양파는 채썰고 풋고추, 홍고추는 얄팍하게 어슷썰기로 썬다.
6 분량의 재료를 합하여 양념장을 만든다.
7 골뱅이와 준비된 재료들을 합하여 무침 양념으로 고루 무쳐 완성한다.

A

북어포에 양념이 배도록 하기 위한 것입니다.

북어포를 물에 한번 부드럽게 씻어 물기를 짜낸 다음 골뱅이 국물에 담가두면 따로 양념을 하지 않아도 북어포에 간이 배어 맛있게 되지요. 나중에 무침 양념에 무칠 때에는 역시 국물을 꼭 짜서 넣어야 골뱅이 무침에 국물이 배어나오지 않게 됩니다. 보통 골뱅이무침에는 대파를 많이 넣는데, 대파보다 미나리를 넣으면 향긋한 맛이 더해집니다. 대신 가을 미나리는 질기기 때문에 겉껍질을 반드시 벗겨내야 합니다. 미나리의 대 부분을 꺾어 죽 잡아당기면 껍질이 벗겨지므로 쉽게 할 수 있지요.

Q

삼겹살을 맥주에 데치는 이유가 뭔가요?

삼겹살야채쌈

돼지고기를 삶을 때 맥주를 넣고 삶아 잡내를 없애고 프라이팬에 구울 때도 기름을 두르지 않고 굽는다.

437 Kcal

1 맥주를 끓이다가 삼겹살을 가볍게 데친다.
2 로메인 상추를 준비한다.
3 대파, 오이, 당근을 채썰고 양상추는 뜯어 놓는다.
4 생채를 소스에 버무린다.
5 통마늘을 3등분으로 잘라 굽는다.
6 팬에 삼겹살을 굽는다.
7 구운 삼겹살을 로메인 상추 위에 올리고 구운마늘을 얹는다.

재료

삼겹살 ············ 400g
로메인상추 ········ 200g
통마늘 ············ 50g
타바스코 소스 ······ 약간
맥주 ············ 적당량

생채

대파 ············ 50g
오이 ············ 1/3개
양상추 ············ 20g
당근 ············ 20g

파생채 소스

맛소금 ······· 1작은술
설탕 ·········· 2큰술
깨소금 ·········· 1큰술
고운 고춧가루 ···· 1큰술
참기름 ·········· 2큰술
식초 ·········· 2큰술

만들기

1 맥주를 끓이다가 한입크기로 썬 삼겹살을 넣어 살짝 익혀 꺼낸다.
2 로메인 상추는 깨끗이 씻어 물기를 없앤 다음 한잎씩 준비한다.
3 대파, 오이, 당근을 채썰고 양상추는 손으로 뜯어 준비한다.
4 채썬 채소를 분량의 소스에 버무린다.
5 통마늘은 3등분으로 잘라 노릇하게 굽는다.
6 잘 달구어진 팬에 맥주에 데친 삼겹살을 노릇하게 굽는다.
7 구운 삼겹살을 로메인 상추 위에 올리고 그 위에 마늘 구운 것을 올려 완성한 다음 접시에 보기 좋게 담는다. 소스에 버무린 생채는 따로 담아 곁들인다. 식성에 따라 타바스코소스도 함께 낸다.

A

돼지고기 특유의 냄새를 없애기 위해서입니다.

생 맥주가 아닌 김 빠진 맥주라도 상관 없습니다. 돼지고기를 삶을 때도 맥주를 넣어서 삶으면 한결 부드럽고 냄새도 사라진답니다. 끓는 맥주에 돼지고기를 한 장씩 넣어 색깔이 1/2 정도로 변하면 꺼냅니다. 이 돼지고기를 팬에 노릇하게 굽는데, 이때 팬에는 기름을 두르지 않습니다. 기름을 두르고 구우면 담백한 맛이 사라지게 되거든요. 삼겹살 대신 베이컨을 이렇게 구워 먹어도 맛있답니다.

Q

북어의 몸통에 잔칼집을 넣는 이유는 뭔가요?

쇠고기북어찜

북어 머리는 장국물에 사용하고 몸통은 물에 불렸다가 사용한다. 다진고기를 사이에 끼워 다시마로 묶었기 때문에 모양이 예쁘다.

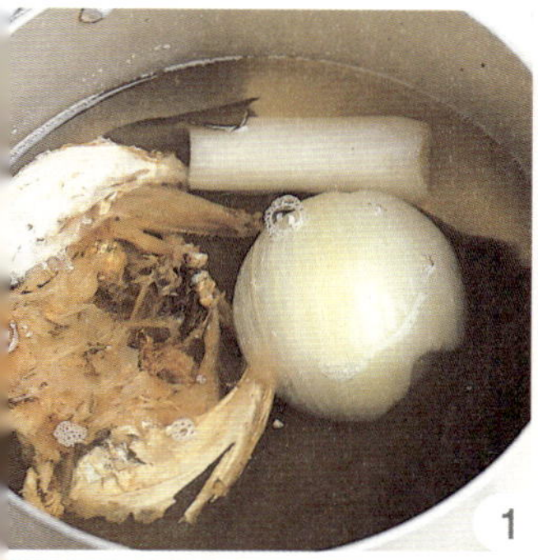

707 Kcal

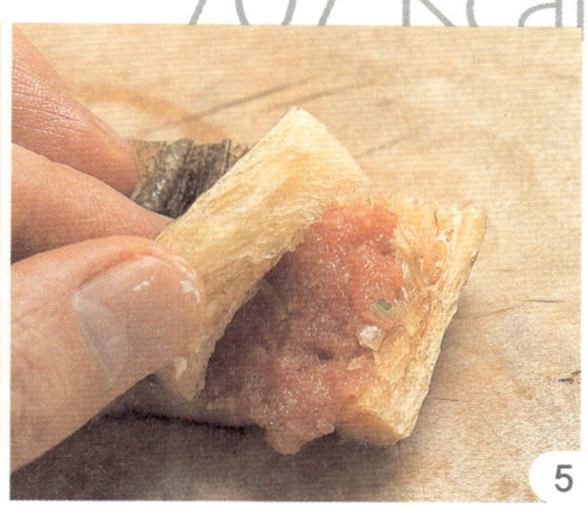

1 장국물을 만든다.
2 북어의 몸통은 잘라 잔칼집을 넣는다.
3 다진 쇠고기는 양념한다.
4 다시마는 길게 잘라 젖은 행주에 싸둔다.
5 북어살쪽에 다진 고기를 펴고 다른 북어로 덮어 다시마로 묶는다.
6 장국물에 찜양념을 하여 묶은 북어를 넣고 찐다.

재료

북어 ············ 3마리
다진 쇠고기 ······· 200g
다시마(얇은 것) ····· 15cm

쇠고기 양념

- 다진파 · 마늘 ·· 2큰술씩
- 깨소금 · 참기름 · 1큰술씩
- 후춧가루 · 소금 · 1작은술

장국물

- 북어 머리 ········ 3개
- 양파 ··········· 100g
- 생강 ············ 5g
- 다시마(굵은 것) ··· 10cm
- 물 ············· 8컵
- 국간장 ········· 1큰술
- 파 · 통마늘 ···· 100g씩

찜 양념

- 물엿 ·········· 5큰술
- 파인애플 주스 ···· 1/2컵
- 참기름 · 국간장 2큰술씩
- 청주 ·········· 2큰술
- 후춧가루 ······· 약간

만들기

1 북어 머리 3개를 분량의 장국물 재료를 넣고 푹 끓여 3컵 분량이 되도록 장국물을 만들어 준다.

2 북어 몸통은 물에 살짝 불려 지느러미, 잔가시를 제거한 후 한입 크기로 자른 다음 껍질쪽에 잔칼집을 넣는다.

3 다진 쇠고기는 분량의 쇠고기 양념에 버무린다.

4 다시마를 길게 잘라 젖은 행주에 싸서 녹녹하게 해 둔다.

5 북어 살 쪽에 양념한 다진 고기를 넓게 펴고, 다른 북어로 덮어 겹친 후 꼭꼭 누른 후 녹녹해진 다시마로 열십자 모양으로 묶는다.

6 넓적한 냄비에 다시마로 묶은 북어를 넣고 장국물과 분량의 찜 양념을 넣어 찜을 한다. 이때 북어를 자주 뒤집어가며 익혀 양념이 고루 배게 한다.

A

북어가 부드러워지고 양념이 속까지 잘 배도록 하기 위한 것입니다.

마른 북어는 아무래도 뻣뻣하기 마련이라 요리를 할 때에는 미리 물에 살짝 불려야 하는데, 이때 북어 몸통에 붙어 있는 잔가시들을 신경 써서 잘 없애야 먹을 때 불편하지 않습니다. 또 요리를 하기 전에 미리 몸통에 잔칼집을 군데군데 넣어주면 양념이 속까지 잘 배어들지요. 잔칼집 넣는 요령은 칼날을 눕혀 어슷하게 칼집을 내면 됩니다.

Q 도미조림과 도미찜은 어떻게 다른가요?

도미조림

도미에 칼집을 넣어 양념간장에 한번 조리면 생선살에 양념이 잘 스며들고 칼집 사이가 벌어져 고명 얹기도 편하다.

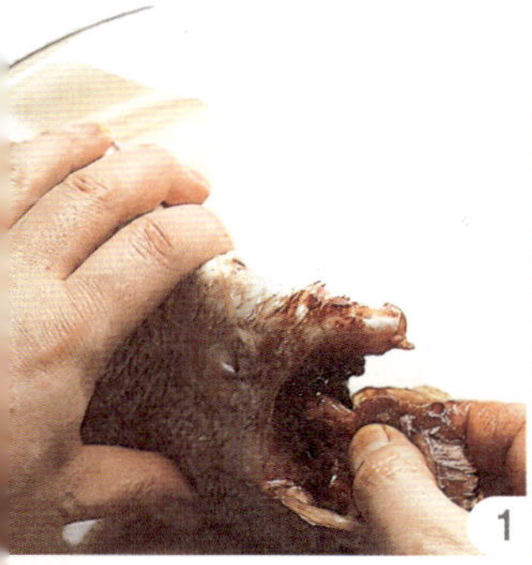

802 Kcal

1 도미 내장을 꺼낸다.
2 도미의 몸통에 칼집을 낸다.
3 오이와 당근, 표고는 채썰어 각각 소금물에 절여 물기를 짠다.
4 절인 채소를 각각 볶고 황백 지단을 채썬다.
6 조림 간장을 끓여 도미를 조린다.
7 도미의 칼집 사이에 준비한 고명을 얹는다.

재료

재료	분량
도미	1마리(800g짜리)
조림 간장	1과1/5컵
달걀	2개
오이	1/2개
당근	50g
불린 표고	40g
식용유	약간

조림 간장

재료	분량
간장	3/4컵
물	2컵
물엿	1/2컵
설탕	1/4컵
맛술	1과1/2컵
건고추	15g
대파	10g
저민 생강	8g
통후추	1/2큰술
통마늘	1/2컵(80g)

만들기

1 도미는 비늘을 잘 긁어낸 후 배를 가르지 말고 아가미를 손으로 뜯어 내면서 내장까지 꺼내 흐르는 물에 뱃속까지 씻는다.

2 깨끗이 씻은 도미를 앞뒤로 칼집을 넣는다.

3 오이는 3~4cm 길이로 자른 후 어슷썰어 곱게 채썬 다음 소금물에 절였다가 꼭 짜 준비한다. 당근은 곱게 채썰어 끓는 물에 살짝 데쳐 냉수에 헹구고 불린 표고도 곱게 채썰어 둔다.

4 각각의 채소들을 팬에서 나른하게 볶아낸다. 달걀은 황백으로 나누어 각각 지단을 부쳐 역시 곱게 채썰어 준비한다.

5 분량의 조림 간장 재료를 냄비에 넣은 다음 중불에 은근히 조려 2컵 분량이 되면 고운 체에 밭쳐 준비한다.

6 냄비에 조림 간장을 넣고 도미를 올려 중불에서 윤기나게 조린다. 이때 타지 않게 주의한다.

7 완성된 도미 조림의 칼집 사이에 준비한 고명을 색스럽게 올린다.

A

도미찜은 도미를 그냥 쪄낸 다음 고명을 올려 내는 것입니다.

도미찜은 도미를 쪄낸 다음 고명을 올려내는 요리입니다. 이에 비해 도미조림은 도미를 양념간장에 조렸기 때문에 양념맛이 배어 훨씬 맛이 좋습니다. 미리 칼집을 내어 도미를 조리면 생선이 익으면서 칼집 사이가 살짝 벌어지는데, 이 사이로 양념이 스며들게 되지요. 나중에 고명을 올릴 때도 편리합니다. 도미를 며칠 전에 미리 구입해서 깨끗이 손질하여 채반에서 꾸덕꾸덕하게 말린 다음 조림을 해도 맛이 좋습니다.

Q

튀김 기름의 온도를 맞추는 일이
어려워요.

밀쌈튀김

튀김이 바삭해야 제맛이 나므로 기름 온도를 잘 맞춘다.
너무 높아도 겉이 타고 너무 낮으면 눅눅하다.

283 Kcal

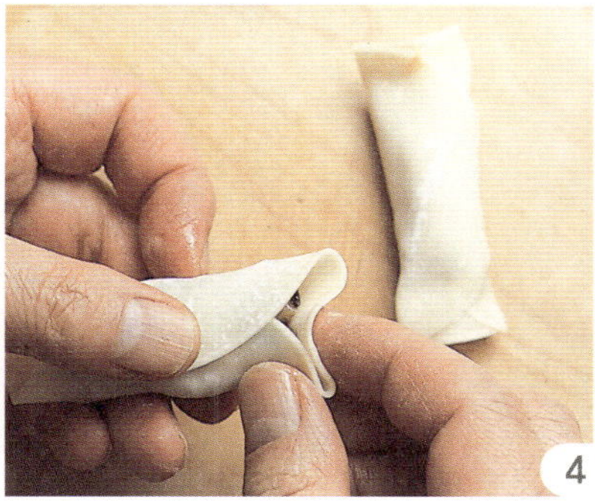

1 양파와 당근, 부추, 표고, 돼지고기 등을 채썰어 준비한다.
2 프라이팬에 식용유를 두르고 마늘과 생강을 먼저 볶는다.
3 재료를 볶다가 녹말물을 넣어 혼합한다.
4 만두피에 속재료를 놓고 말아서 모양을 만든다.
5 밀쌈에 튀김옷을 입힌다.
6 튀김옷 입힌 밀쌈을 160℃ 기름에 튀긴다.

재료

만두피(큰 것)	20장
표고버섯	70g
당근	50g
돼지고기	100g
부추	20g
양파	50g
식용유	적당량
빵가루	약간
밀가루	약간
달걀	약간

속재료 양념

청주	1큰술
후춧가루	약간
다진 마늘	2작은술
참기름	2작은술
굴소스	적당량
물녹말	1큰술
생강가루	조금

만들기

1 표고버섯은 불려 기둥을 떼어 낸 후 가늘게 채썰고, 돼지고기도 가늘게 채썰어 둔다. 당근은 3cm 길이로 채썰고 부추와 양파도 가늘게 채썰어 준비한다.

2 팬에 식용유를 두르고 마늘과 생강을 먼저 볶는다.

3 기름에 향이 배면 청주를 넣고 채썬 돼지고기와 표고버섯을 넣어 볶는다. 절반 정도 볶아지면 양파와 당근, 부추를 넣고 볶으면서 분량의 양념과 굴소스로 간을 맞춘 다음 녹말물을 넣어 재료들끼리 어우러지게 혼합한다.

4 볶은 재료를 한김 식힌 다음 만두피에 조금씩 놓고 돌돌 말아 양쪽 끝을 눌러 모양을 만든다.

5 밀가루, 달걀물, 빵가루의 순서로 옷을 입힌다.

6 튀김옷 입힌 밀쌈을 160℃의 기름에서 노릇하게 튀겨 낸다.

A

튀김가루를 조금 떨어뜨려 파스스하며 바로 떠오르면 적당한 온도입니다.

바삭한 튀김을 만들기 위해서는 튀김 기름의 온도를 잘 맞춰야 합니다. 기름의 온도가 너무 높으면 속까지 안 익은 상태로 표면이 타기 쉽지요. 반대로 기름의 온도가 낮으면 튀김 재료에 기름이 스며들어 튀김이 바삭해지지 않아요. 튀김 기름의 온도를 가늠하는 일은 튀김가루를 조금 넣어보면 알 수 있습니다. 기름의 온도가 어느 정도 되었다 싶을 때 튀김가루를 약간 넣어보아 파스스 하면서 바로 떠오르면 적당한 온도라는 표시이지요. 이때 튀김재료를 넣고 노릇하게 튀겨내면 됩니다.

Q

튀김옷 반죽을 각각 다르게 하는 것은 무슨 이유인가요?

닭튀김

튀김옷을 세 가지로 마련해 다양한 맛을 즐긴다.
참깨, 땅콩가루, 빵가루 옷을 각각 입혀 튀기면 세 가지 모양과 세 가지 맛을 낼 수 있다.

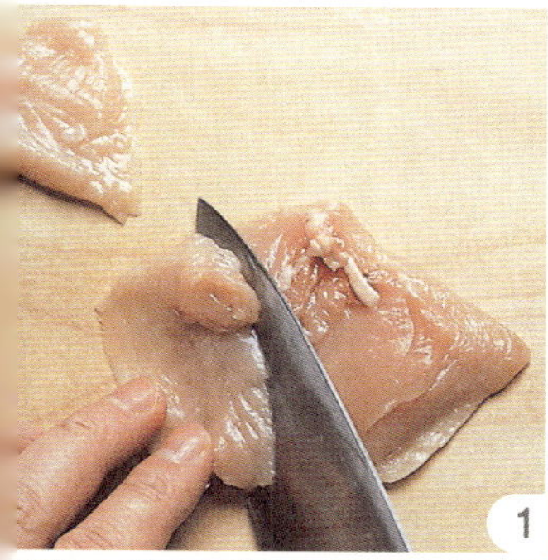

1

2

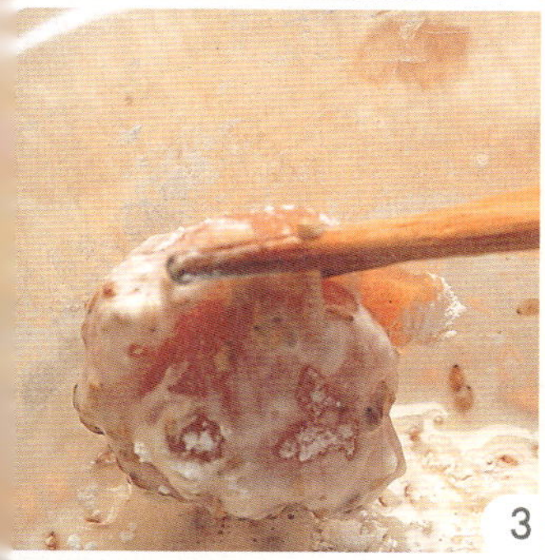

3

4

604 Kcal

5

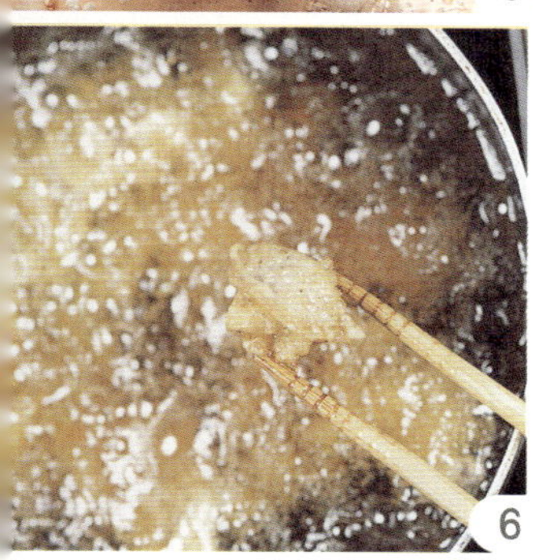

6

1 닭다리살은 한입 크기로 자른다.
2 닭고기를 무침 양념에 조물조물 버무려 재어둔다.
3 튀김옷 A에 닭고기를 버무린다.
4 튀김옷 B에 닭고기를 버무린다.
5 튀김옷 C는 순서대로 닭고기를 버무린다.
6 튀김옷 입힌 닭다리를 각각 180℃ 기름에 튀겨 낸다.

재료

닭다리 ········ 3개(700g)
혹은 닭고기살 ····· 550g,

닭고기 무침 양념

- 카레 ·········· 1큰술
- 레몬즙 ········ 2큰술
- 소금 ········ 2작은술
- 설탕 ·········· 1큰술
- 마늘 간 것 ··· 1과1/2큰술

튀김옷 A

- 녹말가루 ······ 적당량
- 참깨 ·········· 5큰술
- 달걀물 ······· 1/2개분

튀김옷 B

- 녹말가루 ······ 적당량
- 땅콩가루 ······· 1/2컵
- 달걀물 ······· 1/2개분

튀김옷 C

- 밀가루 ········· 조금
- 달걀물 ········· 조금
- 빵가루 ········· 조금

만들기

1 닭다리는 뼈를 발라내고 한입 크기로 얇게 포를 뜨듯이 준비한다.

2 분량의 재료를 합하여 무침 양념을 만들어 닭고기를 무친 다음 30분간 재운다.

3 튀김옷 A와 튀김옷 B의 재료를 각각 반죽한다. 이때 튀김옷의 농도는 녹말가루로 조절하여 1/3은 튀김옷 A를 묻힌다.

4 그 중 1/3은 튀김옷 B를 입힌다.

5 튀김옷 C에 버무리는 닭고기는 밀가루, 달걀물, 빵가루의 순서로 튀김옷을 입힌다.

6 잘 달구어진 기름에 세 가지 튀김을 각각 튀긴다.

A

요리를 더욱 다채롭게 하기 위해서입니다.

참깨와 땅콩가루, 빵가루 등으로 튀김옷을 달리 하는 것은 요리를 더욱 다채롭게 하기 위해서입니다. 밑재료가 같은 것이라 해도 튀김옷을 달리 하면 먹을 때의 풍미와 맛에 차이가 있게 마련이지요. 물론 조금 더 번거로울 수는 있겠지만, 한 가지 요리로 서로 다른 맛을 볼 수 있다는 것도 재미 있는 일 아니겠어요? 시리얼을 적당히 부숴서 튀김옷으로 사용하면 아주 고소한 맛이 나서 아이들이 좋아합니다.

Q

데미그라스 소스의 활용에 대해서
알려주세요.

닭고기 커틀릿

데미그라스소스를 제대로 만들어야 제맛이 난다. 소스 만들 때 버터에 밀가루를 볶는 과정에 실수가 없도록 한다.

612 Kcal

1 향미 채소를 준비한다.
2 냄비에 소스 A를 붓고 B의 재료를 섞어 푹 끓인다.
3 푹 끓인 소스를 고운 체에 밭쳐 국물만 받아 둔다.
4 버터와 밀가루를 갈색이 나게 볶는다.
5 볶은 밀가루에 소스 국물을 넣으면서 멍울지지 않게 젓는다.
6 닭다리에 밑간한다.
7 닭다리를 튀긴다.

재료

닭다리 ········ 3개(750g)
소금 · 후춧가루 ··· 조금씩
밀가루 ·········· 적당량
달걀물 ·········· 적당량
빵가루 ·········· 적당량
식용유 ·········· 적당량

데미그라스 소스A

통마늘 ·········· 30g
당근 · 양파 · 셀러리 70g
물 ············· 5컵

소스B

토마토케첩 ····· 3큰술
비프 그레비 ···· 1/2큰술
붉은 포도주 ····· 3큰술
우스터소스 ····· 1큰술
설탕 ········ 2작은술
월계수잎 ········ 3장
로즈마리 ···· 1/2작은술
버터 ·········· 4큰술
밀가루 ········ 6큰술

만들기

1 데미그라스소스 재료 A인 통마늘, 당근, 셀러리, 양파를 알맞게 썰어 모두 함께 믹서에 넣고 곱게 간다.

2 냄비에 믹서에 간 소스 A를 붓고 소스 B의 재료를 섞어 맛이 어우러지도록 푹 끓인다.

3 푹 끓인 소스 A, B를 고운 체나 베보에 밭쳐 건더기는 건져 내고 국물만 받아둔다.

4 잘 달구어진 소스 팬에 버터와 밀가루를 넣어 갈색이 나도록 약한 불에서 볶는다.

5 버터로 볶은 밀가루에 소스 A, B를 걸른 국물을 조금씩 넣으면서 멍울이 지지 않도록 나무주걱으로 저어가며 걸쭉하게 끓여 데미그라스 소스를 완성한다.

6 닭다리는 뼈를 발라낸 후 넓게 펴 잔칼집을 넣어 소금, 후춧가루를 고루 뿌려 밑간한다.

7 밑간한 닭다리에 밀가루, 달걀물, 빵가루의 순서로 묻혀 노릇하게 튀겨 낸 다음 데미그라스 소스를 끼얹어 낸다.

A

돈가스나 스테이크에도 사용합니다.

데미그라스 소스는 치킨 커틀릿 뿐만 아니라 아이들이 좋아하는 돈가스나 스테이크 등에 폭넓게 사용할 수 있습니다. 소스를 만들 때 중요한 것은 버터에 밀가루를 볶는 과정입니다. 이때 밀가루가 타지 않고 갈색이 나도록 볶아야 하는데, 그러기 위해서는 버터의 양이 충분해야 하고 불 조절도 잘해야 합니다. 밀가루를 태워 버리면 소스에서도 탄 냄새가 계속 남아 있게 되므로 주의하세요. 처음에는 실패할 확률이 높지만 한두 번 하다 보면 곧 감을 익힐 수 있습니다.

단호박치즈구이

모짜렐라 치즈를 사용하기 때문에 아이들이 무척 좋아한다. 오븐이 있다면 오븐에 굽는 것이 더 맛있다.

253 Kcal

만들기

1 단호박은 반으로 갈라 씨는 모두 긁어 내고 껍질을 벗긴다.

2 손질한 단호박을 한입 크기로 썬다.

3 잘 달구어진 팬에 기름을 두르고 단호박을 올려 앞뒤로 노릇하게 익히면서 와인을 넣는다.

4 단호박이 어느정도 익었을 때 생크림과 소금, 흰후춧가루를 뿌려 맛을 살린다.

5 뜨거운 단호박 위에 치즈를 얹고 그 위에 다진 파슬리를 뿌린 후 뚜껑을 덮으면 치즈가 녹으면서 노릇하게 구워진다.

6 생크림이 자작하게 졸아들면 불에서 내려 보기좋게 담아 낸다.

재료

재료	분량
단호박	600g
생크림	1과 1/2컵
모짜렐라치즈	1컵
화이트 와인	3컵
흰후춧가루	조금
소금	조금
식용유	조금
다진 파슬리	조금

1 단호박의 씨를 깨끗이 긁어낸 후, 껍질을 벗겨 낸다.
2 손질한 단호박을 한입 크기로 썬다.
3 달구어진 팬에 기름을 두르고 단호박을 굽는다. 와인을 부어 풍미를 좋게 한다.
4 생크림을 부어 달콤한 맛을 살린다.
5 치즈를 얹고 파슬리를 뿌린 후 뚜껑을 덮어 노릇하게 굽는다.
6 생크림이 자작하게 졸아들면 불에서 내린다.

Q 모짜렐라 치즈는 덩어리째 넣나요?

A

아닙니다. 모짜렐라 치즈를 덩어리째 넣으면 맛이 없습니다.

덩어리 모짜렐라 치즈라면 얇게 저며 썰어 단호박 위로 골고루 뿌려지도록 해야 합니다. 그런 번거로움을 줄이시려면, 피자용으로 나오는 모짜렐라 치즈를 이용하면 편리합니다. 미리 부서져 있기 때문에 사용하기 편리하지요. 집에 오븐이 있다면 팬에서 구워낸 단호박을 내열 용기에 담아 와인과 생크림, 치즈 등을 넣고 오븐에서 노릇하게 구워내도 맛이 좋습니다. 소금으로 간 맞추는 것 잊지 마시고요.

Q

낙지와 해물을 어느 정도 익혀야 하나요?

낙지해물찜

해물은 오래 익히면 질겨지므로 채소를 먼저 익힌 후 나중에 해물을 넣어 익히도록. 걸쭉한 정도는 녹말로 조절한다.

240 Kcal

1

2

3

4

5

6–1

6–2

1 해물준비를 한다.
2 대파 · 양파 · 풋고추 · 홍고추도 준비한다.
3 콩나물과 미나리 손질을 한다.
4 녹말물을 만든다.
5 큰 냄비에 물을 붓고 분량의 양념을 넣어 끓이다가 채소를 넣는다.
6 끓는 국물에 낙지와 조갯살을 넣고 콩나물 미나리 녹말물을 넣는다.

재료

- 낙지 ············ 500g
- 조갯살(명지살, 해오라기, 꼭지살) ······· 각100g씩
- 대파 ············ 50g
- 콩나물 ·········· 300g
- 양파 ············ 100g
- 미나리 ·········· 200g
- 풋고추 ·········· 30g
- 홍고추 ·········· 20g
- 물 ·············· 2컵

녹말물

- 찹쌀가루, 녹말가루, 물을 걸쭉하게 섞는다.

양념

- 고운 고춧가루 ··· 3큰술
- 굵은 고춧가루 ··· 2큰술
- 다진 마늘 ······· 3큰술
- 생강즙 ······· 1작은술
- 설탕 ········ 2작은술
- 청주 ·········· 2큰술
- 참기름 ········· 1큰술
- 소금 ··········· 조금

만들기

1 낙지는 깨끗이 손질하여 큼직하게 썬다. 조갯살 종류는 내장을 제거하여 물기를 없앤다.

2 대파는 굵직하게 썰고 양파는 채썬다. 풋고추와 홍고추는 어슷썰기로 준비한다.

3 콩나물은 머리와 꼬리를 떼어내고 미나리는 깨끗이 손질하여 씻어 콩나물 길이로 썬다.

4 녹말가루와 찹쌀가루, 물을 섞어 녹말 물을 만든다.

5 큰 냄비에 물을 붓고 분량의 양념을 넣어 끓어 오르면 손질해 놓은 대파, 양파, 풋고추, 홍고추를 넣고 소금으로 간을 해서 끓인다.

6 끓는 국물에 낙지와 조갯살을 넣고 낙지가 너무 익기 전에 콩나물과 미나리를 넣은 후 녹말물을 넣어 걸쭉하게 만든다.

7 불을 끄고 마지막으로 참기름을 두른 후 한 번 더 고루 섞어 상에 낸다.

A

잠깐 데쳐내는 정도로만 익힙니다.

낙지를 비롯한 조갯살 등의 해물류는 절대로 오래 익히면 안됩니다. 오래 익히면 살이 질겨져서 제 맛을 느낄 수 없습니다. 낙지는 물론이고 조갯살도 마찬가지이지요. 그런 만큼 양념을 먼저 끓이다가 잘 익지 않는 채소를 먼저 넣어 어느 정도 익으면 해물을 넣고 마지막으로 미나리 등의 채소를 넣어 뒤적거려 불에서 내려야 합니다. 걸쭉한 정도는 녹말물로 조절하는데, 녹말물은 재료 전체에 끼얹지 마시고 국물에 가만히 부어 농도를 조절합니다.

》 오꼬노미야끼

일본식 빈대떡이다. 해물과 채소, 베이컨을 넣고 가쯔오브시와 김가루, 마요네즈 등으로 향을 살린다.

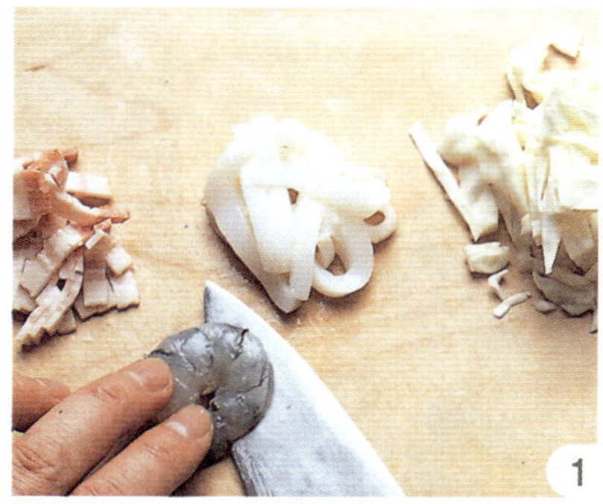

1 2

417 Kcal

3

5

6

7

만들기

1 갑오징어와 새우는 잘게 썰고 베이컨도 잘게 썰어 잘 달구어진 팬에 살짝 볶고, 양배추는 송송 썰어 물기 없이 둔다.

2 산마를 강판에 갈아 산마즙을 만들어 둔다.

3 분량의 밀가루에 산마즙 간 것과 다시마 물 4큰술을 섞어 반죽을 만든 후 냉장고에 넣어 2시간 동안 보관한 후 사용한다.

4 찍어먹는 소스는 분량대로 믹서에 한 번 갈아 준비 하고 마요네즈 소스도 분량에 맞춰 섞어둔다.

5 냉장고에 보관했던 반죽을 꺼내 양배추를 섞는다.

6 잘 달구어진 팬에 기름을 살짝만 두르고 반죽을 적당한 크기로 올려 익히면서 윗면에 볶아 놓은 갑오징어와 베이컨을 얹어 뒤집어 익힌다.

7 다 익으면 다시 뒤집어 불을 끈 다음 가쯔오부시와 김가루, 마요네즈 소스를 뿌려 소스를 찍어 먹는다.

재료

갑오징어 ··········· 40g
새우 ··········· 10마리
베이컨 ··········· 30g
양배추 ··········· 150g
가쯔오부시, 김가루 · 적당량

반죽 재료

산마 간 것 ······· 160g
밀가루 ··········· 50g
다시마물 ······· 4큰술
계란 ··········· 2큰술
소금 ··········· 약간

마요네즈 소스

마요네즈 ······· 8큰술
화이트 와인 ····· 1큰술
레몬즙 ··········· 1큰술
흰후춧가루 ······ 약간

찍어 먹는 소스

간장 · 흰깨 ···· 3큰술씩
맛술 ··········· 6큰술
시찌미 · 참기름 · 조금씩

1 갑오징어와 베이컨, 새우, 양배추 등의 재료를 준비한다.
2 산마즙을 준비한다.
3 반죽 재료를 섞어 반죽을 한다.
5 냉장고에 보관했던 반죽을 꺼내 양배추를 섞는다.
6 달구어진 팬에 반죽을 익힌다.
7 다 익으면 뒤집어 불을 끈 다음 가쯔오부시와 김가루, 마요네즈 소스를 뿌린다.

Q

오꼬노미야끼라는 이름이 낯설군요. 어떤 요리인가요? 맛은 어떻습니까?

A

'오꼬노미야끼' 는 일본식 빈대떡이라고 생각하시면 됩니다.

마를 갈아서 기본 베이스로 하고 여기에 밀가루와 달걀을 조금 넣고 양배추를 잘게 썰어 넣어 아작아작 씹히는 맛이 독특하지요. 특히 새우와 오징어, 베이컨 등을 넣고 익힌 다음 윗면에 가쯔오부시와 김가루, 마요네즈 소스 등을 끼얹어 향긋함까지 함께 즐길 수 있는 독특한 요리입니다. 아이들을 위한 간식으로도 좋고, 어른들께 내놓아도 손색이 없으니 직접 만들어서 드셔보기를 권합니다.

Q

해물 외에 어떤 재료를 이용할 수 있나요?

해물카레라이스

해물로 카레를 만들어 특별한 맛을 살린 요리다. 해물을 준비하기가 번거로울 때는 쇠고기나 닭고기로 대신해도 된다.

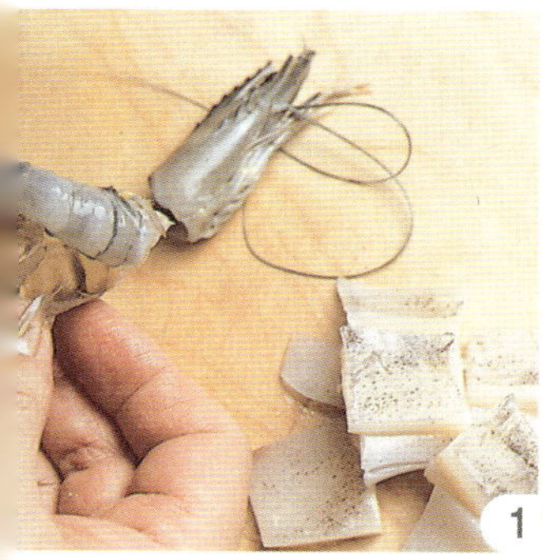

250 Kcal

1 오징어와 새우를 손질한다.
2 마늘과 감자도 준비해 둔다.
3 새송이, 양송이, 표고, 등은 한입 크기로 썬다.
4 카레물을 만든다.
5 냄비에 준비한 재료들을 넣어 푹 끓이다가 카레물을 넣는다.
6 감자가 익으면 준비한 버섯들을 넣고 다진파를 넣어 끓여 완성한다.

재료

새우 ··········· 10마리
물오징어 ········· 1마리
감자 ············· 200g
양파 ············· 100g
새송이 ··········· 100g
양송이 ··········· 100g
생표고 ··········· 100g
통마늘 ··········· 조금
다진파 ··········· 조금
물 ··············· 4컵
식용유 ······· 1과 1/2큰술
(혹은 마아가린 1과 1/2큰술)

카레물

바몬드 카레 ······ 100g
물 ··············· 1컵

만들기

1 물오징어는 깨끗이 손질한 후 한입 크기로 썰고 새우는 머리, 꼬리, 껍질을 제거한 다음 깨끗이 씻어 준비한다.
2 감자, 양파는 한입 크기로 깍둑썰기 하여 준비한다.
3 새송이는 깨끗이 씻어 도톰하게 한입 크기로 썰고, 양송이는 깍둑썰기 한다. 생표고는 기둥을 떼어 내고 깨끗이 씻어 부채꼴 모양으로 썬다.
4 카레물을 만든다.
5 냄비에 식용유를 두르고 통마늘, 물오징어, 새우, 감자, 양파의 순서로 볶다가 물을 붓고 푹 끓이면서 카레물을 붓는다.
6 감자가 익으면 새송이, 양송이, 생표고를 넣고 다진파를 넣어 끓여 카레를 완성한다.

A

소고기나 닭고기 등 아무 것이나 좋습니다.

해물 외에도 가족이 좋아하는 재료들을 넣으면 됩니다. 쇠고기를 넣어 쇠고기 카레를 만드셔도 좋고요, 부드러운 닭고기를 넣으면 닭고기 카레가 되지요. 쇠고기를 넣을 때 더욱 맛있게 하기 위해서는 쇠고기에 미리 밑간을 하는 것을 잊지 마세요. 소금, 후추, 와인 등을 부어 미리 밑간을 해두면 카레의 풍미가 더욱 살아나는 것은 물론, 고기 맛도 좋아집니다. 닭고기는 가슴살을 이용해도 좋고, 닭다리살을 발라내어 이용해도 좋습니다. 역시 밑간을 해서 특유의 냄새를 없앤 후에 카레에 넣도록 하세요.

Q

춘장을 따로 볶아야 하는 건가요?

삼선자장밥

춘장을 볶아 아이들이 좋아하는 자장을 만들어 본다. 완두콩이나 옥수수를 넣어도 씹히는 맛이 있고 먹음직하다.

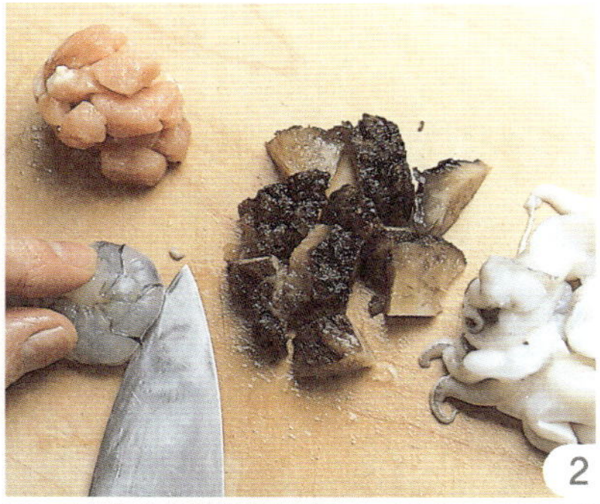

605 Kcal

1 춘장을 볶아 기름과 장을 분리한다.
2 준비한 해물을 썬다.
3 준비한 채소를 썬다.
4 준비한 재료를 볶으면서 자장을 넣는다.
5 채썬 양배추를 넣고 마무리한다.
6 그릇에 밥을 담고 자장을 얹는다.

재료

새우살 ··········· 100g
갑오징어살 ········ 100g
해삼 ············· 100g
돼지고기 ·········· 100g
호박 ············· 150g
양파 ············· 400g
양배추 ··········· 150g
오이 ············· 1개

춘장 볶음

식용유 ········ 120ml
춘장 ·········· 120ml

양념

청주 ·········· 2큰술
설탕 ·········· 2큰술
물녹말 ········ 1큰술

볶음 양념

식용유 ········ 2큰술
다진 마늘 ··· 1과 1/2큰술
다진 생강 ··· 1/2작은술

만들기

1 잘 달군 팬에 분량의 식용유를 넣고 춘장을 약한 불에서 5~10분 정도 볶아 체에 밭쳐 기름을 받아둔다.

2 새우살은 저며 놓고 갑오징어, 해삼과 돼지고기는 깍뚝썰기로 썬다.

3 호박, 양파, 양배추도 해물과 같은 크기로 썬다.

4 잘 달구어진 팬에 춘장 기름 2큰술을 두르고 다진 마늘, 생강을 넣어 볶고 청주 2큰술을 넣고 볶다가 기름에 향이 돌면 손질해 놓은 새우살, 오징어, 돼지고기를 넣어 볶으면서 양파, 호박의 순서로 넣어 센 불에서 볶는다. 볶을 때 설탕 2큰술과 볶아둔 춘장으로 맛을 살리면서 어우러지도록 한다.

5 자장이 바글바글 끓으면 양배추를 넣고 살짝만 볶아 마무리한다.

6 그릇에 밥을 담고 자장을 부은 후 채썬 오이를 얹는다.

A

춘장을 기름에 한 번 볶아야 맛있고 고소한 자장 소스를 만들 수 있습니다.

기름과 춘장의 양은 동일하게 하게 해서 볶으세요. 기름에 춘장이 풀리도록 약한 불에서 골고루 볶아 구수한 자장 냄새가 나야 합니다. 볶아낸 춘장은 체에 밭쳐 기름을 뺍니다. 기름은 채소 등의 재료를 볶을 때 사용하면 맛이 있어요. 아이들을 위한 자장을 만들 때에는 완두콩이나 옥수수 등을 조금 넣어서 자장을 만들어 보세요. 씹히는 맛도 있지만 색깔도 예쁘고 영양면에서도 도움이 됩니다.

Q
춘권피는 어디서 살 수 있나요?

》 닭고기 스프링롤(춘권)

춘권은 여러 가지 재료를 춘권피에 싸서 튀기는 요리로 영양이 풍부해 아이들 간식으로 좋다.

290 Kcal

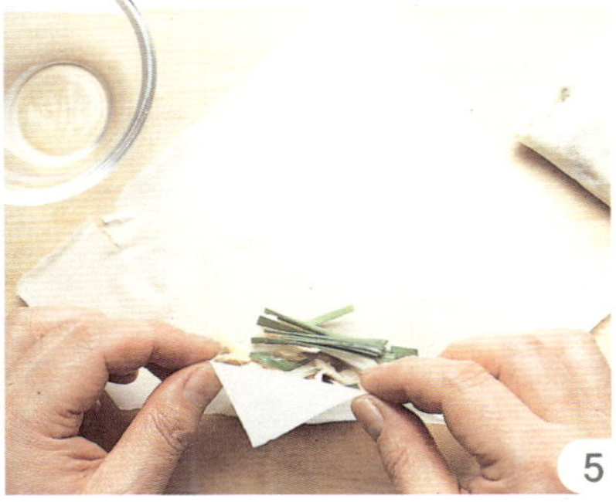

1 채썬 닭고기를 양념한다.
2 달궈진 팬에 양념한 닭고기를 볶는다.
3 달걀 지단과 표고, 양파, 죽순을 채썬다.
4 속재료를 순서에 맞춰 볶는다.
5 춘권피에 완성된 속재료를 넣고 잘 만다.
6 튀김 기름에 노릇하게 튀긴다.

재료

- 춘권피 · · · · · · · · · · · 15장
- 닭고기 가슴살 · · · · · · 150g
- 불린 표고버섯 · · · · · · · 50g
- 죽순채 · · · · · · · · · · · 100g
- 굵은부추 · · · · · · · · · · 50g
- 양파 · · · · · · · · · · · · · 50g
- 튀김기름 · · · · · · · · · · 조금

닭고기 양념

- 달걀 · · · · · · · · · · 1큰술
- 물녹말 · · · · · · · · · 1큰술
- 카레가루 · · · · · 2작은술

볶음 양념

- 다진 마늘 · 1과 1/2작은술
- 대파 송송 썬 것 · · · 2큰술
- 청주 · · · · · · · · · · 2큰술
- 굴소스 · · · · · 1과 1/2큰술
- 설탕 · · · · · · · · · 1작은술
- 후춧가루 · · · · · · · · 약간
- 물녹말 · · · · · · · · 2큰술
- 참기름 · · · · · · · · 1큰술

만들기

1 닭고기는 채썰어 달걀, 물녹말, 카레가루를 분량대로 넣고 양념한다.

2 잘 달구어진 팬에 식용유를 넉넉히 두르고 양념한 닭고기를 살짝 볶아 놓는다.

3 달걀 지단을 부쳐 채썰고 표고버섯과 양파, 죽순도 채썬다. 부추는 3~4cm 길이로 자른다.

4 팬을 잘 달군 후 식용유를 조금 두르고 다진 마늘과 대파를 넣어 볶다가 청주를 넣고 양파, 표고, 죽순 달걀 지단채 순으로 넣어 볶으면서 애벌 볶은 닭고기를 넣고, 굴소스와 설탕, 후춧가루로 양념한 후 부추를 넣는다. 부추가 숨이 죽으면 물녹말을 넣어 걸쭉하게 만든 후 참기름을 둘러 마무리해 차게 식힌다.

5 춘권피에 완성된 닭볶음을 소로 적당히 넣어 잘 만다.

6 튀김기름에 노릇하게 튀겨 낸다.

A

중국 요리 재료상이나 수입 식품점에서 쉽게 구입할 수 있습니다.

밀가루로 반죽하여 얇고 네모지게 만들어 놓은 것인데, 튀기면 바삭한 맛이 나서 씹는 질감이 아주 좋답니다. 중국 재료상은 남대문시장 길 건너편 북창동이 유명합니다. 춘권은 중국요리에서는 애피타이저에 속하는 것이어서 입맛을 돋우는 데 좋은 역할을 합니다. 또 영양도 풍부한 만큼 아이들 간식으로도 손색이 없을 겁니다. 무엇보다 춘권 속재료를 맛있게 만들어보세요.

오징어회무침

산 오징어를 채썰어 국수처럼 만들어 먹는 일명 '회국수' 라는 것이다. 각종 채소와 함께 푸짐하게 무쳐 시원하게 먹으면 별미다.

재료

산오징어	2마리
배	1/4개
양상추	100g
깻잎	10장
쑥갓	50g
미나리	70g
오이	1개(120g)
통마늘	20g
당근	70g
참기름	조금
통깨	조금

초고추장

고추장	2/3컵
식초	6큰술
사과즙	3큰술
설탕	5큰술
생강즙	1작은술
배즙	3큰술
마늘즙	1작은술

만들기

1 산 오징어는 배를 가른 후 내장을 제거한 다음 흐르는 물에 씻어 곱게 채썬다.

2 통마늘은 얇게 편으로 썰고, 모든 채소는 보통 굵기의 채로 썰어 준비한다.

3 분량의 초고추장 양념을 합하여 새콤달콤한 초고추장을 만든다.

4 접시에 준비된 재료들을 돌려 담고 가운데에는 배, 산오징어, 마늘을 담고 참기름 좀 치고 통깨를 얹는다.

5 상에 낼 때는 초고추장을 곁들여 식성에 맞춰 비벼 먹도록 한다.

376Kcal

point

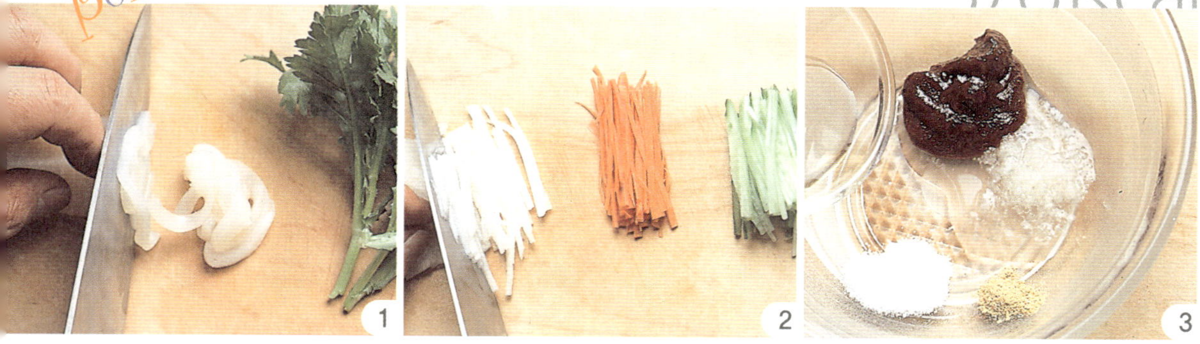

1 오징어를 손질하여 적당한 굵기로 채썬다.
2 오이와 당근, 배 등의 재료를 역시 다른 재료들에 맞춰 채썬다.
3 분량의 재료들을 합하여 초고추장을 만든다.

Q 오징어를 회로 먹어도 되나요?

A 물론입니다. 대신 신선해야 한다는 게 기본입니다.

오징어회는 오징어 특유의 쫄깃함과 신선한 회의 맛을 비교적 저렴한 가격으로 즐길 수 있는 것이 장점이지요. 이 때 주의할 점은 반드시 살아 있는 상태의 신선한 오징어를 구입해야 하는 것 입니다. 산 오징어를 잘게 채썰어서 국수처럼 만들어 먹는 것을 일명 '회국수' 라고도 하는데, 동해안 쪽에 가면 별미로 즐겨 먹는답니다.

식품이 가장 맛나고 값이 싼 시기

요즘은 식품에 계절이 없다고 하지만 장에 나가 보면
제철의 자연산 식품들이 눈에 많이 띄게 된다. 이 식품으로 만든 요리가
가장 맛나고 영양이 높으며 경제적이다. 1년 12개월의 식품 분포도를 보고
그달에 흔한 재료들을 찾아 맛난 요리를 만들어 보자.

		생선, 어패류	채소류	과실, 과채류
겨울	1월	굴, 게, 도미		
	1~2월	가자미, 대구, 정어리, 다랑어	당근	밀감
	2월	넙치, 방어	우엉, 고비	레먼
	2~3월	꼬막		
봄	3월	바지락	미나리, 달래, 쑥	
	3~4월	바지락, 조개, 파래, 미역	부추	사과
	4월	조기, 대합	시금치, 죽순, 쪽파, 두릅	
	4~5월	전갱이, 고등어	머위	
	5월	황석어, 양미리, 꽃게	도라지, 쑥갓, 더덕	딸기
여름	5~6월	홍어	양배추, 우엉, 아욱, 껍질콩, 아스파라거스	
	6월	생멸치	통마늘	
	6~7월	민어	콩나물, 감자	
	7월	뱀장어, 성게	오이, 토마토, 풋고추	자두
	7~8월	전복, 문어	부추, 깻잎	수박, 참외
	8월	꼬막	가지, 호박, 옥수수	
	8~9월			포도
가을	9월	해파리, 대합, 꽃게, 고등어, 꽁치, 연어	고구마, 김장고추	석류
	9~10월	고등어 꽁치, 연어	싸리버섯, 토란	배, 밤
	10월	미꾸라지, 참치	송이, 양배추	사과
	10~11월	갈치, 큰새우, 해파리	당근, 마늘, 연근	감
겨울	11월	삼치, 도미, 정어리, 오징어	무, 셀러리, 김장파	밀감
	11~12월	굴, 가자미, 다랑어, 대구	시금치, 배추, 버섯	레먼
	12월	게, 홍어, 꼬막, 파래	당근	

6

별미국수 만두요리

쉬는 날 별식을 만들어보면 어떨까요? 큰 요리보다는 별미국수나 만두를 빚어 보세요. 요즘은 기본 재료인 국수나 만두피를 쉽게 구할 수 있으니까 속재료만 마련하면 각종 만두를 만들 수 있고, 국수는 부재료만 준비하면 되잖아요. 냉장고 안을 뒤져보면 장보기를 하지 않아도 될 거예요. 만두를 빚을 때 가족들이 둘러앉아 도란도란 이야기하며 만들어 보면 더 좋겠네요.

Q

콩을 어느 정도 삶아야하나요?

콩국수

콩은 구수하게 삶아 믹서에 갈아 콩국으로 사용한다.
콩 삶은 물은 버리지 말고 콩을 갈 때 이용한다.

488 Kcal

1 메주콩을 하룻밤 정도 불려 손바닥으로 비벼 껍질을 벗겨 준비한다.
2 콩을 구수한 맛이 나도록 삶아낸다.
3 삶은 콩과 볶은 참깨를 함께 간다.
4 믹서에 간 콩물을 베보에 밭인다.
5 토마토를 데쳐 껍질 벗겨 썰고 오이는 채썬다.
6 국수를 삶아 그릇에 담고 콩물을 붓는다.

재료

생면 ············ 400g
오이 ·············· 1개
토마토 ············ 1개

콩물

- 메주콩 불린 것 ····· 6컵
- 물 ··············· 12컵
- 볶은 참깨 ········ 8큰술
- 소금 ········· 적당량

만들기

1 메주콩은 하룻밤 정도 불려 껍질을 모두 벗겨 내고 준비한다.

2 껍질 벗긴 콩은 분량의 물을 붓고 구수한 맛이 들 때까지 삶는다.

3 삶은 콩과 볶은 참깨를 믹서에 넣고 콩 삶은 물을 부어가며 간다.

4 믹서에 간 콩을 고운 베보에 받쳐 맑은 콩물을 받은 후 차게 둔다.

5 토마토는 끓는물에 껍질을 살짝 익혀 벗겨 버리고 한 입 크기로 썰고, 오이는 5~6cm 길이로 잘라 겉껍질은 돌려 벗기고 속살만 원통 모양으로 돌려깎기하여 채썬다.

6 국수는 잘 삶아 씻어 그릇에 담고 미리 차게 해 둔 콩물을 부은 다음 오이채, 토마토를 얹어 완성한다. 소금으로 간맞춘다.

A

구수한 냄새가 날 정도로 삶아야 합니다.

콩국수를 만들 때는 콩을 삶는 정도가 중요합니다. 너무 푹 삶으면 메주 냄새가 나고 덜 삶으면 비린 맛이 날 수 있기 때문입니다. 콩을 삶는 냄비는 크기가 넉넉한 것으로 준비해서 콩을 삶다가 포르르하고 끓어 오른 다음 콩의 양에 따라 몇 분 정도를 더 삶아야 합니다. 풋내 대신 구수한 냄새가 나면 콩이 다 삶아진 것이라고 할 수 있죠. 콩 삶은 물은 버리지 말고 콩을 갈 때 함께 사용해야 콩물의 구수한 맛이 살아납니다. 경우에 따라 참깨 외에 잣이나 땅콩 등을 첨가하면 더욱 진한 맛을 느낄 수 있습니다.

Q

국수가 쫀득하게 삶아지지 않네요.
잘 삶는 요령을 알려주세요.

국수장국

가장 기본적인 국수이다. 멸치와 다시마 끓인 국물이 맛있어야 제맛이 난다.

564 Kcal

1 국수장국을 만든다.
2 채썬 쇠고기를 양념에 볶는다.
3 만가닥 버섯을 볶아 소금, 참기름으로 무친다.
4 채썬 애호박을 볶아 참기름으로 무친다.
5 달걀 지단을 부쳐 곱게 채썬다.
6 국수를 삶는다.
7 준비한 재료들을 색스럽게 얹는다.

재료

- 소면 ············ 400g
- 만가닥버섯 · 쇠고기 ·· 100g
- 애호박 ········ 1개(250g)
- 계란 ·············· 2개
- 소금, 참기름 ······ 조금씩

쇠고기 양념

- 다진파 · 간장 ···· 1큰술
- 다진 마늘 · 설탕 1/2큰술씩
- 깨소금 · 참기름 1작은술씩
- 후춧가루 ········ 조금

장국물

- 물 ············· 14컵
- 저민 마늘 · 양파 ·· 50g씩
- 다시 멸치 ········ 60g
- 다시마 ·········· 20g
- 건고추 ·········· 3개
- 통후추 ······· 1작은술
- 맛술 ·········· 1/4컵
- 저민 생강 ········ 10g
- 혼다시, 소금, 간장 조금씩

만들기

1 분량의 재료를 합하여 장국물을 끓이는데 간장은 국물 색깔을 보아가며 너무 진해지지 않도록 사용하고 소금으로 간을 맞춘다.

2 쇠고기는 고기 결대로 곱게 채썰어 분량의 양념에 무쳐 달구어진 팬에 고슬하게 볶아낸다.

3 만가닥 버섯은 가닥가닥 떼어 굵은 것은 찢어서 잘 달구어진 팬에 식용유를 조금 두르고 볶은 후 소금, 참기름으로 무친다.

4 애호박은 4등분으로 갈라서 씨를 없앤 후 어슷썰기하여 소금물에 살짝 절인 후 냉수에 씻어 물기를 꼭 짠다. 잘 달구어진 팬에 물기 짠 애호박을 새파랗게 볶아 참기름을 넣고 무친다.

5 달걀은 황백으로 나누어 지단을 부친 후 돌돌 말아 곱게 채 썬다.

6 끓는 물에 소금을 넣고 국수를 삶아 냉수로 비벼 씻은 후 물기를 빼고 둥글게 말아 놓는다.

7 그릇에 국수를 담고 준비된 재료들을 색스럽게 얹어 완성한 다음 장국을 부어낸다.

A

국수가 끓어 오를 때 찬물을 끼얹는 과정을 2~3번 반복합니다.

소면을 잘 삶는 방법을 알려드릴게요. 우선 국수 삶을 물에 소금을 조금 넣으세요. 그 다음 물이 펄펄 끓어 오르면 소면을 펼쳐 넣습니다. 국수끼리 서로 붙지 않도록 하기 위한 것이지요. 소면이 끓어오르면 찬물을 끼얹어 줍니다. 이 과정을 거쳐야 소면이 쫄깃하게 삶아져요. 1~2번 정도 반복합니다. 소면을 한 가닥 꺼내어 익은 정도를 확인합니다. 소면이 전체적으로 투명해졌으면 다 익은 겁니다. 마지막으로 찬물에 소면을 비벼가면서 헹궈내면 되지요. 국수를 삶을 때는 조금 큰 냄비에 물을 넉넉하게 붓고 삶아야 잘 삶아진답니다.

Q

꼭 일본 된장을 써야 하나요?
가랭이포는 왜 금방 건지나요?

해물된장국수

일본 된장으로 슴슴하게 맛을 낸 국수로 새우, 오징어, 버섯류가 들어가 시원한 국물맛을 즐길 수 있다.

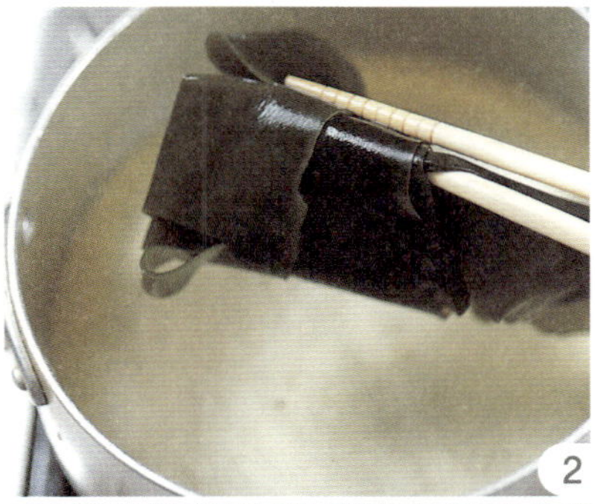

170 Kcal

1 오징어와 팽이버섯, 새우, 표고버섯 등의 재료를 준비한다.
2 다시마는 물을 만든다.
3 가다랭이포를 넣는다.
4 국물에 일본 된장을 슴슴하게 풀어 끓인다.
5 생칼구수를 삶아 냉수에 헹구어 물기를 거둔다.
6 국수 그릇에 삶은 국수를 담고 된장국을 붓는다.

재료

- 생칼국수 ········· 240g
- 물오징어 ········ 1/2마리
- 중하 ············ 6마리
- 팽이버섯 ··········· 1봉
- 쑥갓 ············ 5송이
- 생표고 ············ 2개
- 불린 미역 ·········· 조금

국물 양념

- 일본 된장 ······· 3큰술
- 청주 ·········· 2큰술
- 혼다시 ······· 2작은술
- 소금, 후춧가루 ·· 조금씩

가다랭이 국물

- 다시마 ·········· 10g
- 가다랭이포 ······· 10g
- 물 ············· 7컵

만들기

1 물오징어는 깨끗이 손질하여 채썰고 새우는 등의 내장을 제거한 후 깨끗이 씻는다. 팽이버섯은 밑둥을 잘라내고 가닥가닥 떼어둔다. 쑥갓은 여린 잎만 준비하고 생표고는 기둥을 떼어내고 채 썬다. 불린 미역은 한 입 크기로 썬다.

2 분량의 다시마는 물 7컵에 넣고 3~4시간 정도 우려낸 다음 냄비에 넣고 살짝 끓으면 다시마는 건져내고 불을 끈다.

3 다시마 건져낸 냄비에 가다랭이포를 넣고 뚜껑을 연 상태로 5분 정도 기다렸다가 고운천에 밭쳐 국물을 만든다.

4 냄비에 국물을 붓고 끓으면 오징어, 새우, 팽이버섯, 표고, 불린 미역을 넣고 살짝 끓으면 분량의 일본 된장과 다른 양념을 넣어 맛을 낸다.

5 생칼국수는 끓는 물에 잘 삶아 냉수에 헹구어 물기를 거둔다.

6 국수 그릇에 면 삶은 것을 담고 국물과 건더기를 부은 후 그 위에 쑥갓을 얹어 완성한다.

A

우리 나라 재래식 된장을 사용하면 맛이 너무 강해져서 제 맛을 내기 어렵습니다.

밀국물로 사용하는 것 역시 가다랭이 국물인 만큼 일본 된장을 사용해서 슴슴하면서도 담백한 맛을 내는 것이 제격이지요. 만약 조금 얼큰하게 즐기고 싶다면 가다랭이 국물에 된장 양념 대신 매운탕 양념을 연하게 하여 끓인 후 청양고추를 넣어 먹어도 됩니다. 하지만 이 국수는 일본 된장을 풀어 일본 우동 맛을 낸 것입니다. 국물맛이 일본 우동 국물맛이거든요. 가다랭이포는 오래 끓이면 아린 맛이 난답니다. 조미료 같은 역할을 하거든요.

Q

낙지를 쫄깃하고 연하게 볶는
방법을 알려주세요.

낙지볶음소면

낙지와 오징어, 조개류는 너무 오랫동안 끓이면 질겨지므로 다른 재료를 다 익힌 후에 잠깐만 익히도록 한다.

304 Kcal

1 낙지, 대파, 홍고추, 양파를 썬다.
2 애호박, 당근, 깻잎을 썬다.
3 소면을 소금물에 삶아 찬물에 비벼 씻는다.
4 찬물에 헹군 소면을 양념하여 사리를 만든다.
5 준비한 재료들을 볶는다.
6 그릇에 담는다.

재료

볶음 재료

- 낙지 ······ 1마리(250g)
- 양파 · 대파 ····· 50g씩
- 홍고추 ·········· 20g
- 당근 · 풋고추 ··· 30g씩
- 애호박 ·········· 40g
- 깻잎 ·········· 1묶음

소면 재료

- 소면 ··········· 100g
- 간장, 설탕, 참기름 조금씩

볶음 양념

- 고운 고춧가루 ··· 3큰술
- 굵은 고춧가루 ···· 1큰술
- 다진 마늘 ······· 1큰술
- 설탕 · 들기름 ·· 2큰술씩
- 깨소금 ······· 1/2큰술
- 생강즙 ······· 1작은술
- 간장 ········ 1/2큰술
- 소금 ··········· 조금

만들기

1 낙지는 깨끗이 손질하여 3~4cm 길이로 잘라 준비하고, 대파, 양파는 낙지 굵기로 썰고 홍고추, 풋고추는 어슷썰기로 썬다.

2 애호박, 당근은 3~4cm의 골패 모양으로 썰고, 깻잎은 한 입 크기로 숭숭 썬다.

3 소면은 끓는 소금물에 잘 삶아 건져 찬물에 비벼 씻는다.

4 찬물에 헹군 소면을 건져 간장, 설탕, 참기름으로 무쳐 조그맣게 사리를 만든다.

5 달구어진 팬에 식용유를 살짝 두르고 준비된 채소들을 넣고 한 소끔 볶다가 낙지를 넣고 분량의 볶음양념을 한 후 깻잎을 넣어 재빨리 볶아 낸다.

6 준비된 접시에 사리로 만든 국수를 돌려 담고 한 가운데에 낙지볶음을 보기좋게 담아 완성한다.

A

너무 오랫동안 삶으면 질겨지고 향이 사라집니다.

낙지와 오징어, 조개류 등 모든 종류의 해물은 너무 오랫동안 익히면 질겨지고 해물 특유의 향이 사라져 맛이 없어집니다. 특히 볶음과 같이 질감을 살려 요리해야 하는 경우에는 절대적으로 익히는 시간이 중요하지요. 먼저 팬을 달군 다음 식용유를 두르고 채소들을 먼저 넣어 숨이 죽을 정도로만 볶다가 낙지와 볶음 양념을 넣어 후루룩 볶아 내세요. 양념이 재료들에 잘 어우러지는 정도면 됩니다.

불고기 비빔국수

남아있는 불고기가 있다면 비빔국수에 이용해 보자. 아니면 쇠고기를 불고기양념하여 보슬보슬하게 볶아서 쓰면 된다.

542 Kcal

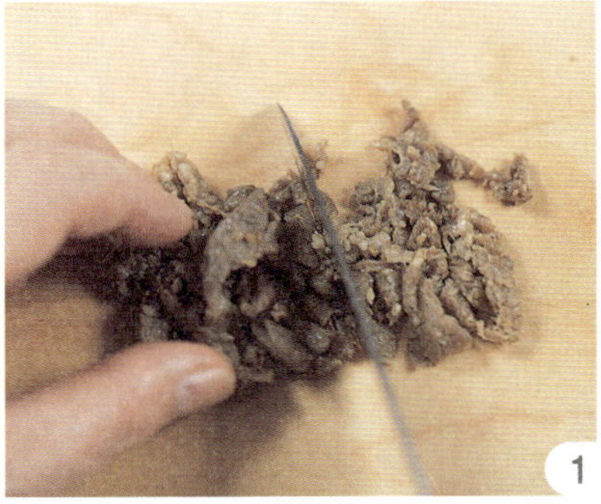

1

2

3

4

5

6

1 불고기는 크지 않게 채 썬다.
2 김치도 송송 썰어 분량의 양념을 한다.
3 콩나물, 상추, 치커리, 배를 준비한다.
4 국수는 삶아 참기름에 버무려 놓는다.
5 국수 양념을 만든다.
6 국수대접에 국수를 담고 준비한 재료들을 얹는다.

만들기

1 불고기를 만들어 송송 썰어 1컵 준비한다.

2 배추김치는 속을 털어내고 국물은 짜낸 다음 분량의 양념에 무친다.

3 콩나물은 꼬리를 떼어내고 끓는 물에 살짝 데쳐 식힌 후 분량의 콩나물 양념으로 무쳐 놓고, 상추, 치커리는 깨끗이 씻어 한 입 크기로 자른다. 배도 썰어 준비한다.

4 국수는 잘 삶아 씻어 건져 물기를 없앤 후 참기름에 버무려 놓는다.

5 분량의 양념장을 섞어 맛있게 만든다.

6 국수 대접에 국수를 담고 가장자리에 채소를 두르고 그 위에 불고기, 콩나물, 김치, 배를 얹어 식성에 맞춰 양념장을 넣고 비벼 먹는다.

재료

소면 · · · · · · · · · · · · · 300g
완성된 불고기 송송 썬 것 1컵
콩나물 · · · · · · · · · · · 150g
배추김치 송송 썬 것 · · · 2컵
상추 · · · · · · · · · · · · · · 3장
치커리 · · · · · · · · · · 10줄기
배 · · · · · · · · · · · · · · 1/3개
참기름 · · · · · · · · · · · 조금

콩나물 양념
소금 · 다진마늘 1작은술씩
참기름 · 깨소금 · 조금씩

배추김치 양념
참기름 · 깨소금 · 1큰술씩
설탕 · · · · · · · · 2작은술

양념장
고추장 · · · · · · · · 3큰술
고운 고춧가루 · · 2작은술
간장 · 설탕 · 꿀 · 1큰술씩
다진마늘 · · · · · 2작은술
생강가루 · 깨소금 1큰술씩
참기름 · 사이다 · 조금씩

Q

불고기를 넣은 국수는 처음 보네요.

A

불고기의 구수한 맛이 국수와 잘 어울립니다.

불고기감으로 준비한 쇠고기를 체에 밭쳐 핏물을 뺀 다음 불고기 양념을 하여 재어두었다가 마른 팬에서 볶듯이 익혀내세요. 약간 보슬하다 싶을 정도로 익혀낸 다음 국수에 함께 비벼 먹으면 불고기의 구수한 맛이 아주 잘 어울립니다. 콩나물도 잘 어울리고요. 이 때 주의하실 점은 반드시 생채소를 조금 넣어주셔야 한다는 것입니다. 그래야 질리지 않고 맛나게 먹을 수 있어요. 냉장고에 불고기감으로 재어둔 재료가 있다면 조금만 덜어 사용하셔도 되고요.

Q

청포묵은 양념에 무쳐 먹는 음식으로 알고 있는데 어떤 맛일지 궁금하네요.

》청포묵국수

차게 해서 먹는 시원한 국수다. 청포묵은 색깔도 투명하고 혀에 닿는 감촉도 부드러워 어른 아이 모두 좋아한다. 국수 국물은 미리 만들어 냉장고에 넣어 차게 해 둔다.

1

3

104 Kcal

4

5

6

7

1 햇김치를 2~3cm 길이로 송송 썰어 준비한다.
3 청포묵은 될수록 가늘게 채 썬다.
4 끓는 물에 넣어 투명해질 때까지 삶아낸다.
5 체에 밭쳐 물기를 뺀다.
6 배는 껍질을 벗기고 곱게 채썬다.
6 그릇에 청포묵과 고명을 담고 국물을 붓는다.

재료

청포묵 ············ 1모
햇김치 익은 것 ······· 2컵
배 ············ 1/4개분

김치 양념

- 참기름 ········ 적당량
- 설탕 ········· 적당량
- 깨소금 ········ 적당량

국물 양념

- 햇김치 국물 ······ 1컵
- 양지머리 국물 ····· 1컵
- 설탕, 식초 ····· 조금씩

만들기

1 햇김치 건더기는 길이 2~3cm 길이로 썰어 김치 양념에 무친다. 국물은 따로 받아 둔다.

2 김치 국물과 육수를 섞고 설탕, 식초로 맛을 내어 국수 국물을 만든다. 국수 국물은 냉장고에 넣어 차게 해 둔다.

3 청포묵은 가능하면 가늘게 채 썬다.

4 끓는 물에 채썬 청포묵을 투명하게 삶는다.

5 삶은 청포묵을 체에 건져 물기를 거둔다. 이렇게 하면 묵에 끈기가 생겨 먹기 좋다.

6 배는 껍질을 벗기고 곱게 채 썬다.

7 그릇에 김치, 청포묵, 김치, 청포묵, 배의 순서로 얹은 다음 차게 준비한 국물을 붓는다.

A

청포묵의 담백한 맛이 햇김치의 아삭한 맛과 어울려 깔끔한 맛을 냅니다.

청포묵보다 국물맛을 즐기는 음식이에요. 육수와 김치국물을 혼합하여 국물을 만들었기 때문에 깊은 맛이 있으면서도 시원하답니다. 국물은 미리 만들어서 시원하게 두거나 혹은 냉장고에 넣었다가 상에 낼 때 부으세요. 청포묵은 삶아서 물기를 빼야 제 맛을 즐길 수 있습니다.

청포묵은 녹두 전분으로 만들었으며 봄철에 입맛 없을 때 먹으면 제격이에요. 묵 자체에는 별다른 맛이 없지만 부재료를 넣고 갖은 양념으로 무쳐 양념맛으로 먹는 음식이기도 합니다.

쟁반쫄면

쫄깃쫄깃한 쫄면에 양상추와 깻잎의 향과 아삭아삭 씹히는 오이가 맛을 더한다. 여름철 입맛이 없을 때 매콤새콤하게 양념하여 콩나물국을 곁들이는 게 좋다.

372 Kcal

만들기

1 오이, 배는 중간 정도의 굵기로 썬다.

2 양상추, 깻잎은 채썰고, 쑥갓은 속고갱이만 준비하여 1/2 길이로 잘라 놓는다.

3 분량의 양념을 합하여 양념장을 만드는데, 양념장 A의 재료를 모두 함께 믹서에 갈아 하루 정도 숙성시킨 후 고춧가루와 생강가루, 설탕 등의 양념을 넣어 맛을 낸다.

4 쫄면을 삶아 찬물에 헹궈 물기를 빼 놓는다.

5 물기뺀 쫄면을 분량의 무침 양념으로 버무린다.

6 양념장에 무친 쫄면을 그릇에 담고 준비해 놓은 오이, 양상추, 배, 쑥갓을 보기 좋게 얹는다.

재료

쫄면 ············ 300g
쑥갓 ············ 40g
오이 ············ 100g
배 ·········· 1/4개(120g)
양상추 ············ 50g
깻잎 ············ 1묶음

양념장 A

통마늘 ·········· 10g
양파 ············ 15g
배 · 사과 ········ 30g
국간장 ···· 3과 1/2큰술
통깨 · 사이다 ···· 2큰술

고운고춧가루 ··· 2큰술
생강가루 ········ 조금
설탕 ······ 2와 1/2큰술

무침 양념

갠겨자 ········ 1큰술
참기름 ········ 2큰술
식초 ······ 2와 1/2큰술

1 오이와 배는 골패 모양으로 썬다.
2 양상추, 깻잎, 쑥갓 등의 채소를 넉넉히 준비한다.
3 양념장 A재료를 함께 갈아 양념장을 만든다.
4 쫄면을 삶아 물기를 뺀다.
5 물기 뺀 쫄면을 양념에 무친다.
6 쫄면을 보기 좋게 담고 준비한 채소를 얹는다.

Q 쫄면에 어떤 재료들을 넣으면 더 맛있을까요?

양상추, 오이, 깻잎을 넣는 것이 좋습니다.

쫄면에 콩나물을 삶아 얹어도 맛이 좋습니다. 일반적으로 음식점에서 파는 쫄면에는 양배추 채 썬 것 등을 넣기도 하는데요, 양배추보다는 양상추와 오이가 아삭아삭하게 씹히는 맛이 더 좋지요. 깻잎은 향을 더하는 역할을 하니 꼭 넣으시고요. 콩나물국을 삼삼하게 끓여내어 쫄면에 곁들여 내면 먹을 때 더 좋겠지요? 여름철 입맛 없을 때 매콤새콤하고 쫄깃쫄깃한 쫄면 한 그릇 만들어 드시면 잃었던 입맛을 찾기에 그만일 겁니다.

Q

춘장은 어느 정도나 볶아야 하는
건가요?

쇠고기 간자장

춘장은 중국의 장으로 기름을 붓고 약한 불에서 볶으면 단냄새가 난다. 춘장 볶은 기름으로 쇠고기를 볶고 양상추는 나중에 넣어 잠깐만 볶는다.

1

2

620 Kcal

3

4

5

6

1 춘장을 볶아 기름을 준비한다.
2 쇠고기, 호박, 양배추, 양파 등의 재료를 같은 크기로 썬다.
3 국수를 삶아 기름에 무쳐 둔다.
4 향이 밴 기름에 쇠고기를 볶는다.
5 쇠고기 볶은 것에 준비한 채소를 넣어 볶다가 마지막으로 양배추를 넣고 뒤적거려 자장을 만든다.
6 국수 위에 자장을 끼얹고 채썬 오이를 얹는다.

재료

국수 ············ 200g
쇠고기 ·········· 150g
호박 ············ 150g
양파 ············ 400g
양배추 ·········· 150g
오이 ············ 1개

춘장 볶음

식용유 ········ 120ml
춘장 ·········· 120ml

볶음 양념

식용유 ········ 2큰술
다진 마늘 ··· 1과1/2큰술
다진 생강 ···· 1/2작은술

양념

청주 ·········· 2큰술
설탕 ·········· 2큰술
물녹말 ········ 1큰술
참기름 ········ 1큰술

만들기

1 잘 달구어진 팬에 분량의 식용유를 넣고 춘장을 넣은 후 약한 불에서 10분 정도 볶아 체에 밭쳐 춘장 기름을 따로 준비한다.

2 호박, 양배추, 양파는 사방 1cm 크기로 썬다. 쇠고기도 채소와 같은 크기로 썬다. 오이도 조금 채썰어 둔다.

3 국수를 삶아 기름에 무쳐 둔다.

4 잘 달구어진 팬에 춘장 기름 2큰술을 넣고 달군 다음 다진 마늘과 다진 생강을 넣어 바글바글 끓으면서 기름에 향이 배면 청주 2큰술을 넣고 채 썬 쇠고기를 넣어 볶는다.

5 쇠고기가 어느 정도 볶아지면 양파, 호박의 순서로 넣고 센불에서 볶아가며 설탕 2큰술과 미리 볶아둔 춘장을 넣고 한 소큼 볶다가 양배추를 넣고 살짝 더 볶아 마무리한다.

6 그릇에 기름에 무쳐 둔 국수를 담고 자장을 뜸북 끼얹은 후 채썬 오이를 올린다.

A

향이 좋아질 때까지 볶으면 됩니다.

춘장을 볶을 때는 기름의 양이 충분해야 합니다. 기름과 춘장의 양을 동일하게 하여 먼저 기름을 넣고 달군 다음 춘장을 넣어 약한불에서 단 냄새가 나면서 향이 좋아질 때까지 볶으면 됩니다. 춘장볶은 기름은 따로 받아 두었다가 쇠고기 볶을 때나 채소를 볶을 때 사용하세요. 자장면을 만들 때 빠지면 안될 것 중의 하나가 바로 양배추이지요. 단, 양배추는 너무 오랫동안 익히면 늘어져서 볼품이 없어지므로 맨 마지막에 넣어 어우러지는 정도로 살짝만 볶아 마무리하세요.

Q

짬뽕이란 무슨 뜻이며 중국집 짬뽕과 어떻게 다른가요?

짬뽕라면

짬뽕 국물을 만들어 삶은 라면에 부어 얼큰한 맛을 즐겨보자. 짬뽕 국물은 중국식 국물로 일반 국수에 부어도 좋지만 라면에 부어 먹으면 특별한 맛이 난다.

321 Kcal

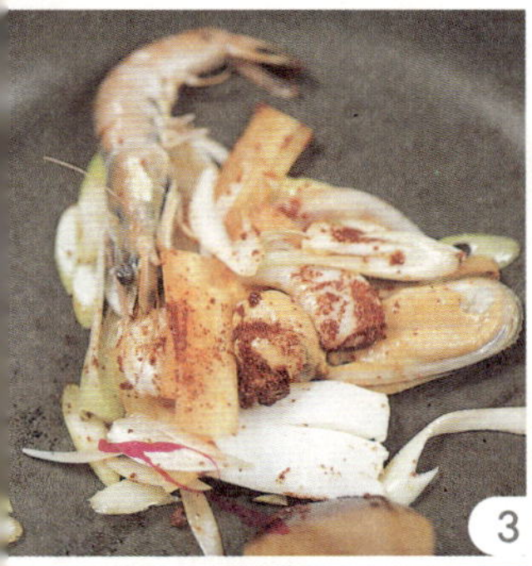

1 당근과 대파, 양파, 부추 등의 재료를 준비한다.
2 홍합, 새우, 갑오징어 등의 해물도 손질한다.
3 다진 마늘과 해물을 넣어 볶는다.
4 물을 붓고 라면수프와 소금으로 맛을 낸다.
5 식초를 탄 물에 라면을 삶는다.
6 그릇에 라면을 담고 국물을 부은 후 부추를 얹는다.

재료

라면	2개
양파	100g
대파	40g
당근	20g
홍합	6개
갑오징어	200g
대하	6마리
부추	20g

양념

고운 고춧가루	1큰술
다진 마늘	1큰술
소금	적당량
라면 수프	적당량
식용유	적당량

만들기

1 양파는 굵직하게 채 썰고 대파는 어슷썰기로 썰며 당근은 골패 모양으로 썬다. 부추는 깨끗이 손질하여 씻어 3~4cm 길이로 썬다.

2 갑오징어는 손질하여 채 썬다. 홍합은 깨끗이 손질하여 껍질에서 꺼낸다. 대하는 등에 있는 내장을 제거한 후 깨끗이 씻어둔다.

3 우묵한 팬에 식용유를 살짝 두르고 다진 마늘과 해물을 넣고 볶으면서 양파, 대파, 당근을 넣고 고춧가루로 매운 맛을 더하여 볶는다.

4 야채와 해물이 볶아지면 물을 적당량 부어 한소끔 끓이면서 라면 수프와 소금을 넣어 맛을 낸다.

5 라면은 미리 삶아 놓지 말고 국물이 완성되었을 때 따로 삶는데 이때 식초를 조금 넣으면 기름기가 제거된다.

6 삶은 라면을 그릇에 담고 만들어 놓은 국물을 부은 다음 그 위에 부추를 얹어낸다.

A

여러가지 채소와 해물을 볶다가 물 붓고 끓여 먹는 국물 음식이에요.

원래 중국 본토에서는 고춧가루를 넣지 않고 시원하게 끓여서 후춧가루만 쳐서 먹는 음식이라는군요. 그런데 우리나라에서 먹는 중국식 짬뽕은 얼큰하고 맵다는 인상이 더 강한 음식이기도 하죠. 제가 소개하는 짬뽕은 국수 대신 라면을 사용했고 라면 수프로 국물맛을 냈으니까 그야말로 퓨전 짬뽕이라 해야 할까요. 중국집에서는 채소와 해물을 돼지비계기름(라드)으로 볶고 짬뽕 국물에 고춧가루를 듬뿍 넣지요. 국수는 생면을 사용합니다. 들어가는 재료는 비슷하지만 맛이 다른 이유는 기름 때문이기도 하고 향신료 때문이기도 합니다.

Q
굴소스를 어느 정도나 넣어야 하나요?

중국식 볶음국수

굴소스를 사용한 중국식 국수로 자칫하면 맛이 진할 수 있으므로 맛을 보아가며 굴소스를 넣도록 한다.

351Kcal

1 소면을 삶아 참기름에 버무린다.
2 돼지고기를 양념한다.
3 야채를 준비한다.
4 양념한 돼지고기를 데쳐 낸다.
5-1 달군 팬에 향채소부터 볶는다.
5-2 데친 돼지고기를 갖은양념으로 볶는다.
6 채소와 소면을 넣고 어우러지게 볶는다.

재료

생소면 · 돼지고기 ··· 200g
불린 표고 ·········· 3장
셀러리 줄기 · 당근 ···· 40g
양파 ············· 70g
숙주 ············· 100g
중국 부추 ·········· 50g
식용유, 참기름 ···· 조금씩

돼지고기 양념

간장 ········· 1/2큰술
청주 ········· 1/2큰술
녹말가루 ······ 1/2큰술
달걀흰자 ····· 1/2개분

볶음 양념

대파 ··········· 30g
마늘 ··········· 20g
다진 생강 ········· 3g
청주 · 간장 · 설탕 · 1큰술
참기름 ········ 2큰술
후춧가루 ········ 조금
굴소스 ········ 적당량

만들기

1 생소면은 잘 삶아 씻어 건져 참기름에 살짝 버무려 준비한다.

2 돼지고기는 채로 썰어 돼지고기 양념에 재운다.

3 불린 표고, 당근, 양파는 채 썰고, 셀러리 줄기는 어슷하게 썬다. 숙주는 머리와 꼬리를 떼어내고, 중국 부추는 깨끗이 다듬어 씻어 5~6cm 길이로 자른다.

4 식용유 2컵을 냄비에 담아 달군 뒤 양념에 재운 돼지고기를 넣어 잠깐 동안 데쳐 낸다.

5 잘 달구어진 팬에 식용유를 두르고 대파, 마늘, 생강을 넣고 볶아 향이 나면 데친 돼지고기를 넣고 볶으면서 청주와 간장으로 맛을 낸다.

6 여기에 양파, 당근, 셀러리, 숙주, 부추를 넣은 후 설탕과 굴소스로 맛을 내고 국수를 넣은 다음 참기름과 후춧가루를 넣어 어우러지게 볶아 완성한다.

A

맛이 강한 편이므로 많이 넣지 마세요.

굴소스는 중국요리에 폭넓게 쓰이는 소스로 우리의 간장보다 훨씬 진하고 깊은 맛을 냅니다. 중국식의 볶음국수에는 그래서 굴소스로 간을 하는 것이 제격이라고 할 수 있죠. 굴소스는 의외로 맛이 강한 만큼 한꺼번에 많이 넣지 마시고 간을 보면서 조금씩 넣어 맛을 맞추도록 하세요. 여기에 설탕을 조금 넣으면 한결 감칠맛을 낼 수 있지요. 굴소스는 발효시킨 굴에 갖은 양념과 향신 재료를 섞어서 만든 소스로 간장 맛을 내는 요리에 이용하며 특히 해물이 들어간 요리에 잘 어울립니다.

Q

한국 만두와 중국 만두는 어떻게 다른가요?

》 만두국

출출하고 입맛 없을 때 끓여 먹으면 맛있다.
휴일이나 가족 모임에 끓여 놓으면 다른 반찬 없이도 한끼 식사를 대신할 수 있다.

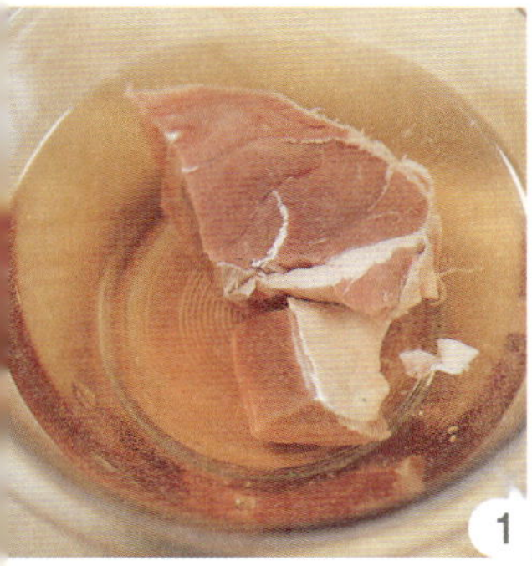
1

2

451 Kcal

3

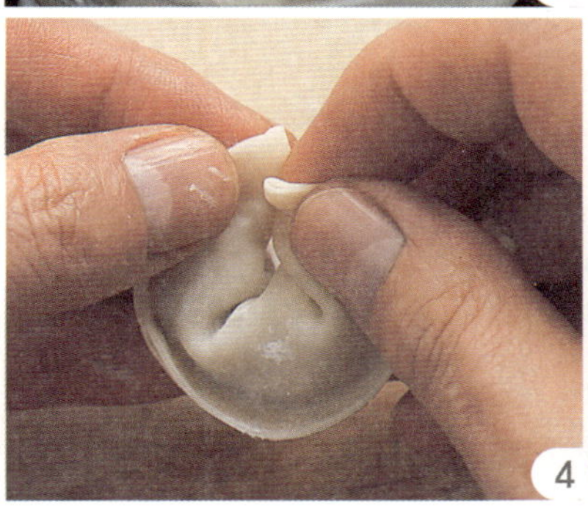
4

5

6

1 사태는 냉수에 담가 핏물을 뺀다.
2 핏물 뺀 사태를 건고추, 생강, 통마늘을 넣고 푹 고아 육수를 만든다.
3 만두소를 만든다.
4 만두를 빚는다.
5 고명을 만든다.
6 만두를 쪄서 그릇에 담고 국물을 부은 후 고명을 얹는다.

재료

만두피	20장
계란	2개
미나리	10줄기
홍고추	조금

만두 속 재료

통배추	5장(180g)
숙주	150g
다진 쇠고기 · 두부	100g
부추	70g
양파	100g

만두 속 양념

소금 · 설탕	1작은술
다진 마늘	1큰술
깨소금 · 참기름	1큰술
후춧가루	조금
생강즙	1/2작은술

육수

사태	300g
건고추	3개
양파	1/2개
저민 생강	2쪽
통마늘	10쪽

만들기

1 사태는 찬물에 담가 핏물을 제거한다.

2 핏물 뺀 사태와 양파, 건고추, 저민 생강, 통마늘을 분량대로 찬물에 함께 넣고 삶아 고기가 익으면 고기를 건지고 국물은 차게 식혀 베보에 받쳐 맑은 육수를 만든다. 삶은 고기는 편육으로 썰어 준비한다.

3 만두 속 재료의 통배추, 숙주는 살짝 삶아 곱게 다지고 양파도 곱게 다진다. 두부는 멍울 없이 곱게 으깨고, 부추는 송송 썬 다음, 준비된 재료들을 베보자기에 싸서 물기 없이 짠 후 분량의 양념으로 맛을 내어 만두소를 만든다.

4 만두피에 만두소를 적당히 넣어가며 둥글게 만두를 빚는다.

5 달걀은 황백으로 나누어 지단을 얇게 부친 다음 돌돌 말아 곱게 채 썰고, 미나리는 3~4cm 길이로 자르고, 홍고추는 반으로 갈라 씨를 제거한 후 곱게 채 썰어 고명으로 쓴다.

6 찜통에 젖은 보를 깔고 김이 오른 다음 만두를 겹치지 않게 놓아 찐 후 그릇에 담고 육수를 부은 다음 편육과 고명을 올린다.

A

만두 안에 들어가는 소가 다릅니다.

한국식 만두에는 김치, 두부, 숙주, 부추, 양파 등이 들어가지만 중국식 만두소로는 돼지고기 다진 것과 부추가 만두소의 주재료입니다. 돼지고기에 갖은 양념하여 잘게 썬 부추를 섞어 맛을 내면 되지요. 또한 중국 만두는 왕만두, 찐만두, 물만두로 구분되는데 반죽의 농도를 달리한답니다. 물만두는 밀가루 3컵에 찬물 1과 1/3컵으로 반죽을 하지요. 찐만두는 밀가루 3컵에 끓는 물 2/3컵, 찬물 1/3컵으로 반죽을 한답니다.

Q

골동면이라는 이름이 낯설어요.

골동면

옛날 궁중에서 만들어 먹던 비빔국수이다. 국수를 삶아 갖은 양념에 무쳐 고명을 얹었기 때문에 깊은 맛이 있고 볼품도 있다. 손님상에 올려도 좋은 국수이다.

996 Kcal

1 오이를 볶아 양념한다.
2 채썬 쇠고기를 볶아 양념한다.
3 달걀은 황백 지단을 부친다.
4 숙주도 데쳐 양념에 무친다.
5 국수 양념장을 만든다.
6 국수를 삶아 양념장에 무쳐 그릇에 담고 준비한 재료들을 얹는다.

숙주나물 양념

- 소금 ······· 1/2작은술
- 참기름 ······· 2작은술

국수양념장

- 송송 썬 실파 ··· 1컵(30g)
- 다진 마늘 ······· 2큰술
- 간장 ·········· 7큰술
- 설탕 ········ 2~3큰술
- 참기름 · 깨소금 ·· 2큰술
- 송송 썬 양송이 · 1컵(60g)
- 다진 오이 ···· 1컵(100g)
- 고추기름 ······· 2큰술

재료

- 국수 ············· 500g
- 오이 ········· 2개(300g)
- 쇠고기 ··········· 100g
- 생표고 · 숙주 ····· 200g씩
- 배 ·············· 1/2개
- 달걀 ·············· 2개
- 식용유, 소금 ······ 조금씩

오이나물 양념

- 다진 마늘 ····· 2작은술
- 깨소금 · 참기름 2작은술

쇠고기 양념

- 간장 · 참기름 ···· 1큰술
- 설탕 · 다진마늘 · 1/2큰술
- 깨소금 ······· 1/2큰술
- 후춧가루 ········ 조금

버섯나물 양념

- 소금 ······· 1/2작은술
- 다진 마늘 · 설탕 1/2큰술
- 참기름 ········· 1큰술
- 깨소금 ······· 1/2큰술
- 후춧가루 ········ 약간

만들기

1 오이는 송송 썰어서 소금에 살짝 절여 물기를 꼭 짠 다음 달구어진 팬에 기름을 조금 두르고 파랗게 볶아 차게 식힌다.

2 쇠고기도 곱게 채 썰어서 분량의 양념에 무쳐 팬에 볶아 차게 식힌다. 표고도 같은 방법으로 볶아 차게 식힌다.

3 달걀은 황백으로 나누어 지단을 부쳐 곱게 채 썰고 배도 껍질을 벗겨 같은 굵기로 채 썬다.

4 숙주는 머리와 꼬리를 떼어내고 살짝 데쳐 소금, 참기름에 무친다.

5 분량의 국수 양념장 재료를 섞어 국수 양념장을 만든다.

6 국수를 잘 삶아 씻어 소쿠리에 건져 물기를 없앤 후 국수 양념장으로 무쳐 국수대접에 담고 오이나물, 배, 표고나물, 쇠고기, 황백지단을 색스럽게 올려 낸다.

A

골동면은 옛날 궁궐에서 먹던 고급의 국수요리입니다.

국수에 양념을 해서 감칠맛을 내고 그 위에 갖가지의 색스러운 고명을 올려 보기에도 근사하지요. 각각의 고명 역시 참기름, 깨소금 등으로 양념을 해서 맛을 내고요. 특히 간장 양념을 한 것이 특별합니다. 비빔 국수라면 그저 초고추장에 비벼 먹는 것으로만 생각하기 쉽습니다. 하지만 고추장 양념은 생목이 올라오게 한다는군요. 그래서 예전 궁중에서는 간장 양념으로 맛을 내어 소화가 잘되게 했다고 합니다. 한번 시도해 보세요. 손님 초대상에도 손색이 없습니다.

Q

편수란 무슨 뜻인가요? 만두의
종류가 많다는데 얼마나 많은지요?

호박편수

차게 해서 먹는 옛날식 만두 종류다.
만두 소로 호박과 쇠고기 표고가 들어간다. 초간장을 맛나게 준비하자.

396 Kcal

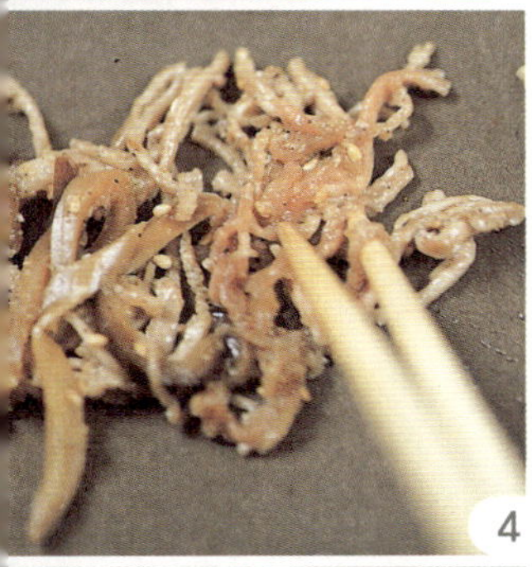

1 애호박을 돌려 깎아 채썬다.
2 채썬 호박을 절여 물기를 짠다.
3 물기 짠 호박을 볶아 식힌다.
4 쇠고기와 표고버섯을 볶아 식힌다.
5 볶은 재료를 합해 소를 만든다.
6 만두를 빚는다.
7 빚은 만두를 찐다.

재료

만두소
애호박 ············ 650g
쇠고기 ············ 100g
불린 표고 ·········· 3장
소금, 식용유, 만두피 적당량

호박 볶음양념
다진 마늘 ····· 1/2큰술
다진파 ·········· 1큰술

호박 무침양념
참기름 · 깨소금 2작은술
설탕 ·········· 1작은술
흰 후춧가루 ···· 조금씩

쇠고기, 표고 양념
간장 ······ 1과1/2큰술
설탕 · 다진마늘 2작은술
다진 파 · 참기름 ·· 1큰술
깨소 ········ 금 2작은술
후춧가루 ········ 약간

초간장
간장 ·········· 1큰술
식초 · 설탕 ····· 1큰술
물 ············ 1큰술

만들기

1 애호박은 4~5cm 길이로 잘라 씨가 나올 때까지 얇게 돌려 깎는다.

2 돌려깎은 호박을 채 썬 후 연한 소금 물에 짜지 않게 절여 호박을 베보에 싸서 꼭 짜 물기를 거둔다.

3 잘 달구어진 팬에 식용유를 살짝 둘러 호박을 볶다가 분량의 볶음 양념을 넣고 새파랗게 볶아 차게 식힌 다음 분량의 무침 양념으로 무친다.

4 쇠고기는 결대로 곱게 채 썰고 불린 표고는 기둥을 떼어내고 곱게 썰은 후 고기와 표고 양념으로 같이 무쳐 잘 달구어진 팬에 볶아 차게 식힌다.

5 볶은 호박과 고기, 표고를 넓은 그릇에 담고 고루 섞어 만두소를 만들어 둔다.

6 만두피에 만두 소를 넣고 네모지게 빚는다.

7 물을 팔팔 끓이다가 빚어 놓은 만두를 넣어 살짝 삶아 건져 얼음 냉수에 담갔다가 재빨리 건져 그릇에 담든지 찜통에 쪄 낸 후 초간장을 곁들여 낸다.

A

사각 모양으로 빚은 만두를 편수라고 합니다.

만두는 재료나 모양, 삶는 방법에 따라 종류가 많습니다. 빚은 모양에 따라서는 사각진 것을 편수, 해삼 모양은 규아상, 골무처럼 작게 빚은 것은 골무만두, 석류 모양으로 빚은 것은 석류만두, 큼직하게 빚은 것은 대만두, 작게 빚은 것은 소만두, 껍질 없이 밀가루에 굴려 만든 것은 굴림만두라고 합니다. 편수는 개성 지방에서 많이 만들어 먹던 만두로 여름철에 주로 만들어 먹었다고 합니다.

Q

규아상과 편수는 만드는 방법이
비슷한 것 같은데 어떻게 다른가요?

규아상

해삼처럼 길쭉하게 빚은 옛날식 찐 만두다. 만두소로 쇠고기, 표고, 오이가 들어가며 재료들을 각각 볶아 식힌 후 한데 버무려 만두 소로 사용한다. 찜통에 쪄서 초간장에 찍어 먹는다.

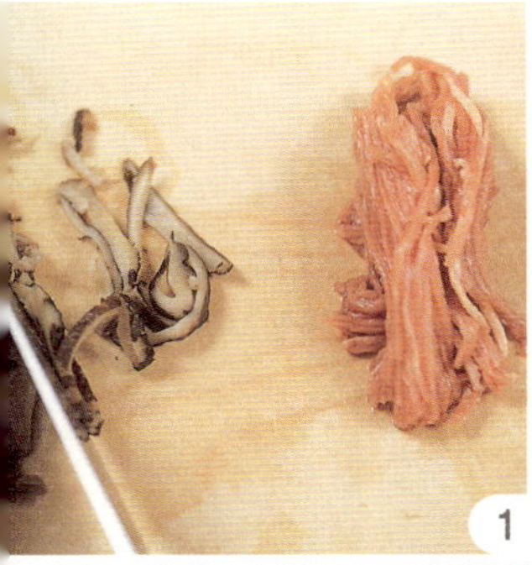

285 Kcal

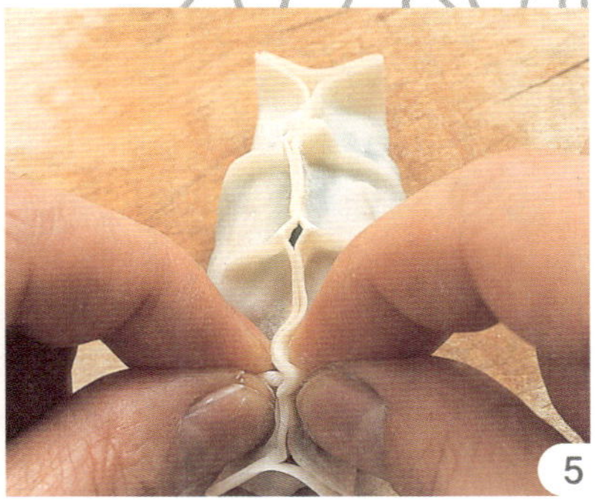

1 쇠고기와 표고도 채 썰어 볶아 양념하여 식힌다.
2 오이는 돌려깎아 채 썰어 볶아 양념하여 식힌다.
3 만두피를 만든다.
4 볶은 쇠고기와 표고를 한데 섞어 만두소를 만든다.
5 만두를 갸름하게 빚는다.
6 빚은 만두를 찜통에 찐다.

재료

만두피 반죽

- 쇠고기 ············ 100g
- 불린 표고 ··········· 3장
- 오이 ·· 500g(보통 크기 2개)

만두피 반죽

- 밀가루 ······ 1과1/2컵
- 물 ············· 5큰술
- 소금 ··········· 조금

고기, 표고 양념

- 간장 ······ 1과1/2큰술
- 설탕 ········ 2작은술
- 다진 마늘 ····· 2작은술
- 다진파 ·········· 1큰술
- 깨소금 ······· 2작은술
- 참기름 ·········· 1큰술
- 후춧가루 ······· 조금

만들기

1 쇠고기는 결대로 곱게 채 썰고 불린 표고는 기둥을 떼어내고 곱게 채 썬 후 고기, 표고 양념에 재었다가 팬에 볶아 차게 식힌다.

2 오이는 원통 모양으로 돌려 깎아 곱게 채 썰어 소금에 살짝 절여서 물기를 꼭 짠 다음 잘 달구어진 팬에 빨리 볶아 차게 식힌다.

3 만두피 반죽 재료를 분량대로 섞어 밀가루 반죽을 하여 작은 크기로 떼어낸 다음 밀대로 밀어가며 얄팍하게 만두피를 만든다.

4 볶아서 식혀 놓은 쇠고기, 표고, 오이를 넓은 그릇에 함께 넣고 고루 섞어 만두소를 만든다.

5 만두피에 완성된 소를 넣고 만두를 빚는데 갸름하게 소를 넣고 양쪽 자락의 맞닿는 부분을 붙이고 양끝을 삼각지게 집어 등에 주름을 잡아가며 빚는다.

6 찜통에 젖은 보를 깔고 김이 오르면 만두가 겹쳐지지 않도록 놓고 약 5분간 쪄낸 다음 기호에 따라 초간장을 곁들여 내기도 한다.

A

편수는 사각 만두, 규아상은 해삼처럼 빚은 만두입니다.

두 가지 모두 여름철 채소가 흔할 때 만들어 먹는 만두로 생긴 겉모양만 다르고 만두소는 비슷합니다. 저는 편수에는 호박, 표고, 쇠고기를 소재료로 사용했고 규아상 만두 소재료로는 오이, 표고, 쇠고기를 사용했습니다. 모든 소재료를 각각 채썰어 소금에 나른하게 절였다가 양념하여 볶은 후 식혀서 만두소로 넣습니다. 집에 남은 채소가 있을 때 한 번 만들어 보세요. 간식용으로도 아주 좋습니다.

Q

샤브샤브는 재료마다 다른 소스를
찍어 먹는 요리가 아닌가요?

버섯라면샤브샤브

라면은 다양하게 이용할 수 있는 재료다.
수프로는 샤브샤브 국물을 만들고,
라면은 국수 대신 이용한다.

334 Kcal

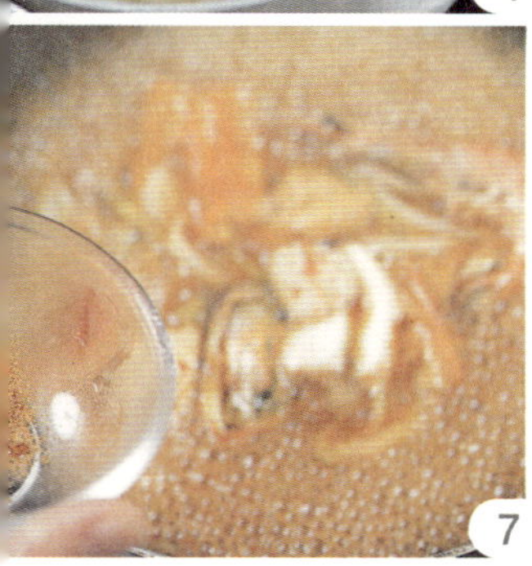

1 팽이버섯, 만가닥버섯 손질을 한다.
2 생표고, 양송이, 양파 손질을 한다.
3 고기는 핏물을 빼 둔다.
4 라면을 미리 삶아둔다.
5 준비한 재료들을 큰 그릇에 담는다.
6 샤브샤브용 국물을 끓인다.
7 샤브샤브용 국물에 준비한 버섯 채소들을 익혀 먹는다.

재료

라면	2개
양파	120g
만가닥 버섯	1팩
실파	60g
생표고	100g
고기	200g
양송이	100g
쑥갓	50g

샤브샤브 국물

물	8컵
다시마	20g
라면 수프	2개

만들기

1 팽이버섯, 만가닥버섯은 밑둥을 잘라낸 다음 가닥을 떼어내 흐르는 물에 가볍게 씻어둔다.

2 생표고는 기둥을 떼어내고 깨끗이 씻어 굵직하게 채 썬다. 양송이, 양파도 채 썰고 실파는 4~5cm길이로 썰어서 준비한다.

3 샤브샤브용 고기는 핏물을 빼고 살짝 얼려 둔다.

4 식초 푼 물에 라면을 삶아 물기를 빼 둔다.

5 큰 그릇에 준비한 재료들을 보기 좋게 담아 놓는다.

6 샤브샤브용 국물은 물 8컵에 다시마 20g을 넣고 5분 정도 끓인 다음 다시마는 건져 내고, 라면 수프를 넣어 끓인다.

7 팔팔 끓고 있는 샤브샤브용 국물에 준비된 재료들을 넣고 한 가지씩 익혀 먹는다.

8 라면은 다른 재료들을 다 익혀 먹은 후 마지막에 넣고 끓여 먹는다.

A

이 요리는 소스 대신 라면 수프 장국에 각각의 재료를 익혀 먹는 재미가 있어요.

소개하는 버섯라면 샤브샤브는 그야말로 간단하게 만들어 먹는 라면요리라고 하면 더 잘 어울립니다. 하지만 샤브샤브 장국물을 라면 수프로 끓여 준비한 재료들을 하나씩 익혀 먹는 재미가 재료를 한꺼번에 넣고 끓이는 것보다 훨씬 재료 특유의 맛을 즐길 수 있습니다. 소스는 취향대로 준비하세요. 기본적인 소스로 간장식초소스, 참깨소스를 준비하면 됩니다.

국수 스파게티 삶는 법

국수든 스파게티든 국수 요리의 출발이자 기본은
뭐니뭐니해도 국수 삶기. 국수가 맛있게 잘 삶아져야
맛있는 국수 요리를 즐길 수 있다. 소면, 생면, 메밀국수 등
우리 국수와 스파게티까지 맛있게 삶는 요령을 알아보자.

[소면]

국수 삶기의 첫 번째 원칙은 물이 넉넉해야 한다는 것. 물이 부족하면 온도 유지가 어렵고 국수끼리 서로 들러붙기도 해서 맛있게 삶을 수가 없다. 보통 국수 100g에 물 1리터를 잡으면 되는데 국수 양이 늘어날수록 물의 양은 더 많이 늘어나 국수 300g을 삶는다면 물 4리터쯤은 필요하다.

소면 삶기

1. 국수 끝을 가지런히 정리해서 다발 끝을 실로 약간 헐렁하게 매준다.

2. 물을 넉넉하게 잡아 팔팔 끓인 후 국수를 부채 모양으로 헤쳐 넣는다.

3. 국수가 물에 잠긴 후에는 젓가락으로 저어 주어 국수가 뭉치지 않게 하고 열이 고루 전달되도록 한다.

4. 센불에서 삶기 시작해서 물이 끓어 넘칠 것 같으면 찬물을 한 컵 더 붓는다. 굵기에 따라 2~3회 정도 찬물을 더 부어준다.

5. 물이 다시 한 번 끓어오르면 체에 쏟아 재빨리 찬물에 헹군다.

6. 몇 차례 헹궈 국수 표면의 미끈거리는 전분기를 씻어내야 쫄깃하다.

[젖은 국수]

반죽을 해서 국수를 썰 때 국수끼리 들러붙지 말라고 밀가루를 뿌리는데 소면의 경우 건조 과정에서 밀가루가 다 떨어져 나가지만 생면은 그대로 남게 된다. 밀가루가 많으면 국수를 삶을 때 넘치기 쉽고 또 국수 표면에 끈적거리는 것이 남아 맛이 덜하다. 또 생면은 넘치기 쉬우므로 냄비도 좀더 큰 것으로 사용하고 중간에 물도 넉넉히 부어주어야 한다.

생면 삶기

1. 손으로 비비면서 가루를 털어낸다.
2. 팔팔 끓는 물에 훌훌 털어가며 넣어 젓가락으로 휘젓는다.
3. 속까지 투명하게 익으면 건져서 찬물에 헹군다.
4. 소쿠리에 건져 놓아 물기를 뺀다.

[메밀국수]

시중에서 파는 메밀국수 가운데는 건조한 것도 있고 젖은 메밀국수도 있다. 건조한 것은 소면 삶는 요령으로 삶으면 되는데 단, 메밀국수는 면이 가늘어 더 빨리 익으므로 재빨리 삶아 서둘러 찬물에 헹구는 것이 필요하다. 또 국수 가닥이 붙은 채로 파는 젖은 국수는 먼저 손으로 비벼 면을 하나하나 분리해 줘야 한다.

젖은 메밀국수 삶기

1. 젖은 국수와 마찬가지로 손으로 비비면서 가루를 털어 낸다.

2. 냄비에 물을 넉넉하게 끓인 후 손으로 흔들어 펼치듯이 넣는다.

3. 메밀국수는 면이 가늘어 더 빨리 익으므로 물에 넣자마자 바로 젓가락으로 저어 냄비 바닥에 눌어붙지 않게 한다.

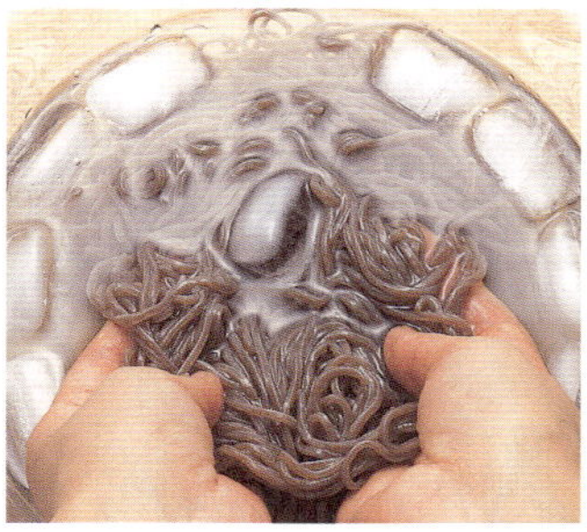

4. 다 삶아지면 체에 건져 재빨리 찬물에 헹구고 식으면 손으로 비벼 끈적적리는 것을 씻어낸다. 체에 밭여 물기를 뺀다.

[스파게티]

우리나라 국수와는 달리 스파게티는 삶은 뒤 물에 헹구지 않고 올리브유에 살짝 볶아 따뜻할 때 먹는 것이다. 따라서 소스와 다른 재료가 완성됨과 동시에 스파게티도 다 삶아질 수 있도록 시간을 잘 맞추도록 한다. 스파게티의 맛은 스파게티 면이 얼마나 잘 삶아졌느냐가 90%를 결정한다고 해도 과언이 아니다.

스파게티 삶기

1. 먼저 속이 깊은 냄비에 물을 넉넉히 부어 팔팔 끓여 소금을 넣는다. 스파게티 국수 100g당 물은 1리터쯤, 소금은 1작은술이 기준이다.

2. 스파게티는 아무렇게나 넣으면 밑에서부터 서로 들러붙어 버린다. 그러므로 물에 넣을 때 스파게티 다발을 들고 가볍게 비튼다.

3. 냄비 중앙에서 하나, 둘, 셋 하면서 원을 만들듯 스파게티를 펼쳐 넣은 후 손을 뗀다.

4. 스파게티가 방사형으로 퍼지도록 하는 것이 좋은데 잘 퍼지지 않으면 재빨리 손으로 펴 넣는다.

5. 스파게티가 조금씩 가라앉기 시작하면 부드럽게 휘저으면서 전체가 물에 잠기도록 한다. 이때 불은 계속 센불을 유지한다.

6. 삶아지기 시작하면 때때로 젓가락으로 크게 섞어주고 한 가닥 들어보아 중심에 철사끝 정도의 힘이 남아 있을 때가 최적.

7. 다 삶아졌으면 단숨에 체에 쏟아 부어 물기를 뺀다. 스파게티는 기름으로 반죽한 것이므로 굳이 찬물에 헹굴 필요는 없다.

8. 혹시 아직 소스 준비가 덜 되었다면 올리브 기름을 발라 팬에 살짝 볶아두면 면이 붙는 것을 막을 수 있다.

7

영양밥 영양죽

음식만큼 입을 즐겁게 하고 몸에 좋은 것이 또 있을까요? 가족들의 기력을 돋아주고 싶을 때 보약보다 더 좋은 영양밥, 영양죽을 만들어 보세요. 음식 재료로 쓰이는 식품의 영양 성분이 바로 보약입니다. 건강에 도움이 되는 여러 가지 재료들을 넣어 만든 영양밥, 영양죽 중에서 재료 구하기가 쉽고, 비교적 만들기 쉬운 것들을 소개했어요. 무언가 특별한 것이 먹고 싶을 때 만들어 먹어도 좋습니다.

Q

돌솥에 밥을 지을 때 어떤 주의가 필요한가요?

수삼영양솥밥

수삼, 대추, 은행이 들어간 영양솥밥이다. 수삼을 사용할 때 머리 부분은 잘라내고 넣도록 한다. 수삼의 머리 부분은 열이 많기 때문이다.

751Kcal

1 은행을 프라이팬에 볶는다.
2 밤은 반으로 잘라 석쇠에 굽는다.
3 대추는 저며 썰어 속씨를 빼 낸다.
4 호두는 물에 담가 속껍질을 벗기고 딱딱한 부분도 빼낸다.
5 수삼은 깨끗이 씻어 머리 부분은 잘라낸다.
6 돌솥에 밥을 안치고 준비한 재료를 얹어 밥을 짓는다.

재료

- 은행 · · · · · · · · · · · · · 30알
- 깐 호두 · · · · · · · · · · · 20쪽
- 수삼 6년근 · · · · · · · · 1뿌리
- 대추 · · · · · · · · · · · · · 10개
- 껍질 벗긴 밤 · · · · · · · · 15개
- 잣 · · · · · · · · · · · · · · 2큰술

밥 짓는 분량

- 불린 쌀 · · · · · · · · · · 2컵
- 불린 찹쌀 · · · · · · · · 1컵
- 소금 · · · · · · · · · 1작은술
- 물 · · · · · · · · · · · · · 2컵

양념장

- 송송 썬 실파 · · · · · · 1컵
- 다진 마늘 · · · · · · · 2큰술
- 깨소금 · · · · · · · · · 1큰술
- 참기름 · · · · · · · · 2큰술
- 간장 · · · · · · · · · · 5큰술
- 설탕 · · · · · · · · · · 1큰술
- 고춧가루 · · · · · · · 1큰술

만들기

1 은행은 달구어진 팬에 식용유를 조금 두르고 소금을 넣어 새파랗게 볶는다.

2 볶은 은행을 타월에 싸서 살살 비벼 껍질을 벗기고 밤은 반 잘라 석쇠에 굽는다.

3 대추는 얇게 저며 썰어 씨를 빼낸다.

4 호두는 뜨거운 물에 불린 후 꼬치로 속껍질을 벗긴다. 잣도 고깔을 따고 마른 행주로 가볍게 닦아 둔다.

5 수삼은 깨끗이 씻어 머리 부분을 잘라내고 4등분으로 자른다.

6 돌솥에 밥짓는 분량대로 쌀을 안치고 준비한 재료들을 얹어 밥을 짓는다.

7 밥이 완성되면 양념간장에 비벼 먹는다.

A

불조절을 잘 해야 합니다.

돌솥에 밥을 짓게 되면 밥물이 끓어 넘치는 경우가 많아요. 처음 밥을 안치고 대개 불을 세게 해서 끓이게 되죠. 그때 잠깐 사이에 부르르 끓어 밥물이 넘치면 맛난 물이 다 넘쳐 버리니까 부글부글 끓기 시작할 때 불을 조금 줄이세요. 그러면 밥물이 넘치지 않거든요. 밥물이 넘치지 않을 정도로 불을 줄여 밥 냄새가 나면서 김이 나면 불을 더 줄여 뜸을 들이세요. 밥물은 전기밥솥처럼 눈금이 있는 게 아니므로 쌀과 밥물의 비율을 정확하게 맞춰야 합니다.

취나물쌈밥

봄철 취나물이 한창일 때 양념한 나물에 밥을 싸서 먹는 별미밥이다. 취를 데쳐 갖은 양념에 무쳐 밥을 쌌기 때문에 다른 반찬이 필요 없다.

425 Kcal

만들기

1 취나물은 깨끗이 씻어 물기를 없앤다.
2 분량의 재료를 합하여 양념장을 만든 다.
3 취나물 잎 한 장 위에 양념장을 바르고 또 한장을 올려 양념장 바르기를 반복해 켜켜로 쌓아 재어 김이 오른 찜통에 쪄 낸다.
4 밥은 뜨거울 때 참기름과 깨소금을으로 골고루 비벼 준비한다.
5 쪄낸 취나물에 양념한 밥을 하나씩 싼다.
6 그릇에 예쁘게 담아 낸다.

한마디 더 취나물은 한창 맛이 좋은 봄철에 말려 두었다가 정월 대보름이나 채소가 귀한 겨울철에 물에 불려서 볶아 먹는다. 취를 말릴 때는 싱싱하고 깨끗한 것으로 골라 질긴 부분은 떼어내고 다듬어 바람이 잘 통하는 곳에 말린다.

재료

취나물잎 ·········· 120g
밥 ·············· 3공기
···(참기름, 깨소금 적당량)

취나물 양념

된장 ·········· 3큰술
다진 파 ········ 4큰술
다진 마늘 ······· 2큰술
깨소금 ········ 3큰술
참기름 ········ 3큰술
설탕 ·········· 1큰술
물 ··········· 3큰술

1 취나물을 준비한다.
2 양념장을 만든다.
3 취나물 갈피마다 양념장을 발라 김이 오른 찜통에 취나물을 찐다.
4 밥을 깨소금, 참기름으로 비빈다.
5 쪄낸 취나물에 비빈 밥을 하나씩 싼다.
6 그릇에 예쁘게 담는다.

Q

별도의 양념장이 필요하지 않은가요?

A

취나물에 이미 양념을 했기 때문에 별도의 양념장은 필요하지 않습니다.

취나물에 갖은 양념을 하여 쪄 냈기 때문에 간이 짭잘할 거예요. 거기에 밥을 쌌는데 반찬이 필요없죠. 이것저것 반찬 만들기가 번거로울 때 별식으로 만들어 보세요. 집어 먹기 편하고 만들어 놓으면 예쁘기도 하답니다. 주의할 점은 밥에 참기름과 깨소금을 넣어 고루 비비고 나서 부채로 빠르게 식혀 고슬고슬하게 준비해 두세요. 찜통에서 쪄낸 취나물도 한김 식힌 다음 모양 있게 싸시고요. 그래야 싸기도 쉽고 맛도 더 있답니다. 취나물의 향긋함과 고소한 맛이 아주 잘 어울립니다.

Q

밥을 짓는데 고추장을 넣어도 되나요?

조갯살밥

고추장을 조금 풀어 넣어 조갯살의 비린맛을 없애고 쌀을 참기름에 볶아서 밥을 지었기 때문에 감칠맛이 있다.

483 Kcal

1 쌀을 씻어 건져 둔다.
2 조갯살에 붙은 껍질을 떼어 낸다.
3 깨끗이 씻은 조갯살이 물기를 뺀다.
4 표고는 기둥을 제거한 후 잘게 자른다.
5 냄비에 참기름을 두르고 조갯살을 볶는다.
6 쌀과 표고를 안치고, 물을 붓는다.
7 밥물에 고추장을 풀고 밥을 짓는다.

재료

바지락 조갯살 ······ 200g
참기름 ··········· 1큰술
생표고 ········· 3개(50g)

밥 짓는 분량

불린 쌀 ·········· 3컵
물 ········· 1과 3/4컵
고추장 ········ 2큰술

만들기

1 쌀을 씻어 소쿠리에 건져 물기를 빼 둔다.
2 조갯살은 슴슴한 소금물에 씻어 껍질이나 지저분한 것들을 제거한다.
3 깨끗이 씻은 조갯살을 체에 밭쳐 물기를 빼 놓는다.
4 생표고는 기둥을 떼어내고 흐르는 물에 잘 씻어 물기를 뺀 후 조갯살 크기로 잘게 자른다.
5 솥에 참기름을 두르고 조갯살을 볶는다.
6 조갯살이 볶아지면 불린 쌀 3컵을 넣고 생표고를 넣은 후 분량의 물을 붓는다.
7 밥물 분량이 맞았으면 고추장 2큰술을 풀어 밥을 짓는다.

A

해물의 비린내도 없어지고 간이 맞아 맛이 좋습니다.

해물을 넣어 짓는 밥은 자칫 비린내가 날까 조심스러운데, 그걸 방지하기 위해서 약간의 양념을 가미하는 것이 좋습니다. 고추장을 넣어도 좋고 된장을 넣는 것도 방법이지요. 물론 그 맛이 강하게 느껴질 정도면 안 되고요, 아주 조금만 넣어준다고 생각하면 됩니다. 물론 가장 중요한 것은 신선한 해물을 준비해 깔끔하게 손질하는 것이지요.

조갯살은 까서 파는 깐 조갯살을 이용해도 좋고 껍질이 있는 것을 사서 해감시킨 후 까서 사용해도 좋습니다. 아무래도 깐 조갯살이 만들기 편하겠죠.

Q

버섯만을 넣어 만들면 맛이 싱겁지 않을까요?

버섯밥

갖가지 버섯을 넣어 지은 밥으로 영양적인 면에서도 우수하다. 체력을 보강하고 싶을 때 가끔 만들어 본다. 밥물은 다시마 우린 물을 사용하자.

408 Kcal

1

2-1

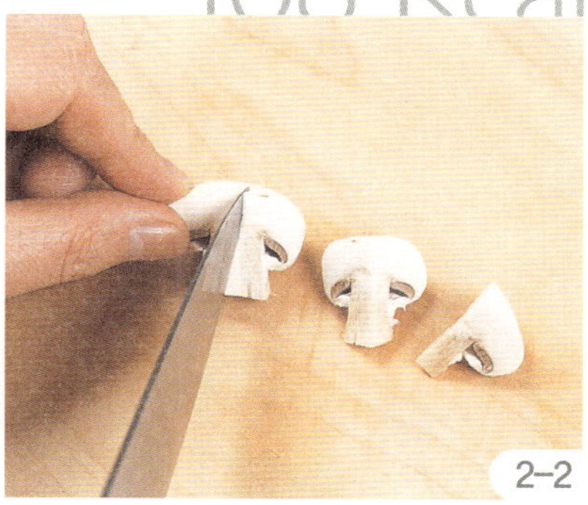
2-2

3

4-1

4-2

5

1 표고는 기둥을 잘라내고 부채꼴 모양으로 썬다.
2-1 양송이는 껍질을 벗긴다.
2-2 양송이를 표고만하게 자른다.
3 팽이버섯은 밑동을 제거한 후 이등분한다.
4-1 다시마를 찬물에 불린다.
4-2 끓이다가 다시마를 건진다.
5 밥을 짓는다.

재료

생표고 · · · · · · · · · 3장(70g)
양송이 · · · · · · · · · · · 100g
팽이버섯 · · · · · · · · · · · 2봉

밥 짓는 분량

- 불린쌀 · · · · · · · · · · 3컵
- 다시마물 · · · · 1과 2/3컵
- 소금 · · · · · · · · · 1작은술

양념장

- 송송 썬 실파 · · · · · · 1컵
- 다진 마늘 · · · · · · · 2큰술
- 깨소금 · · · · · · · · · 1큰술
- 참기름 · · · · · · · · 2큰술
- 간장 · · · · · · · · · · 5큰술
- 설탕 · · · · · · · · · · 1큰술
- 고춧가루 · · · · · · · 1큰술

만들기

1 생표고는 기둥을 잘라내고 흐르는 물에 잘 씻어 물기를 거둔 다음 부채꼴 모양으로 썬다.

2 양송이는 껍질을 벗긴 다음 생표고와 같은 모양으로 썬다.

3 팽이버섯은 뿌리를 자른 다음 반으로 잘라둔다.

4 다시마를 찬물에 담가 우린 물에 다시마를 넣어 불에 올리고 잠깐 끓이다가 다시마를 건져 내고 다시마 물을 만들어 둔다.

5 솥에 불린 쌀과 준비한 버섯을 고루 섞어 안치고 다시마 물을 분량만큼 부어 밥을 짓는다.

6 기호에 따라 양념간장을 곁들여 비벼 먹어도 맛있다.

A

양념장에 비벼 드시면 됩니다.

한번 시도해 보세요. 어른들이나 손님들을 위한 식사 초대에도 안성맞춤이지요. 버섯의 향기를 그대로 느끼기 위해서는 그냥 먹는 것이 제일 좋지만 맛이 좀 싱겁다 하시는 분들을 위해서는 양념간장을 곁들여 내면 됩니다.

양송이를 껍질 벗기는 방법은 갓 아래쪽에서부터 위쪽을 향해 얇게 벗겨내면 됩니다. 또 양송이는 모양을 살려 썰어야 먹음직하고 색깔이 변하지 않게 하려면 다듬어서 레먼즙을 조금 뿌려 놓으세요.

무쇠고기밥

재래식 별미밥이다. 무와 쇠고기를 솥에 깔고 쌀을 안쳐 지은 밥으로 양념장에 비벼 먹어야 제 맛이 난다.

461 Kcal

만들기

1 쌀은 잘 씻어 소쿠리에 건져 물기를 뺀다.

2 무는 5~6cm 길이로 잘라 보통 굵기로 채썬다.

3 쇠고기는 채썰어 물에 한번 헹구어 물기를 꼭 짠다.

4 양념장 재료를 섞어 양념장을 만든다.

5 냄비나 돌솥 바닥에 무와 쇠고기를 깔고 그 위에 쌀을 안친다.

6 분량의 생강즙과 밥물을 부어 밥을 짓는다.

7 뜸을 충분히 들여 밥이 완성되면 뒤적거려 바닥에 있는 무와 쇠고기를 함께 잘 섞는다.

재료

무	300g
쇠고기	100g
쌀	2컵
물	2컵
생강즙	1작은술

양념장

송송 썬 실파	1컵
다진 마늘	2큰술
깨소금	1큰술
참기름	2큰술
간장	5큰술
설탕	1큰술
고춧가루	1큰술

1 쌀을 씻어 소쿠리에 건진다.
2 무를 채썰어 준비한다.
3 쇠고기는 채썰어 찬물에 담가 핏물을 뺀다.
4 양념장을 만든다.
5 냄비에 무와 쇠고기를 깐다.
6 분량의 생강즙과 밥물을 부어 밥을 짓는다.
7 뜸을 들인 후 잘 섞고 양념장을 곁들인다.

Q

무와 쇠고기를 바닥에 깔고 밥을 짓는 게 맞나요?

A

네, 맞습니다. 무와 쇠고기를 바닥에 깔아 밥이 타지 않게 하는 것이지요.

무와 쇠고기를 바닥에 까는 이유는 밥이 타지 않게 하려는 방법입니다. 그리고 밥이 맛있으려면 생강즙을 약간 넣어야 고기 냄새도 나지 않고 밥이 향긋해진답니다. 쇠고기는 무와 같은 굵기로 채썰어 흐르는 물에 헹궈 핏물이 완전히 빠지도록 해야 하고요. 밥물은 평소보다 적게 넣어야 합니다. 무에서 수분이 많이 빠져나오니까요. 무쇠고기밥은 소화도 잘되고 영양가도 높아 여름철 체력이 떨어졌을 때 좋은 영양식 밥이랍니다.

Q

냉동 홍합은 어디서 구입하나요?

해물덮밥

갑오징어, 새우, 홍합 등의 해물과 버섯을 넣고 녹말을 풀어 걸쭉하게 끓인 국을 밥에 부어 비벼 먹는 덮밥이다. 따끈한 밥에 부어 먹어야 제맛이 난다.

205 Kcal

1 갑오징어는 몸통에 칼집을 넣는다.
2 홍합, 양송이, 영콘을 준비한다.
3 새우는 배 쪽에 칼집을 세 번 정도 넣는다.
4 목이버섯은 미리 물에 불려 손질한다.
5 잘 달구어진 팬에 기름향을 내고 해물을 볶는다.
6 해물이 반쯤 익으면 채소를 넣고 녹말로 농도를 맞춘다.

재료

- 갑오징어(손질된 상태) 200g
- 깐홍합 ··········· 200g
- 중하 ··········· 10마리
- 양송이 ············ 50g
- 영콘 ·········· 5개(50g)
- 불린 목이 ·········· 30g
- 홍피망 ········· 1개(70g)
- 청경채 ············ 50g
- 기름 ··········· 적당량

소스

- 다진 마늘 ······· 1큰술
- 다진 생강 ····· 1작은술
- 굴소스 ····· 1과1/2큰술
- 참기름 ········· 1큰술
- 후춧가루 ········ 조금

물녹말

- 녹말가루 ······ 1/2큰술
- 물 ············ 1큰술

만들기

1 갑오징어는 손질하여 배 안쪽에 가로, 세로의 칼집을 넣어 한입 크기로 썬다.

2 냉동 홍합이라면 자연 해동시키고, 생 홍합은 깨끗이 손질한 다음 끓는 물에 살짝 데쳐내어 물기를 없앤다. 양송이는 껍질을 벗겨낸 다음 도톰하게 썰고 영콘은 1/2크기로 자른다.

3 중하는 등쪽에서 내장을 빼낸 다음 꼬리 부분만 남기고 껍질을 벗겨내어 배 쪽에 어슷하게 칼집을 넣는다.

4 불린 목이버섯은 뿌리쪽을 다듬어내고 주물러 씻어 물기를 거둔다. 홍피망은 한입 크기로 썰고, 청경채는 깨끗이 씻어 끓는 소금물에 살짝 데친 다음 찬물에 헹구어 물기를 거둔다.

5 잘 달구어진 팬에 식용유를 두르고 다진 생강, 다진 마늘을 넣어 향이 나도록 볶다가 해물들을 넣어 볶는다.

6 해물이 반쯤 익으면 준비한 채소를 넣고 녹말물을 제외한 분량의 양념을 넣어 맛이 나게 볶는다. 마지막에 녹말물을 넣어 농도를 조절한다.

7 그릇에 따끈한 밥을 담고 옆에 부어 상에 낸다.

A

백화점 식품 코너나 중국 음식 재료상에 가면 구입할 수 있습니다.

냉동홍합은 크기가 일정하고 이미 한 번 삶아진 상태죠. 생홍합에 비해 손질도 돼 있고 약간의 가미도 된 상태이기 때문에 요리를 할 때 좀 더 편하게 사용할 수 있습니다. 냉동 홍합을 쓸 때에는 미리 냉장고에서 꺼내 자연 해동시킨 다음 말랑해진 후 사용하면 됩니다.

냉동 홍합은 재래시장이나 생선점에서 파는 것이 아니고 백화점 식품 코너나 중국 음식 재료상에 가면 얼마든지 살 수 있어요. 비닐 봉지에 담겨 있으므로 한 봉지 사면 사용할 만큼만 덜어 쓰고 나머지는 냉동실에 보관하세요.

Q

밥을 찜통에 찌는 이유는 뭔가요?
소금간은 어느 정도 해야 할까요?

밤찰밥

찰밥을 지을 때는 솥에 짓는 것보다 찜통에 쪄내야 찹쌀이 속까지 잘 무른다. 밥 안칠 때 슴슴하게 소금간하는 것을 잊지 말자.

533 Kcal

1 팥은 잘 씻어 일어 무르게 삶는다.
2 팥물을 받아 둔다.
3 씻어 일은 찹쌀에 팥물을 부어 하룻밤 재운다.
4 팥물들인 찹쌀을 소쿠리에 건져 놓는다.
5 밤은 적당한 크기로 잘라 준비한다.
6 찜통에 재료를 안치고 찐다.
7 그릇에 먹음직하게 담는다.

재료

찹쌀 ·············· 3컵
껍질 벗긴 밤 ········ 10개

팥 삶는 분량

- 붉은팥 ·········· 1컵
- 물 ············· 7컵
- 소금 ··········· 약간

만들기

1 붉은 팥은 씻어 잘 일어 냄비에 팥과 분량의 물, 소금을 약간 넣고 팥이 익을 정도로 삶는다. 소금간은 슴슴할 정도가 적당하다.

2 다 삶아지면 팥은 건지고 팥물은 따로 받아 식혀둔다.

3 찹쌀은 깨끗이 씻어 팥물에 담가 하룻밤 정도 재워둔다.

4 찹쌀에 붉은빛이 돌면 소쿠리에 건져 준비한다.

5 껍질 벗긴 밤은 깨끗이 씻어 적당한 크기로 썬다.

6 찜통에 젖은 보를 깔고 삶은 팥, 불린 찹쌀, 밤을 잘 섞어 푹 쪄서 완성한다.

7 잘 쪄진 밥을 그릇에 담아 낸다.

A

냄비나 솥에 찌는 것보다 더 잘 쪄지고 고슬고슬한 밥이 됩니다.

솥에 밥을 짓는 것보다 찜통에 일단 쪄 낸 다음 솥에 옮겨 다시 한번 약한 불에서 뜸을 들이면 더 고슬고슬하고 맛있는 밥이 된답니다.
이 때 밥에 소금을 조금 넣으면 밥맛이 훨씬 좋아집니다. 잡곡밥이나 찰밥을 지을 때는 소금 넣기를 잊지 마세요. 단, 밥이 짜면 안되니까 조금만 넣으세요. 소금은 그냥 넣지 마시고 소금물을 만들어 조금만 뿌리든지, 팥 삶을 때 조금 넣고 삶으면 간이 적당해 집니다.

Q

오곡밥의 유래에 대해 알고 싶어요. 압력솥에 지으면 안될까요?

오곡밥

정월 대보름 어느 가정에서나 해먹는 별식으로 나물 반찬을 만들어 함께 먹는다. 오곡은 다섯가지 곡식을 말하는 것으로 쌀, 콩, 팥, 찰수수, 찰조를 일컫는다.

1

2

613 Kcal

3

4

5

6

1 찹쌀, 차수수, 차조, 검정콩, 팥을 물에 불려 소쿠리에 건진다.
2 검정콩은 삶아서 콩은 건지고 콩물을 받아 둔다.
3 팥을 삶아 팥물을 받아 둔다.
4 오곡을 섞어 소금간을 한다.
5 찜통에 베보를 깔고 찐다.
6 1/3정도 익었을 때 콩, 팥물을 뿌려 섞으면서 찐다.

재료

불린 찹쌀	2컵
삶은 검정콩	1컵
삶은 팥	1컵
불린 찰수수	1컵
불린 차조	1컵
밥 찔 때 뿌리는 물	
삶은 검정콩물	1컵
삶은 팥물	1컵
소금	2작은술

만들기

1 찹쌀, 차수수, 차조는 잘 씻어 일어 3~4시간 정도 흠씬 불린 후 소쿠리에 건진다.

2 검정콩은 물을 붓고 삶아서 콩은 건지고 콩물을 1컵 정도 받아 둔다.

3 팥도 물을 붓고 삶는데, 팥이 터지지 않게 삶아 팥물도 1컵 따로 받아 식힌다.

4 준비해 놓은 오곡을 섞어 소금간을 한다.

5 찜통에 젖은 보를 깔고 섞어놓은 오곡을 찐다.

6 1/3정도 익었을 때 받아 놓은 콩물과 팥물을 절반 정도 뿌려 밥을 고루 섞은 후 다시 찐다.

7 다시 2/3정도 익었을 때 남은 물을 뿌린 후 다시 고루 섞어 푹 찐다.

8 완전히 익었으면 찜통에서 내려 고루 섞은 후 빠르게 식혀 담아 낸다.

A

오곡밥은 다섯 가지의 곡식을 합하여 밥을 짓는다 하여 붙여진 이름이랍니다.

음력 정월 보름날에 주로 해먹는 별식으로 가을철에 간수했던 마른나물로 아홉 가지의 나물을 만들고, 오곡밥을 지어 이웃사람들과 두루 나누어 먹었던 대보름 풍습이 지금까지 이어진 것이지요. 오곡이란 원래 다섯가지의 중요한 곡식인 쌀, 보리, 조, 콩, 기장을 말하는데, 각 가정이나 지방의 형편에 따라 그 종류가 조금씩 달라지기도 했다는군요. 오곡밥은 시루에 찌는 것이 제일 좋지만 시루 대신 찜통을 이용하시면 됩니다. 압력솥은 안 쓰는 게 좋아요.

Q

선생님의 메뉴는 모두 직접 개발
하신 건가요?

야채덮밥

각종 채소와 돼지고기를 볶아 굴소스로 맛을 더한 볶음을 밥에 얹어 내는 별미밥이다. 야채 덮밥을 만들 때는 다른 반찬을 준비하지 않아도 된다.

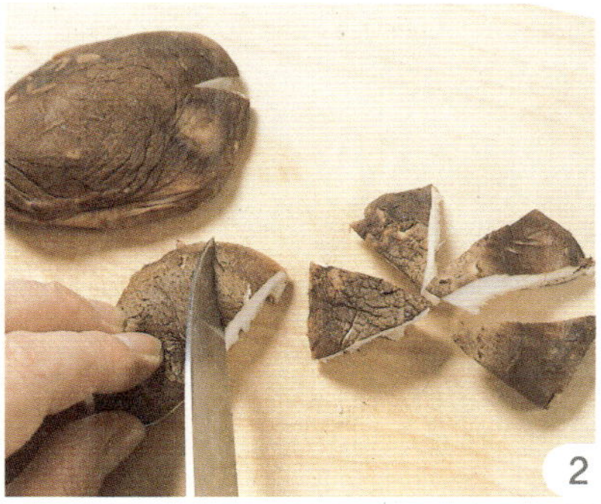

182 Kcal

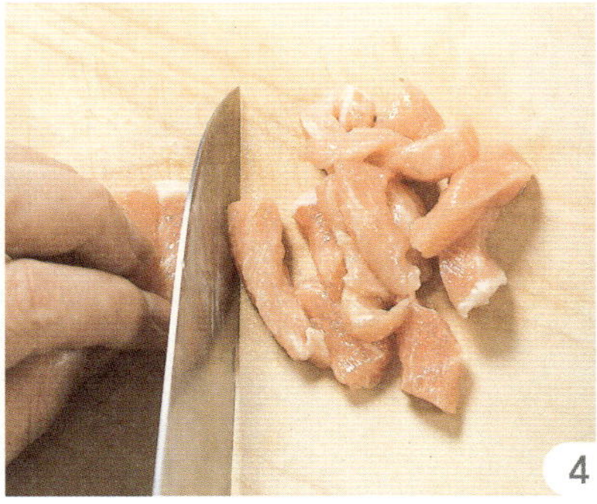

1 숙주는 머리와 꼬리를 뗀다.
2 표고버섯은 부채꼴 모양으로 썬다.
3 적채와 양배추, 청피망을 준비하고 마늘은 편으로 저민다.
4 돼지고기는 도톰하게 채썰어 둔다.
5 프라이팬에 돼지고기와 마늘을 볶는다.
6 돼지고기가 볶아지면 채소를 넣고 소스로 볶는다.

재료

숙주	70g
생표고	50g
양배추	40g
불린 목이	20g
피망	40g
적채(붉은 양배추)	30g
돼지고기	100g
통마늘	5개(20g)
맛술	1큰술
기름	적당량

소스

굴소스	1과 1/2큰술
참기름	1/2큰술
흰후춧가루	약간

만들기

1 숙주는 거두절미하고 깨끗이 씻어 건져 놓는다.

2 생표고는 깨끗이 씻어 물기를 짠 다음 부채꼴 모양으로 썬다.

3 양배추도 표고와 같은 크기로 썰고 목이버섯은 물에 불려 뿌리 쪽을 다듬은 후 주물러 씻어 물기를 거둔다. 피망은 반으로 갈라 씨를 털어내고 한입 크기로 자연스럽게 썰고 적채도 피망 모양으로 썰고 통마늘은 저며 썬다.

4 돼지고기는 얄팍하게 한입 크기로 썬다.

5 잘 달구어진 팬에 식용유를 살짝 두르고 돼지고기, 저민 마늘, 맛술을 넣고 향이 나게 볶는다.

6 돼지고기의 색이 변하면 준비한 채소를 넣고 분량의 소스로 양념을 하여 윤기나게 볶아 완성한다.

7 그릇에 따뜻한 밥을 담고 채소볶음을 부어낸다.

A

네, 그렇습니다. 제 메뉴는 모두 저만의 레서피입니다.

제가 수십 년간 요리 강습을 하거나, 혹은 직접 실험을 거쳐가면서 만든 저만의 레서피입니다. 그런 만큼 정확하고 또 쉽게 만들 수 있는 것이지요. 사실 요리만큼 과학적인 것도 없습니다. 아무리 어려운 요리라고 해도 재료와 분량을 정확하게 지키고 만드는 순서를 따라하기만 하면, 기본적인 맛은 나오게 되지요. 아니, 조금만 거듭하시면 저만큼 따라 할 수 있지요. 음식만들기도 연습입니다. 반복하다 보면 손에 익고 요령도 터득하게 되지요.

Q

콩나물국밥에는 왜 새우젓 양념을
쓰나요?

콩나물국밥

콩나물국이나 찬밥이 남았을 때 양념을 더하여 끓여 먹으면 개운하고 속이 풀리는 국밥이다. 새우젓 양념이 맛을 결정하므로 분량을 제대로 지켜 만들어 본다.

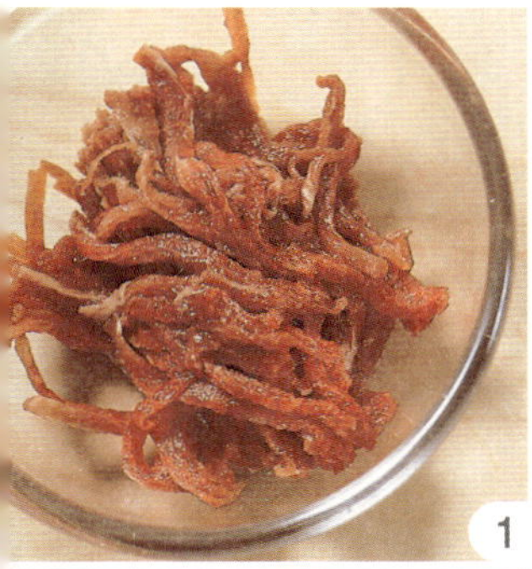

198 Kcal

1 쇠고기는 적당한 굵기로 채썬다.
2 콩나물을 다듬어 소쿠리에 건져 놓는다.
3 부추와 청 · 홍고추를 썰어 준비한다.
4 새우젓 양념을 완성한다.
5 쇠고기를 볶다가 콩나물 국을 끓인다.
7 뚝배기에 밥을 담고 콩나물국을 부어 끓인다.

재료

콩나물	100g
소고기	50g
부추	30g
풋고추	2개
홍고추	1개
참기름	1큰술
다진마늘	조금
밥	1공기
물	적당량

새우젓 양념

새우젓	3큰술
고춧가루 굵은 것	2큰술
다진마늘	1작은술
참기름	1큰술
깨소금	1큰술
후춧가루	조금

만들기

1 쇠고기는 기름기가 없는 부위로 준비하여 적당한 굵기로 채썬다.
2 콩나물은 깨끗이 다듬어 씻어 물기없이 소쿠리에 건져 놓는다.
3 부추는 3cm 길이로 썰고, 청홍 고추는 동글동글하게 썰어 준비한다.
4 양념에 들어갈 새우젓을 다져 분량의 양념에 넣고 새우젓 양념을 만든다.
5 냄비에 참기름을 두르고 쇠고기를 볶다가 물을 부어 끓어 오르면 미리 손질해 둔 콩나물을 넣는다.
6 콩나물국이 끓어오르면 동글동글하게 썰어 놓은 풋고추를 넣고 다진 마늘을 넣어 간을 맞춘 후 국을 완성한다.
7 뚝배기에 밥을 담고 콩나물국을 부은 후 불에 올려 한소끔 더 끓이고 부추를 넣는다.
8 상에 낼 때 만들어 놓은 양념장을 곁들여 낸다.

A

얼큰하고 칼칼한 제맛을 느낄 수 있습니다.

콩나물국밥은 겨울철에 자주 끓여 먹는 단골 메뉴이지요. 콩나물국밥은 새우젓으로 양념을 해야 얼큰하고 칼칼한 제 맛을 느낄 수 있답니다. 새우젓 양념을 만들 때는 새우젓을 통째로 쓰지 말고 한번 다져서 쓰세요. 그래야 새우젓의 비린맛도 없어지고 또 먹을 때도 이물감 없이 먹을 수 있습니다. 콩나물국을 우선 끓인 다음 국밥을 만드는데, 콩나물국을 끓일 때는 간을 따로 하지 마세요. 나중에 새우젓 양념으로 간을 맞추면 됩니다.

Q

된장과 고추장을 함께 넣으면 짜지 않을까요?

두부덮밥

된장물로 두부국을 만들어 밥에 끼얹어 먹는 구수한 덮밥이다. 된장물을 풀 때 고추장을 섞으면 토장국의 맛이 더 살아난다. 쇠고기를 볶아 넣었기 때문에 영양면에서 우수하다.

182 Kcal

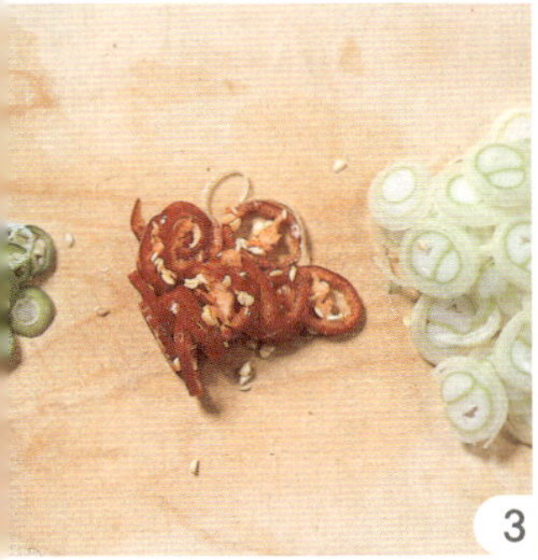

1 두부는 깍둑썰기 한다.
2 쇠고기는 납작하게 썬다.
3 대파와 청고추, 홍고추 등은 동글동글하게 썬다.
4 된장물 재료를 섞어 된장물을 만든다.
5 냄비에 참기름을 두르고 쇠고기를 볶다가 된장물을 부어 끓인다.
6 끓어 오르면 두부와 대파를 넣어 두부국을 만든다.

재료

- 두부 · · · 230g
- 쇠고기 · · · 100g
- 대파 · · · 40g
- 풋고추 · · · 20g
- 홍고추 · · · 20g
- 참기름 · · · 1큰술

된장물

- 된장 · · · 5큰술
- 고추장 · · · 2큰술
- 물 · · · 1컵

두부국 양념

- 다진 마늘 · · · 2작은술
- 생강즙 · · · 1/2작은술

만들기

1 두부는 한입 크기로 깍둑썰기한다.

2 쇠고기는 납작하게 썬다.

3 풋고추, 홍고추, 대파는 동글동글 얄팍하게 썬다.

4 물 1컵에 된장 5큰술을 풀고 그 된장물에 고추장 2큰술을 풀어 된장물을 만든다.

5 냄비에 분량의 참기름을 두르고 고기를 볶다가 된장물을 부어 끓인다.

6 된장물이 끓으면 두부와 대파 등을 넣고 두부 국물을 만드는데, 부글부글 끓을 때 다진 마늘과 생강즙을 넣어서 맛을 낸다.

7 그릇에 밥을 담고 완성된 된장국을 끼얹는다.

A

정확한 분량만 지킨다면 짜지 않습니다.

주의할 점은 된장과 고추장의 분량입니다. 된장보다 고추장의 양이 많으면 구수한 맛이 덜합니다. 또 된장만 넣어도 텁텁한 맛이 나고요. 된장과 고추장을 함께 넣어야 토장국 특유의 구수한 맛이 잘 살아나게 되지요. 된장, 고추장의 분량은 된장 5큰술에 고추장 2큰술, 물 1컵 분량이면 적당하지요. 된장 국물에 고추장을 풀었기 때문에 얼큰한 맛도 있고, 두부와 쇠고기를 넣어 영양상으로도 손색이 없는 아침식사가 되지요.

불고기덮밥

불고기가 남아 있다면 그대로 이용해 본다. 불고기 자체에 갖은 양념이 들어가 있어 훨씬 맛이 좋다. 덮밥 국물로는 다시마 물을 만들어 사용하도록 한다.

1

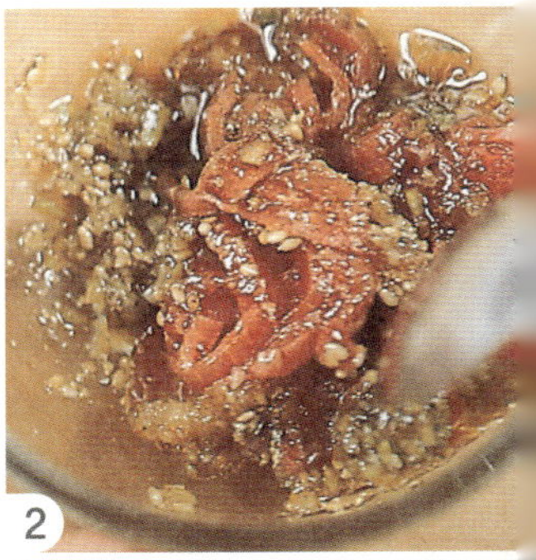

2

282 Kcal

3

4

5

6

만들기

1 불고기감은 핏물을 뺀 후 한입 크기로 썬다.

2 분량의 양념을 섞어 불고기 양념을 만든 다음 고기를 재어둔다.

3 양상추는 흐르는 물에 씻어 물기를 거둔 후 채썰고 깻잎도 채썰어 준비한다.

4 잘 달구어진 팬에 쇠고기를 볶는다.

5 같은 팬에 덮밥 국물용 양념들을 넣고 끓이다가 마지막으로 녹말물을 넣어 걸쭉할 정도로 농도를 조절한다.

6 밥을 그릇에 담고 고기를 얹은 후 덮밥 국물을 위에 끼얹은 다음 양상추와 깻잎을 얹어 완성한다.

재료

불고기용 쇠고기 ···· 300g
양상추 ··········· 150g
깻잎 ············ 1묶음

불고기 양념

- 진간장 ········ 2큰술
- 물엿 ·········· 1큰술
- 깨소금 ····· 1과1/2큰술
- 사과·배 ······· 50g씩
- 양파 ··········· 50g
- 참기름 ········ 2큰술
- 다진 마늘 ······· 2큰술
- 설탕 ·········· 1큰술
- 후춧가루 ········ 약간

덮밥 국물

- 다시마물 ········· 1컵
- 간장 ·········· 1큰술
- 설탕 ········· 1작은술
- 맛술 ········· 1작은술
- 참기름 ······· 1작은술
- 녹말물 ········ 적당량

1 고기를 종이타월 위에 올려 핏물을 뺀다.
2 분량의 양념으로 쇠고기를 재어 둔다.
3 양상추와 깻잎은 채썬다.
4 팬을 달군 후 쇠고기를 볶는다.
5 덮밥국물 재료를 넣고 걸쭉하게 국물을 만든다.
6 밥을 담고 불고기와 덮밥 국물을 끼얹는다.

Q 불고기를 할 때에도 핏물을 빼야 하나요?

A

불고기감 고기는 물에 담가두지 말고 흐르는 물에 씻어 체에 밭쳐 둡니다.

흔히 고기의 핏물을 빼는 건 국물을 낼 때에만 하는 것으로 알고 계신데요. 불고기를 할 때에도 핏물을 빼고 조리해야 개운한 맛을 낼 수 있습니다. 단, 불고기감으로 준비된 고기의 핏물을 뺄 때에는 물에 담가두지 마시고 체에 밭쳐두거나 혹은 종이 타월 위에 올려서 핏물을 뺍니다. 종이 타월을 2~3번 갈아주면 핏물이 잘 빠집니다. 핏물을 빼야 고기의 누린내가 없어진다는 것 잊고 계시죠.

Q

일본식 덮밥의 특징은 어떤 건가요?

일본식 쇠고기덮밥

우리나라 덮밥보다 부드러운 맛을 낸다. 덮밥 국물은 멸치 국물이나 다시마 국물, 중 기호에 맞는 것을 선택한다.

254 Kcal

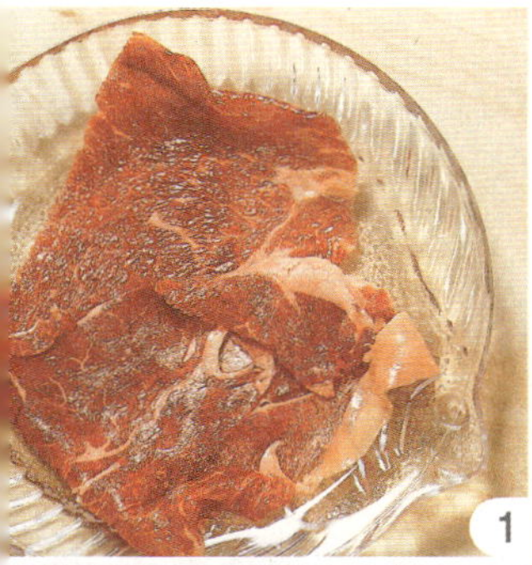

1 쇠고기는 샤브샤브용으로 준비한다.
2 실파, 만가닥 버섯, 양파를 고른 크기로 썬다.
3 달걀을 풀고 무순은 씻어 둔다.
4 김을 구워 가위로 자른다.
5 덮밥 국물을 만든다.
6 국물에 버섯, 양파, 실파를 넣어 끓인다.
7 재료들이 익으면 쇠고기를 넣어 더 끓인다.

재료

- 밥 ··· 2공기
- 쇠고기 ··· 80g
- 만가닥 버섯 ··· 20g
- 양파 ··· 50g
- 실파 ··· 5g
- 달걀 ··· 2개
- 무순, 김 ··· 조금씩

덮밥 국물

- 멸치국물 ··· 1컵
- 맛술 ··· 1큰술
- 진간장 ··· 3큰술
- 설탕 ··· 2작은술

만들기

1 쇠고기는 한입 크기로 얇게 저며 썬다.

2 만가닥 버섯은 밑둥을 잘라내고 씻어 가닥가닥 떼어놓고 양파는 곱게 채썰고 실파는 4~5cm 길이로 썬다.

3 달걀을 잘 풀어 놓고 무순은 씻어 물기를 거둔다.

4 김은 프라이팬에 기름을 두르지 않고 바삭하게 구워 가위로 잘라둔다.

5 멸치국물에 맛술과 간장을 넣어 덮밥 국물을 만든다.

6 냄비에 분량의 덮밥 국물 재료를 넣고 살짝 끓으면 거품을 걷어낸 다음 끓는 국물에 준비한 버섯, 양파, 실파를 넣고 끓인다.

7 재료들이 절반 정도 익으면 쇠고기를 넣어 살짝 익힌다.

8 쇠고기가 어느정도 끓었을 때 미리 풀어둔 달걀물을 국물 위에 고루 끼얹어가며 부드러운 느낌이 들도록 절반 정도만 익힌다.

9 국물 간을 보아 양을 조절해 가며 밥 위에 고루 얹고 무순과 채 썬 김을 올려낸다.

A

덮밥 국물을 만들어서 밥 위에 끼얹어 먹는다는 것이지요.

우리 나라의 덮밥보다는 좀 더 부드러운 맛을 낸답니다. 덮밥 국물은 기호에 따라 멸치국물을 써도 좋고 혹은 가다랭이 국물을 쓰기도 합니다. 덮밥 재료로는 쇠고기를 많이 쓰는데, 이때 샤브샤브용 쇠고기를 쓰면 좀 더 고급스러운 맛을 낼 수 있지요. 쇠고기와 함께 버섯이나 양파와 같은 부재료를 풍부하게 써서 영양상의 균형을 맞추고, 국이 거의 다 끓었을 때 달걀물을 풀어 넣으면 국물이 한결 부드럽고 맛, 영양 모두 좋아집니다.

Q

된장 국물로 죽을 끓이면 너무
짜지 않을까요?

시금치조갯살죽

시금치와 조갯살을 넣어 끓이는 죽으로 된장국물로 죽물을 잡는다. 구수한 맛과 얼큰한 맛을 함께 즐길 수 있다.

222 Kcal

1 시금치를 살짝 데쳐 꼭 짜 놓는다.
4 냄비에 참기름을 두르고 쌀을 볶는다.
5 조갯살을 넣어 함께 한소끔 볶는다.
6 분량의 물을 부어 끓인다.
7 된장, 고추장 등의 양념을 넣어 맛을 낸다.
8 푹 끓으면 시금치를 넣어 한소끔 더 끓여낸다.

재료

시금치 ··········· 300g
바지락 조갯살 ······ 150g
불린 쌀 ············ 1컵
참기름 ··········· 1큰술
대파 ············· 30g

된장 국물

된장 ······ 1과 1/2큰술
고추장 ······· 1/2큰술
물 ············· 5컵
생강즙 ······ 1/2작은술
다진 마늘 ····· 2작은술

만들기

1 시금치는 잘 다듬어 씻어 끓는 소금물에 살짝 데쳐 찬물에 헹군 후 물기를 꼭 짜고 대파는 어슷썬다.

2 바지락 조갯살은 내장을 제거한 다음, 깨끗이 씻어 체에 밭쳐 물기를 거둔다.

3 쌀은 잘 씻어 찬물에 담가 불린다.

4 냄비에 참기름을 두르고 불린 쌀을 넣고 볶는다.

5 쌀이 어느 정도 볶아지면 조갯살을 넣어 함께 볶는다.

6 쌀과 조갯살이 어우러지면 죽물을 붓고 끓인다.

7 바글바글 끓을 때 분량의 된장국물 재료를 합하여 넣고 한소큼 끓인다.

8 된장 국물이 어우러지면서 푹 끓으면 데쳐 놓은 시금치를 넣고 다시 한소끔 더 끓여 완성한다.

A

물 양을 넉넉히 잡아 끓이면 다른 반찬이 필요 없는 죽이 됩니다.

된장, 고추장을 풀어 끓이기 때문에 다른 간이 필요 없겠죠. 시금치와 된장, 바지락은 궁합이 잘 맞는 식품이에요. 구수하고 얼큰하고 해물 향이 스며있는 이 죽은 한국 사람이면 누구나 좋아하는 죽일 거예요. 반찬 만들기가 번거로울 때 별미로 만들어 보세요. 그리고 된장국물을 만들 때 된장, 고추장을 맹물에 타서 그대로 사용하지 말고 된장 국물 재료를 합해서 믹서에 갈아 쓰세요. 된장에 있는 콩알갱이까지 모두 갈아져서 곱기도 하고 재료들이 잘 섞여서 더 구수합 니다. 죽 끓이는 냄비는 바닥이 두툼한 것을 사용하세요. 그래야 눌어붙지 않아요.

Q

다시마를 우릴 때 미리 찬물에 담가 두어야 하나요?

버섯영양죽

각종 버섯으로 맛을 낸 죽으로 죽 물을
다시마 끓인 물로 사용하면 한결 깊은 맛이 있다.

192 Kcal

1 다시마를 3~4시간 동안 물에 담가 다시마물을 우린다.
2 냄비에 다시마 우린 물을 붓고 다시마를 넣어 잠시 끓이다가 다시마를 건진다.
3 버섯을 준비한다.
4 냄비에 참기름을 두르고 쌀을 볶는다.
5 다시마물을 부어 끓인다.
6 죽이 3/4정도 끓고 나면 버섯을 넣고 끓인다.

재료

불린 쌀 ············ 1컵
만가닥버섯 ········ 80g
새송이버섯 ········ 70g
팽이버섯 ·········· 50g
참기름 ··········· 1큰술
국간장 ········· 2작은술
소금 ·············· 조금

다시마물
- 물 ·············· 5컵
- 다시마 ·········· 10g

만들기

1 물 5컵에 다시마를 담가 3~4시간 정도 담가둔다.

2 다시마의 성분이 우러나면 냄비에 다시마 우린 물을 붓고 다시마를 넣어 끓이다가 다시마는 건져내고 국물을 준비한다.

3 팽이버섯과 만가닥버섯은 밑동을 잘라내어 가닥가닥 떼어 두고 새송이는 한입 크기로 썬다.

4 냄비에 참기름을 두르고 불린 쌀을 볶는다.

5 쌀이 어느정도 볶아졌을 때 다시마물을 부어 죽을 쑨다.

6 죽이 3/4정도 끓어 어느 정도 어우러지고 나면 준비한 버섯을 넣어 잠시 더 끓인다.

7 죽이 완성되면 소금과 국간장으로 간을 한다. 국간장을 따로 내어 직접 간을 맞추도록 해도 좋다.

A

그렇습니다. 3~4시간 정도 담가두면 다시마의 좋은 성분이 우러납니다.

죽을 끓일 때 다시마 우린 물을 이용하면 죽이 한결 감칠맛이 납니다. 다시마를 우릴 때는 미리 찬물에 몇 시간 동안 담가 두었다가 끓이면 한결 구수하답니다. 단, 끓일 때 다시마를 넣은 상태에서 오래 끓이면 안 됩니다. 물이 끓어 오르기 시작하면 바로 건져낸다는 기분으로 지켜보고 있다가 꺼내세요. 다시마를 오래 끓이면 다시마에서 끈적한 진이 나와 국물이 탁해져요.

Q

쌀을 불릴 때 물에 담가두지 않고
건져 두는 이유는 뭔가요?

된장아욱죽

아욱은 된장이 들어가야 제 맛이 난다. 거기에 굴이 들어갔기 때문에 구수한 맛과 굴 향이 어우러져 입맛을 돋아주는 죽이다.

239 Kcal

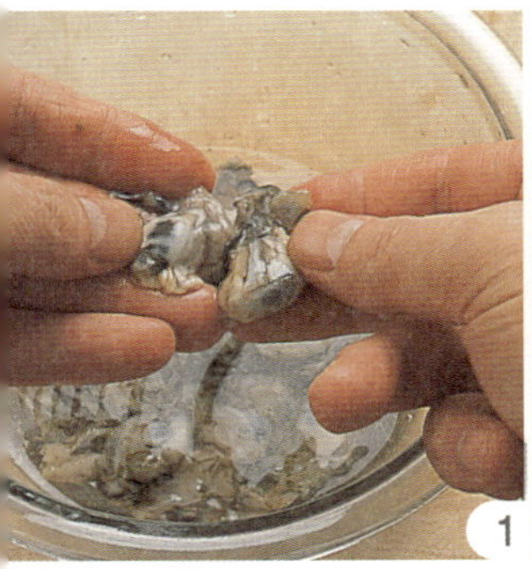

1 굴을 한 개씩 씻어 건진다.
2 아욱은 푸른물을 뺀다.
3 푸른물을 빼고 나면 깨끗이 씻어 꼭 짜둔다.
4 쌀은 미리 씻어 체에 건져 불려둔다.
5 된장국 재료를 믹서에 간다.
6 냄비에 참기름을 두르고 쌀을 볶다가 된장국물을 붓고 끓인다.
7 한소금 끓으면 아욱을 넣고 굴을 넣어 잠깐 더 끓인다.

재료

아욱 ············ 200g
굴 ············ 200g
불린 쌀 ············ 1컵
대파 ············ 30g
참기름 ············ 1큰술

된장국물

된장 ············ 1큰술
고추장 ······· 1/2큰술
물 ············ 5컵
생강즙 ······ 1/2작은술
다진 마늘 ····· 2작은술

만들기

1 굴은 껍질을 골라내고 흐르는 물에 한 개씩 씻어 건진다.

2 아욱은 연한 부분만 다듬어 물에 담가 바락바락 주물러 씻어 푸른물을 빼낸다.

3 완전히 푸른 물이 빠지면 깨끗이 씻어 꼭 짜 둔다.

4 쌀은 미리 불려둔다.

5 된장국물 재료를 합하여 믹서에 갈아 된장국물을 만든다.

6 냄비에 참기름을 두르고 불린 쌀을 볶다가 된장국물을 붓고 끓인다.

7 한소끔 끓으면 아욱을 넣어 서로 어우러지도록 푹 끓인 다음 마지막에 굴을 넣고 잠깐만 더 끓여낸다.

A

깨끗이 씻어서 체에 밭쳐 두면 쌀이 적당하게 불립니다.

주부님들이 곧잘 실수하시는 것 중의 하나가 바로 쌀 불리는 일입니다. 쌀을 불릴 때 대개는 물에 담가 두는데, 그렇게 하면 쌀의 맛있는 성분이 다 빠져나오게 됩니다. 그러므로 쌀을 깨끗이 씻은 다음에는 반드시 체에 밭쳐 두거나 혹은 물을 버리고 쌀만 따로 그릇에 담아두셔야 합니다. 이렇게 놔두어도 쌀이 물기를 머금고 있어 잘 불려집니다. 빠른 시간에 쌀을 불리고 싶으면 깨끗이 씻은 쌀을 체에 밭쳐 물기를 빼고 젖은 보를 덮어두면 빨리 불려집니다.

Q

잣죽을 끓이면 너무 묽어져요.
맛나게 끓이는 방법이 없을까요?

옥수수잣죽

입맛 없을 때 간단하게 끓여 먹을 수 있는 죽이다. 잣물은 오래 끓이면 묽어질 수 있으므로 약한 불에서 어우러질 정도로만 끓인다.

1

2

333 Kcal

3

4

5

6

1 잣을 행주로 닦아 놓는다.
2 쌀은 미리 씻어 체에 건져 놓는다.
3 분량의 옥수수는 체에 밭쳐 물기를 뺀다.
4 쌀과 옥수수를 믹서에 갈아 체에 거른다.
5 잣물도 갈아 각각 담아 놓는다.
6 쌀과 옥수수 갈은 물부터 끓이다가 잣물을 붓고 걸쭉하게 끓인다.

재료

잣 ················ 1컵
불린 쌀 ············ 1컵
옥수수(통조림 것) ····· 1컵
물 ············· 5~6컵
소금 · 설탕 ······ 적당량

만들기

1 잣은 고깔을 떼어내고 다듬어 젖은 행주로 깨끗하게 닦아둔다.

2 쌀은 미리 씻어 체에 밭쳐 물기를 빼고 불린다.

3 분량의 옥수수는 통조림에서 꺼내어 체에 밭쳐 물기를 거둔다.

4 쌀과 옥수수를 믹서에 물 4컵을 부어 넣고 곱게 갈아 고운 체에 거른다.

5 잣은 물 2컵을 붓고 믹서에 곱게 갈아 고운 체에 거른다.

6 두꺼운 냄비에 먼저 쌀과 옥수수 간 물을 붓고 끓이다가 바글바글 끓을 때 잣물을 조금씩 넣어가며 멍울지지 않게 저어가며 끓인다. 이때 불은 약하게 줄이고 서로 어우러지도록 서서히 저어가면서 끓인다.

7 뜨거울 때 그릇에 담아 내고 소금과 설탕은 따로 내어 기호에 맞춰 먹도록 한다.

A

그건 잣물을 넣고 너무 오랫동안 끓여서 그렇습니다.

잣물을 넣고 난 다음에는 불에 오랫동안 올려두지 마시고 불을 약하게 줄인 다음 재료들끼리 서로 어우러질 정도로만 끓이면 됩니다. 또 기억하셔야 할 것은 죽을 끓이면서 저을 때는 반드시 한쪽 방향으로만 저어야 합니다. 이쪽저쪽 방향으로 생각 없이 젓다 보면 죽이 삭아버려 맛이 없게 됩지요. 잣의 우수한 성분도 달아나고요. 잣은 원래 한방에서 '해송자'라고 해서 입맛 없을 때 끓여 먹으면 입맛이 돌고 기운을 찾게 된다고 했습니다. 칼로리가 높을 뿐 아니라 비타민 B군이 풍부하며 호두나 땅콩보다 철분이 많이 들었다고 합니다.

Q
물을 나중에 더 붓는 이유는 무엇인가요?

전복죽

죽을 끓일 때 사용하는 쌀은 반드시 불린 쌀을 사용하도록. 또 전복살과 쌀을 충분히 볶아 익힌 후에 죽물을 붓고 끓여야 쌀알이 잘 퍼지고 죽맛이 어우러진다.

155 Kcal

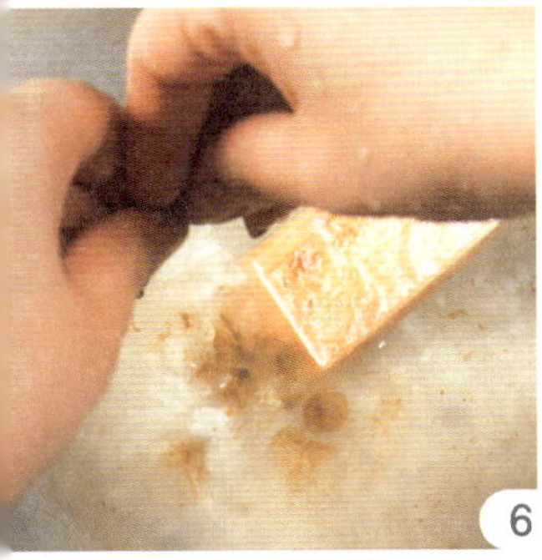

1 쌀을 미리씻어 건져 놓는다.
2 전복 손질을 한다.
3 떼어낸 전복살을 잘게 썬다.
4 참기름을 두르고 쌀을 볶는다.
5 쌀을 볶다가 전복을 넣어 볶는다.
6 쌀과 전복이 익으면 분량의 죽물을 붓고 저으면서 끓인다.

재료

전복살	120g
쌀	1/2컵
참기름	1큰술
물	4컵

만들기

1 쌀은 30분 전에 담가 불려 놓았다가 깨끗이 씻어 소쿠리에 건진다.

2 전복살을 껍질에서 분리해 내장을 떼어내고 전복살 안에 붙어 있는 오독오독해 보이는 것도 떼어 버린다.

3 첫손질한 전복을 깨끗이 씻어 내장은 따로 담아 두고 살만 잘게 썬다.

4 바닥이 두터운 냄비에 참기름을 두르고 따뜻해지면 쌀을 볶는다. 불을 줄인 상태에서 쌀알이 투명해지도록 충분히 볶는다.

5 쌀이 충분히 볶아지면 전복을 넣고 다시 한소끔 볶은 후 분량의 물 중 3컵만 부어 끓인다.

6 전복과 쌀이 다 퍼지면 따로 떼어 두었던 내장을 터뜨려 반 정도만 넣고 바닥에 눌어붙지 않도록 가끔 저어주면서 푹 끓인 다음 남은 물 1컵을 다시 붓고 푹 끓여 완성한다. 전복 내장은 너무 많이 넣지 않는 것이 좋다. 너무 많이 넣으면 설사를 하기 쉽다. (기호에 따라 내장은 안 넣어도 된다.)

A

쌀알이 잘 퍼지고 죽맛이 어우러지게 하기 위해서예요.

죽을 끓이다가 나중에 물을 더 붓는 이유는 쌀알이 잘 퍼지고 죽맛이 잘 어우러지도록 하기 위한 것입니다. 죽을 끓일 때 쌀은 미리 불려 두어야 하고, 쌀과 물의 양은 1: 8 정도가 적당합니다. 죽은 푹 퍼질수록 부드러운 맛이 살아나는데, 특히 전복죽은 부드러우면서도 고소한 맛이 일품이지요. 어르신들이나 아이들을 위한 여름 보양식으로도 좋습니다. 또 전복은 너무 큰 것보다 작은 것이 더 맛있다는거 모르셨죠. 전복을 사실 때 무조건 크면 좋은 줄 알고 비싸도 사시는 경우가 많은데 그렇지 않아요. 좀 작은 것이 살이 연하고 맛도 더 있답니다.

수삼대추죽

수삼과 대추는 궁합이 잘 맞는 식품이다.
대추 간 물과 수삼 간 물을 섞어 죽을 끓인다.

187 Kcal

재료

불린 찹쌀 ··········1컵
대추 ·············100g
수삼 ············2뿌리
소금, 꿀, 물 ·······적당량

만들기

1 불린 찹쌀은 물 2컵을 붓고 곱게 갈아 고운 체에 밭쳐 거른다.

2 대추는 씨를 발라내고 과육만 물 2컵을 붓고 곱게 갈아 역시 고운 체에 밭쳐 준비한다.

3 수삼은 깨끗이 씻어 잘게 썬 후 물 1컵을 붓고 곱게 갈아 고운 체에 밭쳐 준비한다.

4 바닥이 두터운 냄비에 대추물, 수삼물, 물을 붓고 끓어 오르면 찹쌀물을 붓고 죽을 쑤어 완성한다. 이때 농도는 크림수프 정도면 적당하다.

5 식성에 따라 꿀이나 소금으로 간을 맞춘다.

Point

2

3

4

2 대추는 물을 붓고 믹서에 곱게 갈아 체에 밭쳐 고운 물로 준비한다
3 수삼도 물을 붓고 믹서에 곱게 갈아 준비한다.
4 대추물과 수삼물을 섞어 끓이다가 찹쌀물을 넣어 완성한다.

Q 삼이 체질에 안맞는 경우에는 어떻게 하죠?

A 걱정이 되면 수삼을 빼고 대추죽으로 끓여 드세요.

한방에서 말하는 체질을 무시해선 안되겠죠. 특히 삼은 양체질인 분들은 안 맞는다고 해요. 그런 분들은 삼을 빼고 대추죽으로 끓여 드세요. 대추죽도 인삼죽 못지 않게 맛이 좋답니다. 대추만의 향도 입맛 돋우기에 충분하며 대추의 단맛이 입안에 감돌아 좋아하시는 분들이 많아요. 만드는 방법은 수삼만 뺀 상태에서 같습니다.

검은깨죽

간단하게 끓일 수 있는 영양죽이다. 쌀은 불려서 믹서에 갈고 검은 깨를 볶아 섞어서 끓이면 된다. 체력 향상을 위해 만들어 봄직한 죽이다.

재료

불린 쌀 ············1컵
검은깨 ············1컵
물 ···············6컵
꿀 · 소금 ········적당량

만들기

1 불린 쌀은 물 2컵을 붓고 믹서기에 곱게 갈아 고운 체에 밭쳐 거른다.

2 검은깨는 잘 씻어 물기를 거둔 후 마른 팬에서 볶아 식힌다.

3 완전히 식으면 믹서기에 물 2컵을 붓고 곱게 갈아 고운 체에 밭쳐 거른다. 체에 남아 있는 검은깨에 다시 물 2컵을 부어 다시 한 번 내려 앞의 것과 합하여 둔다.

4 두터운 냄비에 검은깨물을 붓고 끓어 오르면 쌀물을 부어가며 폭폭 끓여 완성한다.

5 기호에 따라 꿀이나 소금으로 간을 하여 낸다.

268Kcal

point

2

3

4

2 마른팬에 검은깨를 넣고 볶아 고소한 맛을 더한다.
3 쌀과 검은깨를 각각 따로 갈아둔다.
4 검은깨물을 끓이다가 쌀물을 부어 완성한다.

Q 검은깨죽이 몸에 좋다는데 얼마나 좋은가요?

A 건망증, 우울증, 동맥경화 등 치료와 예방에 좋다고 해요.

깨를 구성하는 성분은 리놀레닉산으로 이 영양소는 콜레스테롤을 없애주는 작용을 한다고 합니다. 옛날부터 깨죽을 매일 먹으면 늙어서 풍이 없고, 흰머리가 검어지며 근심걱정도 없애 준다고 했습니다. 이처럼 깨는 영양적으로 매우 우수한 식품이며 성인병 예방에 효과가 큽니다.

Q
청둥호박, 단호박, 늙은호박 모두 같은 호박인가요?

단호박범벅

단호박범벅에는 흔히 강낭콩이나 팥콩을 넣지만 곶감과 옥수수로 색다른 맛을 낸다. 곶감의 단맛과 향이 단호박과 잘 어울린다.

317 Kcal

1

2

3

4

5

7

8

1 단호박은 껍질을 벗기고 씨를 훑어 낸다.
2 씨뺀 단호박을 납작납작하게 썬다.
3 옥수수, 강낭콩은 통조림 제품으로 준비한다.
4 대추와 곶감은 각각 손질한다.
5 새알심을 만든다.
7 단호박은 분량의 물을 붓고 푹 삶아 으깬다.
8 준비한 모든 재료를 넣고 함께 끓여 완성한다.

재료

주재료
- 단호박 ········· 500g
- 물 ············· 6컵

새알심
- 찹쌀가루 ········· 1컵
- 끓는 물 ········· 약간

찹쌀물
- 찹쌀가루 ······· 1/2컵
- 물 ············ 1/2컵

부재료
- 곶감 ············ 2개
- 옥수수 ········ 3큰술
- 대추 ··········· 10개
- 소금, 강낭콩 ···· 3큰술
- 설탕 ··········· 약간

만들기

1 단호박을 잘라 씨를 긁어내고 껍질을 벗긴다.
2 껍질 벗긴 단호박을 적당한 크기로 썬다.
3 옥수수, 강낭콩은 통조림 제품으로 준비한다.
4 대추는 저며 썰어 씨를 빼고 곶감도 저며 썰어 씨를 뺀다.
5 찹쌀가루 1컵에 끓는 물을 조금 넣어 새알심을 만든다.
6 찹쌀가루 1/2컵에 물 1/2컵을 부어 찹쌀물을 만들어 놓는다.
7 단호박에 분량의 물을 붓고 푹 끓인다.
8 단호박이 뭉지러지도록 끓으면 새알심을 넣고 새알심이 익어 떠오르면 찹쌀물을 부어 나무주걱으로 저어가며 죽을 쑨다. 여기에 준비한 모든 재료를 넣고 다시 한소끔 끓여 소금, 설탕으로 간을 한다.

A

청둥호박과 단호박은 같은 것이고 늙은호박은 조금 다릅니다.

쉽게 설명하죠. 청둥호박은 겉껍질이 시퍼렇고 속살이 노란 둥근 호박을 말합니다. 가을에 시골 길을 가다 보면 무더기로 쌓아 놓고 파는 전경을 많이 보셨을 거예요. 그 청둥호박 옆에 겉껍질이 누르스름한 호박도 놓여 있죠? 그건 늙은호박이에요. 두 종류 모두 영양 성분도 비슷하고 만들어 먹는 음식도 비슷하지만 당도가 다릅니다. 청둥호박이 훨씬 달아요. 그래서 흔히 청둥호박을 단호박이라고 합니다. 단호박은 여름철에 반 갈라 찜통에 쪄서 먹기도 하죠. 잘 익은 것은 파삭파삭하고 맛이 좋답니다. 저는 청둥호박, 즉 단호박으로 범벅을 만들었어요.

Q

늙은 호박으로 죽을 끓이는 방법도 알려주세요.

단호박군밤죽

군밤을 호박죽에 넣어 씹히는 맛을 살리고 영양도 살렸다. 집에서 밤을 굽기가 번거로울 때는 군밤을 사서 사용해도 좋다.

1

2

183 Kcal

3

4

5

6

1 단호박을 적당한 크기로 썰어 껍질을 벗긴다.
2 껍질 벗긴 호박을 나박나박하게 잘게 썬다.
3 물을 붓고 단호박을 익힌다.
4 익힌 단호박을 믹서에 간다.
5 찹쌀물을 만든다.
6 호박물을 끓이다가 찹쌀물을 붓고 끓이면서 군밤을 넣는다.

재료

단호박(실량) ······· 450g
물 ··········· 3과 1/2컵
밤 ··············· 10개
설탕 · 소금 ······· 조금씩

찹쌀물

찹쌀가루 ······· 1/2컵
물 ············ 1/2컵

만들기

1 단호박을 갈라 속씨를 털어낸 다음 껍질을 벗긴다.
2 껍질 벗긴 단호박을 납작나작하게 썬다.
3 썬 단호박을 물 3컵 반을 붓고 푹 끓인다.
4 단호박이 말랑하게 익으면 믹서에 간다.
5 분량의 찹쌀가루에 물 1/2컵을 붓고 섞어 찹쌀물을 만든다.
6 냄비에 호박 간 것을 넣어 끓어 오르면 나무주걱으로 잘 저어가면서 찹쌀물을 넣고 푹 끓여 소금과 설탕으로 간을 한다.
7 죽이 거의 완성되었을 때 준비한 군밤을 굵직하게 썰어 죽에 넣고 한끔 더 끓여 완성한다.

A

늙은 호박으로 죽을 끓이는 것도 같은 요령입니다.

단호박으로 죽을 끓이면 단맛이 강하고 늙은 호박으로 죽을 끓이면 구수한 맛이 좋지요. 늙은 호박으로 죽을 끓일 때에도 단호박과 섞어서 끓이면 한결 맛이 풍부해 진답니다. 군밤 대신 콩을 넣거나 혹은 찹쌀로 새알심을 빚어 넣어도 든든한 아침 식사가 됩니다.

호박은 예날부터 약효가 뛰어나다고 하여 산후에 부기가 가라앉지 않을 때도 먹었고, 당뇨병에도 효과가 있다고 했습니다. 주성분은 당질이지만 비타민 A를 비롯해 B, B2, C, 칼슘과 철분, 인 등의 미네랄이 균형 있게 들어있다고 합니다.

Q

쌀을 넣고 끓인 팥죽과 어떻게 다른가요?

팥죽

팥죽을 끓일 때 쌀을 넣지 않고 삶은 팥 으깬 물로만 맛을 살렸다. 씹히는 맛은 덜하지만 훨씬 맛이 진하고 고소하다. 대신 새알심을 넣어 씹히는 맛을 살린다.

1

2

561 Kcal

3

4

5

6

1 팥을 씻어 일어 우르르 삶아 물은 버린다.
2 다시 물을 부어 팥을 충분히 무르도록 삶는다.
3 삶은 팥을 나무주걱으로 대충 으깬다.
4 고운 체에 으깬 팥과 팥물을 받친다.
5 찹쌀가루는 익반죽하여 새알심을 빚는다.
6 냄비의 팥물이 끓으면 새알심을 넣는다.

재료

팥	2컵
찹쌀가루	3컵
소금	조금
설탕	조금
물	조금

만들기

1 팥은 일어서 씻어 한 번 우르르 삶아 삶은 물을 버린다.

2 다시 물 10컵을 붓고 팥이 물러지도록 푹 삶는다.

3 손으로 만져보아 팥알이 으깨질 정도로 삶아지면 나무주걱으로 대강 으깬다.

4 눈이 고운 체에 팥물 5컵을 받쳐 곱게 거른다.

5 찹쌀가루는 더운물에 소금을 조금 넣어 익반죽하여 둥글게 새알심 모양으로 빚는다.

6 냄비에 팥물을 붓고 주걱으로 저으면서 약한 불에서 끓이다가 폭폭 끓어 오르면 새알심을 넣어 계속 끓인다.

7 새알심이 익어 떠오르면 소금, 설탕으로 간을 맞춰 그릇에 담아 낸다.

A

쌀을 넣지 않은 팥죽은 단팥죽 같은 고급스러운 맛이 납니다.

이 팥죽은 전라도식 향토음식으로 잣죽 같기도 하고 단팥죽 같기도 합니다. 쌀로 쑨 죽보다 훨씬 부드러워 먹기가 편하죠. 하지만 쌀을 넣고 쑨 팥죽을 좋아하는 분들도 많으니까 만드는 법을 알려 드릴게요.
팥을 삶아 체에 내려 팥물을 받는 것은 같습니다. 이때 팥물을 두어 시간 그대로 놔 두세요. 그러면 앙금은 가라앉고 웃물만 뜨거든요. 웃물로 죽물을 잡으세요. 불린 쌀에 팥 웃물을 부어 끓이다가 쌀알이 퍼지면 팥앙금을 넣어 저으면서 푹 끓여 마무리하세요. 새알심 넣는 것은 같습니다.

밥 짓기

매일 해먹는 밥이라 쉽게 생각하지만 맛있는 밥을 짓기란 그리 쉬운 일이 아니다. 쌀을 씻고 불리는 일부터 밥물을 맞추고 뜸들이기까지 각각의 과정마다 적당한 시간과 적당한 화력이 필요하고, 쌀의 종류나 건조상태, 함께 넣는 재료들에 따라서도 밥 짓는 방법이 달라진다.

[쌀 씻기]

1.계량을 정확하게 한다 | 쌀을 정확하게 계량해야 밥물의 양도 정확해진다. 전기밥솥을 이용할 때는 밥솥에 딸린 계량컵으로 계량하는 것이 편하다. 윗면을 평평하게 깎아내서 한 컵이 180cc다.

2.첫물은 버린다 | 큰 그릇에 물을 넉넉히 붓고 쌀을 넣어 한번 휘저어 섞은 다음 곧 물을 버린다.

3.문질러 씻는다 | 손바닥으로 쌀을 움켜잡듯이 눌러 문질러 씻는다. 쌀을 문지르는 것은 쌀에 붙어 있는 겨 찌꺼기 등을 씻어내 주는 한편 적당한 수분을 흡수시켜 준다.

4.물이 맑아질 때까지 씻는다 | 문지른 다음엔 다시 물을 부어 씻는다. 물이 맑아질 때까지 4~5회 반복한다. 두세 번째 받은 뽀얀 속뜨물로 된장국이나 찌개 끓일 때 이용하면 구수하다.

5. 물기를 빼 놓는다 | 씻은 쌀을 체에 받여 물기를 빼고 젖은 행주를 덮어 1시간쯤 두었다가 밥을 짓는다.

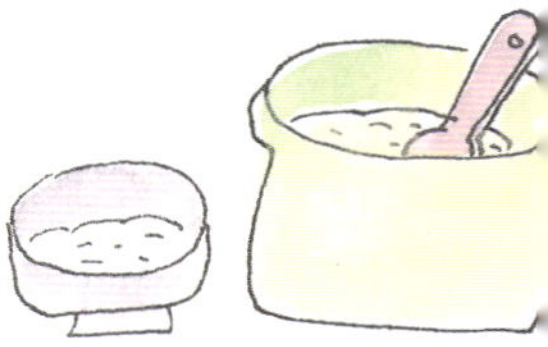

[밥물 정하기]

밥물은 대체로 쌀보다 1할 많게 하거나 똑같게 하는 것이 기본이다. 햅쌀이나 쌀의 분량이 많을 때, 찹쌀이나 야채 등 수분이 많은 것을 곁들여 밥을 지을 때, 그리고 장마철에는 밥물을 적게 잡아야 한다. 반대로 묵은쌀이나 쌀의 양이 적을 때, 콩이나 보리 등 수분을 흡수할 재료들을 함께 곁들여 밥을 할 때, 그리고 건조할 때는 밥물을 다소 넉넉히 붓는 것이 좋다. 이 밖에도 밥 짓는 용기에 따라서도 밥물의 양에 차이가 나는데 냄비보다는 압력밥솥에 밥을 지을 때 물을 적게 잡는 것이 상식이다. 밥물 정하는 기본 원칙은 다음과 같다.

씻어서 바로 밥을 지을 때 | 물의 양을 쌀보다 1할 정도 많게 잡는다.
불려 놓은 쌀로 밥을 지을 때 | 물의 양은 쌀과 같게 잡으면 된다.
현미밥을 지을 때 | 물을 넉넉히 잡아 쌀의 1.2~1.3배로 한다.
찹쌀밥을 지을 때 | 수분 보유율이 멥쌀보다 많아 쉽게 호화되므로 물의 양을 0.8배 정도로 적게 잡는다.

[밥을 맛있게 짓는 법]

1. 씻어서 불린 쌀을 냄비에 넣고 쌀과 같은 양의 물을 붓는다. 밥짓기에 적당한 냄비는 바닥이 두툼하고 속이 깊어 쌀 양의 4배 정도 되는 것이 적당하다.

2. 가열해 밥물이 끓으면 물이 흘러 넘치지 않게 주의해 가며 3분 정도에 걸쳐 불을 줄여간다. 갑자기 불을 확 줄이면 밥이 끈적끈적해지므로 반드시 천천히 줄여야 한다.

3. 불을 줄인 다음 13분 정도 두었다가 마지막으로 10초 정도 불을 세게 해서 여분의 수분을 증발시킨 다음에 불을 끈다. 불을 끈 상태로 12분쯤 뜸을 들인다.

[별미밥 짓기]

● 오곡밥

정월 대보름날의 대표적인 절기음식으로 꼽히는 오곡밥은 쌀, 보리, 조, 콩, 수수 등 다섯 가지 곡식을 섞어서 지은 밥을 말한다. 곡식마다 익는 속도가 다르기 때문에 단단한 것은 미리 삶아 놓거나 충분히 불렸다가 써야 한다. 차수수, 차조, 찹쌀 등 차진 곡식이 많이 들어가므로 물의 양은 일반 밥보다 다소 적게(재료 양의 0.8배 정도) 잡아야 질지 않다.

1. 콩은 전날 저녁에 물에 담가 불려 놓고 쌀, 수수, 조는 밥 짓기 30분 전에 불려 놓는다.
2. 팥은 우르르 끓인 첫물은 따라버린 후 다시 물을 넉넉히 붓고 팥알이 터지지 않을 만큼 삶는데 이때 팥 삶은 물은 따로 받아둔다. .
3. 냄비에 준비한 오곡을 골고루 섞어 안치고 받아 놓은 팥물을 붓는다.
4. 곡식 4컵 정도에 소금 1큰술 정도로 소금 간을 한다.
5. 차조는 처음부터 함께 넣고 지으면 너무 물러 씹는 맛이 덜하다. 뜸들일 때 넣도록 한다.

● 현미밥

현미에는 비타민 B_1이 백미의 2.5배나 함유되어 있고 이밖에도 여러 가지 비타민과 불포화 지방산이 함유되어 있다. 건강에 대한 관심이 높아지면서 현미밥을 먹는 사람들도 부쩍 많아졌다. 현미밥은 구수하긴 하지만 입안에서의 감촉이 다소 껄끄러우므로 찹쌀 현미를 이용해 압력밥솥에 밥을 하는 것이 좋다. 이때 물을 쌀의 양보다 2할쯤 더 붓고 1시간쯤 그대로 두어 불린 후 밥을 한다.

● 초밥용 밥 짓기

약간 새콤달콤한 듯 맛을 들인 초밥은 김밥을 쌀 때나 유부초밥을 만들 때 혹은 주먹밥을 만들 때 쓰면 맨밥으로 한 것보다 훨씬 맛도 좋고 쉽게 상하지 않아 좋다.

1. 잘 씻은 쌀을 체에 밭쳐 물기를 빼고 1시간쯤 두어 불린다.

2. 다시마를 넣을 경우 밥물이 끓기 시작하면 다시마는 꺼낸다.

3. 배합식초를 만든다. 쌀 1컵당 식초 2큰술, 설탕 1큰술, 소금 1/2작은술이 기준이다.

4. 밥이 뜨거울 때 배합초도 따끈하게 데워 재빨리 넣고 주걱을 세워 자르듯이 섞는다.

5. 배합초를 섞은 밥은 젖은 행주를 덮어서 1분 정도 두면 배합초의 맛이 밥에 골고루 스며들게 된다.

6. 아래위를 뒤집어주면서 부채질을 해 남아 있는 수분을 날려보낸다.

8

별미김치
김치요리

요즘은 김치를 사먹는 시대가 되었죠? 하지만 어느 집이나 똑같은 맛의 김치라는 게 어쩐지 석연치가 않네요. 김치야말로 우리만의 자랑스런 음식이 아닌가요. 그런 김치를 내 손으로 담가 나만의 맛을 내본다는 것, 얼마나 보람있습니까. 손맛이라는 건 자꾸 해봐야 느는 것이에요. 한 번 담가 보세요. 생각보다 어렵지 않습니다. 김장김치 말고 사철 담가 먹을 수 있는 김치만으로 구성했습니다. 김치로 만들어 먹을 수 있는 김치요리도 몇 가지 넣었고요.

Q

배추김치에 생새우를 넣으면 김치 맛이 좋아지나요?

배추김치

김치를 담글 때 제일 중요한 것은 절이는 상태다. 소금물을 타서 그 물에 담가 4~5시간 담갔다가 깨끗이 헹궈 소쿠리에 건져 놓으면 나긋나긋하고 맛있게 절여진다.

463 Kcal

1 통배추는 반을 가른다.
2 배추는 소금물에 나긋나긋해지도록 절인다.
3 중간 크기의 생새우를 다져 준비한다.
4 실파, 미나리, 부추, 무 등의 속재료를 준비한다.
5 속재료를 버무린다.
6 배춧잎 사이마다 속재료를 채워 넣는다.

재료

통배추 ········ 2통(3kg)
절이는 물과 소금(비율은 6:1)

배추 속재료

- 무 ············ 800g
- 부추 ··········· 150g
- 실파 ··········· 150g
- 새웃살 다진 것 ···· 100g
- 미나리 ········· 150g

양념

- 설탕 ··········· 50g
- 다진 마늘 ······· 160g
- 다진 생강 ········ 40g
- 다진 새우젓 ····· 250g
- 멸치액젓 ······· 200g
- 간 양파 ········· 300g
- 고운 고춧가루 ···· 100g
- 굵은 고춧가루 ···· 100g
- 소금 ··········· 조금

만들기

1 통배추는 겉대를 다듬어 떼어내고 반으로 가른다.

2 물과 소금의 비율을 6 : 1로 하여 소금물을 만들어 배추가 푹 잠기도록 담가 4~5시간 가량 푹 절인 후에 맑은 물에 깨끗이 헹궈 소쿠리에 밭쳐 물기를 뺀다.

3 속재료에 들어갈 생새우를 중간 크기로 준비하여 껍질을 벗기고 내장을 빼낸 후 살만 곱게 다진다.

4 속재료 중 무는 채썰고 부추, 미나리, 실파는 3~4cm 길이로 자른다.

5 넓은 그릇에 채썬 무를 담고 분량의 고춧가루로 빨갛게 물을 들인 후 나머지 속재료와 양념을 넣고 맛있게 버무린다.

6 배춧잎 사이마다 속재료를 잘 채워 넣은 후 밀폐 용기에 차곡차곡 담아 저장한다.

A

생새우를 넣으면 단맛이 나고 김치 맛이 더 좋아집니다.

보통 김치를 담글 때 새우젓이나 멸치젓 등으로 양념을 하는데요, 새우젓과 함께 생새우를 조금 넣어주면 김치 맛이 한결 좋아집니다. 새우에서 우러나온 부드러운 단맛과 신선하고 칼칼한 맛이 김치 맛을 잘 받쳐주거든요. 새우는 중하 정도의 것으로 반드시 신선한 것으로 준비하시고요. 옅은 소금물에 잘 흔들어 씻은 다음 껍질과 내장을 제거하고 적당히 다져 넣으면 됩니다. 한번 시도해 보세요.

Q

맛있는 알타리 고르는 방법을 알려주세요.

알타리동치미

알타리 무는 큰 것보다 작은 것이 단단하고 맛있다. 무청이 파랗고 연하면서 무에 심이 없는 것을 고른다.

1

2

434 Kcal

3

4

5

7

1 알타리를 다듬는다.
2 갓, 실파, 생강, 마늘 등의 재료를 준비한다.
3 무와 양파를 갈아 즙으로 만들어 둔다.
4 동치미 밑국물을 준비한다.
5 알타리 무를 적당한 크기로 잘라 잎으로 무를 둥글게 말아준다.
7 알타리 무 담은 항아리에 만들어 둔 밑국물을 붓는다.

재료

알타리무(다듬은 상태)	4kg
굵은소금	4컵
물	35컵
뉴슈가	2큰술
부재료	
무	400g
실파	260g
푸른갓	조금
배	1개
대추	10개
양파	380g
동치미 밑물	
물	45컵
소금	1컵
감미료	1과 1/2컵
김치 양념	
마늘	140g
생강	60g
소금	1컵
멸치 액젓	2큰술
소주	1/4컵

만들기

1 알타리는 떡잎을 떼어내고 깨끗이 다듬어 씻어 분량의 굵은 소금과 감미료를 넣고 녹인 물에 3시간 정도 절인 다음 다시 깨끗이 씻어 준비한다.

2 실파와 갓은 다듬어 씻어 놓고 마늘과 생강은 얇게 편으로 썰어 깨끗한 거즈에 싸서 준비한다. 배는 무늬 칼로 꽃 모양을 떠 놓고 대추는 깨끗이 씻어 놓는다.

3 무 400g과 양파 380g을 곱게 강판에 갈아 거즈에 밭쳐 둔다.

4 물 45컵에 감미료 1과 $\frac{1}{2}$큰술, 소금 1컵을 넣어 간을 맞춰 동치미 밑국물을 준비한다.

5 절여진 알타리 무는 큰 것은 2~4등분 한 뒤 잎으로 돌돌 말아 놓는다.

6 동치미 항아리 바닥에 준비한 실파와 갓을 가지런히 깔고 거즈에 싸놓은 마늘과 생강을 넣은 후 그 위에 잎으로 말아 놓은 알타리 무를 차곡차곡 넣는다.

7 알타리 무 담은 항아리에 만들어 둔 밑국물을 가만히 따라 부은 후 꽃 모양으로 떠 놓은 배를 넣고 대추도 넣는다. 마지막으로 무와 양파를 갈아 만든 즙을 동치미 항아리에 넣고 눌러 둔다.

A

밑둥이 불룩하고 잔털이 없는 것이 좋습니다.

알타리 김치를 맛있게 먹으려면 좋은 알타리를 골라야 하지요. 맛있는 알타리는 우선 무 밑둥이 불룩해 통통하면서도 전체적으로 매끈한 모양을 갖고 있는 것이 좋아요. 그리고 무에 잔털이 많지 않은 것, 잎이 싱싱한 것이 맛있고 좋은 것이지요.

그리고 동치미에 넣을 실파와 갓은 절이지 않고 그대로 넣습니다. 그렇게 하는 것이 더 신선하고 향도 좋습니다. 갓은 조금만 넣으시고 실파는 무 양의 $\frac{1}{4}$ 정도 준비하면 됩니다.

Q

깍두기 양념 중 설탕을 맨 마지막으로
넣는 이유가 궁금해요.

깍두기

가을 무로 깍두기를 담글 때는 무 자체에 단맛이 있으므로 설탕을 조금만 넣고 봄에 나오는 무로 담글 때는 단맛을 조금 강하게 한다.

1

2

173 Kcal

3

4

5

6

1 무는 한입 크기로 깍둑 썰기한다.
2 소금을 무에 고루 뿌려 절인다.
3 부추, 미나리, 실파를 준비한다.
4 고춧가루로 버무려 빨간물이 들도록 한다.
5 나머지 재료와 양념을 넣어 버무린다.
6 마지막으로 설탕을 넣고 가볍게 섞어 완성한다.

재료

무 ··········· 1개(1.8kg)
절이는 소금 ········ 40g
부추 ············· 30g
미나리 ············ 40g
실파 ············· 40g

김치 양념

- 간 양파 ········· 80g
- 설탕 ··········· 50g
- 다진 생강 ········· 5g
- 다진 마늘 ········ 50g
- 다진 새우젓 ······ 50g
- 멸치액젓 ········ 40g
- 소금 ··········· 50g
- 고운 고춧가루 ····· 35g
- 굵은 고춧가루 ···· 30g

만들기

1 무는 한입 크기의 정방향으로 썬다.
2 썰어놓은 깍두기 무에 분량의 소금을 고루 뿌려 절인 후 소쿠리에 건져 물기를 거둔다.
3 부추, 미나리, 실파는 2~3cm 길이로 자른다.
4 넓은 볼에 준비한 깍두기 무를 넣고 먼저 고춧가루를 넣어 고루 버무려 고춧가루 물이 들도록 한다.
5 여기에 손질해 둔 부추, 미나리, 실파를 넣고 설탕을 제외한 나머지 양념을 모두 넣어 고루 버무려 맛이 들도록 한다.
6 마지막으로 설탕을 넣어 가볍게 섞어 간을 맞춘 다음 완성한다.

한마디 더 김장 깍두기로 담글 때는 굴과 새우젓을 많이 넣는데, 봄, 여름 깍두기에는 안 넣는 것이 좋다. 굴은 산성식품이기 때문에 빨리 시어 버리기 때문이다.

A

양념이 엉기는 것을 방지하기 위해서입니다.

설탕을 먼저 넣으면 설탕과 양념들이 서로 엉겨 붙어서 깍두기 국물이 마치 콧물처럼 엉겨버립니다. 이렇게 되면 무에 간이 제대로 배지 않아 깍두기가 맛이 없게 되는 것은 당연하지요. 고춧가루를 가장 먼저 넣어 무에 빨간 물이 들도록 한 다음 나머지 양념을 넣어 고루 버무려 맛을 들이고 마지막으로 설탕을 넣으세요. 설탕은 입맛에 맞춰 넣으시고요. 음식 맛은 역시 간맞추기에서 비롯되므로 재료 분량을 정확하게 맞추시는 것 잊지마시고요.

Q

오이송송이는 어떤 맛의 김치일지
궁금해요.

오이 송송이

여름철에 입맛 없을 때 담가 먹는 오이 깍두기로 얼른 버무려서 너무 시어지기 전에 먹도록. 조금씩 자주 담가 시원하게 해서 먹으면 맛있다.

64 Kcal

1 오이에 길게 4등분한다.
2 4등분한 오이를 2cm 길이로 깍둑썰기한다.
3 부추와 실파는 2cm 길이로 썰어 준비한다.
4 오이에 고춧가루 물을 들인다.
5 나머지 양념을 넣고 고루 버무린다.
6 새우젓과 소금으로 간을 맞춘다.

재료

- 오이 ·············· 5개
- 부추 ············· 50g
- 실파 ············· 20g

양념

- 고춧가루 ······· 1/2컵
- 다진 마늘 ··· 1과 1/2큰술
- 다진 생강 ···· 1/2작은술
- 설탕 ········ 2작은술
- 새우젓 · 소금 ··· 조금씩

만들기

1 오이는 길게 칼집을 넣어 4등분으로 나눈다.

2 길게 쪼갠 오이를 2cm 길이로 깍둑썰기한다.

3 부추와 실파도 2cm 길이로 잘라 준비한다.

4 깍둑썰기한 오이에 고춧가루를 넣어 버무려 오이에 고운 색이 들도록 한다.

5 고춧가루로 물들인 오이에 부추와 실파를 넣고 분량의 양념을 넣어 고루 버무린다.

6 마지막으로 새우젓과 소금으로 간을 맞춘 다음 밀폐 용기에 담아 저장한다.

한마디 더 오이는 껍질이 억세지 않고 굵기가 고르면서도 삼각진 것이 좋다. 오이를 씻을 때는 굵은 소금을 손에 묻혀 손바닥으로 굴리듯이 문지른 뒤 물에 헹군다.

A

개운하고 칼칼한 맛으로 여름에 좋아요.

오이송송이는 여름철에 입맛 없을 때 담가 먹으면 좋은 아주 개운한 맛의 김치입니다. 오이의 시원한 맛과 양념맛이 잘 어우러져 콩국수 등의 일품요리에 곁들이면 좋지요. 만들기도 쉽고 간단해서 여름철에 얼른 버무려 상에 내놓으면 식구들이 아주 맛있게 먹을 겁니다. 단, 주의하실 것은 오랫동안 저장해서 먹는 김치가 아닌 만큼 한꺼번에 많이 만들지 말고, 그때 그때 먹을 만큼만 만들어서 냉장고에 시원하게 두었다가 먹으면 좋아요.

알타리김치

멸치젓국과 새우젓을 넣고 갓과 실파를 넣어 만든 김치로 되직하게 맵쌀풀을 쑤어 김치 양념할 때 섞으면 김치 맛이 더 살아난다.

1 2

424 Kcal

3

4 5

만들기

1 알타리무는 깨끗이 다듬어 씻은 후 분량의 소금물에 두 시간 정도 절인 후 맑은 물에 세 번 정도 씻어 건져 물기를 뺀다.

2 갓, 실파는 깨끗이 다듬어 씻어 준비한다.

3 분량의 양념을 섞어 김치 양념을 만든다.

4 준비해 둔 알타리무에 김치 양념을 넣고 버무린다.

5 갓과 실파를 함께 넣고 다시 버무린다.

6 저장 용기에 알타리 무 한 켜, 실파 한 켜, 갓 한 켜, 다시 알타리 무 한 켜의 순서로 차곡차곡 담아 저장한다.

한마디 더 알타리 무는 무청이 파랗고 싱싱하며 알이 단단하고 심이 없는 것으로 고른다. 손질할 때는 무청은 그대로 둔 채 잔털만 제거한다. 칼로 무를 박박 긁어 다듬으면 김치가 금방 물러져서 맛이 없다.

재료

알타리무(다듬어진 것) · 4kg
물 · 18컵
굵은 소금 · 2컵

부재료

갓 · 200g
실파 · 200g

김치 양념

다진 생강 · 1큰술
멸치 액젓 · 1/2컵
새우젓 · 3큰술
다진 마늘 · 3큰술
굵은 고춧가루 · 1컵
설탕 · 2큰술
고운 고춧가루 · 1/2컵
멥쌀풀(되직한 것) · 5큰술

6

1 알타리 무를 절여 물기를 빼둔다.
2 갓과 실파는 깨끗이 다듬어 씻어 준비한다.
3 분량의 양념을 고루 섞어 김치 양념을 만든다.
4 양념장으로 알타리 무를 버무린다.
5 갓과 실파를 함께 넣고 다시 버무린다.
6 저장용기에 담아 저장한다.

Q 김치를 담글 엄두가 나지 않아요.

A

일단 도전해 보시면 어렵지 않습니다.

많은 주부님들이 김치 담그기에 대해 필요 이상으로 겁을 내고 있어요. 물론 김치 맛 내기가 그렇게 쉬운 것은 아니지만 그렇다고 해서 아주 어려운 음식도 아닙니다. 어떤 음식이든 처음에는 좀 서툴지만 자꾸 하다 보면 제 맛을 내기 마련이지요. 김치 역시 마찬가지입니다. 무조건 어렵다, 못한다고만 생각하지 마시고, 일단 도전해 보십시오.

한두 번 실패할 수도 있겠지만, 그런 과정을 겪고 나면 깊은 맛을 낼 수 있게 될 것입니다.

Q
오이소박이의 시원한 맛을 제대로
내려면 어떻게 해야죠?

백오이 소박이

소박이 양념을 할 때 고춧가루를 사용하지 않고 무채와 부추만으로 소를 만들어 하얗게 만든 오이 소박이다.

88 Kcal

1 오이에 십자 모양으로 칼집을 넣는다.
2 소금물에 담가 나긋해질 때까지 절인다.
3 절인 오이를 눌러 놓는다.
4 부추, 양파, 무, 배 등의 속재료를 준비한다.
5 채썬 속재료를 마늘, 생강, 소금, 설탕으로 버무린다.
6 오이에 속을 채워 넣는다.

재료

조선 오이 ·········· 8개

소박이 속재료

부추 ············· 100g
무 ·············· 100g
배 ·············· 1/2개
양파 ············· 50g

김치 양념

다진 마늘 ······· 2큰술
생강즙 ······· 1/2큰술
설탕 ······ 1과 1/2큰술
소금 ··········· 조금

만들기

1 오이는 소금으로 문질러 씻어서 돌기를 깨끗이 정리한 후 중간에 칼집을 열십자로 낸다.

2 칼집 넣은 오이를 소금 물에 나긋나긋한 정도로 절인다.

3 절인 오이를 씻어 베보자기에 싸서 무거운 것으로 눌러 수분을 뺀다.

4 부추는 2~3cm 정도로 자르고 양파, 무, 배도 2~3cm 길이로 곱게 채썰어 소박이 속재료를 준비한다.

5 넓은 볼에 채썬 무, 양파, 배를 넣고 양념하여 속재료를 만든다.

6 절여진 오이에 속재료를 채워 넣고 밀폐 용기에 차곡차곡 담는다.

7 양념이 묻어 있던 그릇에 물을 부어 소금으로 간을 맞춘 후 오이 소박이가 자박하게 잠길 정도로 부어 익힌다.

한마디 더 오이가 가장 맛있는 시기는 5월에서 9월이다. 요즘은 비닐하우스 재배로 1년내내 볼 수 있지만 여름의 첫 빛을 받고 자란 싱싱한 오이가 더욱 맛있다.

A

무, 배, 양파, 부추 등의 속재료를 풍부하게 사용하세요

백오이소박이는 여름에 시원한 맛으로 먹는 김치입니다. 그런 만큼 시원하고 칼칼한 맛을 내야 제 맛이지요. 일단 오이를 알맞게 절여 아작아작하게 만든 다음 속재료를 풍부하게 넣어 담그세요. 속재료는 무, 배, 양파, 부추 등을 곱게 채썰어 마늘과 생강 등으로 버무린 다음 오이 속에 꼭꼭 채워 넣고 국물을 자작하게 부어두면 아주 맛있고 시원한 오이소박이가 만들어진답니다.

Q

왜 열무와 얼갈이를 함께 넣어 만드나요?

열무얼갈이김치

풀국을 엷게 풀어 담근 시원하고 풋풋한 향의 봄, 여름 김치다. 여름에는 금방 익어버리므로 조금씩 자주 담가 먹자.

290 Kcal

1 열무와 얼갈이를 절인다.
2 실파, 양파, 홍고추를 썬다.
3 밀가루풀을 만든다
4 김치 양념 A를 믹서에 간다.
5 김치양념 B를 믹서에 곱게 간다.
6 밀가루풀에 양념을 섞는다.
7 양념에 열무와 얼갈이를 버무린다.

재료

열무 · 얼갈이 …… 800g
물 …………… 14컵
소금 …………… 2컵

부재료
- 실파 ………… 160g
- 홍고추 ………… 20g
- 양파 ………… 140g
- 설탕 · 소금 …… 2큰술

밀가루풀
- 물 ………… 6컵
- 밀가루 ……… 1/2컵

김치양념 A
- 굵은 고춧가루 · 물 … 1컵
- 양파 ………… 220g
- 배 ………… 80g
- 무 ………… 170g

김치양념 B
- 홍고추 ……… 130g
- 통마늘 ……… 100g
- 생강 ………… 30g
- 멸치액젓 …… 1/2컵

만들기

1 열무와 얼갈이는 깨끗이 다듬어 분량의 소금물에 30분간 절여 씻어 건진다.

2 부재료로 사용할 실파는 3~4cm 길이로 썰고 홍고추는 어슷썬다. 양파는 채썰어 둔다.

3 물과 밀가루를 섞어 밀가루풀을 만든 다음 밀가루 풀 4컵과 물 4컵을 섞어 묽게 만들어 둔다.

4 김치 양념 A 중 고춧가루를 먼저 물에 불려 고춧가루에 양파, 배, 무를 분량대로 섞어 믹서에 넣고 곱게 갈아둔다.

5 김치 양념 B 역시 믹서에 곱게 갈아둔다.

6 밀가루 풀에 A, B의 양념을 넣어 고루 섞어 김치 양념을 완성한 뒤 실파, 홍고추, 양파를 버무린 후 설탕, 소금으로 간을 맞춘다.

7 마지막으로 열무와 얼갈이를 넣고 한 번 더 버무려 완성한다.

A

열무와 얼갈이는 아작아작한 맛이 잘 어울립니다.

열무와 얼갈이는 연하면서도 아작아작한 맛이 서로 잘 어울리는 김치 재료입니다. 열무얼갈이 김치는 그래서 주로 여름에 많이 담가먹는 편인데요, 사실은 이른 봄에 김장김치에 물린다 싶을 때 담가 먹으면 아주 맛이 좋습니다. 연하면서도 신선한 맛과 향이 입맛을 돋워주기도 하지요. 열무와 얼갈이는 연한 성질을 가지고 있으므로 절일 때에도 잠깐만 절여 아작한 맛을 살리도록 해야지요.

늙은호박김치

황해도식 허드레 김치로 김장하고 남은 무청을 함께 버무려 끓이면 푹 익혀서 돼지고기 넣은 찌개를 끓일 때 조금씩 넣어 먹어도 맛있다.

241 Kcal

만들기

1 늙은 호박은 속의 씨를 훑어내고 겉껍질을 벗긴다.

2 겉껍질 벗긴 호박을 도톰하게 썬다.

3 도톰하게 썬 호박을 소금에 25분 정도 살짝 절여 찬물에 헹궈 건진다.

4 얼갈이 배추는 깨끗이 다듬어 씻어 호박 크기에 맞춰 자른 다음 소금에 살짝 절여 헹구어 건져 놓는다.

5 갓, 실파도 깨끗이 씻어 다른 재료 길이에 맞춰 자른다.

6 절여 놓은 호박과 얼갈이 배추를 고춧가루로 빨갛게 물들인 다음 갓과 실파를 섞어 양념에 버무린다. 이 때 새우젓은 건더기만 건져 곱게 다져 사용한다.

7 저장 용기에 꼭꼭 눌러 담은 다음 배춧잎 우거지로 덮고 새우젓 다진 것을 더 얹어 익힌다.

재료

늙은 호박(다듬어진 상태) ·· ··················2.5kg
절임 소금 ··········150g
얼갈이 배추(작은 단) ···6단
절임 소금 ··········150g

부재료

갓 ··········1단(300g)
실파 ······1/2단(300g)

김치 양념

다진 마늘 ·········80g
다진 생강 ·········10g
고춧가루, 새우젓 · 적당량

1 늙은 호박의 씨를 훑어내고 껍질을 벗긴다.
2 호박은 도톰하게 썬다.
3 도톰하게 썬 호박을 소금에 절인다.
4 얼갈이 배추도 호박 크기로 썰어 절여 둔다.
5 갓과 실파는 길이에 맞춰 썰어 둔다.
6 얼갈이와 호박, 부재료 등을 함께 양념에 버무린다.
7 저장 용기에 담아 저장한다.

Q 어떤 맛의 김치인가요? 김치 외에 다른 음식을 만들 수도 있나요?

돼지고기 넣고 끓인 김치 찌개에 넣어 끓이면 별미입니다

늙은 호박의 아작아작한 맛이 감칠맛나는 김치입니다. 특히 푹 익혀서 돼지고기와 함께 김치찌개를 끓여 먹으면 아주 별미 음식이 된답니다. 한번 만들어보세요. 늘 똑 같은 김치만 먹는 것보단 가끔 색다른 김치를 먹는 것도 좋습니다. 늙은 호박에는 비타민 등의 영양 성분도 많아서 겨울철 부족하기 쉬운 비타민 보충에도 한 몫을 하게 됩니다.

오래 두고 먹는 김치이므로 간을 조금 세게 하여 항아리에 꼭꼭 눌러 담고 먹을 때마다 조금씩 꺼내 드세요.

Q

나박김치는 언제 담가 먹으면
좋을까요?

나박김치

어느 계절이나 담가 먹을 수 있는 김치로 젓갈을 쓰지 않는 것이 원칙이다. 맑고 깨끗하게 담가 시원하게 해서 먹으면 더 맛있다.

99 Kcal

1

2

3

4

5

6

7

1 통배추를 나박나박 썬다
2 무도 얄팍하게 나박나박썬다.
3 밤, 미나리, 홍고추, 실파 등의 부재료를 준비한다.
4 준비한 재료들을 소금에 절인다.
5 절인 재료에 부재료를 넣고 양념에 버무린다.
6 맑은 김치 국물을 만든다.
7 단지에 나박김치 버무린 것을 담고 국물을 붓는다.

재료

통배추 속대 ······· 700g
무 ··············· 250g
밤 ··············· 3개
미나리 ············ 50g
실파 ·············· 50g
홍고추 ············ 2개
소금 ·············· 2큰술

김치 양념

- 다진 생강 ········ 15g
- 다진 마늘 ········ 30g
- 고운 고춧가루 ···· 3큰술
- 배즙 ·············· 200g

김치 국물

- 물 ················ 10컵
- 소금, 감미료 ····· 적당량
- (입맛에 맞춰)

만들기

1 통배추는 바둑판 모양의 사각으로 썬다.

2 무도 사각으로 얄팍하게 나박나박 썬다.

3 미나리, 실파는 깨끗이 다듬어 씻어 2~3cm 길이로 썰고, 홍고추는 반으로 갈라 씨를 제거한 후 채썬다. 밤은 속껍질까지 깨끗이 벗겨 얄팍하게 편으로 썬다.

4 준비한 재료들을 넓은 그릇에 담고 소금 2큰술을 넣어 그릇을 통째로 들고 까불러서 20분 정도 두어 숨이 죽으면 소쿠리에 밭쳐 둔다.

5 절인 무와 배추에 다듬어 놓은 밤, 미나리, 실파, 홍고추를 넣어 버무린다.

6 분량의 양념을 10컵의 물에 풀어 거즈에 밭쳐 맑은 국물을 만든 다음 소금, 감미료로 간을 맞춰 나박김치 국물을 만든다.

7 용기에 양념에 버무린 나박김치 재료를 담고 준비한 나박김치 국물을 가만히 부어 실내에서 하루 정도 익힌 다음 냉장고에 넣어 저장한다.

A

설날이나 추석날 같은 명절상에 잘 어울립니다.

나박김치는 설날이나 추석 등 주로 명절날 만들어 먹는 김치 중의 하나이지요. 생김새가 얌전하고 맑은 김치 국물이 입안을 개운하게 해주어 주로 기름진 음식이 많은 명절날 잘 어울린답니다. 제 맛을 즐기려면 미리 2~3일 전에 담가 하루 정도 실내에서 익힌 다음 냉장고에 시원하게 넣어 두었다가 상에 올리면 됩니다. 맑은 국물을 내야 하는 만큼 김치 국물은 거즈에 곱게 밭쳐야 하는 것, 잊지 마세요.

Q
김치를 담그기 전에 우선 소금에 절이는 것은 왜인가요?

얼갈이배추김치

봄 · 여름 김치로 얼갈이 배추가 흔한 봄 여름에 슴슴하게 담가 풋풋한 햇내음을 즐긴다.

153 Kcal

1 얼갈이 배추는 뿌리 쪽만 다듬어 슴슴한 소금물에 절인다.
2 절인 배추를 씻어 물기를 거둔다.
3 부재료를 준비한다.
4 김치 양념을 섞어 양념을 만든다.
5 김치 양념에 부재료를 버무린다.
6 얼갈이 배추에 버무린 재료를 골고루 발라 저장한다.

재료

얼갈이 배추 ········· 4단
절임 소금 ········ 적당량

부재료

- 부추 ··········· 50g
- 미나리 ·········· 50g
- 실파 ··········· 50g

김치 양념

- 통깨 ·········· 1큰술
- 다진 마늘 ······· 4큰술
- 설탕 ········ 2작은술
- 멸치젓국 ······· 6큰술
- 다진 생강 ····· 2작은술
- 고춧가루 ········· 1컵
- 멥쌀풀 ·········· 2컵
- 소금 ··········· 조금

만들기

1 얼갈이 배추는 통째로 뿌리 쪽만 다듬어 슴슴한 소금물에 절인다.

2 절인 배추를 깨끗이 씻어 건져 물기를 거둔다.

3 부추, 미나리, 실파는 깨끗이 다듬어 씻어 3~4cm 길이로 썬다.

4 멥쌀풀을 되직하게 쑤어 멸치젓국을 넣고 끓여 식힌 후 분량의 김치 양념을 섞어 놓는다.

5 다듬어 놓은 부추, 미나리, 실파를 김치 양념으로 버무려 맛을 낸다. 이 때 소금으로 간을 맞춘다.

6 얼갈이 배추에 양념에 버무린 속재료를 골고루 발라 밀폐 용기에 담아 저장한다.

A

채소의 불필요한 수분을 제거하고 밑간을 들이기 위해서입니다.

채소에는 필요 이상의 수분이 함유되어 있습니다. 소금에 절이는 것은 이 수분을 제거하고 채소에 밑간이 들도록 하기 위한 것이지요. 소금에 절일 때는 반드시 굵은 소금을 사용해야 합니다. 주방에서 일반적으로 사용하는 고운 소금으로 배추를 절이면 김치에서 쓴 맛이 납니다. 반드시 굵은 소금을 사용하도록 하고 절이고 난 후에는 맑은 물에 서너 번 헹군 다음 건져서 체에 밭쳐 물기를 빼고 김치를 담그도록도록 하세요.

» 제육두부김치

안주감으로 사랑받는 메뉴다. 먹음직스럽고 간편하게 만들 수 있어 급하게 안주를 마련해야 할 때 좋은 메뉴다.

365 Kcal

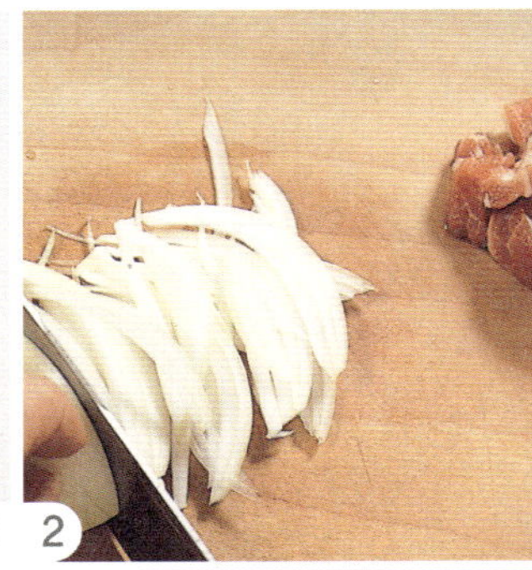

만들기

1 배추김치는 줄기 부분만 준비하여 속을 털어낸 뒤 한입 크기로 썬다.

2 돼지고기는 얇게 한입 크기로 썰고 양파도 채썬다

3 한입크기로 썬 돼지고기를 양념에 무쳐둔다.

4 잘 달구어진 프라이팬에 식용유를 조금 두르고 돼지고기를 볶다가 배추김치를 넣고 양파를 넣은 후 물 1/2컵을 붓고 물이 졸아들 때까지 볶는다. 완전히 볶아지면 참기름으로 맛을 낸 후 담는다.

5 두부는 한입 크기로 썰어 소금물에 삶아 따끈하게 해서 우묵한 접시에 따로 담아 놓는다.

한마디 더 옛날부터 김치와 두부는 찰떡 궁합으로 통한다. 그래서 우리 조상들은 김치와 두부를 상차림에 꼭 챙겼다. 단백질이 풍부한 두부와 비타민 C와 무기질이 풍부한 김치는 건강식품으로도 손꼽힌다.

재료

재료	분량
배추김치 줄기	400g
돼지고기	200g
양파	60g
두부(작은 것)	1모
물	1/2컵
참기름	1큰술
식용유	적당량

고기 양념

재료	분량
다진 마늘	1큰술
설탕	1큰술
생강즙	1작은술
간장	2큰술
참기름	1큰술
후춧가루	약간

1 배추김치는 한입크기로 썬다.
2 돼지고기도 한입 크기로 썰고 양파도 채썬다.
3 돼지고기를 양념에 무친다.
4 돼지고기와 김치, 양파를 잘 볶는다.
5 두부는 소금물에 삶아낸다.
6 볶은 제육김치를 담고 삶은 두부를 따로 담아낸다.

Q 볶을 때 물을 넣으면 후줄근해지지 않나요?

A

팬이 뜨거울 때 가장자리로 흘려 넣고 재빨리 볶아줍니다.

김치를 볶을 때 기름만으로 볶으면 기름의 양이 너무 많아져 깔끔한 맛의 볶음이 만들어지지 않습니다. 그래서 기름 대신 물을 넣는 것인데, 말씀하신 것처럼 볶음 요리에 물을 잘못 넣으면 재료가 후줄근해지기도 합니다. 따라서 프라이팬이 뜨거울 때 프라이팬 가장자리로 흘려 넣은 다음 재빨리 볶아야 합니다. 이렇게 해서 물이 졸아들 때까지 볶은 다음 마지막으로 참기름으로 맛을 내면 아작아작하고 칼칼한 김치볶음이 완성됩니다.

Q

밀가루 반죽에 왜 참기름을 넣나요?

김치콩나물전

부침 반죽을 할 때 참기름을 조금 넣으면 반죽에 찰기가 생겨 부침개가 부서지지 않고 노릇하게 잘 지져진다.

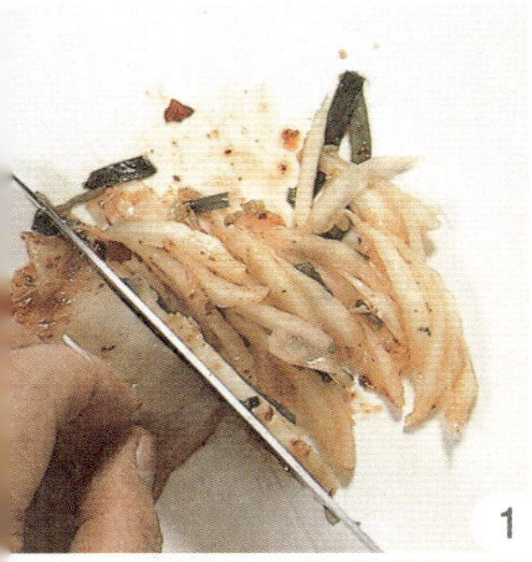
1

2

358 Kcal

3

4

5

6

1 배추김치를 송송 썰어 국물을 짜낸다.
2 콩나물은 한입 크기로 자르고 고구마는 채썬다.
3 분량의 재료를 섞어 밀가루 반죽을 만든다.
4 콩나물과 고구마, 김치 등을 반죽에 넣어 잘 섞는다.
5 노릇하게 지진다.
6 보기좋게 담아 낸다.

재료

배추김치 ·········· 100g
콩나물 ·········· 100g
고구마 ·········· 100g
식용유 ·········· 적당량

부침 반죽

밀가루 ·········· 1컵
물 ·········· 3/4컵
참기름 ·········· 1큰술
소금 ·········· 1작은술

만들기

1 배추김치는 송송 썰어 김치 국물은 꼭 짜내고 건더기만 준비한다.
2 콩나물은 한입 크기로 자르고, 고구마는 껍질을 벗기고 곱게 채썰어 준비한다.
3 부침 반죽 재료를 합하여 부침 반죽을 만든다.
4 부침 반죽에 손질해 놓은 배추김치, 콩나물, 고구마를 섞는다.
5 잘 달구어진 프라이팬에 한 수저씩 떠놓고 앞뒤로 노릇하게 지진다.
6 보기좋게 담아 낸다.

한마디 더 김치를 송송 썰어 넣고 부친 전이기 때문에 구태어 간장을 찍어 먹을 필요는 없지만 기호에 따라 초간장을 찾는 경우가 있다. 초간장은 간장 3큰술, 다시마 물 3큰술, 식초 1큰술, 청주 1큰술을 섞고 레먼 1쪽을 즙을 짜서 넣으면 음식의 뒷맛을 좋게 한다.

A

부침개의 맛이 한결 고소해지지요.

부침개를 만들 때 밀가루 반죽에 참기름을 조금 넣으면 반죽이 훨씬 고소해지고 맛이 좋아집니다. 또 부침개를 부칠 때에도 반죽이 찰져서 노릇하게 잘 지져진답니다. 많이 넣으면 느끼한 맛이 날 수 있으므로 밀가루 1컵에 참기름 1큰술 정도의 분량만 넣으세요.

이 음식은 따끈할 때 먹어야 제맛이 나므로 전을 부치면서 바로 먹을 수 있게 가족들이 다 모인 자리에서 부쳐 먹도록 하세요. 지글지글 기름 냄새를 풍기며 상에 내면 가족 모두가 행복해지겠죠.

Q

익으면 돼지고기가 오므라들지 않나요?

김치적

신김치로 만들 때는 속을 털어내고 물에 한 번 헹궈서 사용하고, 알맞게 익은 김치로 만들 때는 그대로 사용한다. 적을 깔끔하게 만들려면 김치의 줄기 부분만 쓴다.

422 Kcal

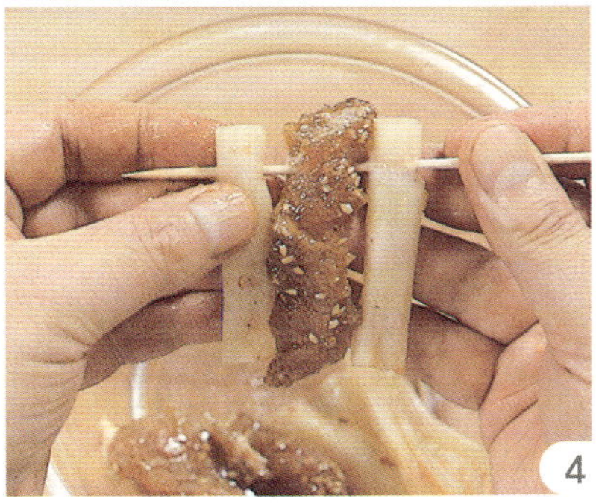

1 돼지고기는 고기 망치로 두들긴다.
2 5~6cm 크기로 어슷하게 저며 썬 돼지고기를 양념에 무친다.
3 김치도 같은 길이로 썰어 양념한다.
4 산적 꼬지에 번갈아 끼운다.
5 꼬치에 밀가루, 달걀물을 입힌다.
6 잘 달군 프라이팬에 지진다.

재료

돼지고기 ········· 200g
배추김치 · 5장(참기름, 설탕)
산적꼬지
식용유
밀가루
계란

돼지고기 양념

- 진간장 ········ 2큰술
- 다진파 ········ 2큰술
- 다진마늘 ······· 1큰술
- 깨소금 ········· 1큰술
- 참기름 ······· 2작은술
- 설탕 ·········· 1큰술
- 생강즙, 후춧가루 적당량

만들기

1 돼지고기는 등심으로 준비하여 고기 망치로 자근자근 두들겨 부드럽게 만든다.
2 부드럽게 만든 돼지고기를 너비 2cm, 길이 5~6cm 로 어슷하게 썰어 분량의 돼지고기 양념에 무친다.
3 배추김치는 속을 털어낸 뒤 물에 한번 헹구어 꼭 짜 고기와 같은 크기로 잘라 참기름, 설탕으로 조물조물 무쳐둔다.
4 산적꼬지에 배추김치와 돼지고기를 번갈아 꿰어 준비한다.
5 밀가루, 계란물을 차례로 입힌다.
6 잘 달구어진 팬에 올려 노릇하게 지진다.

한마디 더 달걀을 풀어 지짐 반죽을 할 때 실파를 송송 썰어 넣으면 파의 향이 돌고 보기도 좋다. 적은 꼬치에 꿰어 밀가루와 달걀을 입혀 지진 음식을 말하는데 김치 외에 고기와 잘 어울리는 도라지, 파, 미나리 등의 채소를 이용해도 좋다.

A

어슷하게 저며 썰어야 고기가 수축되는 것을 방지할 수 있습니다.

고기가 휘는 것을 방지하기 위해 고기를 자를 때 반드시 어슷하게 저며 썰어야 합니다. 그냥 반듯하게 뚝뚝 자르면 익으면서 오므라들어 적이 볼품이 없어지거든요. 김치적은 '행적' 이라고도 하는데, 주로 김장김치를 이용해서 만드는 것이 제 맛을 냅니다. 이 때 김치가 신 것이라면 물에 한번 씻어서 양념하고, 알맞게 익은 것이라면 그냥 사용하면 됩니다. 잎 부분 보다는 줄기 부분을 사용하는 것이 적을 깔끔하게 만들 수 있는 요령이기도 하지요.

제철에 만드는 월별 식품 저장

제철에 제맛이 나는 야채와 생선, 고기를 싸게 구입해 가공·저장해 두었다가
언제든지 먹고 싶을 때 양념으로 맛을 살려 철 아닐 때 그 독특한 맛을 즐기자.

	건조법	염장법				담장법	움저장, 냉장, 냉동	산저장	기타
		소금에 절이기	간장에 절이기	된장, 고추장에 넣기	젓갈 담그기				
1월	동태말림, 대구말림	고등어자반			명란젓, 창란젓, 갈치젓, 어리굴젓, 홍합젓	귤마말레이드			담북장 유밀과, 강정
2월	멸치말림			두부장아찌	어리굴젓, 멸치젓				간장 담그기, 고추장 담그기
3월	육포, 어포, 김자반			동치미무장아찌, 김장아찌	꼴뚜기젓, 어리굴젓, 곤쟁이젓, 뱅어젓				간장, 고추장
4월	취, 고사리말림, 산나물말림, 쑥말림, 가죽나무순말림			더덕장아찌, 마늘종장아찌	꼴뚜기젓, 조개젓, 조기젓, 뱅어젓, 황석어젓, 대합젓			마늘종장아, 마늘잎장아찌	송순주, 살구주
5월	굴비, 고사리말림, 더덕말림, 도라지말림, 두릅말림		꽃게장	더덕장아찌,	조기젓, 준치젓, 정어리젓	딸기잼, 사과잼, 딸기주스, 딸기시럽	딸기냉동, 완두냉동, 껍질콩냉동	마늘장아찌, 양파장아찌	매실주, 매화주
6월	미싯가루	오이지	풋고추장아찌, 홍합장아찌, 깻잎장아찌	매실장아찌, 고기장아찌		장미잼	완두냉동, 콩냉동		매실주
7월	어란, 감자말림, 민어말림	오이지		오이장아찌, 고추장아찌, 깻잎장아찌	곤쟁이젓				
8월	애호박말림, 감자말림, 감자녹말 준비, 풋고추부각, 깻잎부각, 민어말림, 가지말림	단무지	풋고추장아찌	깻잎장아찌, 양파장아찌, 가지장아찌, 참외장아찌, 풋고추장아찌	대합젓			오이피클	복숭아주, 포도주, 능금주
9월	고구마말림, 아주까리잎말림, 버섯말림, 고구마순말림, 참외말림, 박고지말림, 고춧잎말림, 호박말림, 엿기름 준비	송이절이기, 자반, 어포	가지장아찌, 토란장아찌, 오이장아찌	감장아찌, 깻잎장아찌, 오이장아찌, 풋고추장아찌, 참외장아찌		포도즙, 복숭아잼, 포도젤리, 포도잼	포도즙냉동		국화주, 인삼주, 머루주, 포도주, 복숭아병조림
10월	토란대말림, 곶감 · 버섯말림, 황률, 고구마말림, 김부각, 들깨꽃부각	짠지, 단무지, 대구말림, 갈치절이기	매운 풋고추절임, 속대장아찌, 무장아찌, 고춧잎장아찌	고춧잎장아찌, 송이장아찌, 가지장아찌	토하젓, 명란젓, 대구알젓, 병어젓		고구마		
11월	무청말림, 무말림	김장		김장아찌, 무장아찌	전복젓, 명란젓, 창란젓, 어리굴젓, 소라젓, 새우젓, 오징어젓	편강, 유자청, 모과청	무, 배추, 파		과일차(귤, 모과, 생강, 유자, 인삼)
12월	포 종류(편포, 육포, 어포)			홍합장아찌	굴젓, 뱅어젓	귤마말레이드, 배잼		유자청, 모과청	메주쑤기, 엿다식, 청국장, 강정, 유밀과

● **염장법과 산저장법** _ 김치와 장아찌는 소금과 간장을 이용한 대표적인 염장식품으로 저장방법이 비교적 간단하고 저장성도 뛰어나다.
채소피클은 끓인 식촛물에 채소를 담가 미생물의 생육을 억제하는 산저장법의 하나로 설탕이나 소금을 함께 이용하면 더욱 큰 효과를 볼 수 있다.

궁 금 한 것 다 물 어 보 세 요

김하진 요리의 숨은비법

음식을 만들면서 아주 사소한 과정에서 꽉 막힐 때가 있다. 그것은 아직 음식 만들기가 손에 익지 않아서이다. 이럴 때 기본 노하우를 알고 있으면 음식 만들기의 과정이 술술 풀린다. '김하진 요리의 숨은비법'은 그동안 주부들이 궁금해 했던 것 중에서 기본이 되는 것들을 모았다. 조리별로 구성했기 때문에 몇 가지만 알아두면 다른 음식을 만들 때도 응용이 가능하다. 같은 조리법으로 재료만 바꾸면 색다른 음식이 되기 때문이다.

국물맛을 내는 비법

버섯국

Q 감칠맛 나는 다시마 국물 만들기 좀 가르쳐 주세요.

다시마 표면을 잘 닦은 다음 군데군데 가위집을 넣습니다.

맑고 감칠맛 나는 다시마 국물 만들기가 쉽지 않습니다. 우선 다시마는 젖은 행주로 표면을 잘 닦은 다음 군데군데 가위집을 넣어 찬물에 담가둡니다. 가위질을 하는 것은 다시마의 맛이 더 잘 우러나라고 하는 것이지요. 이 상태에서 3~4시간 정도 다시마물을 우려냅니다. 그 다음에 다시마 우린 물을 그대로 불에 올리는데, 이때 불의 상태는 중간 불보다 약하게 해야 합니다. 이렇게 잔잔한 불로 다시마 물을 끓이기 시작해서 끓으려고 하면 바로 불을 끄고 다시마는 건져냅니다. 경우에 따라 가다랭이포를 넣고 뚜껑을 닫아 5분 정도 두면 깔끔한 국물 맛과 향긋한 다시마 국물이 완성됩니다.

배추김치전골

Q 배추김치 전골 맛있게 끓이는 비결을 알려주세요.

푹 익은 김치를 쓰고 속을 털어낸 뒤 조리하세요.

배추김치의 익은 상태가 중요한데, 푹 익은 김치로 끓이는 게 가장 맛이 좋습니다. 또 배추김치의 속을 그대로 둔 채 전골이나 찌개를 끓이면 지저분하고 맛이 텁텁합니다. 김치 속을 털어 낸 후 김치에 갖은 양념을 하고, 돼지고기도 갖은 양념하여 사용하면 국물 맛도 좋아지고 김치 맛도 좋습니다. 또 전골을 끓일 때는 배추김치의 줄기 부분을 쓰는 것이 깔끔합니다.

사골우거지탕

Q 사골 국을 끓이면 좋지 않은 냄새가 나는데…

먼저 냉수에 담가 핏물을 완전히 뺀 다음 한 번 우르르 끓여서 버립니다.

잡뼈로 끓일 때는 우선 찬물에 담가 핏물을 완전히 뺀 다음 데친다는 기분으로 물에 한 번 끓여서 잡냄새와 잡성분을 빼야 합니다. 이렇게 데쳐낸 잡뼈를 뜨거운 물에 한 번 더 헹궈낸 다음 다시 끓여야 국물이 깨끗하고 뽀얗게 우러납니다. 처음에 끓인 물은 뽀얗게 잘 안 되므로, 따라 놓고 다시 물을 붓고 끓이기를 세 번 정도 반복한 다음 섞어서 사용하면 좋지요. 끓이는 도중에 국물이 조금밖에 없다고 새로운 물을 보충해서 끓이면 국물에서 누린내가 많이 나게 됩니다. 또 뼈가 녹아 부서질 정도로 오래 끓이는 것도 좋지 않습니다.

시금치팽이버섯국

Q 멸치를 먼저 볶는 이유가 궁금해요.

국물이 훨씬 구수해지고 멸치 특유의 잡냄새도 없어져요.

된장 국물이나 혹은 멸치 국물을 낼 때 멸치를 미리 냄비에서 살짝 볶아 국물을 내면 훨씬 구수하고 또 멸치 특유의 잡냄새도 없어져 맛있는 국물이 만들어집니다. 요령은 간단해요. 냄비를 미리 달군 다음 멸치를 넣고 달달 볶다가 물을 부어 끓이면 됩니다. 이때 기름은 넣지 마시고요. 마른 냄비에서 볶아야 된답니다.

굴두부찌개

Q 국물이 맑게 끓여지지 않아요.

쇠고기를 냉수에 담가 핏물을 뺀 뒤에 조리하세요.

쇠고기를 넣어 국물을 내는 찌개는 반드시 핏물을 빼는 과정을 거쳐야 국물이 맑고 맛도 개운해집니다. 대개의 경우 사골 국물을 내거나 혹은 양지머리로 국물을 낼 때는 핏물 빼는 과정을 기억하고 계시는데, 이처럼 소량으로 고기가 들어갈 때에는 그냥 무시하는 경우가 많습니다. 하지만 아무리 적은 양이라 해도 할 것은 다 해야 제 맛을 낼 수 있습니다.

생태찌개

Q 생선 매운탕 맛있게 끓이는 비결 좀 알려주세요.

신선한 재료를 쓰고 국물은 멸치 국물을 써보세요.

생선 매운탕은 남편들이 참 좋아하는 메뉴 중의 하나이지요. 얼큰하고 시원한 맛을 내는 게 우선인데, 그러기 위해선 우선 좋은 재료를 사용하는 것이 첫 번째 조건입니다. 그 다음으로는 무, 호박, 미나리 등의 야채를 적절히 사용하세요. 무는 시원한 국물 맛을 내는 데 빠질 수 없는 재료이고 호박은 구수한 맛을, 미나리는 깔끔한 향을 내줍니다. 여기에 취향에 따라 버섯 등을 곁들이면 더욱 풍부한 맛을 내지요. 물을 써서 끓이는 것보다는 멸치 국물을 쓰면 매운탕의 감칠맛이 훨씬 잘 살아납니다.

홍합미역국

Q 미역은 바락바락 주물러 씻어야 한다고 알고 있는데요.

주물러 씻으면 국물이 맑지 않고시원한 맛을 내기 어렵습니다.

미역 손질법에 대해 잘못 알려진 것 중의 하나입니다. 미역을 주물러 씻으면 국을 끓일 때 미역에서 진득거리는 물질이 흘러나와 국물이 맑지 않습니다. 미역 분량의 5~6배 정도의 넉넉한 물에 미역을 불린 다음 맑은 물에서 살살 흔들어 씻어 국을 끓이세요. 더 시원한 국물을 낼 수 있습니다.

튀김·부침을 맛나게 하는 비법

오꼬노미야끼

Q 오꼬노미야끼, 낯선 이름의 요리인데요…

'오꼬노미야끼'는 일본식 빈대떡이라고 생각하시면 됩니다.

마를 갈아서 기본 베이스로 하고 여기에 밀가루와 달걀을 조금 넣고 양배추를 잘게 썰어 넣어 아작아작 씹히는 맛이 독특하지요. 특히 새우와 오징어, 베이컨 등을 넣고 익힌 다음 윗면에 가쯔오부시와 김가루, 마요네즈 소스 등을 끼얹어 향긋함까지 함께 즐길 수 있는 독특한 요리입니다. 아이들을 위한 간식으로도 좋고, 어른들께 내놓아도 손색이 없으니 직접 만들어서 드셔보기를 권합니다.

밀쌈튀김

Q 튀김 기름의 온도를 맞추는 일이 어려워요.

튀김가루를 조금 떨어뜨려 파스스하며 바로 떠오르면 적당한 온도입니다.

바삭한 튀김을 만들기 위해서는 튀김 기름의 온도를 잘 맞춰야 합니다.

기름의 온도가 너무 높으면 속까지 안 익은 상태로 표면이 타기 쉽지요. 반대로 기름의 온도가 낮으면 튀김 재료에 기름이 스며들어 튀김이 바삭해지지 않아요. 튀김 기름의 온도를 가늠하는 일은 튀김가루를 조금 넣어보면 알 수 있습니다. 기름의 온도가 어느 정도 되었다 싶을 때 튀김가루를 조금 넣어보아 파스스 하면서 바로 떠오르면 적당한 온도에 도달했다는 표시이지요. 이때 튀김재료를 넣고 노릇하게 튀겨내면 됩니다.

안동파산적

Q 꼬치에 예쁘게 꿰는 방법을 알려주세요.

꼬치의 양쪽 끝부분에 은행을 꿰어 보세요.

재료가 같은 크기와 모양이 아니기 때문에 일률적인 모양으로 꼬치에 꿰기가 쉽지 않을 겁니다. 특히 돌돌 말은 실파나 고기 등은 그 형태가 잡혀져 있는 것이 아니기 때문에 더 들쭉날쭉할 거예요. 우선 고기를 꼬치에 꿸 때는 익을 때 줄어들 것을 대비해 약간 큰 것을 끼우도록 하세요. 그리고 오그라들지 않도록 미리 칼등으로 자근자근 두드려주는 것도 잊지 마세요. 꼬치에 꿸 때는 꼬치의 2/3정도까지만 끼우는 것이 그릇에 담았을 때 가장 보기 좋은 크기입니다. 양쪽의 꼬치 끝부분이 보기 싫다면 여기에는 은행을 한 알씩 꽂으면 훨씬 더 품위 있어 보입니다.

생선튀김

Q 튀김을 바삭하게 튀기려면 어떻게 할까요?

튀김옷 반죽을 할 때 얼음물을 사용합니다.

튀김을 바삭하게 하는 가장 큰 비결은 바로 튀김재료의 온도를 낮추는 것입니다. 이를 위해 튀김옷 반죽을 할 때도 얼음물을 사용합니다. 또 튀김반죽을 너무 많이 젓는 것도 튀김을 눅눅하게 만드는 요인이지요. 튀김가루와 얼음물을 그냥 젓가락 끝으로 톡톡 두들기며 날가루가 보일 정도로 대충만 섞은 다음 튀김 재료를 넣어 옷을 입힌 후 바로 튀겨내면 됩니다. 그 다음 여분의 기름기는 체에 밭쳐 빼거나 종이 타월 위에 올려 빼면 바삭하면서도 담백한 튀김을 먹을 수 있습니다.

새송이 산적

Q 고기를 두들겨 주는 이유는 뭐지요?

고기를 부드럽게 하기 위해서입니다.

산적과 같은 요리를 할 때에는 고기가 뻣뻣해서는 맛이 없지요. 그래서 고기가 부드러워지라고 미리 칼등이나 고기 망치로 자근자근 두들겨서 준비하는 것입니다. 또 하나의 이유는 고기가 수축되지 않도록 하기 위한 것도 있습니다. 고기가 익었을 때 너무 오그라들면 볼품이 없어지므로 이걸 방지하기 위해서 미리 고기를 두들겨 수축을 방지하는 것이지요.

김치콩나물전

Q 밀가루 반죽에 왜 참기름을 넣나요?

부침개의 맛이 한결 고소해지지요.

부침개를 만들 때 밀가루 반죽에 참기름을 조금 넣으면 반죽이 훨씬 고소해지고 맛이 좋아집니다. 또 부침개를 부칠 때에도 반죽이 찰져서 노릇하게 잘 지져진답니다. 많이 넣으면 느끼한 맛이 날 수 있으므로 밀가루 1컵에 참기름 1큰술 정도의 분량만 넣으세요.

개성식 녹두누름적

Q 녹두손질법에 대해 자세히 알려주세요.

일단은 녹두를 불리는 것이 중요합니다.

녹두를 불릴 때는 녹두에 물을 넉넉하게 붓고 하룻밤 정도 그대로 두면 되는데, 이때 주의할 것은 절대로 손으로 씻으면 안 된다는 것입니다. 손으로 씻어두면 나중에 껍질이 벗겨지지 않아요. 그러므로 녹두에 물을 가만히 붓고 충분히 불린 다음 완전히 불려지면 양손으로 녹두를 비벼서 껍질을 제거합니다. 물을 여러 번 갈아가면서 껍질을 제거하고 나면 노오란 녹두의 속살만 남게 되지요. 이 상태의 녹두를 물과 함께 믹서에 넣고 곱게 갈면 녹두 반죽이 됩니다.

무침·볶음을 맛나게 하는 비법

오징어볶음

Q 오징어 껍질을 벗기지 않고 그냥 요리하나요?

볶음을 할 때는 굳이 껍질을 벗기지 않아도 됩니다.

오징어 껍질을 벗기는 것은 요리의 맛이나 색을 살려야 하는 경우입니다. 볶음과 같은 요리는 굳이 오징어 껍질을 벗기지 않는 것이 좋습니다. 오징어 껍질에는 콜레스테롤을 없애주는 성분이 들어있다고 합니다. 몸에 좋은 것인 만큼 특별히 싫어하지 않는다면 그냥 드시는 것이 좋지요. 볶을 때는 야채를 먼저 볶다가 오징어를 나중에 넣어야 수분이 생기지 않습니다. 볶음 요리에 수분이 생기면 질척해져 요리가 맛이 없고 볼품도 없어집니다. 주의하세요.

골뱅이무침

Q 북어포를 골뱅이 국물에 담가두는 이유는 뭔가요?

북어포에 양념이 배도록 하기 위한 것입니다

북어포를 물에 한번 부드럽게 씻어 물기를 짜낸 다음 골뱅이 국물에 담가두면 따로 양념을 하지 않아도 북어포에 간이 배어 맛있게 되지요. 나중에 무침 양념에 무칠 때는 역시 국물을 꼭 짜서 넣어야 골뱅이 무침에 국물이 배어나오지 않게 됩니다. 보통 골뱅이무침에는 대파를 많이 넣는데, 대파보다 미나리를 넣으면 향긋한 맛이 더해집니다. 단, 가을 미나리는 질기기 때문에 겉껍질을 반드시 벗겨내야 합니다. 미나리의 다 부분을 툭 꺾어 죽 잡아당기면 껍질이 벗겨지므로 쉽게 할 수 있지요.

도가니무침

Q 고기를 맛있게 삶는 비결을 알고 싶어요.

물이 팔팔 끓을 때 삶아내야 합니다.

고기를 삶아서 먹는 편육이나 무침 등의 요리는 일단 고기를 맛나게 삶아내는 것이 중요하지요. 고기를 삶는 기본 원칙은 끓는 물에 삶아내야 한다는 것입니다. 물이 끓고 있을 때 고기를 넣어야 고기의 육즙이나 맛있는 성분이 빠져 나오지 않기 때문입니다. 국이나 탕처럼 국물을 맛있게 내기 위해서는 찬물에서부터 넣어 서서히 익혀 고기의 맛난 성분이 물 속에 빠져나오도록 하는 것이 기본입니다. 이런 원칙을 알고 있으면, 고기 요리하기가 훨씬 쉬워집니다.

콩나물무침

Q 콩나물을 삶아내면 실처럼 가늘어져요.

콩나물을 삶을 때 소금을 넣으면 안 됩니다.

소금을 넣고 데치면 삼투압 작용으로 인해 콩나물의 수분이 빠져나가 실처럼 가늘어져버리게 되는 겁니다. 콩나물을 데칠 때는 소금을 넣지 않은 물에서 삶아내도록 하시고요. 데쳐낸 후에도 찬물에 헹구지 마세요. 넓은 채반에 펼쳐 저절로 식을 때까지 그냥 두어야 콩나물의 맛난 성분이 빠져 나가지 않아 한결 고소한 콩나물 음식을 먹게 됩니다. 콩나물과 다른 재료를 섞어서 음식을 만들 때도 콩나물 손질법은 같습니다.

오징어채볶음

Q 오징어채 볶음의 맛을 내기가 어려워요.

조림장을 먼저 끓이다가 오징어채를 넣고 볶으세요.

오징어채볶음은 아이들이 아주 좋아하는 밑반찬의 하나이지요. 그런데 의외로 이 볶음을 어려워하시는 분들이 많더군요. 감칠맛을 내는 비결은 조림장을 먼저 끓이다가 오징어채를 넣는 것이에요. 그러면 양념이 오징어채에 잘 코팅되어 맛이 좋아지게 되지요. 그 전에 오징어채를 미리 한번 물에 빨어서 보드랍게 해두면 좋아요. 약간 촉촉한 상태에서 볶아내면 양념이 더 잘 스며들게 되고 맛도 부드러워지지요.

고추멸치볶음

Q 조림고추와 멸치 손질법에 대해 상세히 알고 싶어요.

풋고추는 꼬치로 구멍을 내고 멸치는 마른 팬에 볶아 내세요.

고추를 찔러 구멍을 내는 것은 고추가 잘 볶아지도록 하기 위한 것이에요. 양념도 잘 스며들게 되고요. 번거롭더라도 꼭 따라해 보세요. 그 다음 멸치를 미리 마른 팬에서 볶는 것은 멸치 특유의 비린내를 없애고 더 고소한 맛을 살리기 위한 것입니다. 불필요한 수분을 없애기 위한 것이기도 하지요. 멸치가 진득하다면 아무래도 볶음의 맛이 덜하니까요.

쇠고기새송이버섯볶음

Q 청피망과 홍피망이 금세 시들어 버렸어요.

야채는 요리를 하는 마지막 단계에서 넣으세요.

야채 중에서 청피망과 홍피망, 양파는 팬 위에서 조금만 오래 있어도 금세 물러지고, 색깔도 바래는 특징이 있어요. 그렇기 때문에 쇠고기가 거의 다 익어갈 때에 야채를 넣도록 하세요. 이 요리는 쇠고기와 함께 신선한 야채의 맛을 즐기는 요리인데 야채가 씹는 맛도 없을 정도가 된다면 요리의 볼륨감도 없어질 뿐더러 초라해 보이거든요.

찜·조림을 맛깔지게 하는 비법

갈비찜

Q 향신 야채는 왜 면보에 싸서 끓이나요.

오래 삶으면 국물이 지저분해지기 때문이에요.

고기의 누린내를 제거하기 위한 방법에는 크게 두 가지가 있어요. 찬물에 담가 핏물을 빼는 것과 향신 야채들과 함께 고기를 삶는 거예요. 깨끗한 면보에 통후추, 생강, 마늘, 건고추 등의 향신 야채들을 넣어 끝부분을 묶은 다음 쇠고기를 삶을 때 같이 넣으세요. 그러면 쇠고기의 누린내는 제거되고, 향신 야채의 양념 맛이 고기에 배어 맛이 좋아지게 되는 거예요. 향신 야채를 면보에 싸는 이유가 궁금하죠? 향신 야채들은 오래 삶으면 뭉그러져서 찜의 국물이 지저분해지기 때문이에요. 나중에 찜이 다 되었을 때 이 면보를 건져내면 돼요.

낙지해물찜

Q 낙지와 해물을 어느 정도 익혀야 하나요?

잠깐 데쳐내는 정도로만 익힙니다.

낙지를 비롯한 조갯살 등의 해물류는 절대로 오래 익히면 안 됩니다. 오래 익히면 살이 질겨져서 제맛을 느낄 수가 없습니다. 낙지는 물론이고 조갯살도 마찬가지지요. 양념을 먼저 끓이다가 잘 익지 않는 야채를 먼저 넣어 어느 정도 익으면 해물을 넣고 마지막으로 미나리 등의 채소를 넣어 뒤적거려 불에서 내려야 합니다. 걸쭉한 정도는 녹말물로 조절하는데, 녹말물은 재료 전체에 끼얹지 마시고 국물에 가만히 부어 농도를 조절합니다.

닭찜

Q 닭다리를 미리 끓여내는 것은 왜 그런가요?

냄새를 제거하기 위해서입니다.

닭고기 역시 특유의 냄새가 있어 이 냄새를 제거하지 않으면 맛있는 요리를 만들 수 없습니다. 닭다리를 흐르는 물에 깨끗이 씻은 후 끓는 물에 살짝 끓여두면 닭고기 특유의 냄새를 제거하는 데 효과적이지요. 그런 다음 조림장에 넣어 조리면 채소의 향과 조림장의 맛이 배어들어 아주 맛있는 닭찜을 만들 수 있습니다. 주의할 점은 닭찜 역시 갈비찜하듯이 오랜 시간 푹 조려 만드는 것이므로 자칫 짜지지 않도록 양념의 양을 잘 맞춰야 합니다.

쇠고기북어찜

Q 북어의 몸통에 잔칼집을 넣는 이유는 뭔가요?

북어가 부드러워지고 양념이 속까지 잘 배도록 하기 위한 것입니다.

마른 북어는 아무래도 뻣뻣하기 마련이라 요리를 할 때는 미리 물에 살짝 불려야 하는데, 이때 북어 몸통에 붙어 있는 잔가시들을 신경 써서 잘 없애야 먹을 때 불편하지 않습니다. 또 요리를 하기 전에 미리 몸통에 잔칼집을 군데군데 넣어주면 양념이 속까지 잘 배어들지요. 잔칼집 넣는 요령은 칼날을 눕혀 어슷하게 칼집을 내면 됩니다.

돼지고기알감자조림

Q 알감자를 맛있게 조리는 비결이 있을까요?

중간 불에서 오래 조리고 감자 알이 일정해야 합니다.

알감자는 알의 굵기가 자그마하고 크기가 일정한 것으로 고르세요. 알감자의 크기가 고르지 않으면 조린 후에도 각각의 맛이 일정하지 않게 되겠지요. 중간불에 오래 졸여야만 감자가 쪼글쪼글해지면서 맛이 좋아집니다. 감자가 절반 정도 익었을 때 돼지고기를 넣고 또 돼지고기가 거의 익어갈 무렵 고추를 넣어 조리면 맛도 좋고 향도 좋아지지요.

돼지갈비군밤조림

Q 돼지갈비를 미리 한 번 튀겨내는 것은 왜인가요?

돼지고기 특유의 냄새를 없애기 위해서입니다.

돼지갈비를 미리 기름에 한 번 튀겨내는 것은 돼지고기 특유의 냄새를 없애기 위해서입니다. 프라이팬에 기름을 넉넉히 두르고 씻어서 물기를 거둔 돼지갈비를 넣어 노릇하게 튀겨내면 씹히는 맛도 좋아지지요. 특히 조림장에 조릴 때 조림장 국물이 돼지갈비의 표면에 더 잘 입혀지도록 하는 효과도 있답니다. 즉, 양념장 국물이 돼지갈비에 더 잘 코팅이 되는 것이지요.

연근조림

Q 연근을 식초에 담가두는 것은 왜인가요?

색깔이 변하는 것도 막고 씹히는 맛도 좋아지기 때문입니다.

연근을 식초물에 담가두는 것은 연근의 색깔이 변하는 것을 방지하기 위해서입니다. 다음으로 연근을 식초물에 데쳐내는 것은 연근에 포함되어 있는 떫거나 좋지 않은 맛을 제거하기 위해서이지요. 이 과정을 생략하면 연근조림 특유의 살큰한 맛이 살아나지 않습니다. 꼭 식초물에 담가두었다가 다시 한번 데쳐내는 과정을 거치도록 하세요.

구이를 깔끔하게 하는 비법

메로양념구이

Q 메로는 어떤 생선인가요?

일식 요리에 많이 사용하는 큰 생선입니다.

메로는 남극해에 사는 물고기라고 합니다. 작은 것이 2kg이나 된다고 하니까 꽤 큰 생선이지요. 일식집에 가면 이 메로를 간장 양념에 슴슴하게 조려서 내오기도 하는데, 살이 쫀득하고 맛이 담백한 고급생선이랍니다. 대개 백화점에 가면 미리 토막내서 판매하는 것을 구입할 수 있지요. 메로에는 단백질은 물론 우리 몸에 꼭 필요한 불포화지방산과 비타민 A, 비타민 B군, 무기질, 칼슘 등이 듬뿍 들어 있어 영양 만점의 생선이라고 할 수 있지요. 간장에 조려 먹는 것이 일반적인데 버터구이를 해서 먹어도 좋답니다.

닭마늘구이

Q 이 요리에서 마늘이 어떤 역할을 하나요?

닭 특유의 누린내를 없애줍니다.

마늘은 닭 특유의 냄새를 없애주는 것은 물론 익으면서 마늘 향이 닭고기에 배어 입맛을 돋워주게 됩니다. 마늘을 아주 곱게 갈아 닭고기의 앞, 뒷면을 모두 재워놓는데, 이때 재워두는 시간은 30분 정도면 됩니다. 닭다리의 뼈를 발라낸 다음에는 역시 칼등으로 닭고기를 자근자근 두들겨 수축을 방지해야겠지요. 향긋한 마늘 향과 적당히 짭짤한 양념, 그리고 싱싱한 채소가 어울려 별미 음식이 된답니다. 좀더 먹기 편하도록 하려면 닭고기를 한입에 먹기 좋은 크기로 잘라 조리하는 것도 좋겠지요. 마늘은 익으면서 매운맛이 달아나므로 아이들에게도 좋은 간식이 됩니다.

LA돼지갈비

Q LA 갈비의 손질법을 알려주세요. 핏물 빼는 방법을 상세하게 알고 싶어요.

흐르는 물에 2~3번 씻어 체에 밭쳐 두세요.

LA갈비는 주로 수입고기가 흔히 쓰이지요. 돼지고기에도 LA갈비가 나오는데, 쇠고기와 마찬가지로 기름기와 살코기가 적당히 섞여 있어 맛이 담백하답니다. LA갈비를 이용한 요리를 할 때는 우선 핏물을 충분히 빼야 합니다. 일반적으로 핏물을 빼는 방법으로 사용하는 찬물에 담가두는 대신 흐르는 물에 갈비를 2~3번 씻은 뒤 체에 밭쳐 두면 갈비 속의 핏물이 자연스레 빠져 나오게 되지요. 찬물에 담가두면 고기의 맛있는 성분까지 빠져 나가게 되니 조심하세요.

더덕부침을 곁들인 차돌박이구이

Q 차돌박이를 사용할 때 특별히 신경써야 할 점이 무엇인가요?

기름기가 많은 고기이므로 손질할 때 기름기를 좀 걷어 내세요.

제가 좋아하는 재료 중의 하나가 바로 차돌박이입니다. 차돌박이는 아주 얇고 기름기가 많은 쇠고기인데, 부드러우면서도 고급스러운 맛이 있어서 여러 가지 요리에 응용할 수 있습니다. 이번 요리처럼 더덕생채 등의 곁들이와 함께 먹을 때에는 고기의 간은 약간 슴슴하게 해야 먹을 때 짜지 않겠지요. 그리고 고기를 재우는 양념의 양파와 마늘은 강판에 갈아 즙을 내어 사용해야 음식이 깔끔합니다. 차돌박이를 익힐 때는 앞뒤로 살짝만 익히세요. 바싹 익히면 질겨져 맛이 덜합니다.

떡갈비

Q 직화로 굽는다는 것은 어떤 건가요?

고기를 석쇠에 올려 직접 굽는 것을 말합니다.

직화로 굽는다는 것은 프라이팬이나 오븐 등을 사용하지 않고 고기를 석쇠에 올려 불에서 직접 익힌다는 것이지요. 고기는 직화로 구워 먹는 것이 가장 맛이 좋습니다. 석쇠 위에서 익는 동안 고기의 기름기는 빠져나오고 고기 특유의 육즙이 생겨나 고기 맛을 유연하게 해주기 때문이지요. 석쇠를 이용한 직화구이를 할 때에는 반드시 석쇠를 불에 미리 올려 달군 다음 기름칠을 살짝 해서 고기를 올려 구우면 고기가 달라붙지 않습니다.

단호박치즈구이

Q 모짜렐라 치즈는 덩어리째 넣나요?

아닙니다. 모짜렐라 치즈를 덩어리째 넣으면 맛이 없습니다

덩어리 모짜렐라 치즈라면 얇게 썰어 단호박 위에 골고루 뿌려지도록 해야 합니다. 그런 번거로움을 줄이시려면, 피자용으로 나오는 모짜렐라 치즈를 이용하면 편리합니다. 이미 부서져 있게 때문에 사용하기 편리하지요. 집에 오븐이 있다면 팬에서 구워낸 단호박을 내열 용기에 담아 와인과 생크림, 치즈 등을 얹고 오븐에 넣어 노릇하게 구워내도 맛이 좋습니다.

돼지족구이

Q 돼지족을 냄새나지 않게 삶는 방법이 궁금해요.

된장 푼 물에 삶으세요.

일단 신선한 돼지족을 구입해야 합니다. 겉으로 보기에 색깔이 연분홍색을 띤 것이어야 하며 표면에 신선한 광택을 띠고 있고, 살을 눌어보았을 때 탄력이 느껴지는 것이 좋은 것입니다. 돼지족은 잔털을 없애기 위해 불에 일단 그슬려야 하지요. 먹을 때 털이 씹힌다면 좋지 않겠지요. 그리고 돼지족을 삶은 물에 된장을 풀어놓으면 잡냄새가 없어져 먹기가 좋아요. 이때 생강이나 마늘, 대파 등의 향이 나는 채소를 함께 넣고 삶으면 더욱 효과가 좋아진답니다.

밥·죽 맛내기 비법

일본식솥밥

Q 일본식 솥밥은 우리 솥밥과 어떤 차이가 있나요?

굳이 일본식 솥밥이라고 한 것은 밥물이 다르기 때문입니다.

일식 솥밥에서는 다시마 우린 물을 밥물로 사용하는데, 다시마 우린 물로 밥을 지으면 밥이 한결 감칠맛이 돈답니다. 밥 색깔도 약간 거무스름하지요. 또 우엉이나 연근 같은 재료를 넣어 씹는 맛까지 함께 느낄 수 있지요. 밥을 지을 때 미리 간장을 넣기 때문에 따로 간장 등을 준비하지 않아도 되지만 기호에 따라 양념장을 곁들여도 좋습니다.

조갯살밥

Q 밥을 짓는데 고추장을 넣어도 되나요?

비린내가 나지 않고 적당히 간이 맞게 되어 맛이 좋아집니다

해물을 넣어 짓는 밥은 자칫 비린내가 날까 조심스러운데, 그걸 방지하기 위해서 약간의 양념을 가미하는 것이 좋습니다. 고추장을 넣어도 좋고 된장을 넣는 것도 방법이지요. 물론 그 맛이 강하게 느껴질 정도면 안 되고요, 아주 조금만 넣어준다고 생각하면 됩니다. 물론 가장 중요한 것은 싱싱한 해물을 준비해 깔끔하게 손질하는 것이지요.

무쇠고기밥

Q 무와 쇠고기를 바닥에 깔고 밥을 짓는 게 맞나요?

무와 쇠고기를 바닥에 깔아 밥이 타지 않게 하는 것이지요

생강즙을 약간 넣어야 고기 냄새도 나지 않고 밥이 향긋해진답니다. 쇠고기는 무와 같은 굵기로 채썰어 흐르는 물에 헹궈 핏물이 완전히 빠지도록 해야 합니다. 밥물은 평소보다 적게 넣어야 합니다. 무에서 수분이 많이 빠져 나오니까요. 무쇠고기밥은 소화도 잘되고 영양가도 높아 여름철 체력이 떨어졌을 때 좋은 영양식이 됩니다.

밤찰밥

Q 밥을 찜통에 찌는 이유는 뭔가요?

찜통에서 쪄 낸 다음 약한불에서 뜸을 들이면 더 맛있는 밥이 된답니다.

찰밥은 일단 찜통에서 쪄낸 다음 솥에 옮겨 다시 한번 뜸을 들여주면 한결 고슬고슬하고 맛있답니다. 이때 밥에 소금을 조금 넣으면 밥맛이 훨씬 좋아집니다. 잡곡밥이나 찰밥을 지을 때는 소금 넣는 것을 잊지 마세요. 단, 밥이 짜면 안되니까 조금만 넣으세요.

된장아욱죽

Q 쌀을 불릴 때 건져두어야 하나요?

물에 담가두면 맛있는 성분도 다 빠져나옵니다.

주부님들이 곧잘 실수하시는 것 중의 하나가 바로 쌀 불리는 일입니다. 쌀을 불릴 때 대개는 물에 담가두는데, 그렇게 하면 쌀의 맛있는 성분이 다 빠져나오게 됩니다. 그러므로 쌀을 깨끗이 씻은 다음에는 반드시 체에 밭쳐두거나 혹은 물을 버리고 쌀만 따로 그릇에 담아두셔야 합니다. 이렇게 놔두어도 쌀이 물기를 머금고 있어 잘 불려집니다.

전복죽

Q 물을 나중에 더 붓는 이유는 무엇인가요?

쌀알이 잘 퍼지고 죽맛이 잘 어우러지도록 하기 위한 것입니다.

죽을 끓일 때 쌀은 미리 불려두어야 하고, 쌀과 물의 양은 1: 8 정도가 적당합니다. 죽은 푹 퍼질수록 부드러운 맛이 살아나는데, 특히 전복죽은 부드러우면서도 고소한 맛이 일품이지요. 어르신들이나 아이들을 위한 여름 보양식으로도 좋습니다.

옥수수잣죽

Q 잣죽을 끓이면 너무 묽어져요

그건 잣물을 넣고 너무 오랫동안 끓여서 그렇습니다.

잣물을 넣고 난 다음에는 불에 오랫동안 올려두지 마시고 불을 약하게 줄인 다음 재료들끼리 서로 어우러질 정도로만 끓이면 됩니다. 또 기억하셔야 할 것은 죽을 끓이면서 저을 때는 반드시 한쪽 방향으로만 저어야 합니다. 이쪽저쪽 방향으로 생각 없이 젓다보면 죽이 삭아버려 맛이 없게 됩니다.

국수·면 요리의 비법

해물된장국수

Q 꼭 일본 된장을 써야 하나요?

재래식 된장은 맛이 너무 강해서 제 맛을 내기 어렵습니다

해물된장국수는 밑국물 역시 가다랭이 국물을 사용하는 만큼 일본 된장을 사용해서 슴슴하면서도 담백한 맛을 내는 것이 제격이지요. 만약 조금 얼큰하게 즐기고 싶다면 가다랭이 국물에 된장 양념 대신 매운탕 양념을 연하게 하여 끓인 후 청양고추 등을 곁들여 먹어도 됩니다.

골동면

Q 골동면이라는 이름이 낯설어요.

골동면은 옛날 궁궐에서 먹던 고급 국수요리입니다.

국수에 양념을 해서 감칠맛을 내고 그 위에 갖가지의 색스러운 고명을 올려 보기에도 근사하지요. 각각의 고명 역시 참기름, 깨소금 등으로 양념을 해서 맛을 내고요. 특히 간장 양념을 한 것이 특별합니다. 비빔 국수라면 그저 초고추장에 비벼 먹는 것으로만 생각하기 쉽습니다. 하지만 고추장 양념은 생목이 올라오게 한다는군요. 그래서 예전 궁중에서는 간장 양념으로 맛을 내어 소화가 잘되게 했다고 합니다. 한번 만들어 보세요. 손님 초대상에도 손색이 없습니다.

국수장국

Q 국수 잘 삶는 요령을 알려주세요.

소면이 끓어오르면 찬물을 끼얹어주세요.

소면 잘 삶는 방법을 알려드릴게요. 우선 국수 삶을 물에 소금을 조금 넣으세요. 그 다음 물이 펄펄 끓어오르면 소면을 펼쳐 넣습니다. 국수끼리 서로 붙지 않도록 하기 위한 것이지요. 소면이 끓어오르면 찬물을 끼얹어줍니다. 이 과정을 거쳐야 소면이 쫄깃하게 삶아져요. 1~2번 정도 반복합니다. 소면을 한 가닥 꺼내어 익은 정도를 확인합니다. 소면이 전체적으로 투명해졌으면 다 익은 겁니다. 마지막으로 찬물에 소면을 비벼가면서 헹궈내면 되지요. 그리고 국수를 삶을 때는 조금 큰 냄비에 물을 넉넉하게 붓고 삶아야 잘 삶아진답니다.

콩국수

Q 콩을 어느 정도 삶아야 하나요.

풋내 대신 구수한 냄새가 나면 다 삶아진 것입니다.

콩국수를 만들 때는 콩을 삶는 정도가 중요합니다. 너무 푹 삶으면 메주 냄새가 나고 덜 삶으면 비린 맛이 날 수 있기 때문입니다. 콩을 삶는 냄비는 크기가 넉넉한 것으로 준비해서 콩을 삶다가 포르르하고 끓어 오른 다음 콩의 양에 따라 몇 분 정도를 더 삶아야 합니다. 풋내 대신 구수한 냄새가 나면 콩이 다 삶아진 것이라고 할 수 있죠. 콩 삶은 물은 버리지 말고 콩을 갈 때 함께 사용해야 콩물의 구수한 맛이 살아납니다. 경우에 따라 참깨 외에 잣이나 땅콩 등을 첨가하면 더욱 진한 맛을 느낄 수 있습니다.

불고기비빔국수

Q 불고기를 넣는 국수는 처음 보네요.

불고기의 구수한 맛이 잘 어우러져 맛있는 국수가 됩니다.

불고기감으로 준비한 쇠고기를 체에 밭쳐 핏물을 뺀 다음 불고기 양념을 하여 재워두었다가 마른 팬에서 볶듯이 익혀내세요. 약간 보슬하다 싶을 정도로 익혀낸 다음 국수에 함께 비벼 먹으면 불고기의 구수한 맛이 아주 잘 어울립니다. 콩나물도 잘 어울리고요. 이때 주의하실 점은 반드시 생야채를 조금 넣어주셔야 한다는 것입니다. 그래야 질리지 않고 맛나게 먹을 수 있어요.

중국식 볶음국수

Q 굴소스를 어느 정도나 넣어야 하나요?

간을 봐가면서 조금씩 넣으세요.

굴소스는 중국요리에 폭넓게 쓰이는 소스로 우리의 간장보다 훨씬 진하고 깊은 맛을 냅니다. 중국식의 볶음국수에는 그래서 굴소스로 간을 하는 것이 제격이라고 할 수 있죠. 굴소스는 의외로 맛이 강한 만큼 한꺼번에 많이 넣지 마시고요. 간을 보면서 조금씩 넣어 맛을 맞추도록 하세요. 여기에 설탕을 조금 넣으면 한결 감칠맛을 낼 수 있지요.

쇠고기간자장

Q 춘장은 어느 정도나 볶아야 하는 건가요?

기름과 춘장을 같은 비율로 넣고 향이 좋아질 때까지 볶으세요.

춘장을 볶을 때는 기름의 양이 충분해야 합니다. 기름과 춘장의 양을 동일하게 하여 먼저 기름을 넣고 달군 다음 춘장을 넣어 약한 불에서 단 냄새가 나면서 향이 좋아질 때까지 볶으면 됩니다. 자장면을 만들 때 빠지지면 안 될 것 중의 하나가 바로 양배추지요. 단, 양배추는 너무 오랫동안 익히면 늘어져서 볼품이 없어지므로 맨 마지막에 넣어 어우러지는 정도로 살짝만 볶아 마무리하세요.

김치 맛내는 비법

배추김치

Q 배추 김치에 생새우를 넣는 건 몰랐어요.

생새우를 넣으면 단맛이 나고 김치 맛이 더 좋아집니다.

보통 김치를 담글 때 새우젓이나 멸치젓 등으로 양념을 하는데요, 새우젓과 함께 생새우를 조금 넣어 주면 김치 맛이 한결 좋아집니다. 새우에서 우러나온 부드러운 단맛과 신선하고 칼칼한 맛이 김치 맛을 잘 받쳐주거든요. 새우는 중하 정도의 것으로 반드시 신선한 것으로 준비하시고요. 옅은 소금물에 잘 흔들어 씻은 다음 껍질과 내장을 제거하고 적당히 다져 넣으면 됩니다. 한번 시도해 보세요.

깍두기

Q 깍두기 양념 중 설탕을 맨 마지막으로 넣는 이유가 궁금해요.

양념이 엉기는 것을 방지하기 위해서입니다.

설탕을 먼저 넣으면 설탕과 양념들이 서로 엉겨 붙어서 깍두기 국물이 마치 콧물처럼 엉겨버립니다. 이렇게 되면 무에 간이 제대로 배지 않아 깍두기가 맛이 없게 되는 것은 당연하지요. 고춧가루를 가장 먼저 넣어 무에 빨간 물이 들도록 한 다음 나머지 양념을 넣어 고루 버무려 맛을 들이고 마지막으로 설탕은 입맛에 맞춰 넣어 간을 맞추는 것이 맛있는 깍두기 만들기의 비결이랍니다.

백오이소박이

Q 오이소박이의 시원한 맛을 제대로 내고 싶어요.

무, 배, 양파, 부추 등의 속재료를 풍부하게 사용하세요.

백오이소박이는 여름에 시원한 맛으로 먹는 김치입니다. 그런 만큼 시원하고 칼칼한 맛을 내야 제 맛이지요. 일단 오이를 알맞게 절여 아작아작하게 만든 다음 속재료를 풍부하게 넣어 담그세요. 속재료는 무, 배, 양파, 부추 등을 곱게 채썰어 마늘과 생강 등으로 버무린 다음 오이 속에 꽉꽉 채워 넣고 국물을 자작하게 부어두면 아주 맛있고 시원한 오이소박이가 만들어진답니다. 오이가 흔한 초여름에 담가 먹으면 고춧가루로 버무린 오이소박이보다 훨씬 시원하고 담백한 맛을 즐길 수 있습니다.

있으면 편리한 조·리·기·구

조리 기구를 제대로 갖추어 놓으면 음식 만들기가 훨씬 쉽고 편리하다. 음식 만들기를 좋아하는 주부라면 무엇보다 먼저 조리기구부터 준비하지 않을까. 특히 요즘은 갖가지 조리 기구가 다양하게 나와 있어 신세대 주부들의 눈길을 끄는 것들이 많다. 이왕이면 갖가지 조리 기구들의 특성을 파악하고 음식을 만드는데 불편함이 없도록 하자.

프라이팬

프라이팬의 종류는 매우 다양하다. 요리의 내용과 요리 분량에 따라 각각 다른 프라이팬을 사용하게 되는데 볶음이나 국물이 있는 요리를 할 때는 둥글고 우묵한 형태의 프라이팬을 사용하고, 달걀 지단을 부칠 때는 사각팬을 이용하면 편리하다. 튀김을 할 때는 좀더 깊이가 있고 밑이 두툼한 팬을 사용한다.

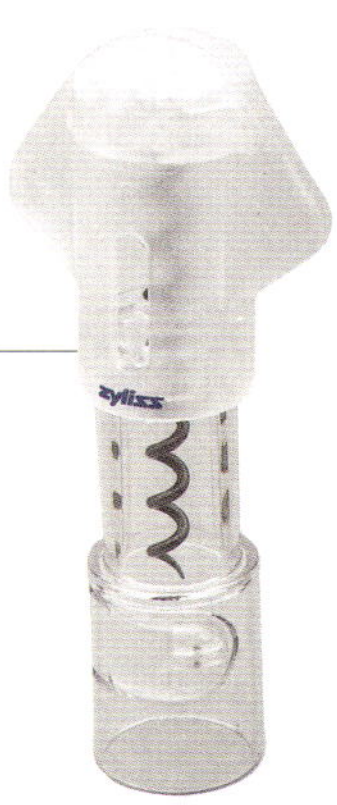

와인오프너

와인은 오프너가 없으면 딸 수가 없다. 편리한 오프너를 하나쯤 비치해 두면 언제라도 당황하지 않고 와인 마개를 딸 수 있다.

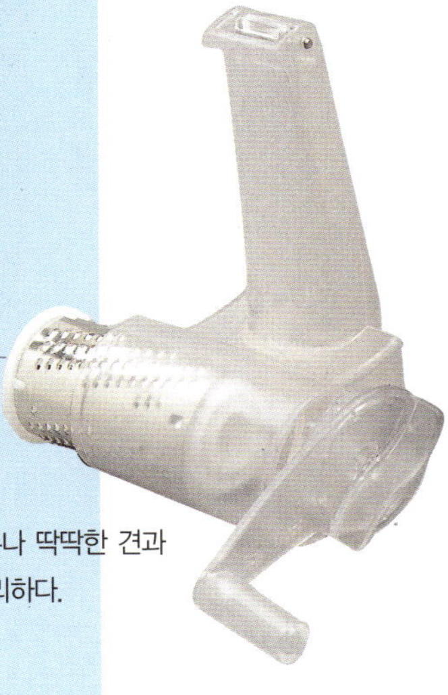

견과류를 가는 기구

딱딱한 치즈를 갈 때나 호두나 딱딱한 견과류 등을 갈 때 사용하면 편리하다.

삼중바닥 프라이팬

팬이 3중 바닥이라 열 전도가 서서히 되기 때문에 주로 스테이크 구울 때 사용하면 편리하다.

있으면 편리한 조·리·기·구

분마기

깨소금, 고추, 채소, 과일 등 즙을 낼 때나 곱게 가루를 낼 때 사용한다. 믹서를 사용하기도 하지만 적은 양을 갈 때는 분마기가 편리하다.

후추가는 기구

후추는 즉석에서 갈아야 향도 좋고 매콤한 맛도 강하다. 하나쯤 갖춰 놓으면 통후추를 사서 갈아서 사용할 수 있다.

체

뜨거운 물에 국수를 삶아서 건질 때나 채소나 해물을 데쳐 쏟아 붓고 찬물을 끼얹을 때, 아니면 고기를 흐르는 물에 씻어 핏물을 뺄 때 등 여러 모로 다양하게 이용할 수 있다.

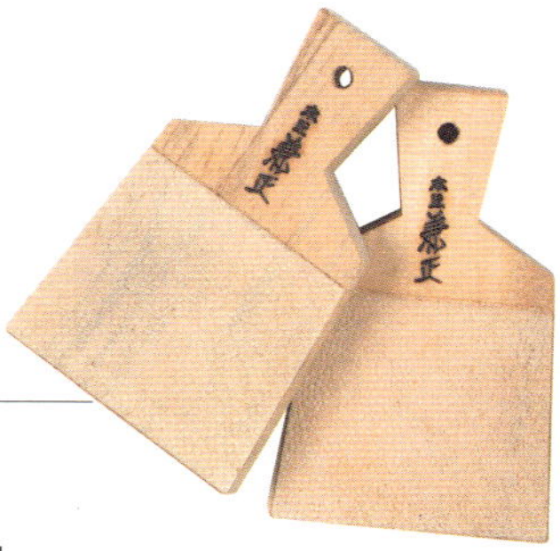

눌림판

나무 주걱 위에 말린 고래 내장을 붙여서 만든 와사비 강판이다. 와사비의 맛과 향을 그대로 살릴 수 있어 편리하다.

투명찜기

음식을 만들면서 조리과정을 살펴볼 수 있고 조리가 끝나면 자동으로 전원이 꺼져 마음놓고 요리를 만들 수 있다.

다용도 냄비

파스타를 데칠 때 사용하면 편리하다. 모양이 가지각색인 파스타를 한번에 넣고 삶아도 섞이지 않고 여러 번에 걸쳐 삶아야 하는 번거로움을 해결할 수 있다.

유럽형 컴비냄비

각종 채소들을 믹스해 주는 공간과 전골용 냄비이다. 찜까지 겸용으로 할 수 있고 분리가 편하고 조립이 간편하다. 요리 전문가들이 추천하는 최고의 냄비이다.

모양내는 회전칼
당근이나 무, 오이 등의 모양을 낼 때 쓰면 편리하다.

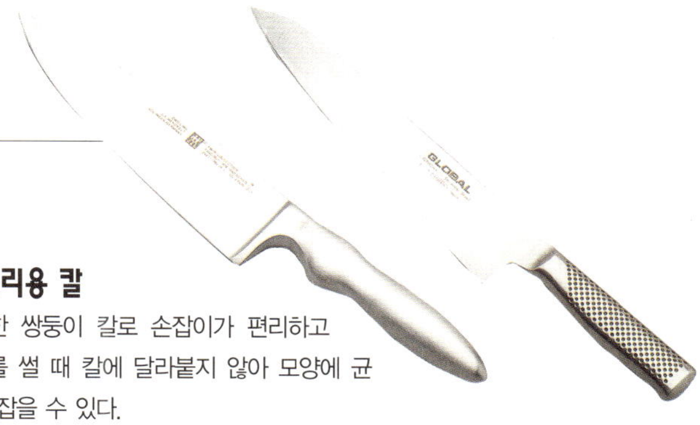

조리용 칼
유명한 쌍둥이 칼로 손잡이가 편리하고 재료를 썰 때 칼에 달라붙지 않아 모양에 균형을 잡을 수 있다.

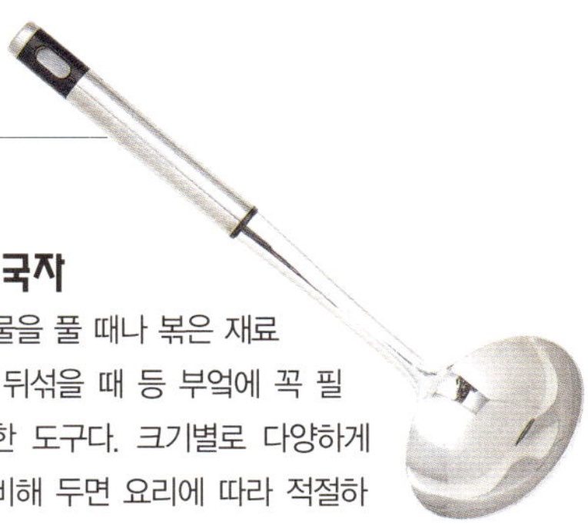

국자
국물을 풀 때나 볶은 재료를 뒤섞을 때 등 부엌에 꼭 필요한 도구다. 크기별로 다양하게 준비해 두면 요리에 따라 적절하게 이용할 수 있다.

뒤집개
튀김이나 볶음 등 기름기가 많은 음식을 할 때는 구멍이 뚫린 뒤집개가 필요하다. 구멍 사이로 기름이 빠져 나가 음식 안에 기름이 도는 것을 막아준다.

거품기
재료를 섞거나 거품을 낼 때 없어서는 안되는 도구. 특히 드레싱을 만들 때는 꼭 필요하다. 크기와 종류가 다양하므로 크기별로 갖춰 놓고 큰그릇에 거품을 낼 때는 큰 것으로 작은 글릇에 작은 양의 거품을 낼 때는 작은 것을 사용한다.

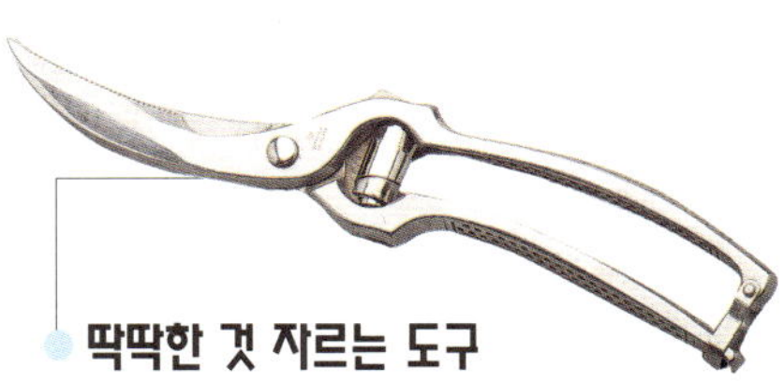

딱딱한 것 자르는 도구
꽃게나 바닷가재 등 갑각류를 자를 때 편리하다. 힘들이지 않고 잘라지므로 하나쯤 마련해 두면 갑각류 요리를 할 때 편리하다.

사각기둥 강판
네면 모두 크기와 모양이 다른 구멍이 뚫려 있어 요리에 따라 다양하게 사용할 수 있다.
특히 손잡이가 있어 편하다. 딱딱한 치즈를 갈 때도 좋고 피자 빵에 구멍을 낼 때도 사용할 수 있다.

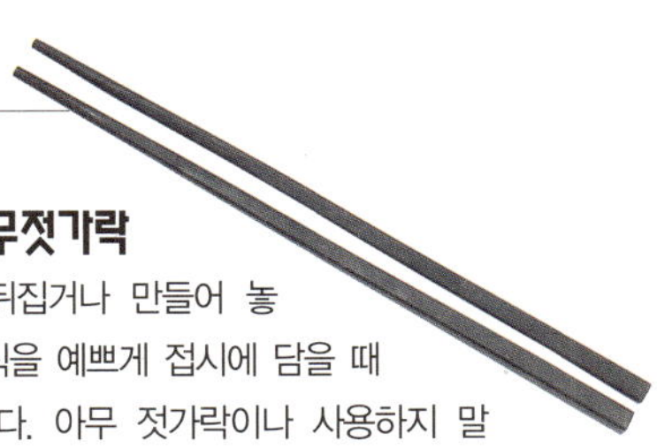

나무젓가락
전을 뒤집거나 만들어 놓은 음식을 예쁘게 접시에 담을 때 필요하다. 아무 젓가락이나 사용하지 말고 따로 마련해 두면 정갈하다.

index

가

나

다

마

바

사

아

자

차

카

타, 파

하